지은이 페니 피어스 Penney Peirce
상식적인 방법으로 인간의 능력을 확장시켜 고차원적 지각과 연선을 계발하는 방법을
제시해온 투시력, 직관력 전문가로서 국제적인 존경을 받고 있다. 1977년부터 기업인,
정부 지도자, 과학자, 심리학자, 영적인 길을 걷는 많은 사람들을 훈련시키고 상담해왔다.
다른 저서로는 《직관의 길》(The Intuitive Way), 《지금 이 순간》(The Present Moment),
《인식의 도약》(Leap of Perception), 《투명성》(Transparency) 등이 있다.

옮긴이 김우종
현재 정신세계사의 대표이다. 옮긴 책으로는 《감정도 설계가 된다》, 《코스믹 게임》,
《이디시 콥》, 《황홀한 출산》, 《윤회의 본질》, 《인식의 도약》, 《빛으로 그린 영혼》,
《나는 나를 괴롭히지 않겠다》, 엮은 책으로는 《살다보면 기도밖에는 아무것도 할 수
없는 순간들이 찾아온다》가 있고, 그 외 취미생활을 살려 직접 쓴 책으로 《나도 기타 잘
치면 소원이 없겠네》가 있다.

디자인 변영욱

감응력

• **일러두기** www.beyondword.com/penneypeirce 에 접속하면 저자가 직접 낭독한 다섯 개의 오디오 파일을 무료로 내려받을 수 있습니다. (영어, 총 66분 분량)

FREQUENCY:
The Power of Personal Vibration – 15th Anniversary Edition
by Penney Peirce

Copyright © 2009 by Penney Peirce.
Korean translation copyright ⓒ 2025 by Inner World Publishing.
Published by arrangement with the original publisher, Beyond Words/Atria Books, an imprint of Simon & Schuster, LLC through EYA Co., Ltd.
All Rights Reserved.

이 책의 한국어판 저작권은 EYA Co., Ltd.를 통해 저작권자와 독점계약한 정신세계사에 있습니다.
저작권법에 의하여 한국 내에서 보호를 받는 저작물이므로 무단전재 및 복제를 금합니다.

FREQUENCY

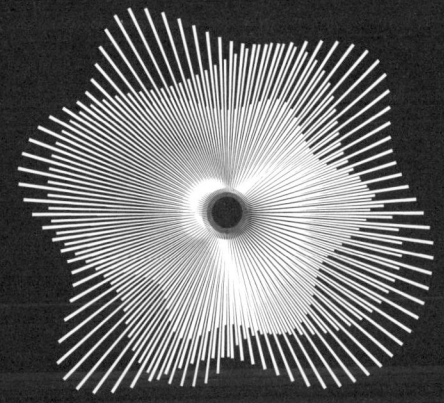

중심에 머물며 현실을 바꾸는 힘

감응력

15주년 기념 확장판   페니 피어스 지음 · 김우종 옮김   정신세계사

감응력
ⓒ 페니 피어스, 2009

페니 피어스 짓고, 김우종 옮긴 것을 정신세계사 정주득이 2010년 6월 25일 처음
펴내고, 김우종이 2025년 4월 25일 다시 펴내다. 배민경이 다듬고, 변영옥이 꾸미고,
한서지업사에서 종이를, 영신사에서 인쇄와 제본을, 하지혜가 책의 관리를 맡다.
정신세계사의 등록일자는 1978년 4월 25일(제2021-000333호), 주소는 03965
서울시 마포구 성산로4길 6 2층, 전화는 02-733-3134, 팩스는 02-733-3144이다.

2025년 4월 25일 펴낸 책(개정판 제1쇄)

ISBN   978-89-357-0476-7 03190

홈페이지 mindbook.co.kr   **인터넷 카페** cafe.naver.com/mindbooky
유튜브 @innerworld   **인스타그램** @inner_world_publisher

한계와 절망을 느끼고,

삶이 무의미하고 무자비하다고 여기는 사람들에게.

바로 지금, 매 순간의 중심에는

우리 모두가 근원으로 돌아오기를 기다리는

자애로운 진리와 자유의 세계가 있습니다.

차 례

추천의 글 · 9
15주년 기념 확장판 서문 · 15
책을 열며 · 23

1 변성 과정 · 43
2 진동하는 삶 · 85
3 감정 습관 · 134
4 부정적 진동 · 177
5 근원 주파수 · 217
6 감응력 · 268
7 인간관계 · 323
8 문제 해결 · 374
9 높은 주파수의 삶 · 419
10 깨달음 · 468
11 새로운 세계의 열림 · 518

감사의 글 · 555
부록 1 실습과제 모음 · 557
부록 2 근원 주파수의 메시지 모음 · 595
부록 3 핵심 내용 모음 · 619

추천의 글

당신이 집어 든 이 책은 죽은 물질, 즉 정해진 서체와 판형대로 잉크가 묻은 그저 그런 종이가 아니다. 진실은 당신 눈의 시각, 손의 감촉, 마음속의 해석보다 훨씬 더 깊은 곳에 있다. 무엇이 이 책을 당신의 전자기장 속으로 처음 끌어당겼을까? 그것은 이 책의 지혜로운 메시지와 당신 사이의 에너지 동조였다. 이 책의 저자인 페니는 당신의 에너지장, 즉 당신 고유의 에너지 진동을 당신의 '근원 주파수'(home frequency)라고 부른다. 마찬가지로 책장 위에 새겨진 낱말들의 에너지도 고유한 주파수로 진동한다. 이러한 진동들은 실재(existence)를 활성화하고 유지시키는 '우주 지성(cosmic Intelligence)'으로부터 오기 때문에, 그 숭고함과 위력은 당신에게까지 전달된다. 당신은 이 책에 소개된 내적 변성의 아홉 단계를 착실히 통과함으로써, 영혼과 물질이 어우러진 황홀한 춤사위, 그 축제에 동참하게 될 것이다.

전 세계의 과학 단체들은 한목소리로 에너지야말로 만물의 구성 요소이며, 에너지는 일종의 의식(consciousness)이라고 말한다. 지구가 무한한 전자기장 속에서 자전하듯이, 모든 에너지는 회전하고 소용돌이치고 진동한다. 이상하게도 우리는 우주의 에너지가 지구 밖 머나먼 어딘가에서 우지직 소리를 내며 불타는 무엇이라는 생각을 갖고 있다. 사실 그 에너지는 바로 여기에, 우리의 개별적 자아 안에, 우리가 살아가는 대기권 안의 모든 곳에 존재한다. 우리 각자는 활동하며 살아가는 동안 우주의 구석구석에 강력한 영향을 미치는 거대한 에너지체이다. 따라서 에너지 진동이란, 추상적인 영역 속에서 진동하는 신비한 무엇이 아니라 우리 각자의 '내적 공간(inner space)'을 직접 가리킨다. 예수회의 신부이자 고생물학자였던 테야르 드 샤르댕Teilhard de Chardin은 이 내적 공간을 '내면성'*이라고 불렀다. 자연계와의 교감을 통해 이 단어를 만든 샤르댕은, 우주란 물질의 복잡화와 의식화를 향해 쉼 없이 역동적으로 진화하는 과정 그 자체라고 생각했다.

그는 자신의 이론 때문에 혹독한 대가를 치렀다. 로마 교황청은 그의 저술을 출판해주지 않았고, 그는 모국인 프랑스에서 냉대받다가 결국 중국을 거쳐 뉴욕으로 이주해야 했다.

---

* interiority: 우주를 구성하는 근원이 일방적으로 물질적인 실체이거나 정신적인 실체가 아니고, 두 가지 속성을 그 안에 지닌 '내면성과 외면성의 양가적 실재'임을 전제로 쓰이는 말이다. 이런 관점에서 보면 '진화'는 하나님의 신비한 내적 활동과 생화학 구조상의 물질적 작용이 동시에 발현된 것이므로, '창조적 진화' 또는 '진화적 창조'라는 개념으로 상호모순이 해결될 수 있다. (참고: 《영과 진리 안에서》, 김경재) 이하 이 책의 모든 각주는 옮긴이가 덧붙인 것이다.

오늘날 페니와 같은 인물들이 의식 실험, 그 내적 탐구의 결과물들을 종교계와 정부 기관의 검열과 심의 없이 자유롭게 공표한다는 사실은 인류가 진화해왔음을 보여주는 하나의 증거이다. 몸과 마음과 영혼의 관계, 개체와 우주의 상호연결성에 대한 21세기의 새로운 이해는 지구를 하나의 지적 존재로서 바라보도록 우리의 관점을 변화시키고 넓혀주었다. 인류는 그런 이해를 통해 진화한다. 우리는 점점 더 어머니 지구와의 에너지적 연결성 — 엄밀하게는 일체성 — 을 깨닫고, 모든 생명의 원동력인 에너지 법칙과 조화를 이루어야 할 이유를 알아가고 있다. 나는 페니의 성과물을 '에너지 모형(templates)'이라고 부르는데, 그것은 일상에서 유용할 뿐 아니라 인간이 물질적으로 현현한 영적 존재라는 깊은 측면까지도 드러내준다.

페니는 차크라chakra라는 인도의 에너지 체계를 통해 에너지장을 정화하고 뭉친 데를 풀어내는 방법을 알려준다. 이처럼 우리는 고대의 진리를 오늘날의 과제들에 적용함으로써 '정보의 시대'로부터 '직관의 시대'로 옮겨갈 수 있다. 직관의 시대란, 우리의 집단의식이 '확장된 자아(참된 자아)'의 높은 주파수에 동조하는 천부적 능력에 점점 더 익숙해지는 시대를 말한다.

페니는 우리의 몸, 감정, 생각에 종일 영향을 미치고 있는 일상의 진동들을 빠짐없이 설명해준다. 우리는 현재의 에너지 진동으로부터 높은 옥타브의 주파수를 향해 상승*해가는 '길 트기'(path-cutting)의 기술을, 이 책에 실린 변성의 아홉 단계를 따라서 적용해볼 수 있다. 그녀는 에너지 체계에 대한 깊은 이해와 지식을 독자들에게 온전하게, 아낌없이 전하는 일에 전념하고 있다. 그녀는 우리가 자신의 '근원 주파수'를 보정하고 또 보정함으로써 가장 높은 목적에 따라 살아갈 능력뿐만 아니라, 그렇게 해야 할 책임도 지니고 있다는 사실의 좋은 본보기이다.

직관적 에너지의 활용이 영매나 신비가들만의 몫이 아니라는 것은 대단히 고무적인 사실이다. 의식적이든 무의식적이든, 우리 모두는 저마다의 발달 수준에 맞게 그 타고난 능력을 발휘하고 있다. 페니는 우리도 이 책의 연습들을 통해 의도적으로 직관력을 발달시킬 수 있다는 좋은 소식을 전해준다. 또한 우리는 통찰, 직관, 영감이 가득한 태초의 보고 — 안팎의 모든 곳에 실재하는 생명의 원천 — 로부터 에너지를 끌어올 수도 있다.

사념 에너지의 훈련과 활용은 자아 변성의 가장 강력한 원

---

* accelerate는 주로 '가속하다'의 뜻으로 옮겨지지만, 이 책에서는 '주파수'라는 단어와 어울려 쓰이므로 '상승'이라는 단어로 옮겼다. '주파수의 상승'과 '진동의 가속'이 서로 대체될 수 있는 동일한 표현임에 유의해가며 읽어주기를 바란다.

동력이다. 카를 융Carl Jung은 열두 살에 겪었던 변성의 체험을 이렇게 묘사한 바 있다. "갑자기 나는 짙은 구름으로부터 막 빠져나온 듯한 강렬한 체험을 하게 되었다. 나는 단번에 모든 것을 알았다. '이제 나는 나로서 존재하는구나!' 마치 내가 안개가 사라지는 지점에 서 있는데, 뒤편으로 조금 물러나면 '나'라는 것이 도로 사라지는 듯했다. 그런데 이제 나는 나 자신을 마주하게 되었다. 물론 나는 그 이전부터 존재했지만, 나는 단지 나에게 일어나는 일들을 수동적으로 당하고만 있었을 뿐이다. 그러나 이제는 나 자신에게 '나'라는 것이 생겨났다."

스스로 에너지체임을 깨닫고 내면성 속으로 들어가 의식의 신비를 탐구하기 시작할 때, 우리 자신에게는 '우리'라는 것이 생겨날 것이다. 아직도 자기 성찰, 묵상, 명상, 그 외의 내적 수행들을 비정상적인 자기도취로 여기는 사람들이 있다. 그러나 다양한 과학 분야의 임상 연구들은 내적 수행이 당사자의 에너지 진동을 긍정적으로 변화시킨다는 경험적 증거를 계속 발견하고 있다. 전자기학, 중력학, 양자역학 할 것 없이, 비약적인 발전을 이룬 현대과학은 역사상 모든 전통의 위대한 영성가들이 태초부터 말해온 바를 밝혀내고 있다. 우리는 참된 자아를 실현하고 우주의 진화에 동참할 자격을 충분히 갖춘 창조적 지성이자 빛나는 에너지체라고 말이다.

이 책은 근원 주파수 속에 머물기 위한 탁월한 훈련법, 저자의 경험, 상담사례 등을 폭넓게 담고 있다. 또한 개인적 차원을 넘어서 우주적 삶으로 나아가는 단계들도 빠짐없이 설명하고 있다. 이 책은 지금 이 시대에 널리 적용될 수 있는 가장 강력한 에너지 처방이다.

— 마이클 버나드 벡윗Michael Bernard Beckwith,
《영적 자유》(Spiritual Liberation)의 저자.

15주년 기념 확장판 서문

> 가장 아름답고 경이로운 종들은
> 과거나 지금이나 진화하기를 멈춘 적이 없다.
>
> ― 찰스 다윈

《감응력》의 15주년 기념 확장판을 펼치신 여러분을 환영한다! 빠르게 세월이 지나는 동안, 주파수와 진동이라는 개념은 친숙함을 넘어 세련된 무엇이 되어버렸다. 이제는 이 책도 그에 맞추어 새로워져야 할 때다. 이 책이 처음 나온 2009년에는, 이 진동하는 세계 속에서 우리 자신의 고유 주파수를 의식적으로 이용하고 상승시키며 살아가자는 주장이 높은 파도의 꼭대기에 자리하고 있었다. 하지만 요즘은 '바이브 vibe'가 멋있는 말로 쓰인다. 이 책은 나오자마자 전 세계의 독자들에게 읽혔고, 각자 원하는 물질적 현실을 창조하려는 목적으로 비물질적, 내적 세계의 힘을 발견해가는 사람들이 늘어갈수록 더욱 널리 알려졌다. 나는 독자들로부터 수많은 감사 편지와 상담 의뢰를 받아왔다. 《감응력》은 이 주제에 관한 한, 상까지 받은 필독서가 되었다.

나는 서문과 〈책을 열며〉를 고쳐 쓰고 유용한 부록 세 개를 추가했다. 〈부록 1〉은 실습과제들을 쉽게 찾아볼 수 있도록 모아둔 것이고, 〈부록 2〉는 영감에 의해 기록된 '근원 주파수의 메시지'들을 모아둔 것이다. 〈부록 3〉에는 60개의 중요 내용을 모아두었으니 곱씹어 읽거나 고민이 있을 때 길잡이로 삼아주길 바란다. 그리고 2009년 이후의, 주파수적 변화의 다양한 양상들은 따로 종합하여 새로 집필한 11장에 담았다.

기존 독자와 새로운 독자 모두를 고려하여, 본 확장판은 지난 세월 동안 우리가 소화할 수 있는 속도로 한 발 한 발 전진해온 주파수적 변화에 관한 새롭고 흥미로운 통찰들을 제공하는 한편 기존의 핵심 내용도 고스란히 간직하고 있다.

> 완전한 사람이란, 다른 뜻이 아니라
> 그저 에너지를 제대로 쓰는 이를 가리킨다네.
> — 카를로스 카스타네다 Carlos Castaneda

이 책이 나오기까지

직관력 계발 과정을 담은 나의 첫 책 《직관의 길》(The Intuitive Way)은 1997년에 출간되었다. 나는 직관력 계발 일일 지침서, 그리고 꿈에 관한 책들을 몇 권 더 발표한 후에 출판사

대표인 신디 블랙Cindy Black에게 연락하여 '직관력'보다 더 깊은 주제에 관해 상의했다. 나는 날마다 증대되고 있는 우리의 초감각과 공감력이 그다음 주제로 적절하다고 생각했다. 신디도 좋은 생각이라고 동의해주었고, 나는 개요를 준비해두었다.

그러는 동안 비욘드 워즈Beyond Words 출판사는 《시크릿》과 《물은 답을 알고 있다》를 비롯한 여러 권의, 서점가를 휩쓴 초대형 베스트셀러를 펴냈다. 신디는 《시크릿》을 읽은 독자들의 반응을 두루 경험하고 나서 내게 전화해 이렇게 말했다. "페니, 독자들은 아직 '공감력'이란 주제를 받아들일 준비가 안 된 것 같아요!" 신디는 상당수 독자들이 돈을 버는 기법에만 초점을 맞추고 정작 인간 의식의 중요한 측면들에는 관심이 적다고 설명했다. "첫 단계로 돌아가서 구성을 새롭게 짜보면 어떨까요?"

나는 해오던 작업을 멈추고 더 깊이 탐구해 들어갔다. 그러자 초감각과 공감력이라는 주제가 우리의 내적 진동으로, 진동과 의식의 연결성으로, 진동수를 높여 성공과 풍요를 극대화하는 기법으로 변모했다. 그리고 높은 주파수와 의식이 만드는 경이로운 결과물인 '동시성'이 이 책의 가치를 확신하게 도와주었다. 나는 이 책의 제목이 어떤 우연으로 등장했는지를 곧 이어질 〈책을 열며〉에 자세히 써두었다.

이 책의 구성과 집필은 물 흐르듯 진행되었다. 마치 이미 완성된 책이 존재하기라도 하는 듯, 나는 단어들을 떠올리고 새로운 내용들을 습득했다. 이 책 자체가 내게는 스승이었다. 나 또한 열심히 독자들을 만나러 다니며 당시로서는 꽤 새로웠던 이 내용을 소개하는 시간을 거친 후에야, 비로소 내가 쓴 글과 합치되는 경험에 이를 수 있었다. 내 삶이 높은 주파수 수준에서 펼쳐지기 시작했고, 어머나, 저절로 행운과 기회와 깊은 만족감이 가득 들어찼다!

감응력이란 주제로 소통해온 지난 세월 동안, 나는 무수히 다양한 속도와 형태로 드러나는 진동 그 자체가 곧 우리의 세계임을 깨달았다. 단단한 돌덩이부터 아주 낮은 밀도의 공기까지 포함하는 물질세계, 감정과 생각이라는 비물질적 주파수들, 지고한 영적 차원들은 실제로 그 모두가 하나의 스펙트럼 — 하나의 거대하고 다채로운 진동체 — 안에 속한다. 우리, 우리의 행성, 우리의 은하는 그것으로 만들어졌다. 나는 모든 양극단을 궁극에는 합쳐지게 되어 있는 진동의 오르내림으로 바라보게 되었다. 모든 성장은 나선형 회전의 팽창에서 비롯된다. 주파수의 상승은 우리 자신이, 그리고 우리 사회가 경험하기 시작한 강력한 변성 과정의 촉매제이며, 앞으로도 놀랄 일이 많이 남아 있다!

우리가 기꺼이 감당할 수 있도록,

깨달음은 아주 조금씩 가까이 온다.

— 이드리스 샤 Idries Shah

감응력이 투명성으로 도약하다

이 책이 제 여정을 펼치며 많은 나라의 독자들에게 읽히는 동안, 나 역시 이 변성 이야기 — 우리의 몸, 감수성, 마음은 물론이고 전 지구에 걸쳐 일어나고 있는 주파수의 가속화 — 의 새로운 층위와 측면들을 계속 발견해갔다. 나는 다음 책인 《인식의 도약》(Leap of Perception)에서 현실의 실상을 바라보는 내적 구조의 근본적인 변화, 즉 우리 '인식'의 거대한 전환이야말로 변성의 핵심임을 설명했다. 우리는 단선적 인식에서 구형球形의, 홀로그래피에 입각한 이해로 옮겨가고 있고 충분히 그럴 만한 높은 주파수에 이르렀다. 우리는 이 새로운 인식이 우리의 정체성과 현실을 통째로 바꾸는 과정을 목격하기 시작했다. 많은 사람들이 말해온 '신인류의 탄생'이 바로 이것이다.

나는 이러한 '도약'을 스스로 실천하며 소화했고, 몇 년 후 또 다른 주제인 '투명성'을 획득한 삶에 관한 영감을 내려받았다. 《투명성》(Transparency)을 쓰면서 주파수와 변성에 관한 나의 이해는 더욱 깊어졌다. 이 책은 우리의 내적 청사진 속 잡동사니들 — 잠재의식 속에서 영적 흐름을 가로막는 두려움, 신념, 습관들 — 을 제거하는 방법을 알려준다. 그렇게 우리가 깨끗해질수록(주파수가 높아질수록), 우리는 현실의 표층을 꿰뚫고 그 중심에서 자애로운 진리를 발견하게 된다. 우리는 우리 자신과 다른 사람들의 '결함'들을, 질병의 원인과 인류의 고대사에 관한 빈약한 설명들을, 우리 자신을 해하고 지구를 위협하는 우리 인식의 편협함과 맹목성을 훌쩍 넘어서는 앎을 얻는다.

내적으로 깨끗해질수록, 우리는 모든 사물과 모든 사람에게서 내면의 아름다움, 삶의 목적, 천부의 재능을 더 많이 발견하게 된다. '투명성'은 우리가 다른 사람들의 시선을 우리의 고통, 수치로부터 돌리거나 숨으려 하지 않고 자신을 있는 그대로 드러내는 것이 얼마나 기분 좋은 일인지를 알려준다. 이는 지금이 높은 주파수의 의식이 억압된 것들을 해소하는 시대이기 때문이다.

> 세상은 우리의 감각이 더 예리해지기를 인내하며 기다려주는, 마법 같은 것들로 가득한 곳이다.
> — W. B. 예이츠 Yeats

내가 진동의 가속화와 변성 과정의 새로운 단계에 대해 집필할 때 일어나는 일은 이렇다. 대개는 뚜렷한 자각 없이 내가 경험하던 변성의 많은 징후들이 때맞추어 내 좌뇌로 옮겨와 의식 속에 떠오른다. 내가 글로써 설명할 수 있도록 말이다. 더불어 나는 눈앞에 다가온 성장 단계에 관한 통찰들을 얻게 된다. 때로는 이미 그 씨앗이 나의 전작들에 심겨 있던 경우도 있다. 예컨대 '투명성'의 개념도 이 책의 10장에 담겨 있었다. 세월이 지나 《투명성》에 관한 영감을 적어 내려갈 때, 나는 내가 진작 그것에 관해 한 장章을 집필한 적이 있음을 새카맣게 잊고 있었다!

이것이 우리 인간이 진동체로서 살아가는 방식이다. 우리는 받고, 행동하고, 만들고, 내어놓고는 텅 비워 잊어버린다. 그리고 얼마간 한가롭고 고요하게, 또는 다른 일에 집중하며 지낸 후에, 나선형 회전의 새로운 주기가 찾아와 기존의 것을 더 높은 주파수로 경험하게 된다. 과거의 우리는 어떠했고 지금의 우리는 얼마나 성장했는지를 알게 된다. 기존의 실들로 훨씬 더 화려한 직물을 짜냄으로써 우리는 더 큰 지혜, 감각, 통합력, 창조력을 드러낸다. 배우기, 창조하기, 잊기, 비우기를 순회하는 과정이 바로 주파수다!

'주파수'와 '진동'은 이 시대의 흔한 말이 되었지만 다행히 아직 남용되거나 전문용어로 변질되지 않았다. 이 단어들은 우리 삶 곳곳에 스며들어 자연스럽게 그 일부가 되어가고 있다. 더 나아가 이것들이 으뜸 원리가 됨으로써 가까운 미래를 위한 전 지구적 혁신, 각 개인의 중대한 삶의 기술들을 지탱해줄 것임을 나는 예감하고 확신한다. 우리의 의식과 현실의 주파수 상승 효과에 대한 우리의 자각 — 어쩌면 기억 되살리기 — 은 이제부터가 시작이다.

내가 이 확장판에 덧붙인 주파수의 새로운 국면과 그에 관한 통찰들을 편안한 자세로 즐겨주기를 바란다. 나는 여러분과 더 가까이 이야기를 나눌 수 있는 이 자리가 무척이나 반갑다. 실은, 정말로 우리가 서로의 곁에 앉아 함께 겪고 있는 가속화와 내적 성장에 대해 생생한 대화를 나누고 있다고 상상하고 있다. 내 글은 그저 여러분을 위해서가(for) 아니라 여러분을 향해서(to) 쓰였다. 접속해주어 감사하다!

— 페니 피어스,
플로리다 주의 오몬드 비치에서.

책을 열며

신비주의와 새로운 물리학의 결합은 인류를
새로운 길 위로 데려다놓는다.
그 너머에 있는 무언가는, 말뜻 그대로 우리의 언어 너머에 있다.

— 마이클 탤벗Michael Talbot

당신은 지금 우리가 혼란스러우면서도 무척이나 중요한 시기에 살고 있다는 사실을 분명히 알고 있다. 곧 닥칠 지진을 감지한 동물들이 불안해하듯이, 당신도 거대한 변화의 전조를 느꼈을 것이다. 그 요동은 완전히 새로운 징체성을 경험하도록 우리를 흔들고 밀어낸다. 우리는 공간적으로 분리된 견고한 육체로부터, 진동의 세계 속에서 다른 진동체들과 상호 의존하며 살아가는 에너지적 존재로 변성되고 있다.

물리적·정신적 에너지의 특성과 작용 원리 — 주파수, 진동, 공명, 파동, 발진, 주기, 옥타브, 스펙트럼 등등 — 에 대한 지식들은 더욱더 늘어만 간다. 우리는 의식과 에너지가 밀접하게 상호 연결되어 있음을 안다. 하나가 상승하거나 하강하면, 다른 하나도 그렇게 된다. 이런 관념들이 앎과 행동, 성취를 위한 최신 기법의 핵심임을 깨닫는 약간의 도약이 이미 일어났다. 쉽게 말해서, 매 순간 당신이 몸·감정·마음 안에서 발생시키고 있는 에너지 진동(주파수)은 이상적인 삶을 실현시켜주는 가장 강력한 도구이다. 높고 빠르고 선명한 진동은 운 좋고 순탄한 삶을 선물하겠지만, 낮고 느리고 혼탁한 진동은 허망하고 침울한 삶을 낳을 것이다.

주파수의 상승

우선 당신이 알아야 할 몇 가지 사실들이 있다. (1) 당신은 정해진 단계에 따라서 진화해가고 있으며, 그 결과로 몸·감정·마음의 주파수도 상승하고 있다. (2) 주파수가 상승하면 자각의 수준도 함께 높아지므로 당신은 갈수록 더 많은 깨달음, 섬세함, 예지력, 이해심과 사랑을 갖게 된다. (3) 앞으로 몇 년간 당신은 감응력을 높이고, 내적 진동을 강화시키며, 다가올 시대에 성공적으로 적응하기 위해서, '주파수 원리'를 이용하는 방법을 배워야 한다.

나처럼 보이지 않는 세계에 민감한 사람들은 인간의 몸과 지구 자체의 주파수가 조금씩 상승하고 있음을 오래전부터 감지해왔다. 주파수의 상승은 우선 우리의 내면을 뒤흔들어 원인 모를 불편함을 느끼게 한다. 그리고 외부 세계를 정신없이 가속시키고 고조시켜 더욱 복잡해 보이게 만든다. 우리는 이 높은 에너지가 밀려오는 파도처럼 우리 의식을 거침없이 인식의 전환으로 이끌어갈 것임을 본능적으로 알고 있다. 우리는 분리, 두려움, 에고의 수준을 벗어나 상호의존, 사랑, 영혼의 수준으로 진화할 것이고 그런 높은 주파수의 세상에서는 더욱 세련되고 효율적인 새로운 원리가 작용할 것이다.

지금 대부분의 사회는 틀림없이 이런 변화를 겪는 중이고, 우리는 모든 것이 증가하는 상황에 적응하려고 애쓰고 있다. 감당해야 할 정보의 양도 많아지고, 업무를 처리하는 데 필요한 시간도 늘어난다. 밀려드는 부정적 사건들은 이제 일상으로 보이기 시작한다. 오늘날에는 그저 중심을 잃지 않는 것만도 혹독한 과제일 수 있다! 우리는 '정보의 시대'를 떠나서 적어도 우리의 현실 인식을 크게 변화시킬 '직관의 시대'로 접어들고 있다. 우리가 당면한 문제는 다음과 같다. 이처럼 확장된 진동 세계의 법칙들, 그리고 그것에 적합한 에너지-의식 기법들을 어떻게 배우고 발전시킬 것인가? 지금까지의 생활 방식이 단말마의 비명만 남기고 사라지는 동안, 우리는 어떻게 새로운 인식과 정체성과 행동 방식을 확립할 것인가?

주파수의 부름

다른 사람들이 그렇듯, 당신도 상승하는 삶의 주파수에 온갖 방식으로 반응하고 있을 것이다. 자신의 에너지를 조율하여 안정과 균형을 찾고 스트레스로부터 벗어나려는 그 노력은 유익할 수도, 그렇지 않을 수도 있다. 혹은 대단히 복잡한 이 요지경 세상 속에서 부富를 거머쥘 건수를 정신없이 찾아 헤맬지도 모른다. 더 빠른 정보처리를 돕는 기계와 장치들, 과학기술 속에는 그 해답이 없다. 분명한 것은, '직관의 시대'로의 이동은 틀림없이 에너지에 대한 지식과 행동, 그리고 실용적인 감응력의 계발과 관련이 있다는 사실이다.

당신은 인생의 발목을 잡는 허탈감을 떨쳐내고자 이 책을 집어 들었는가? 귀찮게 굴고, 시비를 걸고, 침울하고, 무감각한 사람들에게 지쳐버렸는가? 끝없는 자극들이 몰고 오는 과도한 흥분 또는 무력감을 끝장내고 싶은가? 당신의 미래, 사건과 사고, 지인들에 대한 미묘하고도 비非언어적인 정보들을 어떻게 다뤄야 할지 모르겠는가? 당신은 그것들을 이해하고 싶지만 그중에 무엇이 진짜인지를 콕 집어내지 못한다.

당신은 학문, 권력, 재물을 좇는 동안 잃어버린 감각과 영성을 되찾고 싶을 수도 있다. 냉철한 태도로 사업적 성공을 이루었더라도, 이제는 전적인 쇄신과 내적 동기의 유발, 비대해진 조직의 혁신을 요구받을 것이다. 당신은 '끌어당김의 법칙'을 배워 새로운 길로 들어섰는가? 그리고 최신의 현실 원리들에 대해 더 많이 알고 싶은가? 원하는 삶을 창조하기 위한 의지(will)와 믿음(trust) 간의 적절한 균형점을 찾고 싶은가?

변화가 빠르거나 분명하지 않고 거의 제자리걸음인 듯 느껴지더라도 걱정하지 말라. 만사는 적절한 때에 이루어지고, 우리는 그 과정을 다 함께 겪고 있다. 높은 주파수의 의식에 적응하기 위한 배움은 보편적으로 일어나고 있다. 우리는 똑똑하고 의지가 강해야 뒤떨어지지 않고 원하는 것을 얻는다고 가르치는 세상으로부터 벗어나서 사랑과 협동, 자유가 보장되고 결과가 쉽게 실현되므로 중간단계 따위가 존재하지 않는 세상으로 옮겨가고 있다.

최고 주파수이 일상화

당신은 참된 자아로서의 더 높은 체험과 더 나은 삶을 가로막는 껍데기(에고)를 혼자 힘으로 부숴버릴 수 있다. 구루(스승)가 없어도 상관없다. 초자연적 체험 속으로 날려 보내주는 특별한 사건도 필요 없다. 과학적 설명이 불가능한 초자연적, 초개아적(transpersonal) 사건들이 평범해 보일 만큼, 당신은 현재의 육체 그대로 높은 주파수의 존재가 되어가고 있다. 빠져 있던 그림 조각들은 절로 당신의 의식 속으로 날아들고, 새로운 인식은 직관의 시대를 향한 '임계점' 가까이로 우리 모두를 데려가는 중이다.

내가 교류하는 많은 사람들은 우리가 '지상의 삶'이라는 이 놀랍고 매혹적인 꿈을 꾸어오는 한편으로 근원('천상'의 경험)을 한시도 떠난 적이 없다는 사실을 이해하기 시작하고 있다. 이 꿈에서 완전히 깨어나려면, 자신의 최고 주파수에 익숙해지고 영혼(soul)을 일상적으로 체험해야 한다. 이 체험의 중심에는 공감과 연민이 자리 잡고 있으며, 그처럼 고상한 감정들은 괴로움의 유혹[*], 논리의 한계, 이 세상의 흐릿한 최면 너머로 당신을 쏘아 보낸다.

자신의 본래 모습과 일체성을 깨닫고 삶의 방식을 향상시키기 위해서는 먼저 충만한 사랑을 내 몸의 세포 속에서 느껴야 한다. 에너지 진동에 집중하여 그 속에 암호화된 심층 정보를 감지하는 것은 사랑과 영혼에 대한 확신을 갖는 가장 빠른 길이다.

---

[*] 인간사의 고통 그 자체를 에고가 지어낸 유혹이라고 보는 관점에서 나온 표현으로 보인다. 쉽게 말해서, 우리는 겉으로는 고통을 피하고 행복을 추구하는 듯 보이지만 실제로는 진정한 행복 대신 늘 고통을 경험하는 편을 선택하고 있다. 진정한 행복을 선택하여 진리를 보게 되는 순간 지금껏 자신이 동일시해왔던 에고가 소멸될 것이 두렵기 때문이다.

이 책을 쓴 이유

당신을 그 마지막 장애물들 틈으로 들여보냄으로써, 확장된 자아를 실제로 경험하고 완전한 자각을 얻도록 돕기 위해 나는 이 책을 썼다. 직관의 시대에는 이런 경험이 일상이 될 것이다.

1990년대 후반과 2000년대 초반에, 길을 알려주는 '빵 부스러기' 같은 일련의 책과 영상물이 등장해서 이 변화의 시대를 헤쳐 나가도록 우리를 도와주었다. 그것들은 진보적 과학과 형이상학의 개념들을 대중화시켰고, 사람들의 마음과 상상력을 적잖이 사로잡았다. 《세스 매트리얼》, 《평화로운 전사》, 《천상의 예언》, 《직관의 길》, 《삶의 목적》, 《더 필드》, 《블립: 우리가 (빼릭) 아는 게 뭐가 있는가?》, 《물은 답을 알고 있다》, 《끌어당김의 법칙》, 《시크릿》 등이 바로 그렇다.** 이런 저술과 작품들은 우리가 눈에 보이지 않는 작용들을 감지하고 있음을 확신시켜주고, 기초적인 에너지-의식 기법들을 개발하도록 도와주었다. 한편으로는 생소함과 거부감 때문에, 그리고 아주 짧은 기간 동안 다양한 논제들이 중구난방으로 소개된 탓에 많은 오해가 생겨나기도 했다. 이후 지금까지

** 순서대로 The Seth Material, The Way of the Peaceful Warrior, The Celestine Prophecy, The Intuitive Way, Your Life Purpose, The Field, What the Bleep Do We Know?, The Hidden Messages in Water, The Law of Attraction, The Secret.

이런 정보의 양은 더욱 엄청나게 늘어났는데, 도대체 무엇을 또는 누구를 신뢰해야 좋을까?

나는 당신이 현 상태를 더욱 정확하고 온전하게 바라보도록 돕기 위해 이 책을 썼다. 이 책의 목적은, 아는 사람에게만 보이는 변성 과정의 영향력을 당신에게 짚어주고, 이해시키고, 통합하게 하여 그 단계들을 수월하게 통과하도록 돕는 것이다. 당신은 감응력을 키워 감정의 벽을 허무는 기법들을 통해 무수히 다양한 진동 상태 속에 숨은 메시지를 해독해낼 수 있다. 당신은 자신의 영혼에 맞는, 가장 빠르고 본질적인 진동을 찾아 그것을 유지하며 살아갈 수 있다. 나는 당신이 다른 사람들의 낮은 주파수에 흔들리지 않기를 바란다. 우리에게는 '건강한 감응력'을 얻는 방법이 있다. 그리고 내적 진동을 조절하는 사람은 막강한 힘을 얻는다.

이 책을 최대로 활용하고자 한다면 아래의 세 항목에 주의해주길 바란다.

1. 알아차리고, 행동하고, 느끼고, 성취한 것들을 기록하라.

당신의 성장 과정을 확인하는 확실한 방법은 일지를 쓰는 것이다. 당신은 이런 '정보체'(body of information) 속으로 뚫고 들어가는 동안 일어나는 일들을 하나하나 기록해볼 수 있다. 이 책에는 각 장에서 제시된 개념들을 직접 실습해볼 수 있는 간단하고도 다양한 과제들이 포함되어 있다. 그것들을 직접 해보고 그 결과를 적어보라. 당신은 어떤 통찰을 얻었는가? 무엇이 어렵고, 무엇이 놀라웠는가?

어쩌면 당신은 자신의 중심으로부터 아무런 검열 없이 자발적으로 떠오르는 단어들을 받아적는 자동기술(direct writing)을 하게 될 수도 있다. 당신 의식의 깊은 곳으로부터의 반응을 자석처럼 이끌어낼 질문을 스스로 던져보라. 첫 단어가 찾아들게 하라. 그것이 다음 단어들을 이끌고 올 것이다. 생각하거나 판단하지 말라. 이상한 단어가 떠올라도 그대로 기록하라. 단어들은 꼬리에 꼬리를 물고 이어질 것이다. 그 흐름을 유지하는 최선의 방법은, 글이 끝나기 전까지는 아예 읽어보지도 않는 것이다. 당신은 그 글의 생기와 정확함에 놀랄 것이다.

2. 속도를 늦추고, 시야를 넓히고, 집중하고, 깊숙이 느끼라.

각 장의 끝부분에는 평소의 내 머릿속 목소리가 뒤로 물러난 고요하고 높은 자각 상태에서 자동기술된 짧은 글들이 덧붙어 있다. 그것들은 내 '근원 주파수'(home frequency)의 메시지이다. 그 글들을 천천히 주의 깊게 읽는다면, 또는 크게 소리를 내어 읽는다면, 당신은 색다른 운율과 진동을 느끼게 될 것이다. 허투루 무성의하게 읽는다면 그저 그런 글로 보이겠지만, 마치 내 몸속의 일부처럼 느껴질 만큼 속도를 늦춰 읽는다면 그것들은 확장된 차원과 새로운 현실을 열어 보일 것이다. 또는 어떤 문장이나 구절이 특히 마음에 와닿으면서 새로운 의미를 전해주기도 한다.

나는 이 영감 어린 글들이 마치 콜라주처럼 한데 모여서, 삶의 숨겨진 측면을 더 넓고 창의적으로 바라보게 돕는 일종의 시적(poetic) 경험을 창조해내는 광경을 그려본다. 나는 뜬구름 잡는 이야기를 하는 걸 좋아하지 않지만, 내 내면은 존재하는 모든 세상과 차원을 넘나드는 경험이 머지않은 미래에 보편화되리라고 말하고 있다.

3. 직관을 활용하여 더 생생히 경험하라.

직관은 직접적이고 균형 잡힌 인식이다. 직관은 몸, 감정, 마음, 영혼 등으로 나뉘어 있는 당신의 의식을 통합하는 데서 비롯된다. 직관은 지금 이 순간에 집중할 때, 긴장 없이 깨어 있을 때, 몸과 감정의 신호와 소통할 때, 의지만으로 밀어붙이지 않을 때, 순수하게 열려 있을 때 솟아난다. 직관은 더 높은 차원의 현실을 드러내주고 신성을 더욱 확실히 경험하도록 이끄는 통로이다. 감응력을 높여갈수록, 직관은 당신이 감지한 진동의 의미를 통찰하게 해줄 것이다.

직관에 주의를 기울이는 태도는 이 책의 내용을 받아들

이고 소화하는 데 큰 도움이 된다. 직관은 본능적인 끌림 또는 거부감(파충류 뇌)이다. 또는 오감五感 중 한 형태(중뇌)이거나 복잡한 의미, 구조, 예지, 정보 패턴에 대한 번뜩이는 이해(대뇌 신피질)일 수도 있다. 직관적 통찰은 이 책을 읽다가 잠시 멈춘 사이에 솟아 나올 수도 있다. 책 내용과 관련된 경험을 사회생활에서 하게 될 수도 있다. 직관적 깨달음은 그 정보가 당신에게 특히 생생하게 와닿게 해줄 것이다.

> 실로, 보이지 않는 우주가 보이는 우주보다
> 더 실재적이라는 관념이
> 노련한 과학자들에게 오늘날만큼 널리 받아들여진 적은 없었다.
> 하지만 모든 위대한 전통의 공통된 사상 — 아리스토텔레스는
> 생명을 "물질에 스며든 영혼"이라고 불렀다 — 을
> 잊지 않고 있는 선각자들에게 그것은 전혀 새로운 사실이 아니다. …
> 신비주의 철학은 빼어난 논리로 각광받고 있다. …
> 비물질적인 세계관, 에너지장과 파동과
> 마음의 영향력 등이 그러하다.
>
> — 가이 머치Guy Murchie

감응력을 향하여

70년대 초부터 나는 직관력 향상에 힘을 쏟아왔다. 또한 마음을 다스려 고통을 치유하는 방법도 수련해왔다. 불교도들이 '깨어 있기'(skillful perception)라고 부르는 수행법 말이다. 직관의 신비를 밝히려는 나의 열정은 한 번도 시들해지지 않았다. 나는 직관을 연구하는 동안 모든 종교와 영적 전통들의 공통점을 발견했고, 삶을 순탄하게 해주는 비밀들도 많이 찾아냈다.

나는 직관력을 훈련하기 위해 나 자신에게 질문을 던지곤 했다. 나의 앎이 더 포괄적으로, 또는 구체적으로, 아니면 완전히 다른 방향으로 발전되거나 해체될 필요가 있는지를 꾸준히 자문했다. 때로는 윤회와 전생 등에 대한 호기심이 ─ 그것들은 몇 년간 나의 중요한 세계관이었다 ─ 개인적 차원을 넘어선 더 큰 무언가로 확장되는 시기도 있었다. 그럴 때마다 이전의 관심사들은 그 의미와 중요성을 잃었고 나 또한 그만큼 눈길을 덜 주게 되었다. 놀랍게도 우리는 어떤 대상을 향해 그렇게나 열광했다가 금세 확 식어버린다. 하지만 나의 경험에 의하면, 솔직하고 열린 태도를 유지하는 한 가장 정확한 것은 바로 우리의 '직관'이다.

그런데 그런 성찰에도 불구하고, 직관력이 향상되는 수준 이상의 단계가 찾아오거나 인간의 깊은 잠재력 속으로 이끌어줄 확실한 기법을 발견하지는 못했었다. 그러나 곧 나 자신이 그동안 직관력만 키워온 것은 아니라는 사실을 깨달았다. 나는 상담 작업을 통해서 공감 능력, 즉 에너지의 구조와 진동, 의식의 주파수, 감정-신념-의도의 혼합 패턴 등에 대한 '감응력'을 발달시켜왔던 것이다. 그런 자각과 함께, 나는 이 변화무쌍한 세상의 이면에서 벌어지는 일들에 관한 예지몽과 비전을 경험하기 시작했다. 나는 진동의 가속화가 이끄는 내적 변성, 그것도 전 지구적 규모의 변성이 지난 수천 년간 유래가 없었던 일임을 직감했다.

감응력의 향상

모든 사람은 뛰어난 공감 능력을 갖고 태어나지만, 그것은 훈련되거나 검증받지 못한 채로 '사용 보류' 딱지가 붙어 선반 위에 처박히기 십상이다. 나의 능력이 살아남은 것은 운이 좋았기 때문이다. 나는 20대부터 직관력 전문가로 활동하기 시작했다. 그때는 분명하고 객관적인 정보가 내면에서 영상과 음성을 통해 빠르게 전달되었다. 하지만 오래지 않아 나의 직관은 더 촉각적이고 감정적인 양상으로 변했다. 그런 내적 공감을 초자연적 현상에서는 '감각 투시(clairsentience)'라고 부른다. 나는 머리가 아니라 몸을 통해 사람들과 감응했고 그들을 훨씬 더 가깝게 느꼈다. 그것이 나의 첫 번째 주파수 전환이었다.

나는 상대방의 느낌을 똑같이 경험하기 시작했다. 얼굴 한쪽을 찡그린 사람을 보면 내 얼굴도 그와 똑같이 느꼈다. 나는 몇 분 이내로 그가 무엇에 시달리고 있는지를 알아낼 수 있었다. 가슴을 웅크리고 어깨가 굽은 여자를 마주할 때면 그녀의 마음이 느껴졌고, 그 슬픔과 우울함의 이유도 이해할 수 있었다.

나는 리딩* 중에 상대방의 신체적 증상, 예컨대 후두염이나 삔 발목의 통증을 느끼곤 했다. 음악 애호가로부터는 음악이 들려왔고, 후각이 예민한 사람에게는 바다 냄새 또는 꽃향기가 났다. 때로는 사포(sandpaper), 잿가루, 비단의 느낌과 비슷한 에너지의 질감도 느꼈는데, 알고 보니 그것은 상대방이 이 세상을 바라보는 감정과 같았다. 한편 나는 이런 능력이 제약으로 작용하지 않게 하는 법도 터득했는데, 원래의 내 몸과 쾌활한 천성에 집중함으로써 나는 즉시 자연스럽고 균형 잡힌 상태로 돌아올 수 있었다.

한번은 어린 시절에 성적, 신체적 학대를 당했던 한 여자가 내게 상담을 받으러 온 적이 있었다. 그녀의 첫인상은 예민하고 퉁명스러웠다. 그녀는 가슴 위로 팔짱을 꼿꼿이 낀 채

---

* reading: 특정인 또는 대상의 에너지(의식)에 집중하거나 접촉하여 의미 있는 정보를 읽어내는 작업.

지금 이 상황이 못마땅한 듯 행동했으며 반대편 의자에 앉아 나를 적대적으로 대했다. 나는 위협과 두려움, 분노를 느꼈지만 당시에는 그것 또한 그녀와 감응한 결과라는 사실을 자각할 만큼 노련하지 못했기에 그저 직업적인 태도를 유지하면서 리딩을 시작했다. 그리고 그녀의 방어벽들을 뚫고 들어갔을 때, 나는 학대의 경험을 발견했다. 나는 그녀가 얼마나 큰 상처를 받았는지, 얼마나 연약한지를 느꼈다. 사실 나는 몇 분 전부터 그녀의 감정을 느끼고 있었다. 내가 느낀 두려움, 위압감, 분노는 사실 그녀의 것이었다. 내가 그녀의 낮은 주파수에 '감응했던' 것이다.

나는 그녀의 겉모습 아래 감춰진 사랑을 발견했고, 그녀가 지금껏 감내해온 일들에 대한 깊은 연민에 빠졌다. 그 폐쇄성의 원인을 즉각 이해할 수 있었다. 이것은 신체적인 교감을 넘어 감정적, 정신적 교감에 도달한 또 다른 주파수 전환이었다. 내가 느낀, 진정한 그녀 자신에 대해 말해주자 그녀는 흐느끼며 무너져 내렸다.

우리는 마치 소리굽쇠처럼 에너지를 통해 '접촉하고' 있는 진동들을 복제한다. 그녀는 무의식적으로 가해자의 주파수에 감응하고 있었고, 나 또한 일시적으로 그런 그녀의 주파수에 감응했다. 나는 이처럼 타인의 낮은 주파수, 두려움과 불행감에서 비롯한 주파수를 받아 안을 필요가 없음을 깨달았다. 오히려 내가 자애롭고 높은 주파수를 유지해야 상대방도 준비가 되었을 때 그런 내게 감응할 수 있다.

삶과의 감응

내가 해온 개인 리딩과 사업 리딩의 횟수는 수만 번에 이른다. 내가 높은 주파수 상태에서 입을 열 때면 예상하지 못한 통찰들이 흘러나온다. 나는 상대방을 이해하고, 그가 지금 삶 속에서 하고 있는 일들에 감사하게 된다. 나는 그의 존재 자체로 내가 큰 이로움을 얻고 있다고 느낀다. 나는 모든 사람의 삶이 우리의 집단 지성을 풍성하게 해주고 있음에 깊이 감사한다.

우리 모두는 높은 주파수에 적응해가며 초감각이라는 능력을 발달시키고 있고, 이것은 진실로 가장 정상적인 앎의 방식이다. 가족관계, 병든 화초, 공공단체, 시장(market)의 경향 등등 그 어떤 대상이라도 감응력을 활용하면 깊이 이해할 수 있다. 확장된 상위 진동과의 상호작용은 늘 이해와 존중과 연민이라는 결과를 낳는다. 내가 이런 말을 하는 이유는, 당신 또한 미지의 방식으로 타인을 이해하거나 빼어난 감응력을 통해서 출처를 알 수 없는 정보와 통찰들을 얻고 있는지도 모르기 때문이다. 이것은 전 지구적 주파수 상승의 일면이다. 감응력이 세상을 헤쳐 나가고, 사업을 운영하고, 지혜를 성취하는 데 더할 나위 없는 수단임을 나는 다시 한번 강조하고 싶다.

> 목표를 가진 사람은 그것에 갇히기 마련이다.
> 당신은 스스로 자기 상황을 정확히 알고 있다고 착각해서는 안 된다.
>
> — 존 스펄링John Sperling

책 제목의 유래

나는 동시성(synchronicity) 경험을 무척 사랑한다. 그런 정합(alignment)의 경험은 흥미롭고 고무적이며, 삶 속에 작용하는 멋진 조화력에 집중하도록 나를 이끌어준다. 과학계에서는 20퍼센트 정도의 우연의 일치가 늘 있다고 말하지만, 나는 여전히 어떤 신호나 조짐이 보일 때마다 주의를 기울인다.

생전에 나의 아버지는 약 5,000킬로미터 떨어진 플로리다에서 홀로 지내셨다. 그분의 겉모습은 금욕적이었지만 그 안에는 모순된 감정들이 가득했다. 지나친 애정 표현이나 진심 어린 대화를 원치 않으셨던 탓에, 나는 아버지와 대화할 때마다 적잖은 피로를 느끼곤 했다. 내 생각에 아버지는 통제력을 잃고 울보처럼 될까 봐 두려워하셨던 것 같다. 2000년의 어느 날, 아버지는 저녁식사 후에 갑자기 돌아가셨다. 안락의자에 앉아 계시다가 심장이 멈춘 것이다. 이웃에게 발견된 때는 나흘이나 지난 후였다. 나는 아버지의 죽음을 예견하지 못했다는 사실을 받아들이기 어려웠다. 나는 미리 아버지를 찾아뵙기는커녕 전화조차 걸지 못했다. 아마도 아버지는 아무도 평화로운 죽음을 방해하길 원치 않으셨을 것이다. 그러나 나는 임종을 지키지 못했다는 생각에 크게 상심했다.

아버지가 돌아가신 날에 나는 꿈에 대한 책을 하나 쓰고 있었다. 그런데 집중이 잘 되지 않았다. 나는 별안간 컴퓨터 앞에서 일어나 집 안을 둘러보았다. 가만히 그 공간을 응시하며 생각했다. '창조의 흐름이 왜 끊어졌을까?' 나는 오후 일찍 작업을 끝내고는 영화관에 갔다. 상영 중인 영화를 알진 못했지만, 때마침 데니스 퀘이드Dannis Quaid와 짐 커비즐Jim Caviezel이 주연한 영화 〈프리퀀시〉의 시간에 맞춰 도착했다. 그 영화에서는 아들이 죽은 아버지와 단파 라디오를 통해 대화한다. 시공을 초월하는 공통 주파수를 발견함으로써 그들은 비밀을 풀고 묵은 상처를 치유한다. 또한 아버지가 죽음에 이르지 않게 되는 더 나은 미래까지 창조한다. 내 추측에 따르면, 나는 아버지가 돌아가시는 순간에 바로 그 영화를 보고 있었다. 그리고 그것은 임종을 지키는 것과 가장 비슷한 일이었다.

이 책에 붙일 제목을 찾기 시작했을 때, 내 마음은 일관성, 체계성, 시의성을 높이기 위한 궁리 속에서 헤엄치고 있다. 나는 그럴듯한 제목과 부제 안들을 노트북에 이리저리 입력하다가 문득 '프리퀀시FREQUENCY'(이 책의 원제)라고 — 내 손이 스스로 — 대문자로 썼다. 나는 그것을 바라보았다. '정말 괜찮을까? 영화 제목인데?' 나는 불현듯 아버지의 존재를 느꼈다. 그는 이 일련의 사건들 기저에 놓인 핵심 단어를 이제야 알겠냐는 듯이 웃으며 나를 바라보고 있었다. '맞아요! 꼭 맞는 제목이에요!'

나는 앉은 채로 전율을 느꼈다. 나 또한 영화 속 주인공들이 경험했던, 생사의 차원을 가로지르는 공통 주파수를 방금 경험한 것이다. 아버지는 이 연결의 경험과 이 제목의 의미에 대단히 만족하고 있었다. 이것은 아버지의 선물이었다. 그는 내가 설명하려는 여러 원리들을 단박에 직접 경험하게 해주었다. 나는 이 제목이 가진 힘과 마법에 완전히 홀려버렸다.

> 행복을 느낄 때, 우리는 상승하는 구조 속에서 살게 된다.
> 우리는 하나로부터 다른 하나로 끝없이 이끌린다.
>
> — 로버트 루이스 스티븐슨Robert Louis Stevenson

1

변성 과정

모든 생명 속에서는 실현되기를 바라는 일부분이 있다.
올챙이는 개구리가 되어가고, 번데기는 나비가 되어가고,
손상된 인간은 온전한 인간이 되어간다.
그것이 영성이다.

— 엘렌 베이스Ellen Bass

자신이 헬륨 가스로 부풀어 오른 풍선이 된 듯한 느낌을 받은 적이 있는가? 부풀고 또 부풀어서 대단히 팽팽해졌는데도 가스가 계속 주입되는 풍선 말이다. 당신이 가진 모든 흥밋거리와 즐거움, 분노의 대상들을 잠시 살펴보라. 그리고 거기에 세상의 모든 창조적 발견, 새로운 진실, 일상의 변화, 눈요깃거리들, 진귀한 것들을 더해보라. 또한 온갖 의견들과 불평, 위선, 비극, 극적인 사건, 두려움까지도 포함시키라. 그것

들이 전부 당신 안에 존재한다고 느껴보라. 그것들은 서로 자기를 봐달라고 아우성치면서 얇은 막과 같은 당신의 현실을 잡아 늘이고 있다. 그 풍선이 뻥 하고 터지려면 당신은 얼마나 더 커다란 압력과 소란을 견뎌야 할까? 다행히 우리는 훨씬 더 쉬운 앎의 방식을 택할 수 있다! 지금 우리는 진화의 단계들을 거치고 있다. 그리고 그 결과 우리는 새로운 인식 능력과 정체성, 그리고 무한한 자유를 얻을 것이다.

흥분과 압력의 원인

주파수가 높아지고 인식 능력이 무한해지는 에너지 현실이 오고 있다는 사실을 제대로 이해하려면 자신이 극도로 민감해지고 방향을 잃은 채 혼란을 느끼기도 하는 데는 충분한 이유가 있음을 아는 것이 도움이 된다. 아주 빠르게 진행되고 있는 개인적, 사회적 변성 과정은 결국 '직관의 시대'라는 결과를 낳을 것이다. 그 과정에서 감정적, 에너지적 고통을 겪는 사람들도 있겠지만 결국 당신은 놀랄 만한 도착지에 이르게 될 것이다. 당신은 그곳을 사랑하게 될 것이다. 물론 우리는 그곳으로 가는 안내 지도를 가지고 있다. 하지만 먼저 당신은 변성 과정의 전체적인 흐름을 이해해야 한다. 당신이 그 과정을 수월하게 만들어줄 핵심 요소들을 놓친 채로, 그저 남들처럼 고지식한 생각에만 사로잡혀서 최신의 에너지 기법들에는 눈길도 주지 않는 사람이라면 더욱 그렇다.

이 장에서, 나는 우리가 올라탄 이 변성 과정의 개요를 설명하고자 한다. 당신은 그것을 통해 현 상황에 대한 관점을 얻게 될 것이다. 그리고 다음 장부터는 각 단계들을 성공적으로 통과하기 위해 진동의 힘을 탐구하고, 당신 자신을 포함한 모든 사람에게 도움이 되어줄 건강하고 의식적인 감응력을 계발하게 될 것이다.

> 우리는 모든 것이 가능해지는 시대를 향해 나아가는 중이다.
>
> — 바츨라프 하벨Václav Havel

지난 수십 년간 물리학, 상업, 영성, 심지어 정치 분야에서도 패러다임의 전환, 양자의 도약, 새로운 세계 질서, 임계점, 홀로그램* 현실 등이 거론되어왔다. 영화 〈스타워즈〉의 '초공간 도약'만 해도 우리에게 깊은 인상을 남기지 않았

---

* hologram: 레이저 입체상을 만들어내는 필름. 일부 과학자들은 이 물질우주 또한 일종의 우주적 홀로그램이 빚어내는 가상현실이라고 말한다. 필름을 아무리 조각내도 피사체의 전체상이 재생되고 과거와 현재와 미래가 한 필름 속에 담겨 공존하는 것이 홀로그램의 신비한 특성이다.

는가. 1962년에 '패러다임 전환'이라는 개념을 대중화시킨 토머스 쿤Thomas Kuhn은 진화의 의미를 이렇게 정의했다. "평화로웠던 휴지기休止期가 끝나고 격렬한 지적 혁명이 속개되는 것." 그리고 그 과정에서는 "하나의 관념적 세계관이 다른 것으로 대체된다"고도 했다. 따라서 패러다임이 바뀌면 기본적으로 가치관이 변하고, 그 결과로 사람들의 행동 방식도 변한다. 한번 생각해보자. 농업의 발달은 원시의 사냥-채집 사회를 변화시켰다. 인쇄 기술은 교회가 지배하던 암흑시대로부터 우리를 구해냈고, 개인용 컴퓨터와 인터넷은 먼 나라 사람들을 상호 연결된 지구 시민으로 만들어주었다. 높은 발전을 이루려면 그만큼 큰 변화를 겪어야 한다. 나는 오늘날에 벌어지는 일이 그런 변화를 뛰어넘는다고 믿는다. 우리는 '변성'의 시대에 살고 있기 때문이다. 그렇다면 변화와 변성의 차이는 무엇일까?

변화 + 다음 차원 = 변성

  식기, 음식 접시, 음료, 그리고 중앙 장식이 놓인 저녁 식탁을 떠올려보라. 그리고 그 배열을 뒤엎어보라. 소금통을 빈 와인잔 속에 넣고, 냅킨을 접시들 아래에 깔고, 음식을 대접이 아니라 식탁보 위에 올리고, 샐러드 접시를 깨뜨려 조각내고, 식탁 장식을 뒤집어엎어라. 어떤가! 당신은 변화시켰다. 당신은 주어진 품목들을 새로운 형태와 관계로 재조합시켰다. 하지만 그것들은 여전히 시공간적으로 식탁 위에 존재한다. 그것들은 서로 분리되어 있고, 고체이고, 수동적으로 보인다.

변성(transformation), 변태(metamorphosis), 변질(transmutation)은 이런 변화와는 전혀 다르다. 이 단어들은 본질 자체의 연금술적 변화, 다른 에너지 상태로의 전환, 마치 마법과 같은 기적적인 변화를 뜻한다. 불사조의 전설이 그 좋은 예이다. 우리는 변성과 정화의 불(영적 성장)에 의해 일상적 자아의 '죽음'을 맞고, 그 잿가루로부터 금(빛과 사랑)의 창조물로 '재탄생'한다. 저녁 식탁으로 돌아오자면, 물은 기체 상태로 변성되어 마치 사라진 것처럼 보일 수 있다. 또한 저녁 식탁 자체가 부유함 또는 가족애를 나타내는 더 높은 의미의 경험으로 변질될 수도 있고, 아니면 그 전부가 더 이상 물리적 대상으로 존재하기를 멈출 수도 있다.

정체성의 거대한 전환

공간 속의 한 점(point)을 떠올려 자신이 그것이라고 상상해보라. 당신은 다른 차원을 알지 못하고, 움직일 수도 없으며, '자아'라는 관념도 찾아보기 어렵다. 이제 그런 점들이 마치 줄에 꿰인 유리알들처럼 가까이 모여 '의식(awareness)'이라는 신비한 임계점에 도달하고, '선(line)'이라고 불리는 새로운 현실이 탄생했다고 생각해보라. 당신은 그 새로운 세계에 완전히 녹아들고, 하나의 점이었던 정체성은 망각한다. 당신은 선이 된다. 당신은 확장된 자아를 얻어 새로운 규칙을 따르는 세계 속에서 산다. 그곳에는 앞뒤를 왕복하는 '움직임'이 있다. 당신은 하나의 점이었을 때보다 훨씬 더 자유롭다.

나의 정체성이 전환되면 현실도 동시에 전환된다.
현실이 전환되면 나의 정체성도 동시에 전환된다.

이번에는 그런 선들이 가까이 모여들어 이전에는 알지 못했던 차원이 세워질 때, 즉 '면(plane)'이라고 불리는 새로운 의식 상태가 촉진될 때 당신이 어떤 느낌을 받게 될지를 상상해보라. 당신은 '선'이라는 정체성을 망각한다. 당신은 단 두 가지 방향뿐만이 아니라 사방으로의, 심지어 구부러진 움직임까지 경험한다. '면'으로서의 삶은 당신에게 아주 많은 선택권을 주고, 당신은 이전의 속박된 자아를 거의 기억하지 못한다.

이제는 그런 면들이 가까이 모여들고 겹쳐 쌓여 또 다른 차원으로 확장될 때, 즉 '공간(cube)'이라는 3차원 현실이 촉진될 때 벌어질 일들을 그려보라. 지금 당신 앞에는 무한한 공간과 가능성처럼 보이는 영역이 열려 있기 때문에, 당신은 면으로서의 정체성을 망각한다. 당신의 세계는 시공간과 물질 ― 정형의 물체와 빈 공간, 안쪽과 바깥쪽, 과거·현재·미래, 다른 존재들로부터 되비춰진 반영에 근거한 자아상 ― 을 포함한다. 많이 들어본 말인가? '공간'의 3차원 세계는 우리가 지금 살고 있는 곳이며, 우리의 자아상이며, 우리가 정상(normal)이라고 정의한 것이다.

지금 우리는 무언가 불만스럽고 몹시 흥분된 3차원적 존재로서 다음번 진화적 도약의 순간 앞에 도달해 있다. 당신의 자아상과 세계관을 전환시켜줄 것은 무엇일까? 아마도 컴퓨터를 이용한 시간 절약이나 3차원적 우주선의 공간 여행은 아닐 것이다. 우리 사회의 변성은 다음번의 상위 차원, 즉 4차원이 '공간(3차원)'의 현실과 통합될 때 이루어질 것이다. 당신은 이 4차원을 영혼과 영성의 영역 ― 공간 이상의 체험, 에너지와 의식의 통일장 속에 모든 것이 동시에 존재하는 곳, 모든 것 안에 다시 모든 것이 포함되어 있는 곳, 모든 것이 알려지는 곳, '사랑'을 근본 재료로 삼아 모든 것이 만들어지는 곳 — 으로 생각해볼 수도 있다.

  3차원과 4차원이 뒤섞인 현실은 마치 무엇과 같을까? 힌트가 하나 있다. 당신은 인과관계의 단순논리와 고집스러운 태도를 거두게 될 것이다. 당신은 나선형으로 사고할 것이고, 삶은 주기적인 파동처럼 움직일 것이다. 당신은 프랙탈*과 홀로그램이 의식의 기초임을 이해하게 될 것이다. 거기에는 거리, 과거, 미래 따위가 존재하지 않는다. 새로운 현실에서는 영혼이 지고한 힘을 가진다. 보이는 영역과 보이지 않는 영역을 넘나드는 의식 수준이 보편화될 것이며, 그 어떤 일도 가능해질 것이다.

---

* fractal: 언제나 부분이 전체를 닮는 자기 유사성(self-similarity)과 소수小數 차원을 특징으로 갖는 분열 도형을 일컫는다. 어떤 수준에서 보더라도, 항상 하위 구조가 상위 구조를 닮아 있는 기하학적 형상을 보인다.

다가오는 황금시대에 관한 잉카의 예언

《열 번째 지혜: 경험적인 안내서》[**]에서 제임스 레드필드^{James Redfield}와 캐럴 에이드리엔^{Carol Adrienne}은 위라코차 재단[***]의 중역인 엘리자베스 젠킨스^{Elizabeth Jenkins}의 말을 인용한다. "안데스의 예언자들, 그 성스러운 남자와 여자들은 1993년부터 2012년까지가 인류의 의식 진화에 결정적인 시기라고 말한다. 그들에 따르면, 우리는 '우리 자신을 다시 만나는 시대' 속으로 들어가고 있다. 안데스 인들은 우리가 이 시기에 3차원 수준의 의식으로부터 4차원으로의 이행을 겪을 것이라고 믿는다. 집단적 두려움을 정화하고 영적 에너지를 충분히 모아 인류가 다 함께 4차원 수준의 의식으로 진입하는 것이 우리의 과제이다."

페루 출신의 잉카의 영석 사자(使者)인 휠라루 후야타^{Willaru Huayta}는 이렇게 말한다. "고대 이후로, 그 마지막 황금시대 이후로도 태양의 아이들은 존재해왔다. 한 해에 사계절이 있는 것처럼 네 종류의 거대한 우주 시대가 순환한다. 황금시대 다음에는 은의 시대가 온다. 다음은 동의 시대이고, 그다음은 철의 시대로서 이

[**] The Tenth Insight: An Experiential Guide.

[***] Wiracocha는 Viracocha라고도 표기되며, 잉카에서 문명의 창조주로 받들어지는 신이다. 엘리자베스 젠킨스는 위라코차 재단의 창립자로서 잉카 문화의 지혜와 가치를 여러 권의 책으로 펴내 널리 알렸다.

것이 지난 수천 년간 지속되어왔다. 이 마지막 금속의 시대는 강한 물질적 성질을 지닌 어둠의 시기였고, 사람들은 이기주의(egotism)에 빠져들어 어머니 자연의 힘을 부정적으로 사용했다. 그것은 전쟁의 시대, 금속과 같은 냉정함의 시대였다. … 긴 겨울과 같았던 철의 시대가 이제 끝나가고 있다. 마치 봄처럼, 새로운 황금시대가 세상 곳곳에서 자신을 드러내고 있다.

우리는 계시를 받아들이고, 자신의 몸을 신전과 같이 여기며 우주 법칙을 인식하는 자연의 방식으로 되돌아가야 한다. 각각의 개인은 하나의 성스러운 신전이다. 가슴은 그 신전의 제단이다. 거대한 빛의 반향인 사랑의 불이 이 제단 위에서 불타오른다. 이 내면의 빛은 반드시 알려져야 하고, 보살펴져야 하고, 숭배되어야 한다. 이것이 태양의 아이들의 종교이다."

변성 과정의 드라마

나는 수십 년간 깊은 중심, 즉 영혼의 차원에서 개인과 집단을 상담해왔다. 나는 그들이 경험하고 있는 내적 성장의 가속 현상을 이해하려 노력했고, 그 덕분에 변성 과정의 양상을 속속들이 알게 되었다. 나는 그것을 편의상 아홉 단계로 나누어 설명하지만, 사실은 대단히 유동적이고 유기적이어서 각 단계는 다른 단계들과 서로 혼재되어 있다. 당신 또한 이 단계들의 전부 또는 일부를 통과해왔고 그에 해당하는 증후들도 많든 적든 겪어왔을 것이다. 당신은 한 단계를 슥 통과했지만 그다음 단계에서는 엄청난 시간을 들였는지도 모르고, 한동안 두세 단계 사이에서 전진과 퇴보를 거듭했을 수도 있다. 혹은 이미 그 전부를 통과하여 높은 주파수에 도달한 상태라고 느끼고 있지만, 자신의 영혼에 더 가까워지기 위해 다시 한번 이 과정을 반복하려는 중일 수도 있다. 그러나 지금은 처음보다 훨씬 쉬울 것이다. 각 단계를 통과해가는 시간은 정해져 있지 않다. 그것은 온전히 당신의 몫이다. 당신에게 특히 중요한 부분들은 절로 두드러진다. 결과적으로는 모든 사람이 이 변성 과정을 경험하게 될 것이다. 지구 전체가 같은 영향을 받고 있기 때문이다. 그리고 의식적으로 순응하는 사람들은 더 빠르고 수월하게 이런 경험들을 겪어갈 수 있다.

> 멈추지만 않는다면, 걸음이 느린 것은 문제가 되지 않는다.
> ― 공자

전 과정을 아우르는 기본 원리를 발견한다면 현재 자신의 삶과 상황을 이해하는 데 도움이 될 것이다. 기억하라. 하나의 발걸음은 자연히 다음으로 이어지고, 각 단계마다 당신은 선택권을 갖는다. 당신은 변화에 저항할 수도 있고, 더 나은 삶으로 데려다줄 그 흐름을 신뢰할 수도 있다. 낡은 안정감을 유지하기 위해 그 흐름을 늦추거나 멈춘다면, 진보가 멈추고 두려움이 커지며 불필요한 압력과 혼란이 창조될 것이다. 반대로 그 흐름이 당신의 참된 자아가 가리키는 것이며 당신에게 가장 이로운 것임을 신뢰한다면, 당신에게 필요한 그 경험들을 기꺼이 맞이한다면, 그때 몸-감정-마음의 주파수는 상승하고 당신은 각 단계의 이익들을 얻게 될 것이다.

이제 변성 과정의 아홉 단계를 맛보고 당신의 삶 속에 등장할 가능성이 있는 증후들을 살펴보자. 변성 과정의 초반부는 사랑의 체험과 영적 발현을 가로막는 것들을 전부 제거해 가는 단계들로 이루어져 있다. 이처럼 두려워하고 거부해왔던 것들을 직면하게 될 때, 당신은 일반적으로 불편함을 느낀다. 하지만 다행히도 그런 단계들은 영원히 지속되지 않는다. 중간단계 즈음에 이르면 전환점이 등장하기 때문이다. 그때부터는 빛이 밝혀지고 깊은 안정감이 찾아온다. 분열적인 증후들이 모두 사라지고, 당신은 꽃처럼 피어나 제 몫의 운명을 행복하게 살아내기 시작할 것이다. 변성 과정은 아래와 같이 시작된다.

1. 영혼이 몸-감정-마음과 통합된다.

현실로 여겼던 물리적(3차원) 세계가 고주파 에너지의 유입에 반응하기 시작한다. 마치 졸던 아기가 오븐에서 구워지는 쿠키 냄새에 문득 잠에서 깨어나는 것과 같다. 당신의 배후에 있던 상위의 의식 수준(4차원)이 스스로 모습을 드러낸다. 어떤 사람들은 멀리 떨어진 우주적 사건, 또는 우리가 속한 은하수를 통과해가는 '플라스마 장'(plasma field)이라는 우주적 에너지가 그 원인이라고 말한다. 원인이 무엇이든 간에, 이처럼 영적 차원의 상위 에너지가 주파수상으로 '하강하여' 당신의 세계에 배어들기 시작할 때, 당신은 그 신비를 동경하게 되며 주파수를 '상승시키는' 방향으로 각성되고 감응한다.

나는 흥분을 느끼고, 삶에 더 많은 것이 있음을 안다!
나는 더 나은 것을 원한다!

당신은 천상과 지상의 경계가 희미해짐을 느낀다. 당신은 가벼워지고, 인식 능력이 향상되며, 중요한 무언가가 커튼 뒤에서 기다리고 있음을 감지한다. 3차원과 4차원이 뒤섞이기 시작하고, 궁극적인 통합을 향해 파동들은 갈수록 가속화된다. 당신은 감응력과 의식 수준을 높임으로써 앞으로 다가올 일들을 엿볼 수 있게 된다.

이런 첫 단계의 대표적인 증후는 몸과 마음의 조화가 강조된다는 것이다. 우리는 그것을 심리학, 통합의학, 스포츠, 명상이나 요가와 같은 영적 수행들에서 볼 수 있다. 몸과 마음이 하나가 되면 영혼 또는 영성이 드러난다. 문득 당신은 그것이 언제나 만물 안에 존재해왔음을 깨닫는다. 몸과 통합된 상태의 느낌을 알게 되고, 각각의 세포가 얼마나 의식적인지를 실감한다. 상황에 따라 몸이 본능적으로 반응할 때면 당신은 그런 변화와 이유를 즉시 알아차린다. 당신은 모든 물질이 일종의 의식이라는 사실을 이해한다.

교회 또는 영성 단체의 가입, 속세의 영성화, 깨어 있기(being mindful), 직관력 계발, 자각몽, 삶의 소명, 크롭 서클·영체·영능력·신비주의 종교·임사 체험 등을 매개로 한 초자연적 영역과의 접촉 등등의 주제들에 관심을 갖게 될 수도 있다. 당신은 물리학, 천문학, 미생물학, 해양학, 유전학 등이 찾아낸 생명의 근간을 진지하게 탐구하거나, 에너지 공급 부위(차크라) 또는 숨겨진 비밀들 — 고대의 신비, 새로운 의학, 멸종된 인류, 생명체의 잃어버린 고리, 지하 문명 등등 — 에 관심을 쏟게 될지도 모른다.

> 이제 많은 사람들은 집단의식에 의해 받아들여진
> 새로운 에너지를 체험하기 시작하고 있다.

> 이 에너지는 당신의 영혼을 자극하여 발현시키고,
>
> 당신 내면의 목소리를 증폭시킨다.
>
> 세상사로부터 내면의 가능성으로 눈을 돌리도록,
>
> 이 새로운 에너지가 전 세계의 사람들을 자극하고 있는 것이다.
>
> —— 닥 칠드리 Doc Childre

2. 삶의 주파수가 모든 곳에서, 모든 방식으로 증가한다.

영적 주파수는 이 행성과 당신의 몸을 포함한 물질계를 관통함과 동시에, 당신의 마음과 감정에도 흠뻑 스며든다. 당신의 몸은 높은 주파수에 적응하는 쪽으로 향상되고, 그것은 우선 당신의 안정감을 교란시킨다. 고주파의 에너지는 긍정적, 부정적 감정에 모두 작용하여 그것들을 더욱 두드러지게 한다.

당신의 심장박동은 쿵쾅거리거나 불규칙해질지도 모른다. 고열에 시달리는 사람들도 있다. 몸이 뜨거워지고 찌릿찌릿해질 뿐만 아니라, 감정까지 흥분되어 극단적인 활기와 침체 또는 돌연한 감정적 해방을 느끼기도 한다. 당신은 지나치게 민감해지고 전기와도 같은 성질을 띠게 되며, 끝없는 압력을 받는 것처럼 느낄 수도 있다. 이처럼 사람들이 '가열되는' 과정은 지구의 온난화와도 비슷해 보인다. 이제 당신은 소음, 군중, 알레르기, 특정한 음식, 대중매체 등을 견뎌내기 힘들 것이다.

나는 위태롭고 불안하다. 모든 것이 날 괴롭힌다.
내 몸은 아프다. 나는 피곤하지만 잠을 잘 수 없다.
나는 '지금 당장' 이것이 해결되기를 원한다!

당신은 집중력의 퇴보, 단기기억의 망각, 동기의 결여, 방향감의 상실 등을 체험한다. 육체적으로는 피로를 느끼고, 평소보다 더 아프며, 더 많은 고통과 증상에 시달린다. 또는 조증躁症, 갈망, 분노, 풀리지 않는 긴장 등을 느끼기도 한다. 죽은 것과 같은 깊은 수면과 불면증이 번갈아 찾아온다. 끝없이 지식을 추구하고 논리에 집착하는 '머릿속' 세계로 숨어드는 사람들이 많아진다. 눈앞의 만족을 위한 노예가 되기도 쉽다. 당신은 멍해지거나, 공상의 세계 속에 살거나, 당면한 문제와 주변사람들의 삶을 못 본 체하거나 끙끙 앓고 속을 태움으로써 불편한 몸으로부터 탈출하고자 시도한다. 높은 주파수가 몸을 과잉활동(overactivity) 상태로 만들어 암, 바이러스, 고열, 감염, 발진, 알레르기, 주의력 결핍, 신경계 이상 등의 기능 고장이 생길 수도 있다.

이 단계의 긍정적인 효과는, 자기 자신을 고주파 에너지의 흐름에 자연스럽게 적응하도록 내맡긴다면 더 높은 의식

뿐 아니라 더 많은 활기와 내성耐性까지 얻게 된다는 것이다. 거기에는 사랑, 관용, 행복, 열정 등의 고주파적 감정과 혁신, 창조, 영감, 용서, 봉사, 치유 등의 고주파적 사고 및 동기도 포함된다. 그때 당신은 더 많은 앎과 신비로의 탐험, 영혼의 경험을 동경하게 된다. 당신은 긍정적 사고와 사랑이 치유를 이뤄가는 방식을 이해한다. 그리고 체중감량, 해독, 회춘, 운동, 무예 등을 통해 자신의 몸을 정화시키길 원한다.

3. 개인-집단의 잠재의식적 마음이 비워진다.

당신의 감정과 육체의 주파수가 증가하면, 잠재의식의 훼방꾼들 — 두려움의 근간이 되는 낮은 주파수의 감정들 — 은 더 이상 축적되거나 억압되지 않는다. 고주파의 에너지장 속에는 낮은 주파수가 존재할 수 없기 때문이다. 숨어 있던 그 훼방꾼들은 마치 가열된 팝콘처럼 의식 속으로 폭발해 들어온다. 그와 동시에 억눌렸던 기억들과 정신적 상처가 떠오르고, 제한되고 부정적인 낡은 신념들이 무의식적으로 재생된다. 당신은 마음의 어두운 구석을 마주한다. 그곳에는 창피함, 비참함, 공포, 증오가 있다. 이제 당신은 이 지하세계를 돌파하는 영웅의 여정을 시작하겠다는, 그 잠재의식과 미지의 영역을 관통하여 분별력을 얻겠다는 결심을 해야만 한다. 이것은 상당한 장애물을 헤쳐 나가야 하는 일이므로 당신에게는 용기가 필요하다. 이 단계에서는 앞으로 나아가는 확실한 방법이 있다는 사실을 이해하는 것이 도움이 된다. 지금의 상황은 영원히 이어지지 않으며, 지금 떠오른 것들은 당신의 본래 모습이 아니다.

사람들 사이에서는 비관론과 공포감이 퍼진다. 꿈과 상상은 폭력적이고 섬뜩한 형태를 띠려 하고, 최악의 시나리오는 종종 현실이 된다. 균형이 깨지고, 불안과 공황발작을 겪고, 스스로 미쳐가고 있다거나 성격장애가 심각해진다는 생각이 든다. 추문, 금기, 학대, 그리고 혼자만의 수치스러운 비밀이 남들 앞에서 까발려진다. 비밀과 사생활은 과거의 일이 된다. 당신은 뚜껑이 열린 압력솥과 같은 폭발 — 동맥류 비대, 교통체증에 대한 분노, 가정 학대, 테러 행위, 극심한 발진 — 을 경험한다. 또는 쓰라린 학대의 기억이 떠오르는 듯한 만성질환이 발병할 수도 있다.

나는 화가 나고 무섭다.
삶은 너무 거칠고, 누그러질 기미가 없다.
최악의 두려움은 현실이 되어간다.
나는 자신을 통제할 수가 없다!

잠재의식이 판도라의 상자처럼 열리고, 당신은 이원론-양자택일의 사고방식에 주의를 기울이게 된다. 양극성은 두려움과 관련된 신념들의 토대이다. "시끄럽게 굴면 벌을 받을 것이므로, 나는 조용히 있어야만 한다." 이 단계에서 당신은 수많은 양극성 — 선과 악, 안과 밖, 흑과 백, 남과 여, 젊음과 늙음, 똑똑함과 어리석음, 아름다움과 추함, 승자와 패자, 삶과 죽음 — 과 그에 덧붙은 신념과 감정들을 발견한다. 이제 당신은 자신이 얼마나 이것들을 반대로 분리시켜놓고자 애써왔는지를 안다. 상위의 에너지가 이 양극성들을 마치 음양陰陽의 팔괘八卦처럼 한데 모아 뒤섞어 흐르도록 이끄는 동안에 말이다. 당신은 지금껏 거부해온 자신의 그림자를 직면한 후에, 그 에너지 흐름을 타고 다시 밝은 측면으로 이동해온다. 당신은 밝음과 어둠이 서로에게 얼마나 큰 에너지 원천이었는지를 긍정적인 측면에서 깨닫는다. 그러나 이 단계에서는 팔괘적 흐름에 반하는 당신 내면의 장애물들 — 편견, 고착, 저항 — 이 먼저 부각된다.

물론 자신에게는 무의식적 고착이 없다고, 문제는 다른 사람들의 행동과 태도라고 생각하기가 쉽다. "나는 조용히 있고 싶어. 이건 시끄럽게 굴면서 야단법석을 피운 네 잘못이야." 당신은 너그러울 수가 없다. 당신은 외모, 성격, 지성, 기술, 에너지 수준이 자신과 다르게 느껴지는 사람과 대상들을 거부하려 든다. 당신은 위협, 배신감, 질투를 느낀다. 당신은 자신과 타인을 판단하고 비난하며, 양극성 — 좋고 싫음, 매력과 혐오, 공격과 방어, 소유와 거부 — 의 틈새에서 끝없이 변덕을 부리는 신세가 된다.

논쟁과 욕설, 대립과 비난이 증가한다. 속이고, 비난하고, 불평하고, 변화를 거부하고, 소통하지 않는 인간관계는 문제를 일으키고 곤경에 처해 파국에 이른다. 이혼, 법정 싸움, 이웃과의 갈등, 가족 간의 언쟁, 완벽한 영혼의 짝(soulmate)에 대한 갈망 등을 경험한다. 증오 범죄, 고문, 관음증, 금기의 파괴, 리얼리티 쇼, 법정과 범죄 수사, 당파에 빠진 정치 지도층, 신랄한 토크쇼 진행자, 각종 심리요법 등등의 현상들이 갈수록 일상화된다. 천식, 정신분열, 양극성·경계선 장애, 간질 등의 공황성 질병과 혼란이 증가할 수도 있다.

이 단계의 긍정적인 결과는, 만약 상위 에너지의 흐름에 자신을 내맡기면서 사랑과 인내로써 현실에 대처한다면, 싫어하는 한쪽 면만을 회피할 수는 없으며 오히려 모든 선택지를 삶의 일부로서 받아들여야 한다는 사실을 배우게 된다는 것이다. 그때 당신은 사람들이 서로의 내면을 반영하고 있다는 '되비춤(mirroring)'의 개념을 받아들인다. 당신은 무엇에든 양극이 있음을 인정하고, 그것들이 서로를 지탱하는 방식을 이해하게 되며, 지금껏 거부해왔던 자신의 일부분으로부터 정보와 에너지를 얻는 방법을 배운다. 당신은 과거의 무의식적, 감정적 자극제들을 분명하게 인식한다.

> 당신이 100세까지 산다고 하더라도,
> 그것은 실로 대단히 짧은 시간이다.
> 그러니 고착과 소유와 냉담함과 거부감을 더욱 심화시키기보다는
> 참된 본성과 연결되고, 마음과 가슴을 열고,
> 진화의 과정을 수행하는 데 전념해서는 안 될 이유가 무엇인가?
>
> — 페마 초드론Pema Chödrön

4. 당신은 움츠러들고, 요새를 쌓고, 저항하고, 다시 억압한다.

오랫동안 감내해온 두려움으로부터 자신을 해방하고 감정적 상처들을 단호하게 치유해가는 만큼, 당신의 에고 — 두려움과 자기방어에 기반을 둔 마음의 일면 — 는 간섭하고 소리친다. "나는 죽을 준비가 되지 않았어!" 그것은 '힘들지만 익숙한' 낡은 방식들의 보존을 위해 싸우고, 내려놓음과 인내심에 힘껏 저항한다. 당신은 생존을 위한 행동 — 싸우거나 도망치거나 — 에 돌입하고 그 교묘한 습성에 농락당한다.

나는 바뀌기를 원치 않는다!
나는 나만의 세계 속에 산다. 나는 옳다!

만일 당신이 싸움꾼 성향이라면 탱크 같은 스포츠 범용 차량(SUV)을 타고 호화로운 집에 살면서, 공격적인 일중독과 고착된 신념 체계를 통해 세상을 떠안으면서, 또는 독한 커피를 들이부으면서, 자신이 커지고 난공불락이 된 듯한 느낌을 지어낼 수 있다. 당신은 자신의 성격, 엄격한 개인주의, 애국심을 옹호하게 된다. 더욱 독선적이고, 허풍스럽고, 자아도취적이고, 성마르고, 심지어 폭력적으로 변할 수도 있다. 당신은 유명해지고, 강하고, 부유하고, 성형수술을 하고, 화려한 소유물들을 취하고 싶어한다. 주변 상황과 타인들을 통제함으로써 안정을 구하고, 스스로 모든 것을 통제할 수 없는 상황에서는 거친 태도, 냉소, 빈정거림, 공격적인 무관심과 무례를 드러낸다. 필요하다면 부적절하고 불친절하고 비도덕적인 일들도 서슴지 않는다. 정부, 군대, 기업, 종교와 같은 족장식族長式 권력 구조를 통해 필사적이고 교묘하게 타인들에게 영향력을 행사하며 유혹, 최면, 뻔뻔한 거짓말, 공포의 조장으로써 그 통제를 유지한다.

사람들은 나를 미치게 한다.
그들은 멀리 꺼져버려야 한다!
나는 투쟁의 덫에 걸려든 것처럼 느낀다.

만일 당신이 투쟁 회피자 성향이라면, 위협적인 생각들을 다시 억압하고 변화를 거부하며 안정을 갈망하게 된다. 거대한 텔레비전으로 안락하게 장식된 완벽한 집 안에 파묻히거나, 부모 또는 부모를 대신할 위압적인 인간관계로 빠져든다. 당신은 음식들에서 위안을 찾느라 과식으로 살이 찌거나, 반대로 입맛을 잃어 식욕부진을 겪는다. 조그만 전자제품들을 통해 머릿속으로 주입되는 음성과 영상에 마비당하기도 한다. 또는 아무 문제가 없는 듯 쾌활함을 가장한다. 과거를 향한 향수, 유행, 판타지 세계 속으로 탈출하거나 심지어는 자포자기의 상태가 될 수도 있다. 당신은 이미 지상의 삶은 끝났다고 느끼면서 천사들이나 외계인들의 틈에 끼고 싶어할 것이다. 강박 신경증, 발작, 골격계 장애, 관절염, 장기 기능의 부전, 중독, 우울, 갖가지 마비 증세, 피로 증후군 등의 저항성 만성병과 무력함이 증가한다.

이 단계의 긍정적인 결과는, 당신이 삶의 모든 분야에서 돌연한 도약을 — 상처를 치유시킬 통찰을 포함하여 — 경험하게 된다는 것이다. 어린 시절의 상처로부터 비롯된 문제들은 실제로 흩어져버리고, 타인과의 협동이 늘어나면서 고독감이 물러가며, 격한 반응을 불러일으켰던 일들이 이제는 그다지 괴롭지 않다. 당신은 다른 사람들이 붙잡혀 있는 혼돈을 꿰뚫어 보고, 유혹에 넘어가지 않으며, 아주 명쾌하게 앞으로 나아가는 자신만의 방식을 발견한다.

5. 낡은 구조가 무너지고 해체된다.

우리는 피할 수 없는 운명에 그리 오래 저항할 수 없다. 개인적-사회적 수준에서 에고의 죽음을 경험하게 되면, 많은 사람들이 공포에 사로잡혀서 이제는 세상이 끝났다고 생각한다. 물론 그것은 사실이 아니다. 그것은 그저 뱀의 허물벗기와 같다. 실상은 당신의 정체성이 제한된 자아에서 매우 확장된 자아로 바뀌고 있는 것이다. 만일 당신이 독단적이고, 방어적이고, 위압적이고, 공격적인 방식으로 행동한다면 이런 질서들은 그 즉시 부정적인 반향을 창조해낸다. 이럴 때는 친구, 요법가, 성직자, 구루, 12단계 프로그램˚, 또는 수호천사에게 도움을 구하는 편이 좋다.

어떤 짓도 소용이 없다. 내게는 변화가 필요하다.
나는 떠나보내야 한다. 나도 내가 누군지를 모르겠다!

두려움에 토대를 둔 과거를 정화시키는 법을 배우는 동안에는 중요하다고 생각했던 많은 것들과 의미 있다고 여겼던

˚ twelve-step program: 중독, 강박 등의 문제에서 벗어나기 위한 단계별 행동치료(교정) 과정.

방식들이 쓸모없고 심지어 지겨워진다. 당신은 그것들을 떠나보내게 된다. 상호의존에서 비롯된 인관관계들이 사라진다. 낡은 방법들은 결과를 이뤄내지 못하고 실패한다. 낡은 습관들은 죽고, 낡은 제도들은 무력화되고 붕괴한다. 당신은 거짓말, 불신, 공허한 이야기, 뻔한 기회, 무능한 사람들, 볼품없는 작품, 개인적 약점을 덮기 위한 애처로운 시도들을 더 많이 발견한다. 당신은 메스꺼움을 느낀다. 당신이 총애하는 생각, 신념, 세계관이 이치에 맞지 않게 되어버린다. 지나간 과거사만 되풀이해서 읊는 자신의 목소리에 넌더리가 나고, 그것이 자신을 제한하는 듯 느껴진다.

그동안 집착했던 사람들, 소유물, 상황, 개념, 습관 등을 떠나보내도록 강요당한다. 극적인 재산 손실 또는 파산을 겪거나 직업, 집, 친구, 개나 고양이, 가족 등을 잃기도 한다. 이제 당신의 인생에서는 이전보다 더 많은 죽음이 목격된다. 잘 짜여 있던 계획이 손쓸 틈도 없이 틀어져버린다. 그뿐 아니라, 자기중심적으로 활동하는 집단들 — 위압적인 정치가들, 부당하게 많은 연봉을 받는 기업가들, 특혜받는 유명인사들, 소아기호증 사제들을 비호하는 교회 등등 — 은 어떤 식으로든 반드시 쇠락하고 새로운 고주파의 활동에 자리를 내어주게 된다.

> 낮은 것 속으로 흘러든 높은 것은,
>
> 낮은 것의 본성을 높은 것으로 변성시킨다.
>
> ― 마이스터 에크하르트Meister Eckhart

낡은 방식들이 해체되는 동안 당신은 환멸을 경험한다. 당신은 자신이 누구인지, 무엇에 의지할 수 있는지, 또는 자신이 왜 여기 있는지를 확신하지 못한다. 당신이 가지고 있던 경계들이 흔들리고 세균, 기생충, 알레르기, 위협적인 친구들, 도둑, 테러리스트, 비물질적 존재들의 침입에 취약해진다. 실패 또는 사고와 상해가 닥쳐와서 하던 일을 중단시키기도 한다. 당신의 몸은 졸도, 설사, 파킨슨병, 치매, 복합적 경화증 등의 만성병에 대한 억제력을 잃는다. 그 외에도 다음과 같은 주제들이 부각될 수 있다. ― 주식시장의 폭락, 유명인사의 타락, 혼돈 이론, 블랙홀, 죽음, 사후의 삶, 아마겟돈, 환생, 변성, 영웅의 여행, 괴물과 초자연적 존재들, 유령, 천사, 용서, 단식, 영적 치유 등등.

이 단계의 긍정적인 결과는, 만약 당신이 필요치 않은 대상들의 해체를 허용한다면, 실제로 그런 외적 규범들은 별로 필요가 없다는 사실을 발견하게 된다는 것이다. 당신은 내면과 직접 소통하고 있다. 또한 자연의 조화와 질서라는 타고난 보편적 원리에 따라 살아가고 있다. 당신은 별다른 노력 없이

도 내면의 궁극적 지혜로부터 인도받는다. 낡은 체제의 실패는 삶이 당신의 새로운 자아를 위해 준비해놓은 자연스러운 과정이다.

6. 당신은 멈춰 서고, 떠나보내고, 가장 참된 자아 안에서 휴식한다.

당신은 마침내 투쟁과 발버둥을 멈출 지점에 도달한다. 어떤 방법도 소용이 없다. 어느 날 당신은 바닥을 친다. 또는 신비한 깨달음의 순간이 당신을 휩쓸고 지나가며 단순한 진리를 드러낸다. 당신은 통제적 자아로부터 빠져나와 지금 이 순간 속으로 완전히 진입한다. 예전에 무척 쓸모 있었던 방식들은 이제 더 이상 통하지 않는다. 당신은 처음으로 영혼의 진농을 실감한다. 그것은 단순하고, 드넓고, 고요하고, 자유롭고, 평화롭다. 그러나 이런 상태를 처음 마주하게 되면, 마치 그것이 텅 빈 것처럼 느껴져서 공황 상태에 빠지거나 익숙한 행동과 생각과 분주함 속으로 다시 뛰어 들어갈 수도 있다. 만약 이때 되어가는 대로 내맡긴다면 당신은 존재의 심연을 체험하게 된다. 그것은 안도감과 은혜로움, 궁극적인 기쁨의 체험이다. 당신은 자신이 어떤 존재인지를 홀연히 깨닫는다. 당신은 내려놓았고, 참된 중심을 찾았으며, 그 기분은 끝내준다! 에고^{ego}? 개나 줘버리라지! 이것은 환상적인 기분이다.

사실은 이것이야말로 진짜 당신이다. 당신은 '종점'에 도착했다. 뭔가를 더 하는 것은 답이 아니다.

이제 당신에게는 별다른 동기가 생기지 않는다. 마치 홀로 딴 세상에서 사는 것만 같다. 당신은 자연 속에서 머물거나 혼자 지내는 시간을 갈망한다. 지금껏 해온 모든 일과 목표가 무의미하거나 시시해 보이고, 당신은 그것들에 의문을 품는다. 그렇다고 피해의식에 빠지는 것은 아니다. 마치 별난 생명체를 관찰하는 과학자처럼 당신은 훨씬 중립적인 사람이 된다. 당신은 자신을 포함한 모든 사람의 삶을 무조건적으로 수용하고, 내맡기고, 신뢰하는 데 초점을 맞춘다. 영혼의 주파수에 흠뻑 젖고, 내면의 중심으로부터 미세하지만 분명한 신호를 수신하는 일에 능숙해진다. 이때는 다양한 방식을 통해 ─ 의식을 수양하고, 감각을 섬세하게 하고, 아름다움과 소박한 기쁨에 감사하고, 어린아이같이 천진하게 행동하는 식으로 ─ 자신의 몸속으로 들어가는 연습이 도움이 된다.

놓아버리니까 기분이 끝내주네!
나는 어디서든 나의 참된 자아를 느낄 수 있고,
그것을 사랑해!
사실, 이제는 이것뿐이야.
그 어떤 것을 준대도 이 경험과 맞바꿀 수는 없어.

상대적인 고요함 속에서, 당신의 우선순위와 신념체계와 분자들이 재배열된다. 당신은 자신이 '재배선됨(rewired)'을 느낀다. 당신은 거짓된 삶의 마지막 잔재들을 발견하고, 이제는 세상일에 허위적으로 가담하지 않겠다고 결심한다. 당신은 이 사회에 전혀 어울리지 않는 사람이 되고, 익숙한 습관들로 복귀하라는 다른 사람들의 강압에 단호히 저항한다.

이것은 각자 자신만의 '근원(최고) 주파수'를 체험함으로써 영혼 수준의 '감각'을 찾기 위한 과정이다. 당신은 너무 멀리 떠밀려가거나 혼란에 빠질 때마다 그 감각을 반복적으로 선택하고 중심에 둘 수 있다. 이 책의 5장에서는 그 자세한 내막과 방법을 다시 살펴보게 될 것이다. 근원과 중심 속에서 존재하는 이런 경험이 일상이 되면, 당신은 새로운 자아와 새로운 현실을 스스로 받아들이게 된다. 이 단계는 자신이 원하는 모습과 현실을 선택할 수 있는 결정적인 반환점이다. 당신은 지금 이 순간의 의미, 끌어당김의 법칙, 명상, 진실성, 영혼, 기도, 축복, 부활, 영계靈界와의 소통, 기타 영적 수행법들에 관심을 갖게 된다.

이 단계의 긍정적인 결과는, 만약 당신이 이런 선택을 했다면, 그 후에는 흐름이 선회하여 삶과 건강과 행복이 극적으로 개선된다는 것이다. 당신은 자신이 육체적·감정적으로 얼마나 더 나아졌는지, 창조와 성공이 얼마나 더 쉬워졌는지를 실감한다. 당신은 통찰을 받아들이고, 오랫동안 잊었던 내면의 진리를 기억해낸다. 때로는 단번에 엄청난 이해를 얻기도 한다. 이제 당신은 근원 주파수 안에서 머무는 습관을 기르고, 에너지와 의식 수준을 관리하는 데 관심을 기울인다.

> 창조의 길은 변화와 변성을 거쳐 나아가고,
> 그럼으로써 세상만물은 자신의 참된 본성과 운명을 받아들이고
> 위대한 조화를 따르는 영원 속으로 들어간다.
> 이것이 더 발전된 것이고 끝내 이뤄지는 것이다.
>
> ― 알렉산더 포프 Alexander Pope

7. 당신은 불사조처럼 세상 속으로 다시 나온다.

여섯 번째 단계를 거쳐 거대한 전환점을 돌면, 당신의 에너지와 의식은 그 무엇에도 파괴되지 않는다. 지금부터는 오직 '상승할' 뿐이다! '영혼의 진동'과 하나되면 낡은 자아에서 새로운 자아로 전환될 뿐만 아니라 삶 또한 이전과는 다르게 작용한다. 이제 당신은 애를 써서 삶을 꾸려갈 필요가 없다. 당신은 이미 그것이 완벽하게 흘러가고 있음을 안다. 모든 사람, 모든 것이 당신과 연결되어 있고 서로를 보완한다. 삶은 원하는 바를 이루도록 당신을 돕는다. 당신은 내적 실현과 책임을 함께 달성하고자 한다. 당신은 최상의 감각 속에서 온

전하게 존재하며, 몸-마음-영혼의 공동 창조로부터 비롯되는 뭔가 혁신적인 일이 하고 싶어진다.

나는 내 존재의 목적을 기억해냈고,
이제 그것을 실현하고 싶다!
나는 나 자신의 운명 앞에 흥분을 느낀다!
다른 사람들이 낮은 수준에서 진동할 때조차도,
나는 내 새로운 주파수를 쉽게 유지할 수 있다.

아직 전환을 이루지 못한 사람들을 만나더라도 당신은 두렵지 않다. 그들은 당신을 끌어내릴 만큼 위협적이지 않기 때문이다. 오히려 당신은 선생, 치유가, 조언자의 역할을 맡아 자신의 높은 주파수를 더 훌륭한 미덕을 위해 사용한다. 당신은 희망적이고, 열정적이고, 긍정적이고, 충실하며, 영감으로 가득하다. 혁신이 일어난다. 당신은 자신의 운명을 인식하고, 그것과 뒹굴고, 그것대로 살아가고자 하는 열정을 품는다. 당신은 자신의 소명과 자기실현을 진지하게 탐색하고, 태어날 때부터 내면에 존재해온 그 깊은 의도를 감사히 받아들이며, 그것이 자연스럽고 수월하게 달성되도록 그 이외의 휘몰아치는 충동들을 제거한다. 이제는 직관력을 계발하고, 가슴을 따뜻하게 열고, 두려움이 사라진 자리에서 새로운 방향과 장소와 후원자를 발견하는 일이 가장 중요한 관심사가 된다. 당신은 도움, 메시지, 기회, 기적을 받아들이고, 자신을 가치 있고 격려받는 존재라고 느낀다.

당신의 가장 진실한 동기는 목표를 성취하는 것이 아니라 흐름에 따라 '형태 변환' 능력을 발휘할 수 있도록 '다면화되는' 것이다. 다른 말로 하면, 삶이 새로운 방향을 제시해올 때마다 스스로 철저히 다른 무언가로 바뀌는 것이다. 이제 목표를 실현하는 일이 더욱 쉽고 재밌어지며, 당신의 시간 개념은 완전히 변화되어 과거와 미래는 확장된 현재 속으로 사라진다.

> 변성(transformation)은 말뜻 그대로
> 당신의 형태 너머로의 이동을 뜻한다.
> ― 웨인 다이어 Wayne Dyer

8. 인간관계, 가족, 집단의 경험이 쇄신된다.

이제 당신은 개인의식과 집단의식이 어떻게 직접적으로 서로 엮여 있는지를 실감하고, 자신을 개인적 자아(나)인 동시에 집단적 자아(우리)로서 본다. 당신은 어떻게 사람들이 서로의 삶에 영향을 미치는지를 안다. 당신은 자발적으로 친절한 행동과 생각을 선택한다. 당신은 황금률 ― 남에게 대접을 받고자 하면 그만큼 남을 대접하라 ― 을 일부러 기억해내어 실천할 필요가 없다. 그것을 따르지 않을 때면 고통을 느끼기 때문이다.

**나는 나의 새로운 주파수 지식을
내 인간관계를 곱절로 확장하는 데 사용할 수 있다!
다른 사람들은 나를 돕기를 좋아하고,
나도 그들을 돕기를 좋아한다!**

당신은 더욱 관대해지고 인간애로 가득 찬다. 당신은 흥미와 편의에 따라서 사람들 간의 일체성과 개성을 자유롭게 바라본다. 동료애와 가족애로서 협력하고, 인간관계를 자기 내면의 반영으로 여기고, 흐름이 이끄는 대로 자유롭게 주고받는다. 그것들은 당신에게 풍족감을 주고 당신의 상상력, 창조력, 생산력을 더욱 드높여준다. 당신은 사람들이 당신의 도움을 원한다는 사실을 안다.

당신은 음陰(수용적) 에너지와 양陽(활동적) 에너지, 우뇌와 좌뇌에 대한 새로운 이해를 발전시킨다. 수용적-직관적-원천적 측면과 활동적-집중적-창조적 측면을 균형 있게 발달시킴으로써, 당신의 직관은 더 큰 유연성과 창조성과 역동성을 갖는다. 당신은 음양 에너지의 균형을 남녀관계에도 적용하기 시작한다. 당신은 궁합이 맞는 두 사람이 만났을 때 발현될 새로운 가능성을 발견한다.

> 마야의 인사인 "에인 라흐 케쉬In La'kech"를 직역하면
> "나는 또 다른 너이다"라는 뜻이다.

  당신은 함께 모였다가 서로 멀어지는 영혼들의 목적을 느끼기 때문에, 인간관계가 시작되거나 끝날 때 더 고요해지고 연민을 느낀다. 당신은 사랑 그 자체의 장엄함에 압도당한다. 결혼, 가족, 팀워크, 단체, 심지어 국제정치에 대해서도 폭넓은 시야를 갖게 된다. 합작, 타가수분*, 공유, 역할 교환이 일어나고, 금전적 동기가 대체되고, 새로운 제휴와 네트워크가 급증하며, 세계화가 가속화된다.

  당신은 참된 자아로서 존재함과 동시에, 통합된 집단의 일원으로서 큰 어려움 없이 일할 수 있다. 당신은 집단의식을 통해 더 복잡하고 완전한 상위의 해결책, 혁신, 사회생활의 즐거움을 얻는다. 당신은 자신의 주파수를 다른 사람, 집단, 장소, 시간대, 의식 등의 차원에 맞춰 변조시키는 법을 배우고 이해력과 지혜를 극적으로 증가시킨다. 또한 자신을 확장시킴으로써 비물질적 존재, 영적 집회, 영혼 집단, 죽은 사람

---

* cross-pollination: 다른 그루의 꽃가루가 암술머리에 묻는 것을 뜻하는 말로서, 필요한 것을 다른 분야에서 수용한다는 비유로 쓰인다.

들과의 실제적인 접촉이 가능해진다. 당신은 지금까지 초상적(paranormal)이고 초자연적(supernatural)이라고 여겼던 의식 기법들 — 텔레파시, 공간 이동, 투시, 영적 치유, 염력 등등 — 에 익숙해진다.

9. 세상만사가 당신을 깨달음으로 이끈다.

영감 어린 협동과 공동창조, 공유된 지혜와 한없는 감사함이 찾아온다. 전 우주에 고루 작용하며 기적을 일으키는 사랑의 절대적 힘이 진정으로 이해된다. 당신은 자발적으로 남을 돕는 동시에, 자신 또한 모든 것으로부터 위대한 양육을 받고 있다고 느낀다.

나는 자유와 무한함을 느낀다!
나는 원하는 대로 시간과 공간을 오가고 초월할 수 있다!
나는 어떤 것이든 창조할 수 있고,
어떤 것이든 즉각 알 수 있다!

당신의 인생은 운명의 충동을 따라 능동적으로 전진한다. 당신은 영혼의 지혜가 이루어내는 결과들을 어린아이처럼 기뻐한다. 지금 이 순간에 머물고, 가슴과 몸을 통합하고, 모든 지식과 에너지와 자원과 협동의 뒷받침을 받을 때, 당신은 목표를 실현시켜주는 통일장의 힘을 이해하게 된다. 당신은 창조-물질화 과정의 작용을 이해하고, 자신의 몸을 확장함으로써 통일장을 체험한다. 외부 세계는 당신과 분리되어 있지 않다. 당신의 비전과 목표, 자원과 결과는 ― 이전에는 미래 또는 다른 장소에 존재했지만 ― 지금 이 순간 당신과 함께 있으며, 따라서 그것들은 당신의 생각에 의해 물질화 또는 비물질화될 수 있다. 삶은 스쳐가는 것이 아니다. 삶은 동시적이며, 이제 당신은 압박을 느끼지 않는다. 당신은 고요히 일하는 법을 안다. 몸-마음의 렌즈를 의식적으로 사용하여 지금 이 순간에 필요한 것들만 골라 선택할 수 있기 때문이다.

당신은 자신의 운명이 다른 영혼들의 운명과 서로 연결되어 진화한다는 사실을 깨닫고, 이 유동적인 세상 속에서 목표를 세우고 성취하는 새로운 길을 발견한다. 탄생과 죽음은 더 이상 삶의 거대한 마침표가 아니다. 당신은 자유롭게 상승과 하강을 즐긴다. 당신의 몸은 훨씬 더 빛나고 투명해지며, 당신은 지상의 존재로서 천상의 경험을 알게 된다.

실습과제
당신은 이 과정의 어느 단계에 있는가?

변성 과정의 각 단계를 다시 읽어보고 다음 사항들을 기록해보라.

- 당신은 이들 가운데 어떤 증후를 경험해보았는가?
- 당신은 이 과정의 각 단계에서 어떻게 저항하거나 순응했는가? 그때 어떤 종류의 반작용이 뒤따랐는가?
- 당신은 각 단계의 흐름에 어떻게 내맡기거나 협력했는가? 그때 어떤 이익을 경험했는가?
- 지금 당신은 이 과정의 어디쯤에 도달해 있는가?
- 자신이 스스로 다음 단계로의 이동을 가로막고 있다고 느꼈다면, 그 이유는 무엇인가?
- 당신의 주변 사람들은 각자의 변성 과정 속에서 어디쯤에 도달해 있는가? 그것을 안다면, 그들을 더 잘 이해하고 배려하는 데 어떤 도움이 되겠는가?
- 변성 과정의 다양한 단계들은 사회적으로, 또는 전 세계적으로 어떤 사건들을 일으키고 있는가?

> 개인의 변성은 지구에 영향을 미칠 수 있고,
> 또 실제로도 그렇다. 세계가 곧 우리이기에,

> 우리가 갈 때 세계도 함께 간다.
> 세계를 구할 혁명은 궁극적으로 개인의 혁명이다.
>
> ― 메리앤 윌리엄슨 Marianne Williamson

요약

당신은 삶을 에너지와 의식으로서 바라보기 시작하고 있다. 당신은 진동을 자각하는 높은 감응력을 얻게 될 것이다. 고주파의 인간이 되어가는, 즉 상대적으로 고밀도인 몸과 인격으로부터 시간-공간-물질에 충만한 영혼의 차원 너머로 변성해가는 과정을 통과하고 있기 때문이다. 지구상의 모든 사람, 모든 것과 마찬가지로 당신은 아홉 가지의 성장 단계를 거쳐 진화하고 있다. 그것은 살아 있는 존재로서 진동을 영혼과 물질이 융합하는 4차원 수준으로 높여갈 수 있도록 고안된 과정이다. 처음에 이 과정은 혼란과 두려움, 불편함을 느끼게 한다. 하지만 감각을 섬세하게 다듬고 진동을 의식적으로 선택해간다면, 당신은 제 길을 알고 있는 강물에 의해 하류로 떠내려가는 나뭇잎처럼 이 과정을 유랑하며 통과할 수 있다. 그 단계들은 아래와 같다.

1. 영혼이 몸-감정-마음과 통합된다.
2. 삶의 주파수가 모든 곳에서, 모든 방식으로 증가한다.
3. 개인-집단의 잠재의식적 마음이 비워진다.
4. 당신은 움츠러들고, 요새를 쌓고, 저항하고, 다시 억압한다.
5. 낡은 구조가 무너지고 해체된다.
6. 당신은 멈춰 서고, 떠나보내고, 가장 참된 자아 안에서 휴식한다.
7. 당신은 불사조처럼 세상 속으로 다시 나온다.
8. 인간관계, 가족, 집단의 경험이 쇄신된다.
9. 세상만사가 당신을 깨달음으로 이끈다.

근원 주파수의 메시지

서문에서 설명했듯이, 나는 평소 당신의 조급한 독서 성향을 직접적이고 깊은 체험으로 전환시키기 위해 각 장의 말미에 영감 어린 글의 일부를 포함시켰다. 이 메시지들을 통해서 당신은 내적 진동을 의도적으로 변조시킬 수 있다.

아래의 메시지는 '직관의 시대'에 보편화될 앎의 방식과 비슷한 체험 속으로 당신을 데리고 갈 것이다. 근원 주파수의 메시지 속으로 들어가려면, 그저 속도를 늦추고 서두르지만 않으면 된다. 천천히 숨을 들이마시고, 내쉬고, 가능한 한 움직이지 말고 고요해지라. 당신의 마음이 부드럽게 열리도록 놓아두라. 당신의 직관을 열고, 이 글과 감응할 준비를 하라. 그 속에서 나타날 깊은 현실과 감각 상태를 스스로 받아들일 수 있는지 살펴보라.

각각의 구절에 주의를 기울이는 만큼, 당신의 체험도 더 큰 차원을 취할 것이다. 한 번에 몇 개의 단어에만 집중하고, 구두점마다 숨을 돌리고, 지금 이 순간에 그 지성의 메시지와 함께 존재하라. 당신은 그 단어들을 크게 읽을 수 있고, 눈을 감고 다른 사람더러 읽어달라고 해서 그 효과를 살펴볼 수도 있다.

현재에 존재하는 것으로 시작하라

그저 있으라, 바로 여기, 바로 지금에. 고요함에 귀를 기울이라. 안정감을 느끼라. 다른 곳은, 갈 만한 다른 곳은 없다. 모든 곳은 열려 있고, 그 하나의 공간 안에는 의식이 있다. 그것은 당신에게로 서서히 퍼져온다. 그것은 당신의 참된 모습이고, 당신 자아의 다음 수준이며, 신성의 현존이다. 그 의식은 당신의 앎과 과거와 미래를 전부 포함하고, 다른 모든 사람의 과거와 현재와 미래를 전부 포함한다. 당신은 사랑이라는 열린 가슴, 진리라는 광대한 들판의 한가운데 서 있다. 여기서 당신은 실재이며, 여기서 당신은 끊임없이 태어나고 있다. 해야 할 일은 아무것도 없다.

모든 것을 아는, 모든 것을 사랑하는, 모든 것을 보살피는 의식이 어떻게 당신을 품고 있는지를 느껴보라. 그것은 결코 당신을 단념하지 않을 것이다. 당신은 안전하다.

여기서 당신은 무한한 에너지와 상상력을 가진다. 생각이 일어나도, 당신은 그것들을 소유하지 않는다. — 당신은 그저 주변을 떠다니는 것들을 자각하고, 그것이 흥미로워 보인다면 잠깐 멈춰 세운다. 당신은 그것을 받아들일 수도 있고, 떠나보낼 수도 있고, 그것에 에너지를 보태주어 형태를 만들었다가 다시 떠나보낼 수도 있다. 옳은 일이란 없다. 그것은 그저 창조성이고, 재미이고, 스스로를 표현하는 당신의 영혼이다. 그러니 지금 이 순간에 머물고, 유연해지라. 현실들이 왔다가 가도록 놓아두라. 당신의 에너지와 의식은 당신의 피부를 뚫고 나아가 멀리멀리 방출된다. 당신에게 끝이란 없다. 당신이 발견하는 것은 그저 또 다른 종류의 앎일 뿐이다. 그것들이 당신 안에 포함되고 뒤섞일 때, 당신은 새로운 방식으로 자신을 체험한다. 당신은 모든 것 안에 있고, 모든 것은 당신 안에 있다. 알려지거나 창조되고 싶어하는 것들은 문득 당신 안에서 하나의 아이디어로 떠오르거나, 당신을 통해 하나의 행동으로 나타난다. 당신은 그것을 정할 수 없다. 그것은 우연이다.

이러한 체험과 순간을 떠나 있으면, 당신은 삶 전체로부터 분리된 느낌을 갖게 될 것이다. 그리고 당신은 자기 자신을 놓치게 될 것이므로, 슬픔을 느낄 것이다. 당신은 영혼의 체험을 놓치게 될 것이다. 당신의 영혼은 몸을 통해 나타나고, 깨달음과 생기를 주고, 있는 그대로 행복하게 해준다. 당신은 자신이 사랑하는 자아를 다른 사람에게서는 보지 못할 것이다. 당신은 고통받을 것이다. 동시에, 모든 것의 중심에는, 세상을 관류하는 의식의 중심에는, 당신이 찾고 있는 그것이 언제나 있다. 거기에 당신의 답이 있다. 모든 것에 자유롭게 주어진, 당신이 그 안으로 물러나주기를 기다리고 있는 그 답이, 지금 이 순간 안에, 당신에게 꼭 맞는 답이, 바로 지금 여기에 있다.

2

진동하는 삶

> 우주는 물질보다는 음악에 더 가깝다.
>
> — 도널드 해치 앤드루스Donald Hatch Andrews

당신은 운전을 하거나 커피숍에 앉아 있는 동안, 눈에 보이지 않는 파동과 진동들이 당신의 주변을 얼마나 많이 교차해가는지 궁금해한 적이 있는가? 당신은 라디오 프로그램과 전화 통화들이 당신의 귀에는 들리지 않은 채로 씽씽 지나다니고 있다는 사실을 아는가? 혹은, 오늘날 당신의 사방을 에워싸고 부딪쳐 오는 전자기적 '오염'에 대해 알고 있는가? 주변 사람들의 신체적 고통과 감정 상태들은 또 어떤가? 너무나 많은 무형의 진동과 정보들이 전송 또는 방출되고 있다! 나는 며칠 전에 몇 시간 동안 컴퓨터로 글을 쓰다가 일어나서 주방으로 걸어갔는데, 족히 2.5미터가 넘게 떨어지고 나서야 컴퓨터의 전자기장에서 벗어났다고 느꼈다. 전에는 그것을 한 번도 알아차린 적이 없었다. 그 진동은 주방에 이르자 조금 잦아들었고, 뒷문을 통해 뜰로 걸음을 옮기고서야 더욱 누그러지고 희미해졌다. 나는 날마다 거의 온종일을 컴퓨터의 영향권 안에서 보낸 후에야, 그 미세하고 골치 아픈 진동과의 결합으로 인해 내 몸이 정화된 상태와는 상당히 동떨어져 있었다는 사실을 겨우 알아차렸다. 지난달부터 그토록 잠에 들기가 어려웠던 이유는 바로 그 때문이었다.

감응력의 필요성

감응력이 높아질수록 당신은 전기장과 자기장을 느끼거나, 새로운 에너지가 편안한지 불안정한지를 식별하거나, 옆에 있는 낯선 사람의 결혼 계획 또는 신체 질환을 감지하기 시작하게 된다. 게다가 그 정보들은 '진동'을 통해 직접 수신된다. 어떤 수신 장치도 필요 없다. 이처럼 직접적이고 증대된 감응력은 오늘날 부각되고 있는 상당히 새로운 능력이다. 하지만 사전 준비나 훈련이 없었기 때문에, 당신은 상상도 하지 못했던 앎의 방식을 실감하고서도 그것이 어떻게 가능한지를 이해할 수 없어 어리둥절할 것이다.

머지않은 미래에, 당신은 생활 속의 미세한 영향력들을 훨씬 더 많이 감지하게 될 것이다. 자신이 어떤 진동의 영향을 받고 있으며 그것이 건강한지 건강하지 않은지를 알게 될 것이다. 다른 사람을 보면 그에게 행운이 올지 불행이 닥칠지가 느껴진다. 당신은 미래의 사건이 언제부터 파동치기 시작하는지, 언제부터 주파수가 변화하며 그것에 적응해야 하는지를 알게 된다. 어떤 일이 풀리지 않을 때, 길잡이(guidance)가 문을 두드리며 등장할 때, 또는 어딘가에서 문제가 생겨서 사람들이 당신의 도움을 필요로 할 때, 당신의 몸은 그것을 먼저 알려줄 것이다. 감응력을 발달시킴으로써 당신은 많은 출처로부터 오는 진동들 가운데 어떤 것이 참되고 유효한지를 분별하게 되고, 특정한 목표를 성취하기 위해 의도적으로 진동을 발산할 수도 있게 된다.

당신은 이미 이런 일들을 많이 하고 있다. 다만 의식하지 못했을 뿐이다. 하지만 파동과 사이클, 주파수 대역과 에너지장의 원리를 의도적으로 정확히 활용하는 것은 새로운 시대의 중요한 기술이 될 것이다. 거기에는 에너지의 작용을 감지하고 흐름과 리듬의 변화에 유연하게 적응하면서도 그에 휩쓸리지 않는 능력이 포함된다. 게임에 참여하려면 먼저 그 게임의 규칙을 배우고 필요한 기술부터 익혀야 한다. 그리고 궁극적으로는 최고의 실력을 발휘하기 위해 긴장을 풀어야 한다. 여기서도 마찬가지다. 에너지-의식 기법의 전문가가 되기 위해서는, 게임의 규칙을 배우듯이 먼저 안팎의 다양한 주파수들에 익숙해져야 한다.

세상은 결코 고요하지 않다.
비록 세상이 영원히 침묵을 지킨다고 해도,
거기에는 우리 귀에 들리지 않는 또 다른 진동들이 있다.

— 알베르 카뮈Albert Camus

정부 관료, 사업가, 자기계발의 전문가들을 상대하고 있는 한 동료에게 주파수에 대한 책을 쓰고 있다고 말했더니, 그는 내게 이렇게 조언해주었다. "당신이 '진동'이라는 단어를 다른 뉴에이지 풍의 궤변들처럼 여기저기 남발하지 않았으면 좋겠어요. 요즘 등장하는 그런 개념들은 실제 현실과는 하나도 맞지 않는 것 같아요." 나는 그 말을 새겨들었고, 그래서 이 장에서는 실제로 당신에게 큰 영향을 미치는 주파수 대역과 진동들만을 간략히 소개하려고 한다. 당신더러 물리학자나 전기 엔지니어가 되라는 말은 아니다. 단지 자신을 거대한 에너지장 속에 융합된 하나의 진동체로서 상상하고 느껴보라는 뜻이다. 우리는 바위처럼 딱딱한 덩어리가 아니다. 우리는 에너지의 집합체로서 다른 무수한 에너지들과 계속 뒤섞이고 있다. 또한 당신은 전자기, 소리, 열 등의 물리적 에너지가 고차원의 의식 수준과 서로 대응한다는 사실도 이해해야 한다. 다음 장부터 우리는 에너지장과 파동의 원리를 통해 실제로 감응력을 높이는 방법을 배우게 될 것이다. 우선 지금은 우리를 둘러싼 이 주파수의 바다에 주의를 돌려보자. 나는 그것들을 영역별로 나눠 듬성듬성 콜라주를 만들어볼 작정이다. 당신은 그 주파수들이 어떻게 서로 동조하거나 중첩되는지를 한번 살펴보라. 그리고 그것들이 당신에게 어떤 영향을 미치는지, 더 충만한 삶을 위해 그것들을 이용하거나 증가시킬 필요는 없는지, 감응력을 키울 방법에는 무엇이 있을지를 스스로 숙고해보라.

진동하는 세상

알베르트 아인슈타인은 '에너지는 질량 곱하기 광속의 제곱'($E=mc^2$)이라는 위대한 진리를 우리에게 전해주었다. 나는 어린 시절에 이 공식을 물리학 수업에서 처음 읽었던 순간을 뚜렷이 기억한다. 물질 또는 질량은 진동수가 느려진, 응축되고 축적된 에너지이다. 즉, 물질과 에너지는 서로의 다른 양태이다. 이 개념은 점수를 내는 핀볼 게임기처럼 내 마음을 딩딩딩 울려버렸다. 바위도 에너지이고, 쿠키도 에너지이고, 난로 안의 땔감도 에너지이고, 내 몸도 에너지이고, 나 자신도 에너지이다! 만물은 서로 다른 속도로 진동하고 있고, 물질은 조금 더 또는 조금 덜 활성화된 에너지 형태로 변환될 수 있다. 예컨대 물은 증기 또는 얼음이 된다. 그렇다면 나란 존재는 무엇으로 변환될 수 있을까?

그때 우리는 견고해 보이는 고체가 깊은 차원에서는 진동·회전·공전하는 분자와 원자의 세계임을 배웠다. 그리고 그 원자들 속에는 더 작은 아원자들이 있다. 오늘날의 양자역학은 이처럼 물질의 작은 입자들이 한편으로는 에너지 파동이라는 사실을 밝혀냈다. 에너지는 입자로도 또는 파동으로도 활동할 수 있다. 다른 말로 하면, 아인슈타인이 지적한 대로, 이 두 양태는 실제로 서로 다른 것으로 탈바꿈할 수 있다. 게다가 양성자(proton), 전자, 중성자 등의 파동자(wavicle)[*] 또는 양자(quantum entity)는 당신이 입자를 찾을 때는 입자로 보이고, 당신이 파동을 찾을 때는 파동으로 보인다. 첫째로, 이것은 당신이 '외부'로 정의하고 관찰하는 세계가 당신 자신과 분리되어 있지 않다는 사실을 알려준다. 즉, 당신의 지각이 실제로 현실의 양태를 결정한다는 말이다.

---

[*] 입자(particle)와 파동(wave)의 합성어이다.

> 원자는 물질이 아니다.
>
> — 베르너 하이젠베르크Werner Heisenberg

    둘째로, 에너지와 물질은 현실 속에서 공존하지 않는다. 그 둘은 오직 잠재적으로만 공존한다. 어떤 입자의 위치를 측정할 때는 그것의 운동량을 알 수 없게 되고, 파동을 관찰할 때는 그것의 위치가 모호해진다. 따라서 양자라는 것은 실체라기보다는 가능성을 뜻하는 말이다. 결론적으로, 양자는 '중첩'**이라고 불리는 다중의 가능태 속에 존재한다. 관찰 또는 측정이 시작되는 순간, 그 중첩은 물리적 현실(입자)로 모습을 드러내면서 파동성을 붕괴시킨다. 많은 가능성 중의 한 가지가 실현되는 것이다. 따라서 매 순간 속에는 실현 가능한 무한한 미래가 포함되어 있다. 눈앞의 현실은 그중에서 당신이 주의를 기울인 한 가지일 뿐이다.

    자, 여기에서 어려운 문제가 등장한다. 물리학의 다중우주 이론에 따르면, 이 세상은 양자 수준에서 무한수의 가능태 세계로 갈라지고 있다. 각각의 가능태들은 서로의 존재를 모른다. 파동이 특정 형태로 밀집되거나 붕괴되지 않은 채로 자신

** superposition: 둘 이상의 파동이 서로 만났을 때 새로 생기는 파동은 각각의 파동을 산술적으로 더한 값으로서 나타나지만, 이렇게 중첩된 파동은 각각의 특성을 잃지 않은 채로 존재하므로 다시 분리될 수도 있다.

의 모든 가능성을 발현시키고 있기 때문이다. 즉, 모든 현실과 결과는 동시에 존재하면서도 서로 충돌하지 않는다. 이것은 '지나쳐버린 (병존하는) 삶'이라는 형이상학적 관념 — 당신이 어떤 행동을 선택하는 동안, 당신 영혼의 다른 꼴로서 살아가는 다수의 또 다른 당신(들)이 있다 — 에 몇 가지 토대를 제공한다. 당신은 의문에 빠질 수밖에 없다. 그렇다면 왜 우리는 스스로를 고정되고 한정된 존재라고 여기는 걸까? 왜 우리는 근본적인 변화와 기적이 불가능하며 이치에도 맞지 않는 일이라고 믿는 걸까?

> 물리학의 새로운 공식은 인간을
> 두 가지 보완적인 양태를 가진 모순된 존재로서 묘사한다.
> 인간은 뉴턴의 이론처럼 물질적 특성을 나타낼 수도 있고,
> 무한히 펼쳐진 의식으로서의 특성을 보일 수도 있다.
>
> — 스타니슬라프 그로프 Stanislav Grof

파동의 세계

물질 속의 파동자(wavicle)로부터 시작해서, 우리 주변의 세상은 안팎과 앞뒤로 흔들리며 진동한다. 일출과 일몰도 그런

예이며, 정보를 전달하는 무형의 주파수들도 마찬가지다. 만약 우리가 삶을 입자의 응집으로 본다면 그것은 견고한 물질과 현상으로 응결할 것이다. 하지만 삶을 연속적인 파동들로서 인식한다면 그것은 에너지와 잠재성의 대양 속으로 용해될 것이다. 그리고 우리가 신경 쓰지 않는다면, 놀랍게도, 그것은 다시 원래의 상태로 돌아간다! 과학은 물질계가 진동한다는 사실을 우리 앞에 분명하게 열어 보였다. 다른 말로 하면, 물질계는 드넓은 에너지 대역으로 구성되어 있다. 그리고 우리는 그중 일부만을 지각할 수 있다. 에너지는 진동하고, 그 진동은 정해진 진폭(강도)과 주파수(속도)를 통해 특정한 성질과 작용을 부여받는다. 또한 에너지 진동은 공기, 물, 심지어 의식과 같은 매질 또는 장(field)을 통과하여 움직여간다.*

물리학의 네 가지 힘(전자기력, 중력, 강한 핵력, 약한 핵력) 중의 하나인 전자기장에는 파장이 10만 킬로미터에 달하는 파동들로부터 원자 규모에 그치는 파동들까지 다양하게 포함되어 있다. 우리의 언어로는 그것을 충분히 설명할 길이 없다. 따라서 우리는 마치 음료수 잔의 용기 규격을 표시하듯이, 전자기파의 주파수 대역을 ELF(3~30Hz), SLF(30~300Hz),

---

* 진동은 감각적으로 보고 느낄 수 있는 떨림이나 변화를 뜻하고, 파동은 감각이 인식하지 못하는 미묘한 진동까지 포함한 떨림이 매체에 일으키는 주기적 변화 현상을 뜻한다.

ULF(0.3~3KHz), VLF(3~30KHz), LF(30~300KHz), MF(0.3~3MHz), HF(3~30MHz), VHF(30~300MHz), UHF(0.3~3GHz), SHF(3~30GHz), EHF(30~300GHz) 등으로 부족하게나마 분류하여 설명하고 있다.[*] 실제로 전자기파는 음파와 마찬가지로 옥타브로 구분될 수도 있으며, 그것을 전부 더하면 총 81개의 옥타브가 된다.

전자기파 대역은 낮은 주파수의 라디오파로부터 시작해서 마이크로파, 테라헤르츠 복사, 적외선 복사, 가시광선 대역, 자외선 복사, 엑스레이, 마지막으로 감마레이로 고조되어간다. 이런 용어들이 친숙하지 않은 독자들을 위해 간단히 정리해보자면 다음과 같다.

---

[*] 주파수 대역에 관한 번역 용어가 통일되지 않아 영문 약자를 그대로 사용하였다. ELF는 extremely low frequency, SLF는 super low frequency, ULF는 ultra low frequency, VLF는 very low frequency, LF는 low frequency, MF는 medium frequency, HF는 high frequency, VHF는 very high frequency, UHF는 ultra high frequency, SHF는 super high frequency, EHF는 extremely high frequency의 약자이다.

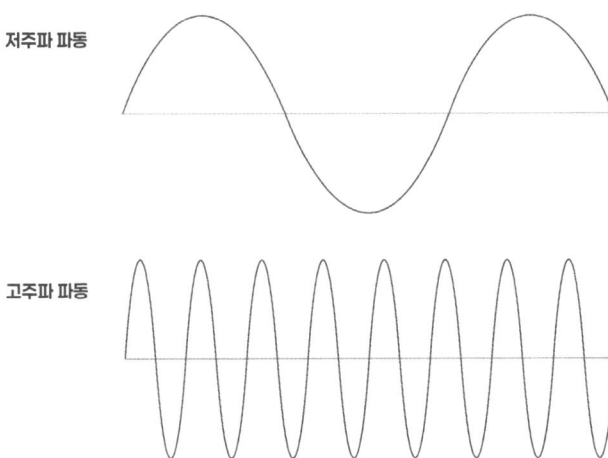

속도가 느린 전자기파는 긴 파장과 낮은 에너지를 갖고,
속도가 빠른 전자기파는 짧은 파장과 높은 에너지를 갖는다.

- 라디오파는 텔레비전, 라디오, 단파 라디오, 휴대전화, MRI, 무선통신망 등을 통한 정보 전송에 사용된다.
- 마이크로파는 전자레인지처럼 액체 속 특정 분자들의 에너지를 빼앗아 열을 높이는 작용을 하며, 강도가 낮은 마이크로파는 와이파이Wi-Fi(무선인터넷)에 사용된다.
- 테라헤르츠 복사는 주로 군대에서의 영상 통신에 사용되며, 다양한 종류의 부도체를 투과하는 성질이 있다.
- 적외선 복사는 야시(night vision)·열영상 기술과 천문학에서 사용되는데, 그 이유는 뜨거운 물체가 이 대역에서 강한

열을 방출하기 때문이다.

- 가시광선 대역은 태양과 별들의 복사가 이루어지는 주된 범위로서 우리의 가시세계와 일치한다. 다만 조류, 곤충, 어류, 파충류, 그리고 박쥐와 같은 일부의 포유류는 자외선 광*을 볼 수 있다.
- 자외선 복사는 높은 에너지를 지니므로 화학적 결합을 깨트릴 수 있고, 분자들을 비정상적으로 반응하게 하거나 이온화시킨다. 예를 들어, 햇볕에 그을리는 것은 자외선 복사가 피부세포에 파괴적인 영향을 미치는 데서 비롯된다.
- 엑스레이는 대부분의 물체를 투과함으로써 의료계의 방사선 기술, 공업계의 결정학(crystallography) 등에서 유용하게 쓰인다. 또한 별이나 성운에서도 방출되기 때문에 고에너지 물리학과 천문학에서도 사용된다.
- 감마레이는 아원자 입자의 상호작용으로 생겨나며 실제로는 높은 에너지의 양자이다. 이것은 엄청난 투과력이 있고, 살아 있는 세포에 흡수되었을 때는 치명적인 손상을 일으킬 수 있다.

아래는 전자기적 스펙트럼 전체를 펼쳐놓은 그림이다.

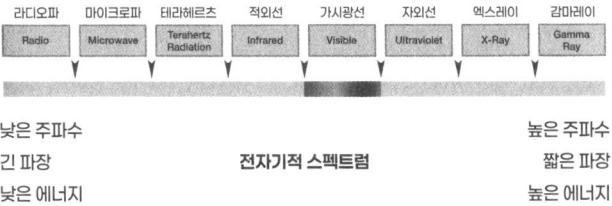

낮은 주파수		높은 주파수
긴 파장	**전자기적 스펙트럼**	짧은 파장
낮은 에너지		높은 에너지

당신이 궁금하게 여길 만한 두 가지 진동이 더 있다. 그 둘은 전자기파 대역과는 관련이 없지만 우리가 매일 접하고 있는 것들이다.

소리는 라디오파 주파수 대역에서 귀에 들리는 부분이라고 생각하기 쉽지만 그렇지 않다. 소리는 확성기와 같이 어떤 물체가 앞뒤로 진동함으로써 만들어내는 일련의 압축된 파동으로서, 물질을 매개로 이동한다. 소리는 당신의 고막과 같은 탐지기를 진동시킴으로써 인식된다. 낮은 음정이든 높은 음정이든 간에, 당신이 듣는 모든 소리는 공기 또는 물 분자의 일정하고 고른 파동을 통해 만들어진다.

온도 또한 전자기파 대역과는 관계가 없다. 한 물체가 가진 열은 그것의 분자들이 얼마나 빠르게 움직이는가에 따라 결정되는데, 그 속도는 물체 안으로 투입되는 에너지의 양에 달려 있다. 몹시 차가운 물체조차도 약간의 열에너지를 가지고 있는 것은 그 물체의 분자들이 여전히 움직이고 있기 때문이다.

> 파동의 역학을 아는 것은 자연의 비밀 전부를 아는 것이다.
>
> — 월터 러셀Walter Russell

지구의 진동

당신 외부의 또 다른 진동은 지구 그 자체로부터 온다. 지구라는 덩어리 속의 진동들이 당신의 몸에 영향을 준다는 증거들은 갈수록 많이 발견되고 있다. 온갖 종들이 지구의 계절, 해류, 빛과 어둠의 순환과 때를 맞추어 — 그것들은 실제로 진동이거나 느린 주기의 파동이다 — 번식한다는 사실은 이미 상식이 되었다. 캘리포니아 공과대학교의 커쉬빈크Kirschvink 박사는 벌, 철새, 전서구(귀소본능을 이용하여 통신용, 경주용으로 훈련시킨 비둘기), 고래, 그리고 인간들이 뇌조직 안에서 강한 자기磁氣를 띤 광물인 자철광 결정을 합성해내는 능력을 가졌음을 발견했다. 그 결정들은 지구의 자기장에 반응함으로써 마치 체내의 나침반처럼 작용할 수 있다. 실제로 인간 뇌조직 속의 자철광 결정들은 일부 박테리아가 위아래를 분간하기 위해 사용하는 결정들과 상당히 비슷하다. 커쉬빈크에 따르면, 고래들은 자기를 감지하는 기관을 이용해서 마치 여행 지도처럼 지자기장의 강도 변화를 읽으며 해저에서 이동한다. 가끔 고래들이 해변으로 이끌리는 것은 지자기장의 변칙성 때문이다. 우리가 뇌조직 속의 자철광을 통해 얼마나 지구의 자기장 변화에 영향받고 있는지는 지금도 계속 연구 중인 주제이다.

전직 컴퓨터구조 설계자이자 지질학자인 그렉 브레이든 Gragg Braden은 지구의 순환 주기와 관계된 멋진 연구를 하고 있다. 그는 인류의 문명과 역사 기록들에서 지구의 순환 주기를 찾아낼 수 있다고 말한다. 브레이든은 슈만 공진(SR)이라 불리는 지구의 공진 주파수를 연구했다. 지난 수십 년간 그 측정치는 초당 7.8사이클로 고정된 것처럼 보였다. 하지만 최근의 연구들은 그 수치가 8.6으로 올랐으며 지금도 계속 상승하고 있음을 알려준다. 또한 이처럼 지구의 '맥박'이 빨라지는 동안 지구의 자기장은 반대로 약해지고 있다. 일부 연구자들은 지구 자기장의 강도가 지난 4,000년과 비교해서 절반이나 약해졌으며, 이는 자장축의 변화를 예고하는 전조일지도 모른다고 말한다. 최근에는 나침반이 자북磁北과 약 15~20도 어긋난 위치를 가리키는 자기이상 현상이 관찰되고 있다. 브레이든은 이런 지구 주파수의 변화가 우리의 세포 진동과 DNA를 진화적으로 변화시킬 수 있다고 말한다. 그에 따르면, 지구의 자기장이 약화되고 근본 주파수가 상승하면 우리는 낡은 감정적, 정서적 패턴에서 풀려나 더 높은 의식 상태에 접근하게 된다. 지구와 마찬가지로, 우리 또한 에너지와 의식의 전환을 향해 가속화되고 있다는 것이다.

> 우리는 다른 어딘가로 갈 필요가 없다.
> 전 세계적 규모로 조성된 물리적 조건들은
> 우리가 살고 있는 지구를 일종의 입문식장으로 만들어주었다.
> 마치 지구 자체가 진화의 다음 단계를 위해
> 우리를 준비시키는 것과 같다.
> ― 그렉 브레이든

당신 내부의 진동

생성과 소멸이 반복되고, 무한한 잠재적 현실이 동시다발적으로 펼쳐지고, 모든 것이 진동하고, 에너지 파동들이 사방팔방으로 전파되는 세계 속에 당신은 살고 있다. 그뿐만이 아니다. 당신 또한 몸을 통해, 생명이라는 소우주를 통해 하나의 진동체로서 작용하고 있다. 당신의 몸속에 주의를 기울여보라. 무엇이 느껴지는가? 무엇이 움직이고 있는가? 우선은 호흡의 파동이 감지될 것이다. 당신은 맑은 공기를 들이마셔서 산소를 허파에서 혈액으로 전달하고, 이산화탄소와 노폐물은 혈액으로부터 폐로 내보내 날숨으로 방출한다. 다음으로, 당신은 혈액을 동맥으로 뿜어내고 정맥으로 끌어오는 반복적인 심장박동을 감지하게 된다. 당신은 한 걸음 나아가 더욱 빠른 진동을 발견하고 그것에 동조될 수 있다. 시냅스를 통해 흐르는 뇌와 신경계의 전기적 신호들(전하) 말이다. 당신은 그것의 찌릿찌릿한 느낌을 감지할 수 있다.

더 깊이 들어간다면, 세포에 작용하는 신경전달물질과 생화학적 작용의 미세한 진동들을 발견하게 될 것이다. 당신은 그다음으로 세포 그 자체의 진동을 느낄 수도 있다. 세포의 진동을 지나서, 마침내 당신은 분자와 원자, 더 나아가 양자 量子의 진동을 감지하게 된다. 이렇게 진동을 통해 몸속의 중심으로 하강하는 과정을 상상함으로써, 당신은 낮은 주파수(호흡과 심장박동)로부터 높은 주파수(분자와 원자)로 이동하게 된다. 원자 속으로 들어가고 마지막 입자(양자) 속으로 빨려들 때, 당신은 신비한 체험을 하게 될 것이다. 당신은 에너지 파동으로 변성되고 시공간으로부터 해방된다. 아직 물리학은 그런 해방의 체험을 설명해내지 못한다. 그것은 에너지와 의식이 하나가 될 때 생기는 체험이다.

실습과제

몸의 진동들을 통과해가는 여행

1. 편안히 앉으라. 손바닥을 넓적다리 위에 올리고, 머리를 바로 세우고, 숨을 고르게 쉬라. 지금 이 순간에 주의를 기울이고, 당신의 피부 속으로 들어가 보라. 무엇이 느껴지는가? 무엇이 움직이고 있는가? 아마도 어떤 팽팽함, 떨림, 출렁임, 분주함, 또는 왕성함이 느껴질 것이다. 몸의 생명력과 함께 머물라. 그것은 생존이라는 제 업무를 잘 수행하고 있다. 당신의 몸과 생명이 얼마나 고마운 것인지를 느껴보라.

2. 이제 호흡의 순환을 알아차리라. 맑은 공기를 폐 안으로 가지고 오는 들숨, 방향을 바꿔 천천히 노폐물들을 몸 밖으로 가지고 가는 날숨, 그 흐름을 멈추지 말고 따라가라. 날숨의 끝에서는 그것이 방향을 바꿔 다시 안으로 흐르도록 내버려두라. 그 파동의 움직임과 함께 머물고, 그 흐름과 하나가 되고, 그것이 저절로 일어나도록 놓아두라.

3. 다음으로, 당신의 심장박동과 온몸의 곳곳에 분포하는 맥박에 주의를 집중하라. 그 진동은 당신의 호흡보다 조금 더 빠를 것이다. 심장박동 속으로 녹아들고, 심장이 수축과 이완을 반복하는 것을 느껴보라.

4. 이번에는 신경계의 전기적 신호를 느껴보라. 이것은 당

신의 심장박동보다도 진동이 빠르고 주파수가 높다. 당신의 몸을 훑어가면서 찌릿찌릿한 부위들을 모두 감지해 보라.

5. 더 깊이 들어가면서, 몸속의 신경전달물질과 생화학적 작용 ― 세포 속으로 침투하거나 빠져나오는 중요한 화학성분과 영양소들 ― 의 진동을 느낄 수 있는지 살펴보라.

6. 이제, 당신의 몸속 어딘가에 있는 세포 덩어리의 진동에 초점을 맞춰보라. 현미경으로 그것을 보고 있다고 상상하라. 당신은 그것의 미세한 진동, 그 떨림을 느낄 수 있는가? 하나의 세포 속으로 들어가 보라.

7. 계속 내려가라. 그리고 당신 자신이 그 세포를 형성하고 있는 하나의 분자 속으로 빠져들도록 하라. 여기서 당신은 극도로 정제된 진동 ― 예컨대 세포를 형성하고 있는 수소나 탄소와 같은 기본 요소들 중 하나의 진동 ― 속으로 빠져들게 될 것이다.

8. 다음으로, 분자를 거쳐 하나의 원자 속으로 떨어져 내려가서 그 안에 담긴 놀라운 생명력을 느껴보라. 당신은 대단히 높은 주파수(빠른 진동)에 도달하고 있다.

9. 마지막으로 그 원자 속의 미소微小한 파동자들 중의 하나, 즉 하나의 양자 속으로 빠져들어가라. 당신의 여행이 그 마지막 입자에까지 이르렀다면, 그것이 신비하게도 펼쳐

지거나 흩어지면서 에너지와 의식의 파동으로 변성되는 것을 느껴보라. 당신 자신이 시공간으로부터 해방되는 느낌을 관찰해보라.

10. 이제 당신은 어떤 동요도 없는 대단히 고요한 곳에서 출렁이고 있다. 당신은 퍼져나가 모든 곳에 존재한다. 모든 것이 가능하다. 모든 것을 알 수 있고, 모든 것이 알려져 있다. 당신이 할 수 있는 것은 '존재하는' 것뿐이다. 당신은 그저 '존재하면서', 당신에게 필요한 모든 새로운 안내와 가르침과 에너지적 청사진을 흡수한다. 당신은 더욱 충만하고 거대해진다. 그리고 새로운 양자로서, 시공간 속의 새로운 입자로서 현실 속으로 다시 튀어나온다.

11. 빠르고 높은 주파수로부터 느리고 낮은 주파수를 향해 진동들을 거슬러 내려오는 여행을 시작하라. 원자, 분자, 세포, 생화학적 리듬, 신경계, 심장박동, 호흡…. 당신은 돌아왔다! 새로운 생명력, 새로운 사명감과 함께 당신은 다시 젊어졌다.

뇌의 파동

뇌파란 전기화학적 기관인 뇌의 전류를 측정한 것이다. 뇌파에는 가장 느린 것부터 가장 빠른 것까지 총 네 가지 종류가 있다. 흥미롭게도, 가장 빠른 뇌파는 낮은 주파수의 의식과 대응하고, 가장 느린 뇌파는 높은 주파수의 확장된 의식과 대응한다.

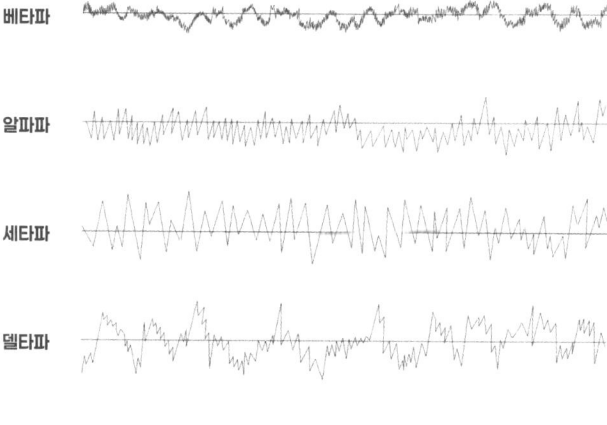

당신의 뇌는 의식의 네 가지 기본 주파수들 사이에서 변화한다.
당신은 각각의 진동 수준에 따라 다르게 기능한다.
특히 잠을 잘 때는 그 양상들이 분명하게 드러난다.

- 베타파(13~40Hz): 가장 빠른 뇌파인 베타파는 분주한 정신 활동, 흥분된 각성 상태와 관련되어 있다. 잠들기 전에 침대에서 책을 읽고 있다면, 아마도 당신의 뇌파는 낮은 베타

파에 해당할 것이다. 두려움, 분노, 배고픔, 놀람 등으로 활동과 흥분이 강해지면 뇌파도 높아진다.

- 알파파(8~13Hz): 알파파는 약간 느린 뇌파로서, 당신이 졸지 않으면서도 이완되어 있고 긴장하지 않으면서도 각성되어 있을 때 나타난다. 가벼운 명상, 내적 성찰, 백일몽, 바이오피드백 훈련, 몸과 마음의 통합, 얕은 최면, 창조적 심상화, 예술적·직관적 작업, 자연 속에서의 시간, 휴식, 운동 등을 할 때의 고요한 정신 상태에서 나타난다.
- 세타파(4~8Hz): 세타파는 훨씬 느린 뇌파로서 졸음, 잠의 첫 단계, 꿈, 깊은 명상, 영감 어린 창조와 상상, 심층 기억, 신비한 직관적 인식 등과 관련되어 있다. 뇌파가 세타파일 때는 고속도로를 달리거나 느긋한 샤워를 하는 듯한 황홀경, 시간의 궤도로부터의 해방감, 마음속에서 자유롭게 떠오르는 아이디어와 영상 등을 경험할 수 있다.
- 델타파(1/2~4Hz): 델타파는 깊은 잠을 잘 때 나타나는 매우 느린 뇌파이다. 델타파는 잠꼬대와 몽유병, 자가 치유, 깊은 황홀경 등과 관련되어 있다.

매일 밤 당신은 여러 가지 수면 단계를 경험한다. 수면의 초입 단계에서, 당신의 뇌파는 베타파에서 더 이완된 알파파로 느려지고 공상적인 그림들이 마음속으로 떠밀려올 것이다. 근육은 느슨해지고, 맥박이 느려지며, 혈압과 체온은 내려간다. 다음으로, 당신의 뇌파는 세타파 수준으로 느려진다. 이제 당신은 뇌의 돌발적인 활동이 무수히 많아지는 얕은 잠에 빠진다. 꿈의 대부분은 렘수면(REM: rapid eye movement)이라고 불리는 상태에서 일어난다. 렘수면 중에는 뇌파가 세타파로부터 일시적으로 상승하면서 자각 상태에 가까운 빠른 주파수가 혼합된다. 만약 이때 잠에서 깬다면 당신은 꿈을 쉽게 기억해낼 수 있다. 마지막으로, 꿈도 없는 깊은 잠에 빠져 있을 때 당신의 뇌파는 더욱 느려져 델타파에 도달한다. 만약 이때 잠에서 깬다면 당신은 멍하고 몽롱한 기분을 느낄 것이다. 당신은 완전히 깨어나는 것에 저항하고 곧바로 다시 잠에 빠져들 것이다. 한 가지 흥미로운 사실은, 우리의 심장이 델타파와 거의 같은 범위에 해당하는 전기적 진동 패턴을 보인다는 것이다.

뇌파와 의식 수준

여기서 한 단계 더 나가보자. 아직 과학적 증거는 없지만, 이것은 몸-마음-영혼을 수양하는 수행자들에게는 상당히 명백한 사실이다. 짧게 설명하면, 물리적 주파수(뇌파)는 의식의 주파수와 짝을 지을 수 있다. 바이오피드백 훈련을 하다 보면 뇌파 상태에 따라서 체험과 앎의 방식이 달라지는데, 이를 통해 이 사실을 확인할 수 있다. 뇌파의 작용이 불러오는 다양한 의식 상태에 익숙해진다면, 당신은 빠른 베타파가 일상의 얕은 의식과 분주하고 직선적인 마음에 대응한다는 사실을 알아차리게 될 것이다. 마음이 흥분되고 수축될수록 의식이 미치는 범위는 더욱 좁아진다. 어떤 사람들은 이처럼 좁은 의식 수준의 작용이 곧 '에고'라고 말한다. 바이오피드백 연구자들은 뇌파가 알파파로 느려질수록 걱정이 적어지고, 마음이 열리며, 미묘한 정보들을 알아차리게 된다고 설명한다. 그때 당신은 더 깊은 기억과 상징, 통찰의 영역으로 접근하게 된다. 실제로 당신은 평소 각성 상태의 두려움에서 벗어나 이제는 잠재의식 속에 억압되고 축적된 것들에 집중할 수 있다.

뇌파가 세타파까지 더욱 느려지면, 당신은 참된 자아의 본성에 대한 이해력을 갖게 된다. 에고가 '죽기' 시작하고 영혼의 의식이 그것을 대체한다. 이것은 마음의 방향이 안쪽을 향하여 내적 성찰에 집중할 때, 특히 외부 자극이 차단되면서 뇌파가 베타파로부터 알파파를 거쳐 세타파까지 내려갈 때 나타나는 현상이다. 종종 깊은 세타파 상태로 들어가는 명상가들은 내적으로 통합되고 다른 모든 존재와 합일하는 느낌을 얻는다. 한 가지 모순된 사실은, 그 상태를 평소의 각성 상태에서 회상해보면 마치 꿈이나 무아지경처럼 생각되지만, 깨어 있는 의식을 갖고 그 상태에 들어가면 훨씬 더 확장된 인식이 눈을 뜬다는 점이다.

델타파 상태에 들어가면 마치 자신이 몸 밖에 존재하는 듯한 체험을 하게 된다. 당신의 정체성은 집단적이고 보편적인 차원으로 확장된다. 시공간이 사라지고, 당신은 다른 의식 차원으로 쉽게 진입할 수 있다. 델타파는 에고를 압도하는 통합적, 전체적 의식 속으로 당신을 데리고 간다. 하지만 이런 경험을 자각하는 것보다는 잠에 빠지는 것이 더 편한 '탈출구'이기 때문에, 분주한 의식을 가진 채로 이처럼 깊은 상태에 도달하는 것은 결코 쉬운 일이 아니다. 델타파의 상태는 모든 평행우주가 동시다발적으로 전개되는 양자물리학의 다중우주 현실로 여겨지기도 한다.

> 우리가 이성적 의식이라고 부르는 일상의 각성 상태는
> 의식의 특별한 한 양태에 불과하다.
> 그 주변에는 아주 얇은 막으로 분리되어 있는,
> 그것과는 전혀 다른 양태의 의식들이 잠재해 있다.
>
> ― 윌리엄 제임스 William James

몇 가지 흥미로운 사실이 더 있다. 연구자들은 주의력결

핍/과잉행동장애(ADHD)를 가진 사람들의 뇌가 주로 세타파 수준에서 기능한다는 사실을 발견했다. 그들은 베타파 상태를 발현시키는 바이오피드백 훈련을 통해 증상을 호전시킬 수 있다. 정보화 시대가 펼쳐지면서 우리 대부분은 베타파의 과도한 자극을 받고 있다. 그래서 우리는 뇌파의 속도를 늦춰 알파파 상태에서 더 많이 기능하려고 노력한다. 하지만 그와 반대로 과잉행동적 아이들은 더 빨리 움직이고, 육체적 감각을 유지하고, 일상에 적응하고, 단순하고 논리적으로 사고하려고 애를 쓰고 있다. 말하자면, 그들은 상위 의식에 적합하게 태어났지만 마치 외계생명체처럼 지구상의 정신적·감정적 환경에 적응하는 법을 배우고 있는 중인지도 모른다.

둘째로, 뇌가 알파파-세타파-델파타의 낮은 주파수에서 기능할 때는 스트레스와 통증을 완화시키고 학습력과 기억력을 높여주는 엔도르핀, 세로토닌, 아세틸콜린, 바소프레신 등의 유익한 신경펩티드와 호르몬이 더 많이 생산된다. 따라서 아세틸콜린의 결핍과 관련이 있는 기억 손상과 알츠하이머병은 지나치게 분주한 베타파 의식과 간접적으로 관련되어 있을지도 모른다. 알파파-세타파-델파타 상태의 확장된 의식을 발달시킬 시간이 부족한 사람들은 아마도 그런 질병들에 더 취약할 것이다.

의식의 대역

우리는 뇌파와 관련된 다양한 의식 수준에 대해 알아보았다. 그러나 각각의 뇌파에 따른 인식의 특정한 양상들을 더욱 세세히 분류해볼 수도 있지 않을까? 버지니아의 먼로 연구소(Monroe Institute)에서 헤미싱크[*]를 통한 의식 확장 훈련을 오랫동안 총괄해온 크리스토퍼 렌츠(Christopher Lenz)는 뇌파와 의식 수준에 극적인 영향을 미치는 음향 패턴들을 연구해왔다. 그는 나에게 세타파와 델타파 상태에서 나타나는 의식의 여러 수준들을 설명해주었는데, 그것은 훈련 참가자들이 수년간 관찰해온 결과물이었다.

헤미싱크 훈련에서는, 지속적으로 화음과 박자가 변하는 특성 주파수의 소리들을 스테레오 헤드폰을 통해 들려줌으로써 참가자를 비일상적 의식 상태로 이끈다. 참가자들은 깊은 이완을 느낀 후에 오감을 넘어 확장되고, 마침내 시공간을 초월하여 비물질적 현실과 교감하는 상태로 들어간다. 렌츠는 그 결과를 설명하기 위해서 의식의 전 대역을 마흔아홉 개

---

[*] Hemi-Sync: 헤미싱크는 스테레오 헤드폰을 통해 양쪽 귀에 미묘한 차이가 있는 소리를 들려줌으로써 좌뇌와 우뇌의 뇌파를 서로 동조시키는 현상 또는 음향 기술이다. 이때 우리는 좌우에서 들리는 소리의 차이에 의해 발생하는 제3의 소리를 듣게 되는데, 그것은 오직 듣는 이의 뇌 속에만 존재하는 전기적 신호이다.

의 수준과 일곱 옥타브로 나누었는데, 그것은 미라논Miranon 이라고 불리는 비물질적 존재가 채널링을 통해 알려준 분류법이기도 했다. 훈련의 참가자들이 각각의 단계들을 체험하고 나서 보고한 내용들은 공통적으로 이 분류에 들어맞았다.

미라논의 분류에 따르면, 1~7 수준의 의식(첫 번째 옥타브)은 식물 세계의 의식에 해당한다. 8~14 수준의 의식(두 번째 옥타브)은 동물 세계의 의식에 해당한다. 15~21 수준의 의식(세 번째 옥타브)은 인간의 의식에 해당한다. 렌즈는 많은 참가자들이 이 수준에서 일곱 차크라의 기능과 얼추 들어맞는 주파수들을 발견했다고 설명한다. 차크라는 상위 에너지가 물질계로 건너오는 에너지의 소용돌이 또는 인체의 중요 부위라고 볼 수 있다. 상위 에너지는 기氣 또는 에테르ether라고 불리는 미세한 매개 에너지 또는 빛몸(light body)을 통해 전해진다. 그 일곱 가지 의식의 특징은 대략 다음과 같다.

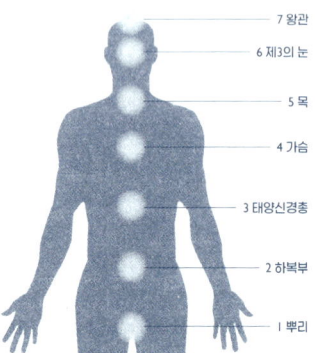

각 차크라의 부위

- 7 왕관
- 6 제3의 눈
- 5 목
- 4 가슴
- 3 태양신경총
- 2 하복부
- 1 뿌리

• 15 수준은 척추 하단의 첫 번째 차크라와 관련되어 있다. 생존과 내성, 생존 본능, 생명력의 보존과 순환, 지구

와의 상호연결, 지구의 근본 에너지의 공급 등을 담당한다.
- 16 수준은 하복부의 두 번째 차크라와 관련되어 있다. 감정과 에너지의 장을 느끼고 그것에 감응하는 능력을 담당한다. 인간관계, 사회활동, 관능, 욕망, 굶주림, 성욕 등을 일으키고 창조적이고 생산적인 충동을 촉진한다.
- 17 수준은 태양신경총의 세 번째 차크라와 관련되어 있다. 의지력, 권력, 자기 통제력, 외부 통제력, 외부의 자극에 대한 반응(수용/거부, 투쟁/도주) 등을 담당한다.
- 18 수준은 가슴 중앙의 네 번째 차크라와 관련되어 있다. 물질적 자아와 비물질적 자아의 상호연결, 우주의 법칙에 따르는 균형 잡힌 삶을 담당한다. 나-타인-자연 간의 상호관련성을 온전히 이해하도록 도우며 깊은 공감과 연민, 신뢰를 촉신한다.
- 19 수준은 목 부위의 다섯 번째 차크라와 관련되어 있다. 개인적 의지로부터 상위의 의지로의 전환, 신앙심, 상위의 길잡이 및 정보와의 연결, 영감 어린 자기표현, 진실한 친교 등을 담당한다.
- 20 수준은 미간에 있는 제3의 눈, 즉 여섯 번째 차크라와 관련되어 있다. 눈에 보이지 않는 에너지의 패턴과 흐름을 감지하는 능력을 담당하며 우리를 비물질적 자아의 경험으로 이끈다. 직관, 상상력, 영감 어린 창조성, 섬세하게 동

조된 의식을 열어준다.

- 21 수준은 왕관이라고도 불리는 일곱 번째 차크라와 관련되어 있다. 그것은 우리의 정체성을 개체적 에고로부터 영혼의 수준으로 전환시키고 최상의 길잡이, 우주적 이해, 다른 모든 영혼과 우주와의 상호연결로 이끌어준다. 이 수준은 비물질적 존재들과 만나게 되는 장소로 체험되기도 한다.

인간 영역 너머의 의식들

렌츠의 설명은 22~28 수준(네 번째 옥타브)으로 계속 이어졌다. 이 수준들은 평균적인 인간의 의식 영역을 넘어 주로 사후의 체험에 초점이 맞추어져 있다. 나는 특히 이 부분의 설명이 흥미로웠는데, 그것은 나를 비롯한 많은 투시가와 신비가들이 변성의식 상태에서 방문했던 영역들을 가리키는 일종의 지도였기 때문이다.

- 22 수준은 깊은 꿈, 치매, 정신착란, 마취 상태 등과 관련되어 있다. 이 수준은 혼수상태의 환자들에게서 나타나므로, 우리는 같은 의식 상태에 들어감으로써 그들과 소통할 수

도 있다. 또한 사후 세계가 '영원한 잠'이 아닐 거라고 믿는 사람들도 임종을 맞을 때 이 수준을 경험한다.

- 23 수준은 두려움에 사로잡혀 자신의 죽음을 받아들이지 못하는 사람들 또는 제한적 생각이나 감정을 죽기 전에 내려놓지 못한 사람들과 관련되어 있다. 자살과 마약중독, 또는 격한 고통, 슬픔, 저항과 함께 죽는 사람들이 그 대표적인 예이다.

- 24~26 수준은 사망자 본인이 사후세계에 대해 가지고 있던 고정관념이나 기대감을 반영한다. 만일 천국에 이를 때 트럼펫 소리를 듣게 되리라고 믿어온 사람이 있다면, 그는 정말로 그 소리를 들을 것이다. 어떤 종교적 인물을 섬겨온 사람이 있다면, 그는 그 인물을 만날 것이다. 또한 이 수준의 의식은 지상의 삶에 대해 가졌던 견고한 신념체계와 세계관도 반영한다. 가족관계를 가장 중요하게 여겼던 사람은 사후에도 계속 그런 성향을 유지할 것이다. 타인에 대한 권력이나 성적 자유를 추구했던 사람은 사후에도 그대로 행동할 것이다. 렌츠에 따르면, 죽은 사람들은 안내의 손길과 새로운 가능성을 발견하기 전까지 이 수준들 속에서 오랫동안 ― 실제로는 수백 년간이나 ― 머물기도 한다.

- 27 수준은 '공원(The Park)'이라고 불리는 영역이다. 이곳은 대부분의 죽은 사람들이 모여드는 일종의 공공수용소

이다. 이곳은 나무가 우거지고 잔디가 깔린 드넓고, 푸르고, 평화로운 공원처럼 보인다. 여기에서 사람들은 사별했던 사람들과 재회하고, 길잡이의 도움을 받아 이번 삶의 교훈을 이해하고, 젊음과 원기를 회복하고, 미래에 펼쳐질 삶을 살펴보고, 우주의 기억이 보관된 광대한 아카샤의 기록(Akashic Records) 도서관에서 공부를 하고, 또는 다른 곳으로 옮겨갈 준비를 하며 편히 쉬거나 논다. 그중 일부는 낮은 수준으로 하강하여 '길 잃은' 영혼들을 끌어올리고 앞길을 터주는 구조자 또는 인도자의 역할을 훈련받기도 한다.

- 28 수준은 인간으로서 경험할 수 있는 마지막 단계로서, '제7천(seventh heaven)'이라고도 불리는 심원한 의식 상태이다. 높은 스승, 구원자, 예언자 등을 만날 수 있는 곳으로 삶을 완성하고 윤회를 끝낸 영혼들이 머물고 있다.

렌츠에 따르면, 28 수준을 넘어선 상위의 세 옥타브(다섯 번째부터 일곱 번째 옥타브)의 양상은 거의 관찰되지 않는다. 다만 34~35 수준은 우리가 극도로 높은 비인격적 지성체들을 만날 수 있는 영역으로서 '집결소'(the area of the Gathering)라고 불린다. 그 존재들은 지구상에서 동시에 발생할 두 가지 사건을 보기 위해 지구 주위로 모여들었는데, 그 두 사건은 대단히 드문 일이라고 한다. 그들은 우리를 돕고 싶어한다. 그러나 이런 의식 수준에까지 도달한 사람들도 그것이 어떤 사건일지를 분명하게 묘사하지는 못한다. 마지막 49 수준은 천체의 근원적 활동, 우주와 은하의 거대한 신비를 이해하는 영역에 해당한다.

아마도 당신 역시 무수히 뒤섞이고 있는 의식과 에너지 대역들을 자신의 안팎에서 목격하기 시작했을 것이다. 먼로 연구소의 설명은 다양한 의식 수준에 대한 한 가지 분류법에 불과하다. 거의 모든 종교와 형이상학적 사상들은 느리고 깊은 뇌파 상태에서 발견되는 의식들에 대해 저마다의 해석을 가지고 있다. 역사상의 선구자들은 에너지와 의식의 상위 수준을 탐험했고, 각자의 문화에 맞춰 그 영역을 지도로 그려냈다. 그 다양한 설명들은, 약간의 차이점만 제외한다면, 대단히 유사하나. 당신노 결국에는 상위 차원의 앎에 익숙해지는 수준으로 주파수를 끌어올리는 능력을 숙달하게 될 것이다.

우주는 숫자의 조합이다.

인식이란 숫자 속에 잠재한 형상을 상상해내는 것이다.

— 로버트 롤러 Robert Lawlor

숫자와 의식 상태

수십 년 전에, 나는 어떤 영적 심사원들로부터 질문을 받는 듯한 꿈을 꾼 적이 있다. 마치 승급을 위해 구두로 시험을 치고 있는 것 같았다. 그들은 내게 문제를 냈다. "129에 해당하는 육체적 감각은?" 나는 대답했다. "가려움입니다." "214에 해당하는 감정은?" "비통함입니다." "13과 관련된 육체적 상태는?" "마비입니다." "525와 동등한 마음의 상태는?" "열광입니다!" 깨어났을 때, 나는 가는 선으로 정교하게 새겨진 승급 표식을 내 안에 간직한 듯한 느낌을 받았다. 마치 나 자신이 그런 얇은 종이들이 사방으로 켜켜이 쌓여 이루어진 존재 같았다.

그 후로 나는 수비학數秘學에 대한 공부를 시작했다. 그리고 사람들의 생년월일에서 끄집어낸 숫자의 조합들을 오랫동안 조사한 결과, 숫자라는 것이 개인의 의식 상태, 삶의 교훈, 성격, 특정 사건들과 얼마나 깊이 연관되어 있는지를 깨닫게 되었다. 숫자들은 주파수이다. 그리고 각각의 주파수는 그것에 해당하는 독특한 지식과 법칙의 세계를 펼쳐내고 있다. 당신은 다양한 숫자들에 감응함으로써, 새로운 정보의 세계를 발견하고 기초적인 에너지 기술을 숙달시킬 수 있다. 단계들을 오르내리는 기술 말이다.

실습과제

숫자의 진동 영역들

1. 편안히 앉아서 손바닥을 허벅지 위에 놓고, 머리를 반듯이 세우고, 숨을 고르게 쉬어라. 지금 이 순간 속으로, 그리고 당신의 몸속으로 주의를 집중하라.

2. 자신이 유리로 된 승강기 안에 있다고 상상하라. 승강기는 지면에 정지해 있고, 문밖의 벽에는 '1'이라는 숫자가 큼지막하게 붙어 있다. 1층은 당신의 일상적이고 평범한 현실이다.

3. 이 승강기는 1층부터 9층까지 올라갈 수 있다. 당신은 여러 단계들을 오르내리다가 경험해보고 싶은 한 층에서 내리게 될 것이다.

4. 눈을 감고, 아주 천천히 마음속으로 숫자를 센다. 아주 조금이라도 당신을 끌어당기는 숫자가 있는지를 관찰해본다. 1—2—3—4—5—6—7—8—9. 다시 내려가며 9—8—7—6—5—4—3—2—1. 이번에는 또다시 올라가본다. 숫자들을 통과해가는 동안 색다른 진동이 느껴지는지를 살펴보라. 결국 당신은 직관적으로 어떤 한 숫자에 이끌리게 될 것이다. 승강기는 그 숫자에서 멈출 것이다. 승강기 문이 열리면, 발걸음을 밖으로 옮기라.

5. 거기에는 당신이 고른 숫자와 공명하는 새로운 세계가 있다. 그 진동을 느끼고 받아들이라. 그것은 당신의 몸-감정-마음에 필요한 주파수로서 특별한 에너지와 지혜를 담고 있다. 그것은 당신에게 유용한 능력과 기술을 개발시켜준다. 주위를 살펴보라. 무엇이 보이고 들리는가? 어떤 냄새가 나고, 어떤 느낌이 드는가? 어떤 감정과 기분이 솟아나는가? 깊게 받아들이라. 어떤 생각과 주제들이 떠오르기 시작하는가? 당신에게 필요한 내용의 통찰들이 마음속으로 들어오고 있는가?

6. 이제 길잡이가 다가와 당신을 반긴다. 그(그녀)는 이곳의 대변인으로서 당신과 대화를 시작하고, 당신에게 필요한 정보와 조언을 줄 것이다. 그런 정보들이 흘러나오도록 상상력을 풀어두라. 만일 내가 서문에서 소개한 자동기술법을 통해 기록을 남기고 싶다면, 집중력을 유지한 채로 마음속으로 흘러드는 모든 지침을 천천히 적기 시작하라.

7. 충분히 도움을 받았다면, 길잡이에게 감사를 표현하고 승강기에 다시 올라타라. 당신은 다른 층으로 가서 이 과정을 반복할 수도 있고, 1층의 평범한 각성 의식으로 되돌아가서 자신의 진동이 얼마나 변화되었는가를 느껴볼 수도 있다.

몸-감정-생각의 주파수

일상의 현실은 당신에게 또 다른 일련의 진동들을 전달한다. 당신의 몸-감정-생각의 상태에 해당하는 진동들 말이다. 날마다 당신은 편안함과 불편함, 활동과 휴식, 행복과 고통, 논리와 영감 사이의 — 굳이 몇 가지만 들자면 — 여러 단계들을 거침없이 오르내린다. 다음의 표는 당신이 얼마나 넓은 범위의 진동들을 경험하고 있는지를 대략적으로 정리한 것이다. 이 항목들은 수평적으로는 서로 관련이 없음에 유의하라.

	몸	감각	감정	생각
높은 주파수 빠름/확장 영혼/사랑	완전한 현존	교감	사랑/공감	지혜/일체성
	완벽한 건강	직접 경험	관용	직접적인 앎
	활기찬 움직임	초감각	행복/감사	영감/통찰
	유연성	직관	열정	유연한 창조성
	민감성	투시透視	욕망/동기	발견/탐구
	편안함/휴식	투청透聽	만족	수용성/개방성
	피로	투감透感	성실	지루함/조급함
	긴장/스트레스	시각	안도/신뢰	산만함/멍함
	간헐적 고통	청각	실망	투사/비난
	만성적 고통	촉각	좌절	논리/증명
	중독	미각	의심/불안	신념/통제욕
	질병	후각	공포/공황	강박
낮은 주파수 느림/위축 에고/두려움	심리적 외상/상처	수용/거부 반응	증오/분노/거부	정신적 매몰
	기능장애	내장의 거부 반응	죄책감/수치심	정신병/신경증
	마비/혼수	잠재의식의 반응	우울/무관심	자살

한 개인의 진동이 하루 동안 얼마나 변할 수 있는지를 예로 들어보자. 당신은 마음속에서 그려본 새로운 조각 작업을 시작하려는 강한 의욕과 함께 잠에서 깨어났고, 촉각적 경험에 굶주려 있다. 당신은 우선 이메일부터 확인하려다 컴퓨터가 오류를 일으키자 화가 치민다. 그러다가 한 친구가 전화를 걸어 주말의 저녁식사에 초대하자 행복감 속으로 되돌아온다. 당신은 조각 작업을 시작하고, 의도치 않게 조각칼에 상처를 입는다. 당신의 몸은 고통을 느끼고 당신의 손은 종일 떨린다. 그 탓에 마음이 흐트러지고 피로가 느껴진다.

당신은 휴식을 취하고, 약간의 집안일을 한다. 이젠 만사가 귀찮아진다. 당신은 더 이상 일을 할 수 없다고 판단하고 텔레비전을 켠다. 당신은 아름다운 영화의 시각적 자극을 즐기지만, 귀가 따갑고 끝이 없는 광고들 때문에 정신이 하나도 없다. 이제는 잠자리에 들 시간이다. 당신은 잠을 자려고 하지만, 자신의 조각 실력과 돈에 대한 걱정 등으로 뒤숭숭하다. 정신이 산만해서 잠을 자기 어렵겠다고 느낀 당신은 더 영적인 문제들로 생각을 돌리기 위해서 책을 읽는다. 당신은 고요해지고, 명상을 하기로 마음먹고, 명상을 통해 안도감을 얻는다. 당신은 이제 평화로움을 느끼면서 훌륭한 실력을 갖춘 예술가적 자아와 다시 연결된다. 이제는 쉽게 잠에 빠진다. 당신의 꿈은 창조적이고 역동적이다.

실습과제

오늘 하루 동안의 진동들을 좇아보라

- 지금까지의 오늘 하루를 되돌아보라. 당신은 어떤 신체적, 감정적, 정신적 상태와 함께 오늘을 맞이했는가?
- 당신은 오늘 하루 동안 어떤 주파수들을 통과해왔는가?
- 당신은 지금 이 순간 어떤 상태 속에 머물고 있는가?
- 당신의 평범한 일상을 돌이켜봤을 때, 자신도 알게 모르게 반복하고 있는 에너지 상태의 패턴이 있는가? 당신은 아침에 주로 어떤 진동을 경험하는가? 오전 중에는? 이른 오후에는? 늦은 오후에는? 초저녁에는? 밤에는 또 어떠한가?
- 당신의 일주일을 되돌아보라. 당신은 어떤 진동들 속에 주로 머물렀는가?
- 최근에 당신의 꿈은 어떤 주파수 수준에서 꾸어지는가?

내적 진동의 고유성

삶 자체가 생성과 소멸을 반복하듯이, 당신의 마음은 의식과 무의식 사이를 오간다. 마찬가지로 우리는 몸-감정-생각의 최저 주파수와 최고 주파수 사이를 일상적으로 왕복한다.

사람들은 영원히 '명품들'로 치장하고, 행복한 일만 생기고, 혼란은 겪지 않는 방법을 찾고자 한다. 그러나 우리는 진동체로서, 삶의 본성대로 요동치는 경험들을 겪어간다. 다른 사람들과 똑같이, 당신은 자신만의 고유한 진동을 가지고 있다. 그것은 당신의 생각과 감정, 행동에 따라 변화한다. 가장 중요한 것은 당신이 그것을 변화시킬 수 있다는 사실이다. 당신은 잡다한 주파수들에 자신의 진동을 일치시킴으로써 속수무책으로 이 세상에 농락당할 수도 있고, 자신이 원하는 기분을 스스로 선택할 수도 있다. 주파수를 자신의 영혼에 동조시키기로 결정했다면, 당신의 내적 진동은 우리가 5장에서 자세히 논의할 당신의 '근원 주파수'에 맞춰 고정된다. 당신은 여전히 위아래를 오르내리겠지만, 의도적으로 자신의 고유 진동에 초점을 맞추는 법을 알면 중심을 유지하기가 훨씬 쉬워진다.

1. 고유 진동이란 당신에게서 항상 발산되고 있는 주파수들의 총합이다.

고유 진동은 앞의 표에서 소개한 몸-감정-생각의 다양한 수축/확장 상태들이 한 덩어리로 합쳐진 것이다. 그것은 본질적으로 불안정하다. 어느 순간에 당신은 신체적 고통, 감정적 피해의식, 정신적 매몰을 한 덩어리로서 경험한다. 다음 순간에는 유연한 신체 움직임을 통해 감정적 기쁨과 왕성한 탐구심을 얻는다. 화가 났을 때는 내장의 불편함과 거부감이 일어나겠지만, 고요하고 행복할 때는 높은 직관적 통찰을 얻게 된다.

2. 한 가지 측면의 진동은 다른 측면들에도 영향을 미친다.

당신이 한동안 우울했다면, 그 낮은 감정 상태는 당신의 상상력을 고갈시키고 절망적이고 부정적인 생각들을 초래했을 것이다. 온기와 열정이 부족하다면 당신의 몸은 기운이 없고 둔할 것이다. 반대로 산책이나 춤을 통해 몸을 정기적으로 움직인다면, 당신의 감정은 활발해지고 사고방식도 대단히 유연해질 것이다. 중요한 것은, 당신은 한 가지 측면만을 개선함으로써, 즉 더 기분 좋은 특성의 단계들로 상승해감으로써, 전체적인 진동까지 개선할 수 있다는 사실이다. 예를 들어 당신이 (신체적으로) 피로하다면, 휴식과 편안함 속으로 들어가라. (감정적으로) 좌절했다면, 안도감으로 전환하고자 노력하라. 당신에게 강박증이 있다면, 마음속의 신념들을 살펴보라. 어느 측면에서 시작하든 나머지 측면들은 뒤따라올 것이다.

> 생리적 상태의 변화는 반드시 그에 상응하는
> 정신-감정적 상태의 변화 — 의식적이든 무의식적이든 — 를 일으킨다.
> 반대로, 정신-감정적 상태의 변화는 반드시
> 그에 상응하는 생리적 상태의 변화를 일으킨다.
>
> — 엘머 그린Elmer Green

3. 당신의 고유 진동은 세상과 다른 사람들의 진동들에 의해 영향받는다.

당신의 몸은 소리굽쇠처럼 공명하기 때문에, 부정적이고 불안한 혹은 굳건하고 고요한 사람들과 접촉할 때 그들의 기운을 모방할 것이다. 당신은 활기가 넘쳐흐르고 있었는데, 한 친구가 당신을 탓하는 어떤 여자에게 전화를 건다. 그러자 당신은 그녀의 진동을 포착하여 역으로 그녀의 잘못들을 비난하기 시작한다. 이런 사실을 깨닫기 전까지 당신은 분노와 피로를 느낀다. 혹은, 당신은 피곤한 채로 깨어나서 흐리멍덩한 상태로 지겨운 통근 시간을 교통체증 속에서 보낸다. 당신의 뇌는 일을 하고 싶지 않다. 그때 쾌활한 동료 하나가 좋은 소식을 들고 불쑥 사무실로 들어와서 낙관적인 에너지와 활기를 불어넣는다. 곧 당신은 창조적인 사고방식을 통해 생산적인 결과를 낸다.

주변 사람들 중에 일부는 주파수가 높고, 다른 일부는 주파수가 낮다. 마찬가지로 장소들도 진동을 퍼뜨린다. 오싹한 느낌을 주는 식당도 있고, 안전하고 포근한 식당도 있다. 당신의 창조성과 사회성을 북돋는 도시가 있는가 하면, 고립감과 절망감을 안기는 도시도 있다. 반대로 당신 역시 언제 어디서나 자신의 기운을 주변 사람들에게 퍼트리는 존재이다. 다른 사람들의 진동과 마찬가지로 당신의 진동 또한 그들에게 쉽게 전달된다.

4. 당신의 고유 진동은 자발적인 선택에 의해 내부로부터 퍼져 나온다.

당신의 기분은 진실로 당신 자신의 선택에 달려 있다. 당신은 타고난 진동, 즉 근원 주파수를 가지고 있다. 그것은 영혼의 느낌이며, 아기들이 발산하는 눈부시게 밝은 주파수이다. 하지만 살아가는 동안 그것은 감정적, 정신적 혼란으로 뒤덮인다. 당신은 필요할 때마다 그 덮개를 벗고 빛을 발할 수 있다. 반대로 부당한 대접을 받는 피해자처럼 스스로를 위장함으로써 관심을 끌고 자기만족에 빠지기도 한다. 이런 무의식적 선택은 당신을 낮은 주파수에서 기능하도록 만든다. 본인이 선택한 생각의 수준에 맞춰서, 당신은 자신보다 더 느린 진동의 사람, 장소, 사건 등을 받아들이고 그 아래로 끌려 내려간다. 또는 높은 주파수를 타고난 사람들에게 당신 기분을 더 나아지게 할 책임을 떠넘기기도 한다.

5. 당신의 고유 진동은 영혼에게 삶을 더 많이 내맡길수록 크게 개선된다.

제한된 사고, 부정적 감정, 자신과 세상에 대한 통제욕으로 뭉친 고유 진동을 가진 사람은 이 지구에서 그다지 좋은 시간을 보내지 못할 것이다. 당신이 변성 과정을 통과해갈 때는 이런 움츠러든 느낌과 신념들이 잠재의식으로부터 떠올라 제거되고, 영혼의 확장에서 비롯된 새로운 인식과 자애로운 지혜가 펼쳐진다.

다음 장에서 우리는 삶의 소명을 다하고 성공을 얻고 있는 그대로의 행복과 즐거움을 받아들이도록 최적화된 진동 수준을 유지하는 법, 그리고 감응력을 건강하게 발달시키는 법을 더욱 깊게 파고들 것이다.

> 우리 시대의 가장 위대한 변혁은 인류의 몫이다.
> 우리는 마음속에서 내적 태도를 바꿈으로써
> 삶의 외적 측면들도 바꿀 수 있다.
>
> — 메릴린 퍼거슨 Marilyn Ferguson

요약

 외부 세계의 수많은 에너지 진동이 당신을 둘러싸고 있다. 81 옥타브의 전자기파들, 소리와 열의 진동들, 지구의 슈만 공진, 물질의 근본인 파동자들…. 그중에 당신의 감각이 인식할 수 있는 것들은 극히 일부에 불과하다. 내부 세계도 마찬가지다. 당신은 호흡과 심장박동의 주기로부터 전기적 뇌파에 이르는 무수한 의식-에너지 진동들과 함께 살아가고 있다. 당신의 뇌파는 일곱 차크라의 의식으로부터 사후 체험과 다른 차원에까지 이르는 다양한 수준의 가능성을 품고 있다. 당신은 감응력을 활용하여 주파수 단계들을 오르내리며 각각의 주파수들 속에서 새로운 세계와 지식을 발견할 수 있다.

 당신의 고유 진동 또는 에너지 상태는 움츠러들거나 확장된 주파수들의 혼합체로서 바로 그 순간의 몸-감정-생각을 반영한다. 영혼이 빛을 발하도록 자신을 내맡길수록 당신의 고유 진동은 더욱 높아진다. 그것은 다른 사람들 또는 주변의 진동들에 영향을 받지만, 당신의 기분은 전적으로 당신의 선택에 의한 것이다.

근원 주파수의 메시지

서문에서 설명했듯이, 나는 평소 당신의 조급한 독서 성향을 직접적이고 깊은 체험으로 전환시키기 위해 각 장의 말미에 영감 어린 글의 일부를 포함시켰다. 이 메시지들을 통해서 당신은 내적 진동을 의도적으로 변조시킬 수 있다.

아래의 메시지는 '직관의 시대'에 보편화될 앎의 방식과 비슷한 체험 속으로 당신을 데리고 갈 것이다. 근원 주파수의 메시지 속으로 들어가려면, 그저 속도를 늦추고 서두르지만 않으면 된다. 천천히 숨을 들이마시고, 내쉬고, 가능한 한 움직이지 말고 고요해지라. 당신의 마음이 부드럽게 열리도록 놓아두라. 당신의 직관을 열고, 이 글과 감응할 준비를 하라. 그 속에서 나타날 깊은 현실과 감각 상태를 스스로 받아들일 수 있는지 살펴보라.

각각의 구절에 주의를 기울이는 만큼, 당신의 체험도 더 큰 차원을 취할 것이다. 한 번에 몇 개의 단어에만 집중하고, 구두점마다 숨을 돌리고, 지금 이 순간에 그 지성의 메시지와 함께 존재하라. 당신은 그 단어들을 크게 읽을 수 있고, 눈을 감고 다른 사람더러 읽어달라고 해서 그 효과를 살펴볼 수도 있다.

진동들 속으로 빠져들기

세상에 귀를 기울여보라. 소리들은 음원으로부터 귀로 전해져 온다. 개들은 낯선 사람을 향해 고개를 돌리고, 돌고래들은 물고기 떼를 향해 헤엄쳐 가고, 음악은 악기들로부터 쏟아져 나오고, 이야기는 선생들의 입에서 흘러나온다. 더 들어보라. 벌레들의 바스락거림, 천둥소리, 엄마와 아기의 속삭임, 몸에 힘을 줄 때의 신음, 실패로 인한 울부짖음, 승리를 위한 기합…. 여러 층위의 진동들에 귀를 기울여보고, 그것들을 만지듯이 느껴보고, 실감해보고, 공명해보라.

당신은 바람이다. 지금은 산들바람, 지금은 돌풍, 지금은 폭풍. 당신은 빛이다. 지금은 흰빛, 지금은 무지갯빛, 지금은 검정, 지금은 다이아몬드처럼 투명하다. 당신은 생명의 순환이다. 뻗어 나갔다가, 다시 되돌아오고, 한없이 중만하게 부풀었다가, 한없이 작은 바늘구멍 속으로 사라진다. 당신은 그것을 계속하고 싶고, 또한 멈추고 싶다. 당신은 자기 자신이 흔들림이라고 생각하고, 또한 그 흔들림이 자신의 전부가 아님을 안다.

드러난 진동들 아래에는 매혹적이고, 늘 새롭고, 결정적인 원인이 되고, 처음에는 두렵기까지 한 무엇이 있다. 파동들 아래에 있는 그것은 움직임이 느려진 고요함이다. 여기에서는 언어가 무의미하다. 누군가에 대해 어떤 생각을 품으면, 그들도 같은 생각을 한다. 친구가 어떤 선물을 들고 나타나는 모습을 상상하면,

그것은 아무 노력 없이 현실이 된다. 온갖 파동들과는 관계없이 이루어지는 앎과 행동. 그것이 얼마나 고요한지, 얼마나 쉬운지 느껴지는가? 고요함이 깊어질수록, 당신의 의도는 더욱 빠르고 정확하게 실현될 것이다.

이처럼 고요한 변성 공간 아래에는 또 다른 공간이 있다. 여기에는 어떤 움직임도 없다. 그저 순수한 의식, 침묵, 깊은 평화, 영속적이고 한없는 사랑, 마음을 구원하고 초월하는 온전한 이해가 있을 뿐이다. 어떤 방향성도, 강압도, 욕망도 없다. 모든 창조 활동은 여기에서 시작되고 여기에서 끝난다. 여기에서 당신은 우주 그 자체로 존재하며 배움을 얻는다. 그 어느 때라도 당신은 주파수를 높여 침묵 속으로 들어갈 수 있다. 당신은 하나로 통합된다. 시간이 멈추고, 당신은 생각한다. '이곳에는 아무것도 없네.' 그때 갑자기, 어떤 '웃음'이 폭발하면서 당신을 진동하는 조각들로 다시 나누어놓는다. 이제 거기에는 모든 것이 있다! 당신은 순수한 상태로부터 솟아올라 새로운 충동을 느끼고, 새로운 진동을 선택하고, 새로운 곳으로 흘러가고, 고요함이 당신을 다시 불러줄 때까지 그 즐거움을 만끽한다.

가장 깊은 상태는 가장 높은 상태이다. 가장 고요한 상태는 가장 빠른 상태이다. 가장 진실하고, 자애롭고, 상호 연결된 감정이야말로 가장 강력한 것이다. 사랑이란 그 무엇보다 창조적이고 활기찬 주파수이다. 진리란 당신의 마음속에서 움직이는 사랑이다. 조화란 모든 생명의 진동과 화합하고 어울리는 사랑의 공명이다. 당신의 마음이 진동을 사랑하는 것은 그것이 진동으로부터 만들어졌기 때문이고, 당신의 영혼이 고요함을 사랑하는 것은 그것이 절대적인 일체성과 사랑으로부터 만들어졌기 때문이다. 주파수들의 향연을 즐기고, 고요히 음미하라. 주파수를 통해 창조하는 존재가 되고, 고요히 감사하라.

3

감정 습관

감정은 '나쁜' 것이 아니다.
감정의 근원에는 태초의 에너지가 있으며,
그것은 유익하게 쓰일 수 있다.
실제로 … 깨달음의 에너지는
우리의 일상적 열망과 감정들이 일어나는
바로 그 동일한 원천으로부터 일어난다.
— 제임스 H. 오스틴James H. Austin

최근에 나는 직관력에 관심이 많은 한 10대 소녀를 상담한 적이 있다. 그녀는 눈화장이 짙고 입술에는 피어싱을 했지만, 아름답게 반짝이는 눈동자와 대단히 열린 마음을 가지고 있었다. 내가 궁금한 것을 물어보라고 해도 그저 어깨만 으쓱할 뿐이었다. 하지만 세션이 중반에 이를 즈음 그녀는 뭔가를 떠올렸다. "가끔 저는 모든 것이 잘못될 거라는 느낌이 들어요. 좋은 일은 꼭 틀어지고 말 거라는 느낌 말이에요. 왜 그럴까요? 사실이 아니라는 걸 알면서도, 저는 남자친구가 바람이 날까 봐 늘 두려워요. 저는 스스로 인간관계를 망치고 있어요."

나는 그녀의 몸에 감응하여 태양신경총 부위를 감지해보았다. 어디선가 불현듯 덮쳐오는 두려움은 대개 그 부위와 관련이 있다. 그녀의 두려움과 접촉하자, 그녀의 아버지 모습이 흐릿하게 떠올랐다. 나는 아버지가 가족을 떠난 적이 있는지를 물었다. "맞아요." 그녀는 대답했다. "제가 어렸을 때의 일이에요." 당시 그녀의 작은 몸이 그 원초적인 두려움에 반응했던 방식을 느낄 수 있었다. 아버지가 자신의 잘못으로 떠났을지도 모른다는 충격과 버림받았다는 사실로 인한 혼란이 이전까지는 필요 없었던 경계심을 깨워냈고, 그 후로는 혹시 비슷한 일이 또 생기지는 않을까 하는 두려움에 늘 주변을 의심하게 되었던 것이다. 그녀의 몸은 이렇게 말하고 있었다. '이제 다시는 속수무책으로 당하지 않겠어!'

나는 사랑과 신뢰로 가득한 그녀의 본성을 느꼈다. 하지만 그녀가 본성을 따르려고 들면 즉시 잠재의식이 풀려나면서 기억을 되살려낸다. "뭔가가 옛날의 그 상황과 비슷해. 너는 버림받을지도 몰라. 조심하라고!" 순식간에 마음은 움츠러든다. 그녀는 자신이 과거의 경험을 재현하고 있다는 사실을 몰랐고, 그 불안감을 주변 사람들에게 투사한 탓에 많은 친구들과 예전 남자친구를 잃어야 했다. 나는 그녀에게 몸은 일종의 의식이며 대단히 예민하다는 사실을 이해시키려고 노력했다. 그리고 그 두려움은 단지 과거의 충격에 의해 고착된 감정일 뿐이며, 그녀는 아직 어리기 때문에 문제의 경험에 쉽게 접근하여 반응 패턴을 수정할 수 있다고 알려주었다. 성인들의 경우에는, 경계심이 움츠러든 상태를 자꾸만 되살려내면서 과거의 상처와 비슷한 경험을 수십 차례나 반복하는 사람들이 적지 않다.

아기들의 감응력

그 소녀와 마찬가지로, 당신은 서로 신뢰하는 열린 마음으로 충만한 사랑을 주고받고 즐거움을 얻으러 이 세상에 태어났다. 우리가 진동에 대한 감응력과 공감 능력을 가지고 태어난다는 것은 분명한 사실이다. 조지프 칠튼 피어스^{Joseph Chilton Pearce}는 《진화의 끝》(Evolution's End)이라는 책에서 수태된 지 며칠밖에 안 된 태아가 진동하는 세포들을 한데 모아 새로운 심장을 형성하는 과정을 설명한다. 이 세포들은 어머니의 심장박동과 호흡에 동조되는 듯 보이는데, 이런 감응력은 아기의 심장이 만들어지는 데 필수적이다. 어머니의 감정 상태와 반복적인 행동 패턴은 목소리의 고저강약과 호르몬을 통해 태아에게 각인된다. 아기를 낳고 난 다음에도 부신피질 호르몬이 왕성한 어머니의 몸은 — 아버지도 마찬가지지만 — 본능적으로 아기를 심장에 가까운 왼쪽 가슴으로 안는다. 부모의 심장박동은 아기의 심장과 뇌(정신활동)를 활성화시키고 안정감을 준다. 녹음된 심작박동 소리가 아기의 울음을 40~50퍼센트가량 그치게 할 수 있다는 것은 널리 알려진 사실이다.

피어스는 어떻게 신생아가 심층적 차원에서 어머니의 몸과 완벽히 연결된 상태로 지내는지를 설명한다. "어머니가 심층적 영향권 안에 아기를 품고 있을 때는 활발한 소통이 이루어진다. 어머니는 이런 심층적 소통을 거의 자각하지 못하지만, 아기에게는 이것이야말로 유일하게 활성화되어 있는 의식 수준이다." 따라서 아기와 엄마가 심장을 맞대는 감응의 기술은 우리에게 있어 최초의 성장·생존 방식인 것이다.

대니얼 골먼Daniel Goleman은 《감성 지능》(Emotional Intelligence)이라는 책에서 영아와 유아들이 서로에게 공감하는 일반적인 방식을 설명한다. "사실상 태어난 바로 그날부터, 아기들은 다른 아기의 울음소리에 흥분한다." 골먼에 따르면, 영아들은 다른 아기들의 불안을 마치 자신의 일인 양 느끼면서 다른 아기의 눈물을 보면 자신도 울어버린다. 유아들도 다른 아기들의 고통을 모방하곤 한다. 한 살배기 아기들의 경우에는, 한 아기가 손가락을 다치면 다른 아기들도 자기 손가락이 다치진 않았는지 입속에 넣어보곤 한다. 걸음마를 하는 아기는 울어대는 젖먹이에게 장난감을 주거나 머리를 쓰다듬고, 후기 아동기의 아이들은 다른 사람들의 고통과 자기 삶과의 관련성을 이해하기 시작한다. 골먼은 이 시기의 아이들이 빈민이나 부랑자들 같은 특정한 집단에 대해 연민을 느낄 수 있다고 설명한다. 진동에 대한 감응력과 공감 능력은, 지금까지 알아봤듯이, 그 뿌리가 태내로까지 거슬러 올라가는 인간의 본성인 것이다.

> 우리는 공감과 연민으로써 타인에게 귀를 기울이고,
> 그들이 느끼는 감정을 듣는 법을 반드시 배워야 한다.
>
> ― 틱낫한 Thich Nhat Hanh

심리학자 일레인 애런 Elaine Aron은 《감응력이 높은 사람》(The High Sensitive Person)이라는 책에서 대략 15~20퍼센트의 성인들이 '감응력이 높은' 편에 든다고 밝혔다. 그들은 다른 사람들에게는 보이지 않는 것들을 감지하고, 주변 상황의 문제와 가능성을 깊이 이해하며, 때로는 받아들인 정보들을 처리하기 위해 더 많은 시간과 더 넓은 장소를 필요로 한다. 그들은 고통과 무력감에 과도하게 휩쓸리기 쉽고, 천성적으로 내향적·직관적·예지적이며 자신의 영혼과 영적인 삶에 관심을 보인다. 카를 융은 감응력이 높은 사람일수록 예언적 통찰이 담긴 중요 정보들에 이르는 통로인 무의식으로부터 더 많은 영향을 받는다고 설명했다. 애런의 연구에 의하면, 조사 대상 중의 30퍼센트 정도는 '보통 수준의 감응력'을 가진 사람들이었다. 그리고 나머지 50퍼센트의 사람들은 스스로 감응력이 낮거나 전혀 감응력이 없다고 생각하고 있었다.

만약 우리의 문화가 이처럼 분석적·물질적·경쟁적이지 않았다면, 아마 우리는 더 뛰어난 감응력과 공감 능력을 가졌을지도 모른다. 교육의 상당 부분은 우리를 감응력으로부터 멀리 떼어놓았다. 학교에서는 미술이나 문학보다 수학과 컴퓨터 기술이, 춤이나 음악감상보다 운동경기가 중요시된다. 그리고 또한 앞선 소녀의 사례처럼, 가정의 문제에서 비롯된 어린 시절의 상처는 우리를 옭아매어 논리 속에 가두거나, 보상 행동으로 이끌거나, 심지어는 몸과 분리된 해리 상태에 빠지게 한다. 하지만 우리의 본성은 변함없이 그대로이고, 특히 지금은 안팎으로 주파수가 상승하는 시대이므로, 진동과 동조를 통한 타인과의 감응으로부터 벗어난다는 것은 거의 불가능한 일로 보인다. 우리가 스스로를 보호하기 위해 발달시켰던 파괴적인 감정 습관들 — 중독, 은둔, 공격성 등등 — 과 금욕주의가 효력을 잃어감에 따라서, 훨씬 더 많은 사람들이 '감응력이 높은' 범주 속으로 옮겨오고 있다고 나는 추측하고 있다.

남자와 여자의 감응력

일레인 애런은 감응력 높은 사람들이 대개 학창 시절에는 내향적으로 지낸다는 사실을 발견했다. 하지만 남자아이들이 살아남기 위해 금욕적이어야 하는 것과는 달리, 여자아이들은 자유롭게 감정을 표현하고 통제와 무력감으로부터 벗어날 여지가 더 크다. 대니얼 골먼은 감정 표현과 공감 능력에 대한 성별의 차이를 이렇게 설명한다. "… 거기에는 차이점보다는 공통점이 훨씬 더 많다. 대인관계에서 가장 뛰어난 여자들만큼이나 공감 능력이 높은 남자들이 있는가 하면, 감정적 회복이 가장 빠른 남자들만큼이나 스트레스를 잘 견디는 여자들도 있다. 실제로 남자와 여자의 전체적인 통계치를 봤을 때 (감정적) 취약성에 대한 평균치는 서로 엇비슷하며, 따라서 종합적인 감정 지수의 측면에서 성에 따른 차이는 없다."

널리 알려졌듯이, 여자들은 남자들보다 더 직관적이다. 여자들은 뇌의 좌우 반구를 연결하는 섬유 조직을 더 많이 가지고 있어서 더 균형 있게, 통합적으로 인식한다. 남자들은 단편적으로 한 번에 한 가지 측면만 인식하는 경향이 있다. 이런 이유로 여자들은 주변 상황 또는 사람들과 분리되기가 어렵다고 느끼고, 그런 관계성 속에서 미세한 정보들을 많이 수신한다. 남자들도 그만큼 직관적일 수 있지만, 그러려면 직관적인 상태로 진입하겠다는 의식적 선택이 필요하다. 남자들에게는 단편적인 인식이 더 자연스럽기 때문이다. 우리의 이런 본성은 아마 감응력에 있어서도 마찬가지일 것이다.

당신의 감응력 지수

 나의 관찰에 의하면, 우리의 감응력은 모두 동일하다. 그렇지 않다면 우리는 살아남지 못했을 것이다. 당신은 자신이 몇 차례나 위험 또는 좋지 못한 경험으로부터 본능적으로 벗어났는지를, 몇 차례나 미래의 일을 정확히 선택해왔는지를 알고 있는가? 물론 실수도 해왔지만, 당신은 감응력을 통해 그 실수로부터 교훈을 얻었다. 나는 '감응력이 높다/보통이다/낮다'는 식의 인식이 재고되기를 바란다. 감응력을 의식하는 수준이 각자 다를 뿐이기 때문이다. 감응력은 언제나 활동하고 있지만, 그것을 알아차리는 정도가 사람마다 상대적으로 다른 것이다.

> 모든 위대한 발견은
> 생각보다 직감이 앞서는 사람들에 의해 이루어졌다.
>
> ─ 찰스 H. 파크허스트 Charles H. Parkhurst

사람들은 대개 감응력을 자각하거나 인식하지 못하지만, 무의식적으로는 잠재적이고 심층적인 정보와 인상들을 다량으로 수집하고 있다. 그래서 그들은 표면화되려는 이 정보들로부터 압력을 받고, 그로 인해 별다른 이유도 없이 흥분과 분노, 동요와 무력감 등을 느끼게 된다.

감응력을 인식하는 소수의 사람들도 있다. 그들은 직감을 통해 받아들인 이 세상의 심층 정보들을 부정적인 반작용 없이 분별하고 사용할 수 있다. 그들은 옳은 정보와 시기, 행동과 말을 감지하고 일상을 성공적으로 꾸려나간다.

마지막으로는 감응력을 더욱 높여가고 있는 사람들이 있다. 그들은 높은 감응력을 통해 이 세상에서 성공을 이루고, 지혜를 얻기 위해 영적 차원과 접하고, 비물질적 존재들과 소통하고, 영혼의 창조물을 의도적으로 물질화시킨다.

당신은 아마도 이 세 가지 범주를 넘나들고 있을 것이다. 분명한 정보들을 알아차리지 못할 때도 있고, 어떤 정보들은 예민하게 포착하며, 때로는 더 높은 차원으로 확장되어간다. 스스로 그동안 진동에 감응함으로써 통찰과 활력을 얻어왔던 방식에 주의해본다면, 당신은 자신이 이 능력을 꽤나 자주 사용하고 있다는 사실을 발견하게 될 것이다.

실습과제

당신은 감응력을 어떻게 경험해왔는가?

1. 감응력이 당신의 앎, 행동, 대화에 큰 영향을 미쳤던 긍정적/부정적 경험들을 세 가지 적어보라. 예를 들면 다음과 같다. "나는 수^{Sue}에게 사과를 했다. 내 말이 그녀에게 주었던 상처를 느낄 수 있었기 때문이다." "나는 북극곰이 죽어가는 다큐멘터리를 보고 나서 종일 아무 일도 할 수가 없었다." "나는 그 회의가 잡담으로 끝나버릴 것을 예감했었다." 그 경험의 전후에 당신은 감정적, 육체적으로 어떤 느낌을 받았는가? 당신은 그 느낌을 어떻게 알아차렸는가? 다른 사람들은 어떻게 반응했는가?

2. 이번에는 누군가가 당신을 민감하게 또는 무감각하게 대했던 경험들을 세 가지 적어보라. 그 경험은 당신에게 정확히 어떤 영향을 미쳤는가?

3. 이번 주 동안에는 감응력을 높일 수 있는 상황들에 주의를 집중해보라. 감정적, 육체적 자각을 넓힘으로써 자신이 얼마나 더 많은 앎을 얻고, 더 많이 나누고, 다른 사람들을 인정하고 이해할 수 있는지를 살펴보라. 높은 감응력을 구체적인 상황 속에서 적용해보고, 그 느낌이 어떤지를 관찰해보라.

두 가지 감정 습관

태어난 그 순간부터, 당신은 잠재의식을 통해 삶의 길을 감지하는 방식을 발달시키기 시작했다. 당신의 작고 민감한 몸은 수신되는 정보들에 따라서 열리고 확장되는 법과 자기보호 속에 움츠러드는 법을 함께 배웠다. 이윽고 그런 반응들은 생존을 위한 무언의 법칙으로 굳어졌다. 그것들은 당신의 '어린' 마음이 편안하게 느끼는 만큼만 영혼의 광휘를 허용하는 식으로 살아가게 만드는 감정 습관들이 되었다.

그런 감정 습관들 중에서 어떤 것들은 건강한 습관이다. 예를 들어, 당신은 각각의 상황 속에서 옳은 느낌을 찾기 위해 내면으로 침잠하거나, 귀감이 되는 사람들의 행동을 모방하는 법을 배운다. 하지만 대다수의 감정 습관들은 파괴적이다. 그것들은 당신을 보호하기 위해서, 세상이 냉정한 곳이라는 '어린' 마음의 오해를 더욱 강화시키기 위해서 고안되었다. 아마도 부모님이 싸우거나 당신을 때릴 때, 당신은 그 끔찍한 고통에 무감각해지고 '몸을 떠나는' 법을 배웠을 것이다. 또한 어머니가 울적할 때는 그것을 예민하게 알아차리고 곁에 붙어서 기분을 풀어드림으로써 계속 보살핌을 이끌어냈을 것이다. 지금은 이런 감정 습관들이 제3의 천성이 되었고, 그중 파괴적인 것들은 당신의 진동을 늦추고 변성 과정의 장애물로 작용하고 있다.

당신이 얼마나 있는 그대로의 느낌을 수용하고 있는지를 알기 위해서 당신의 감정 습관들을 조사해보자. 건강한 감정 습관들은 정보를 얻고, 좋은 결정을 내리고, 인간관계를 개선하는 데 도움을 준다. 파괴적인 감정 습관들은 숨어 있던 감정적 상처와 정체된 에너지를 들이댐으로써, 새롭고 건강한 감응력을 발달시키려는 당신의 앞길을 가로막는다.

감응력 설문

다음은 자신의 감정 습관을 이해하기 위한 문항들이다. 점수를 매겨야 하지만 어떤 합격점이 있는 것은 아니다. 문항을 읽고 1~10 사이의 점수를 매겨보라. 10은 빈도가 높거나 현실과 거의 일치할 때의 점수이다. 그 결과를 살펴보고, 자신의 감응력에 어떤 특정한 패턴이 있는지, 그리고 더욱 감응력을 높여줄 방법에는 무엇이 있을지를 찾아보라.

높은 점수 = 건강한 감정 습관

1. 나는 새로운 사람들과 견해에 대한 직감을 신뢰한다. (점수____)

2. 나는 진실과 거짓말을 쉽게 분간해낸다. (점수____)

3. 나는 다른 사람의 기분을 즉시 알아차린다. (점수____)

4. 나는 나만의 예감이나 길잡이가 있다. (점수____)

5. 나는 원하는 바를 실현시키거나 소유할 수 있다고 믿는다. (점수____)

6. 나는 내 감정이 유용한 정보들을 가져다준다고 믿는다. (점수____)

7. 나는 나를 둘러싼 공간의 에너지가 긍정적인지 부정적인지를 즉시 알아차린다. (점수____)

8. 나는 비물질적 존재들, 에너지장, 다른 사람들의 영혼을 느낄 수 있다. (점수____)

9. 나는 종종 다른 사람들이 무슨 생각을 하는지 간파한다. (점수____)

10. 나는 행동을 시작하기에 좋은 시기를 안다. (점수___)

11. 나는 중립적이거나 유리한 상황 속에서 진동에 의한 정보들을 감지한다. (점수___)

12. 나는 과도한 자극을 받았을 때, 나 자신을 확장시키고 다시 중심을 잡는다. (점수___)

높은 점수 = 파괴적인 감정 습관

1. 나는 나 자신과 다른 사람의 고통에 휘말린다. (점수___)

2. 나는 폭력에 관한 글과 영상들을 견뎌내지 못한다. (점수___)

3. 나는 강렬한 자극과 무질서로 인해 지쳐 있다. (점수___)

4. 나는 한 번에 많은 일을 해야 할 때면 신경이 곤두선다. (점수___)

5. 감정을 드러내는 것은 다른 사람들의 신뢰를 잃는 짓이다. (점수___)

6. 직감을 따른 결정은 나를 실패로 이끈다. (점수___)

7. 너무나 많은 뉴스들 또는 사회 전체가 나를 무감각하게 만든다. (점수___)

8. 과도한 자극을 받았을 때, 나는 '생각이 필요 없는 활동' 또는 중독 속으로 탈출한다. (점수___)

9. 나는 방어적이거나 위태로운 상황 속에서 진동에 의한

정보들을 감지한다. (점수＿＿)

10. 내게 좀더 높은 감응력이 있다면, 나는 이 세상 속에서 제 몫을 해내지 못하게 될 것이다. (점수＿＿)
11. 내게 좀더 높은 감응력이 있다면, 나는 아마도 미치거나 정신적인 문제를 겪게 될 것이다. (점수＿＿)
12. 내게 좀더 높은 감응력이 있다면, 나는 심각한 병을 앓게 될 것이다. (점수＿＿)

점수를 확인하라. 두드러지는 어떤 측면이 있는가? 그것은 전혀 당신의 관심을 받지 못해왔거나, 당신의 감정과 대단히 밀접한 부분일 것이다. 당신은 자신이 진동에 의한 자극들을 얼마나 포용하고 있는지, 부정적 인식 속으로 쉽게 빠져드는지 그렇지 않은지, 자신의 신념들이 감응력을 확장하는 데 도움이 되는지 그렇지 않은지를 알게 되었을 것이다. 그것은 훌륭한 정보이다. 그 측면은 좋은 것도 나쁜 것도 아니고, 그저 스스로를 더 잘 알아차리기 위한 시작점일 뿐이다. 현재의 패턴을 기록하고 싶어졌다면 그렇게 하라. 어떤 부분에서 당신은 가장 큰 두려움을 느끼는가? 어떻게 하면 파괴적인 습관이 건강한 습관으로 바뀔 수 있겠는가? 당신은 어떤 측면에서 능숙하게 진동에 의한 정보를 신뢰하고 활용하고 있는가? 당신은 어떤 측면에서 더 건강한 감정 습관들을 발달시키고 싶은가?

감정 습관의 정착 과정

갓 태어났을 때, 즉 당신이 아직 진동에 대한 감응력과 공감 능력을 한껏 발휘하는 생명체였던 시절로 짧은 여행을 떠나보자. 추상적 사고와 정체성과 대처기제*들이 쌓이기 이전, 말조차 못하던 때로 말이다. 당신은 주변 환경과 분리되지 않은 채로, 마치 돌고래처럼 자신만의 탐지 신호를 퍼뜨렸다. 당신은 한없이 확장되는 신호와 반사되어 돌아오는 신호를 통해 항로를 찾는 법을 배우고 있었다. 마치 작은 태양처럼, 당신은 환한 빛과 사랑과 기쁨을 원하는 사람들 모두에게 비추어주었다. 당신의 무조건적인 사랑이 부모님 또는 주변 사람들에게 닿았을 때, 만약 그들이 사랑과 공감의 능력을 보존해왔다면, 당신의 탐지 신호는 계속 퍼져 나갔을 것이다. 그때 당신은 안정되고 확장되었을 것이다. 당신은 그 특별한 느낌 속에서 영혼의 진실을 느낄 수 있었다. 그것을 황홀경이

---

* coping mechanism: 위협적 상황에 처했을 때 그 스트레스와 불안을 줄이기 위해 즉각적이고 무의식적으로 일어나는 행동들. 울음, 웃음, 수면, 신체활동, 흡연, 음주 등을 흔한 예로 꼽을 수 있다.

라고 불러도 좋다. 이런 식의 '영혼의 안정'은 건강한 아동기의 특징이다.

하지만 당신의 부모님 또는 주변 사람들이 두려움에 길들어 있었다면, 즉 가슴을 닫고 불신하고 즐거움을 거부했다면, 당신의 탐지 신호는 되돌아왔을 것이다. 당신의 아버지가 어린 시절에 엄격한 부모님 탓에 쾌활한 본성을 억눌러야 했다면, 그는 무의식적으로 아이들에게는 훈육이 필요한 법이라는 신념과 냉정한 태도를 습득했을 것이다. 그 단단하고 두터운 신념과 감정이 아기의 끝없는 환희와 부딪히면, 아기는 온전하게 자기 자신을 체험하지 못한다. 그 대신에, 뭔가 잘못된 느낌이 들지만 그것이 무엇인지는 알지 못하는 상태에 처한다. 이런 반향은 당신이라는 생명체 안에 존재감의 위축과 방향감의 상실을 일으킨다. 당신의 참된 모습보다 느리고, 불투명하고, 신경질적이고, 어두운 '비아非我'*가 만들어지는 것이다. 이때 당신은 외부 세계, 두려움, 에고, 그리고 삶과의 분리를 처음 경험한다. 그것들은 낯설고 고통스러운 느낌이다.

당신이라는 생명체는 에너지의 효율성을 추구하며 자신을 지지해줄 사랑을 찾아나선다. 당신은 부모의 신념과 무의식적인 몸짓에 맞춰 행동하면 에너지가 불쾌하게 되돌아오지

---

* not-self: '나 이외의 것들'을 뜻한다. 즉 '나'와 '내가 아닌 것들'을 나누는 경계가 형성된다는 뜻이다.

않는다는 사실을 배운다. 확장해갈 수 없다면, 자기표현을 멈추고 부모를 모방하는 편이 더 낫다. 처벌이 주어지기 때문에 당신은 창조성을 한껏 발휘할 수 없다. 부모의 불편함과 긴장 탓에 당신은 애정을 거둬들인다. 어머니의 무감각한 눈과 아버지의 닫힌 가슴은 당신의 눈과 가슴이 발산하던 따스한 빛을 꺼뜨린다. 당신은 어머니의 신경을 거슬리지 않기 위해 조용히 있거나, 아버지를 흡족하게 만들고자 그의 걸음걸이를 흉내 내거나, 심지어는 우스꽝스럽게 행동하는 법을 배운다. 일에 중독된 부모의 무관심보다는 화기애애한 분위기가 더 낫기 때문이다.

에너지를 흘려보낼 수 있는 몇몇 부분을 제외한 대부분의 영역에서 당신은 주체적인 활동을 멈춘다. 당신은 부모의 신념과 몸짓, 편향된 감성에 순응하는 것이 곧 사랑이라고 착각한다. 영혼이 인정받지 못할 때, 당신은 생존을 위해서 아무리 사소한 짓이라도 실행한다. 철저하게 거부당한 당신은 잔뜩 움츠러들고 육체적, 영적 성장에 심각한 문제가 생긴다. 이런 식으로 당신의 감정 습관들은 시작된다. 당신은 특정한 방식으로 몸을 억압하고, 특정한 종류와 강도의 에너지만을 허용하며, 자신의 참된 모습이 눈에 띄게 드러날 때는 감시체제를 가동한다. 당신은 자기가 '어떠어떠한' 사람이며 삶은 '이러저러한' 식으로 작용한다고 정의내린다.

우리가 영혼의 체험에서 멀어진 이유는,

내면이 과거의 상처들로 어지럽혀져 있기 때문이다. …

이런 혼란을 걷어내기 시작할 때,

신성한 빛과 사랑의 에너지는 우리를 통과하여 흐르기 시작한다.

— 토머스 키팅Thomas Keating

상처의 회복

제한된 환경, 조건적인 사랑, 불완전한 수용에 무의식적으로 순응해온 만큼, 현 시대의 빠르고 새로운 진동은 더욱 강렬하게 느껴질 것이다. 당신은 이런 새로운 에너지가 낯설다. 기존의 방식으로는 이 자극들을 감당할 수 없다. 이것들은 잘못되고 위협적이며 당신을 무력화시키는 듯 보인다. 당신은 탐지 신호의 반작용을 경험했던 어린 시절에도 이런 느낌을 받은 적이 있다. 오늘날 쏟아져 들어오는 높은 주파수를 보면서, 당신의 깊은 잠재의식은 이렇게 외친다. "이건 뭐야? 답이 안 나오잖아!" 당신은 혼란과 충격을 경험하거나, 자신을 보호하기 위해 새로운 주파수에 저항한다.

앞서 설명했던 변성 과정의 초기 단계들을 기억해보라. 몸속의 에너지가 가속화되면 낮은 주파수의 장애물들 — 그것들은 어린 시절의 상처, 체념, 애정결핍에 단단히 고착되어 있다 — 은 더 이상 잠재의식 속에 숨지 못한다. 그것들은 의식의 표면으로 떠오르고, 당신은 낡은 선택과 잘못된 인식들을 재검토하고 수정할 수 있다. 높은 주파수들을 받아들이고, 자신이 퍼트릴 수 있는 사랑의 크기를 다시 설정하고, 움츠러든 감정 습관들을 해체하는 것이야말로 오늘날 당신의 주된 과제이다. 물론 오랜 습관을 버리고 새로운 습관을 들이는 일은 하룻밤에 이뤄지지 않는다. 인내와 반복과 연민이 필요하다. 당신은 준비가 되었는가? 진실로, 당신은 어린 시절의 열린 상태로 되돌아가면서 자신의 영혼(참된 자아)을 회복시키는 중이다. 지금 당신은 자신이 어떤 존재이며 왜 여기에 있는지를 깨달아가고 있다.

두려움에서 비롯된 감정 습관들을 분석해보면, 그중 일부는 두려움의 대상을 벗어나고 회피하겠다는 선택에서 비롯되었고, 다른 일부는 두려움의 대상과 싸워 통제권을 얻겠다는 선택에서 비롯되었다는 사실을 알게 된다.

'도망치려는' 파괴적인 감정 습관들

다음은 도주/회피하려는 무의식적인 선택에서 비롯된 파괴적인 감정 습관들이다.

- 당신은 실제로 그 장소를 떠나버리고 주변 사람, 인간관계, 직업, 국가를 등지거나 대화, 육체, 인생을 단념해버린다. 당신은 자기 자신과 다른 사람들을 포기한다. 최악의 경우, 당신의 성격은 분열되고 분리된다. 당신은 혼란, 상실, 우울, 무기력, 무감각을 느낀다. 당신은 기억의 상실과 손상을 경험한다.
- 당신은 술, 마약, 음식, 섹스, 운동, 텔레비전, 일, 쇼핑, 걱정근심, 사교 모임, 인터넷 등등으로 주의를 돌려 스스로 마비되고 중독에 빠진다.
- 당신은 현실과 동떨어진 삶을 살거나 다른 장소와 시대, 유명인, 영웅, 비물질적 존재 또는 차원, 자신의 전생 등을 미화한다.
- 이와 비슷한 행동으로, 당신은 자신이 미화하는 사람이 불쾌한 기분을 느끼진 않을까 지나치게 신경 쓴다. 따라서 그들의 삶 속에서 함께 살다시피 할 정도로 종속적인 관계를 발달시키고, 동일시하고, 자기 자신을 잃고, 마침내

는 완전히 지배당하는 느낌을 받는다.
- 당신은 상황을 과장시키고 그 속에 빠져듦으로써 자신의 무감각함에 대한 거창한 핑곗거리를 마련한다. 당신은 아프고, 고통을 겪고, 무능력하고, 우울하고, 숫기가 없고, 파산하고, 부상당하고, 폭력적인 인간관계를 맺는다. 또는 병든 가족, 휘청대는 사업, 개보수한 집의 결함들을 돌봐야만 하는 처지에 놓인다.
- 당신은 좌절감과 피해의식을 경험한다. 당신에게는 개인적 공간, 자존감, 선택권, 자유가 주어지지 않는다. 당신은 점점 더 고갈되고, 지치고, 무감각해진다. 불평이 늘고, 불행하고, 변명을 일삼고, 끔찍한 기분에 휩싸이며, 부정적인 악순환에 시달린다.
- 당신은 육체적 건강을 갉아먹는 불안과 공황 발작에 휩쓸린다.

당신이 격한 감정에 빠져 행동한다면,

그것이 분노든 아픔이든 절망이든 심지어 행복이든 간에,

그것은 깨어 있지 못한 것이다.

그런 감정들은 시도 때도 없이 떠오른다.

참된 행동과 휴식은 그보다 더 깊은 곳으로부터 솟아나야만 한다. …

물질의 중심,

그리고 모든 감정 — 비록 그것이 공포일지라도 — 의 중심에는
평화가 존재한다.

— 강가지Gangaji

'싸우려는' 파괴적인 감정 습관들

다음은 투쟁/통제하려는 무의식적인 선택에서 비롯된 파괴적인 감정 습관들이다.

- 당신은 불편한 사람들에게 비난, 분노, 격노, 폭력을 투사한다. 당신은 자신이 바라는 현실상을 위협하는 사람들을 공격한다.
- 당신은 문제 해결사가 된다. 성가시게 하는 것들을 전부 고쳐서 세상을 자신의 취향대로 맞추려고 애쓴다.
- 당신은 구원자, 구조자, 치유자로서의 활동을 시작하고, 행복과 건강에 대한 자신의 관념을 다른 사람들에게 투영한다.
- 당신은 매력, 유혹, 가식, 속임수, 협상, 계략, 권력 등을 이용해서 다른 사람들을 통제하거나 수중에 넣으려고 한다.
- 당신은 더 많은 지식, 활동, 독서, 세미나, 업무, 과외의 자

선활동 등에 집착한다.
- 당신은 편이 갈리고 해결책이 없는 갈등 속에 붙잡힌다. 당신은 논쟁하고, 비판하고, 싸우고, 상대편을 몰아내거나 벌주고 싶어한다.
- 당신은 희생이 요구되는 상황을 자신의 몫으로 받아들이도록 스스로를 설득한다. 때로는 자신이 그런 상황을 의도적으로 선택했거나 창조했다고까지 말하면서 통제감을 얻고자 한다.
- 당신은 고집이 세고, 저항하고, 금욕적이거나 요지부동인 사람이 된다. 당신은 변화하지도, 경청하지도, 참여하지도 않는다.

건강한 감정 습관들

당신이 열린 태도를 유지하고 있거나 이 세상에 대한 감응력을 잘 발달시켜왔다면, 아래와 같은 건강한 감정 습관들을 이미 가지고 있거나 흔쾌히 받아들일 것이다.

- 당신은 자기비판과 자기희생 없이 느끼고 생각하고 행동하며, 천부적이고 내적인 가치관과 조화로움 속에서 머문다.

- 당신은 다른 사람의 느낌, 생각, 행동을 있는 그대로 받아들인다. 그들은 당신을 위해 희생할 필요가 없다.
- 당신은 다른 사람, 장소, 상황의 주파수를 의식적으로 알아차린다. 하지만 그것에 동조하기 위해 자신을 변화시키지는 않는다. 그것이 당신의 주파수보다 낮을 때는 더욱 그렇다.
- 당신은 새로운 직관과 발상을 떠올리기 위해서 '의도적으로' 다른 사람, 장소, 상황의 주파수와 동조한다. 그 후에는 다시 자신의 주파수로 돌아와서 그 정보들의 활용 여부와 방식을 결정한다.
- 당신은 열린 마음으로 지금 이 순간 속에 머물며 몸으로부터 오는 미세한 신호들을 수신한다. 당신은 중심 속에 안전하게 머물기 때문에 이 세상과 분리되거나 자신을 방어할 필요가 없다. 그 어떤 순간에도 그저 가장 큰 자양분과 기쁨을 주는 진동에 동조할 뿐이다.
- 당신은 각각의 상황에서 올바른 느낌과 자신만의 관점을 찾기 위해서 내면 속으로 잠긴다. 그것은 특정한 감정으로부터 도망치기 위해서가 아니다. 당신은 다양한 느낌 속에서 통찰과 메시지를 발견하고, 모든 감각과 인식을 유용한 것으로 여긴다.
- 당신은 자신을 신뢰하고 만끽하므로 다른 사람들에게 잘

보여야 할 이유가 없다. 그런 자유로움은 결과적으로 시야를 맑게 한다. 당신은 적절한 때에 필요한 만큼의 앎이 주어진다고 믿는다. 당신은 에너지와 의식을 다른 사람들과 쉽게 공유한다.

• 당신은 모든 종류의 감각적 체험 — 가장 움츠러든 것으로부터 가장 확장된 것까지 — 을 삶의 일부로서 받아들인다. 움츠러든 상태조차도 당신에게는 유용한 정보이자 에너지이다.

• 당신은 삶도 마음도 본래 진동하는 것임을 안다. 당신은 양극단에 선 사람들을 모두 포용하고, 때로는 안정감을 위해 자신의 중심으로 들어간다.

• 당신은 각자가 자신이 선택한 대로 경험한다는 사실을 안다. 몸-감정-생각의 진동을 조율하는 사람은 현실을 변화시키고 '삶의 골칫거리'들을 창조하거나 해결할 수 있다.

• 당신은 이 세상과의 활발한 교감에 흥미를 느끼고, 그 속으로 완전히 뛰어들어 새로운 발견과 창조를 성취한다. 또한 이 세상이 수많은 의식의 진동들과 차원들로 이루어져 있으며 자신이 그 전부와 접촉하고 있음을 안다.

파괴적인 감정 습관의 개선

　파괴적인 감정 습관을 건강한 습관과 대비시킴으로써, 당신은 높은 감응력에 해당하는 목표점을 세울 수 있다. 먼저 쓸모없는 습관들을 찾아내라. 자신이 왜 그런 병적 패턴에 붙잡혔는지를 이해하고 나면 자신과 타인을 모두 용서할 수 있다. 그리고 그 낡은 패턴을 대체할 만한 새로운 습관도 발견하게 된다. 다음으로, 파괴적인 감정에 휩쓸렸을 때 그것을 자각하는 연습을 하라. 또 다른 파괴적인 감정 습관에 자신을 내맡겨서는 안 된다. 친구와 뜻이 달라 결별했더라도 마음을 달래려고 술을 마시지는 말라. 그 대신에, 내적 중심으로 들어가서 친구와 감응하고 그를 이해해보는 식의 건강한 감정 습관을 시도해보라.

　스스로를 비난하거나 벌주지 말라. 그저 있는 그대로만 말하라. "이런, 내가 또 정신 나간 사람들을 지레 피해 다니고 있군." "그녀가 내 뜻에 제대로 호응을 해주지 않아서 그녀를 비난하고 싶은 마음이 드는군." 주의를 기울여 그 상황을 느껴보고, 잠시 함께 머물러보라. 파괴적인 감정 습관을 중단하라. 마음이 말랑말랑하게 부드러워지도록 놓아두라. 감정을 변화시키려고 하지 말고 그 전부를 온전히 경험하라. 불편함이 느껴지면, 그 불편함을 평소보다 30초 더 길게 느껴보라.

관찰자가 되어라. 무의식적인 습관들을, 당신이 뭔가 해볼 수 있는 의식 속으로 가지고 오라.

> 고통은 성장의 일부분이다. …
> 불안을 거부하는 사람은 병이 든다.
> 충분히 자각되고 수용된 불안은
> 저절로 기쁨, 안정, 힘, 중심, 개성으로 전환된다.
> '고통이 있는 곳으로 가라.' 이것은 실용적인 공식이다.
> — 페터 쾨스텐바움 Peter Kœstenbaum

통제하거나 회피하려는 다급한 마음을 알아차리고 '함께 머묾으로써', 당신은 일종의 틈새와 휴식을 얻게 된다. 그리고 그 안에서 대안을 선택할 기회를 얻는다. 상황을 더 분명하게 파악할 더 긍정적인 방법은 없을까? 건강한 감정 습관으로 이것을 대체할 수는 없을까? 나와 뜻이 다른 상대방을 향해 폭발하는 대신에, 그 사람이 연상시키는 내 어린 시절의 경험들을 적어보는 것은 어떨까? 몸의 긴장을 느껴보고, 요가나 태극권으로 그것을 풀어보면 어떨까? 파괴적인 습관을 하나 없애는 데 성공했다면, 반드시 그 자리를 건강한 습관으로 대체하라. 당신은 에고에게 이렇게 호통치고 싶어질지도 모른다. "잘 봤지? 이게 바로 나의 방식이라고!"

실습과제

건강한 감정 습관 훈련하기

- 과거의 상처를 자극하는 강렬한 에너지와 상황을 회피하려 드는 자기 자신을 발견했다면, 그 파괴적인 감정 습관의 정체를 살펴보라. 그리고 그 중심이 되는 행동을 중단하고, 자신의 느낌을 말로써 표현해보라. "나는 시간약속에 늦어서 불안해. 그들에게 밉보이면, 나는 성공의 기회를 날려버릴지도 몰라."
- 그 파괴적인 감정 습관을 지속했을 때 나타날 상황과 느낌들을 상상해보라. 위의 상황을 예로 들면, 당신은 너무 긴장한 나머지 공황발작을 일으키거나, 길을 잃거나, 사고를 당할지도 모른다. 약속 장소에 도착하더라도 진이 빠진 탓에 더 나쁜 인상을 주거나, 인간관계를 망칠 수도 있다. 이제는 전략을 바꾸겠다고 결심하라.
- 숨을 쉬어라! 지금 이 순간 속으로, 몸의 느낌 속으로 돌아오라. 긴장을 풀라.
- 앞서 나온 건강한 감정 습관들의 목록을 다시 떠올려 훑어보고, 그중에 하나를 고르라. 그것을 확언으로 바꾸어 보라. 예를 들면 이렇다. "나는 나 자신이 선택한 바대로 경험한다는 사실을 안다." 그 말에 집중하고, 그 느낌에 감응해보라. 그 생각을 적용했을 때 지금의 경험이 어떻

게 달라지는지를 살펴보라.
- 다음번에는, 앞서 나온 목록에서 건강한 감정 습관들의 관점 가운데 하나를 고르고 그것을 종일 연습해보라. 마찬가지로 그것을 하나의 확언으로 만들어보라. "나는 다른 사람들의 느낌, 생각, 행동을 있는 그대로 받아들인다. 그들은 나를 위해 자신의 참된 모습을 희생할 필요가 없다." 당신의 감응력은 어떻게 향상되었는가?

높은 감응력이 주는 이로움

- 직관력이 높아지고 시야가 맑아진다. 당신은 훌륭한 결정을 내리게 된다.
- 창조와 혁신을 이루는 능력이 높아진다. 당신은 필요한 것을 쉽게 실현시키고, 주어진 것을 더 잘 활용하게 된다.
- 당신은 쉽게 어울리며 다른 사람들로부터 최선의 결과를 이끌어낸다. 당신은 그들의 동기, 고통의 원인, 성장과 치유에 필요한 요소들을 깊이 통찰한다. 당신은 그들에게 도움과 조언을 주거나 공감할 수 있다.
- 당신은 모든 대상의 내적 변화를 감지한다. 감응력이 주는 정보와 통찰은 인간관계, 사생활, 사회활동 등에서 성공과 기쁨을 얻는 데 도움이 된다.

- 당신은 분리감과 고립감을 해소하고, 삶의 모든 요소가 실제로는 얼마나 깊이 연결되고 상호 보완적인지를 이해한다. 그로 인해 당신은 만물 속에서 영혼을 경험하고, 영적으로 더욱 큰 깨달음을 얻는다.

감응력에 대한 오해

대니얼은 평생을 한 은행의 대표로 지냈고 호화롭기 짝이 없는 생활을 했다. 그는 똑똑하고 수완이 좋았으며, 훌륭한 문제 해결사이자 마케팅의 천재였고, 권력을 남용하지 않는 좋은 상사였다. 모든 사람이 그의 은퇴를 아쉬워했다. 그는 한동안은 여행도 다니고 여러 단체의 이사직도 맡아 일했지만, 인생에는 그보다 더 중요한 요소가 있음을 깨달았다. 그는 휴식을 취할 수 없는 과민 상태가 되었다. 그는 평소처럼 자신만만하게 영성과 형이상학에 대한 연구에 뛰어들었고, 그것들을 해결해야 할 문제처럼 여겼다. 그는 목록을 만들어 확인하면서 전 세계의 영적인 장소들(power spot)을 찾아다녔다. 그는 훌륭한 스승에게서 배우고, 수백 권의 책을 읽고, 요가를 수련했다. 그러다가 심장발작을 일으켰다. 몸을 회복시키면서, 그는 분명히 '옳은 분야'에 관심을 두고 '좋다는 것'은 모두 했는데도 어떻게 이런 일이 생길 수 있는지 의아해졌다.

나는 문제의 원인을 찾기 위해 그와 여러 차례 상담을 했다. 처음 드러난 문제점은, 그가 자신의 정신력과 문제 해결 방식을 어울리지 않는 주제에다 그대로 적용시켰다는 사실이었다. 그런 식으로는 깨달음과 체험을 얻을 수 없다. 더 강한 의지력과 정신력을 쓸수록, 그가 바라던 경험들은 더욱 멀어졌다. 화려한 경력을 쌓은 후에 접하게 된 공空 사상은 그에게 충격을 주었다. 많이 안다고 해서 두각을 나타낼 수도, 목표점에 이를 수도 없었다. 실은, 자신의 목표점조차 파악할 수 없었다. 공은 정의를 내릴 수 없는 존재 상태이기 때문이다. 그 답은 바로 그의 눈앞에 있었고, 그의 심장은 빨간 경고등처럼 번쩍거렸다. "이봐!" 심상은 소리쳤다. "여유를 가져. 나한테 주의를 기울이란 말야. 내가 답이야! 나를 느껴봐. 나의 느낌을 살펴봐. 잠시만 그대로 '있어'보라고."

가슴을 통한 깨달음과 '실존'의 경험은 대니얼에게 낯선 일이었다. 그는 그런 것들을 나약한 감성이나 좋지 못한 선택으로 여겨왔다. 나는 그에게 진취적인 마음을 쉬게 하고 지금 이 순간의 느낌 속으로 빠져드는 법을 가르쳐주었다. 그는 자신이 이런 측면을 거의 의식하거나 감지하지 못하며 살아왔음을 깨달았다. 수많은 파괴적인 감정 습관들을 키워왔기 때문이다. 그가 좋은 일꾼, 빼어난 운동선수, 우등생이 되는 법을 어린 시절부터 익혔던 이유는 아버지를 만족시키기 위해서였다. 아버지는 자기 자신은 물론이고 주변 사람들에게도 나약함을 허락지 않았다. 대니얼은 그런 역할을 아주 잘 해냈고, 그것을 자신의 중요한 정체성으로 단단히 붙들었다. 에너지를 내보내도 부모에게 부딪혀 되돌아왔기 때문에, 그는 가슴을 통한 에너지의 발산을 중단해버렸다. 그는 자신의 가슴이 무시당하고 움츠러들면서 얼마나 큰 아픔을 겪어왔는지 깨닫지 못했다. 심장발작은 실제로 그 에너지의 거대한 분출이었다. 말하자면, 영혼이 건넨 말이었던 셈이다. "이제는 쇠약해진 상태를 바로잡고 너 자신을 온전히 표현할 때가 되었어. 물론 네가 잘못했다는 뜻은 아니야. 하지만 이제 너는 가슴의 현명한 지시를 따라야만 해."

대니얼은 은행장으로 일하는 동안에도 줄곧 이런 신호를 받았지만, 그것을 억누르고 방치하면서 일, 와인, 자동차, 여행 등에 탐닉하는 식으로 주의를 흩뜨렸다. 아드레날린으로 인한 쾌락을 제외한다면, 그는 거의 머릿속에서만 살며 몸의 느낌과 떨어져 지냈다. 이는 감응력이 주는 정보들을 회피하려는 '도주' 반응에서 비롯된 파괴적인 감정 습관이었다. 그와 반대로 '투쟁' 반응에서 비롯된 감정 습관들도 있었다. (1) 어린 시절에 닫혀버린 온정, 직관, 예술, 영성을 마음속 깊이 그리워하면서도, 체념하고 받아들였을 뿐인 현실을 겉으로는 좋아하는 척 가장하기. ⑵ 앞서 나가는 지도자, 문제 해결사, 전문가가 됨으로써 자신을 난공불락의 존재로 만들기.

적절한 시기에 대니얼은 몸에 주의를 기울이고, 가슴에 중심을 두고, 매 순간 자신의 느낌을 알아차리는 법을 배웠다. 그는 통찰을 따랐고, 더 이상 자신의 한계를 정하지 않았다. 다른 사람들의 감정을 있는 그대로 더 깊이 받아들였다. 이처럼 그는 평생의 습관을 전환시켰고, 확장된 현실 앞에 자신을 열어두었다. 그는 영적인 차원과 비물질적 존재들을 충분히 경험했고, 몇 년 후에는 자신과 비슷한 변성 과정을 겪는 사람들을 위해 영적 상담가로서 활동을 시작했다. 예전의 모습을 생각한다면, 그에게 이런 새로운 능력이 있을지 누가 상상이나 할 수 있었을까? 이제 그는 공감과 연민, 가슴을 통한 봉사에 자신의 능력을 십분 발휘하고 있다. 그것은 자연스러운 균형의 회복이자 참된 자아의 발현이다.

> 지금이 전환기임을 알려주는
> 다양한 형태의 간접적인 증후들이 있다.
> 심각한 과민함, 이름 모를 그리움,
> 알 수 없는 권태, 관통당하는 느낌 등등.
>
> ― 글로리아 카핀스키 |Gloria Karpinski

당신이 변화에 격렬히 저항하지만 않는다면, 건강한 감정 습관들과 의식적인 감응력을 발달시키는 것은 위기를 불러오지 않는다. 지금 당신이 미세한 인식을 알아차리고, 그것들을 신뢰하고, 그것들이 더욱 충만하고 개선된 삶과 어떻게 연계되는지를 알기 시작했다면, 당신은 봄의 온기 속에서 피어나는 꽃처럼 점차 열릴 것이다.

잘못된 신념 발견하기

모든 파괴적인 감정 습관의 이면에는 에너지와 의식의 작용에 대한 오해가 자리 잡고 있다. 그 습관이 처음 생겼을 때, 당신은 언어를 이해하지 못했고 정신적 신념들도 전혀 갖지 못했다는 사실을 기억하라. 모든 것은 본능적이고, 조건반사적이고, 생존 지향적이었다. 파충류 뇌와 동물적 본성을 통해 당신은 생명을 유지했다. 그 외의 방식으로 아동기를 통과할 수는 없다. 그러므로 성인이 된 이후에, 자신의 참된 모습 — 사랑과 빛의 존재 — 을 되찾기 위해 초기의 패턴들을 재검토하고 청산하는 것은 대단히 자연스러운 일이다. 이제 당신은 각각의 습관들에 감응해봄으로써, 아기였을 때의 어린 마음에 생겼던 깊은 오해를 발견할 수 있다. 그런 습관을 형성시켰던 허약한 논리와 이유를 다정하게 들여다볼 때, 그것들은 힘없이 물러난다. 심지어 당신은 빙그레 웃음까지 짓게 될 것이다.

예를 들어보자. 나는 이 장의 앞부분에서 어렸을 때 아버지에게 버림받은 한 소녀를 언급했다. 그녀의 몸은 버림받은 이유를 이해하지 못한 채로 심한 혼란과 두려움에 움츠러들었다. 그녀의 어린 마음은 이런 오해를 간직해왔다. "내가 사랑하는 남자들은 나를 떠나고 말아." "내가 잘못했기 때문에 그런 일이 생겼어." "나는 남자들의 도움을 받을 만한 매력이 없어. 그러니 모든 일을 혼자서 해야만 해." 그녀는 반항적이고 억세게 행동하는 식의 파괴적 감정 습관을 키우면서 이런 혼란을 벗어나고자 했다. 하지만 버림받지 않으려는 노력에도 불구하고 남자친구들은 그녀를 떠났다. 그녀는 자신이 뭔가 잘못하고 있다는, 자신이 지나치게 독단적이라는 느낌을 받았다. 이처럼 어렸을 때 새겨진 오해를 발견하고 그 패턴을 변화시킨다면, 그녀는 얼마든지 단란한 가정과 보람 있는 직업을 가질 수 있다.

대니얼의 경우에는, 아버지의 사랑을 얻기 위해서 강하고 유능하고 철두철미한 사람이 되어야 했다. 아버지의 닫힌 가슴으로부터 그가 얻어낼 수 있는 최선의 사랑은 인정과 동의뿐이었다. 그는 주의를 딴 데로 돌리고 금욕적으로 행동하는 파괴적인 감정 습관을 형성시켰다. 그의 어린 마음이 만들었던 깊은 오해는 다음과 같았다. "남자는 사랑과 유약함을 내보이지 않는다." "생존하려면 성공해야 한다." "나는 똑똑하기 때문에 즐겁고 안전하다." 이런 오해들 속으로 더 깊이 파고들면, 우리는 모든 사람에게 공통으로 적용되는 또 다른 심각한 오해를 발견하게 된다. "이 세상은 나의 참된 모습을 희생시키고, 또 그것을 견뎌내야만 하는 곳이다. 삶은 고통이다."

놀랍게도 대니얼은 변성 과정을 거치면서 초기의 오해들을 전부 역전시켰다. "남자도 사랑과 유약함을 내보인다. 그것들은 대단한 즐거움이다." "물질적 성공은 생존의 필수 요소가 아니다. 깨어 있는 삶과 참된 자아의 표현이야말로 생존의 필수 요소이다." "나는 즐겁고 안전하다. 똑똑하기 때문이 아니라, 나 자신으로서 존재하기 때문이다." "이 세상은 내가 그렇게 인정했을 때만 희생과 인내와 고통의 장소가 될 뿐이다."

삶에 대한 심각한 오해들을 몇 가지 더 꼽아보자.

- 광기 어리고 폭력적인 이 세상은 나보다 더 강하다. 나로서는 그것을 어쩔 수 없다.
- 타인의 고통에 공감하면 나 자신의 고통 또한 피하기 어려워진다. 그러면 나는 내 고통의 무게에 압사당할 것이다.
- 나는 다른 사람들이 고통을 겪지 않게 해야 한다. 그렇지

못하면 나는 버림받고 죽어갈 것이다.
- 아무도 나를 원하지 않는다. 따라서 나는 어떤 의미와 가치도 없는 존재다.
- 나는 보이지 않게 숨어 있어야 한다. 그렇지 않으면 벌을 받는다. 나는 모습을 드러낼 때마다 상처를 입는다.

실습과제

근본적 오해를 역전시키기

- 당신의 파괴적인 감정 습관들을 생생히 느껴보고, 어렸을 때 당신의 어린 마음이 만들어낸 근본적 오해들을 발견해보라. 그것들을 문장으로 써보라. 당신은 이런 문장들이 삶 속에서 어떻게 작용해왔는지 알게 될 것이다.
- 그 반대가 참이 되도록 오해들을 역전시키라. 각각의 문장을 긍정적으로 다시 써보라. 이 문장도 잊지 말고 포함시키라. "이 세상은 내가 그렇게 인정했을 때만 희생, 인내, 고통의 장소가 될 뿐이다."
- 그 긍정적인 문장들을 새로운 진리로서 경험해보라. 하루에도 몇 번씩 기억이 날 때마다 시도해보라. 그리고 당신의 충동, 동기, 생각, 행동이 어떻게 변하는지를 살펴보라.

요약

당신은 진동을 통한 감응력과 공감 능력을 갖고 태어났다. 감응력으로 인해 당신은 육체와 심장을 형성시켰고 이 세상의 일부가 되었다. 당신은 본래 감응력이 높은 존재이다. 하지만 그런 사실을 자각하지 못할 수도 있다. 즉 당신의 감응력은 무의식적일 수도, 의식적일 수도, 매우 의식적일 수도 있다. 말도 하지 못했던 어린 시절, 당신은 파괴적인 감정 습관들을 형성시켰을 것이다. 그것들은 감응력을 왜곡시키는 대가로 생존에 도움을 주었다. 당신은 돌고래가 탐지 신호를 이용하는 것과 똑같은 식으로 이런 감정 습관들을 형성시켰다. 당신이 발산한 영혼의 본질이 부모님의 특성과 일치했다면, 당신은 자신의 참된 모습이 인정받는다는 느낌을 얻었을 것이다. 하지만 부모님의 두려움에 맞부딪혔을 때는, 그 에너지가 반사되어 돌아와 혼란을 일으키고 고통스러운 감각을 만들어냈다. 사랑의 초라한 대체물인 인정과 동의를 얻기 위해서, 당신은 부모님의 두려움에 진동을 맞추는 법을 배웠다.

당신은 건강한 감정 습관과 파괴적인 감정 습관을 함께 가지고 있다. 파괴적인 감정 습관은 당신을 두려움과 불완전함 속으로 억누르기 때문에, 당신은 변성 과정을 거치는 동안 그것들을 직면해야만 한다. 파괴적인 감정 습관들은 도주/회피 또는 투쟁/통제 반응에서 비롯된 것이다. 오늘날의 높은 주파수는 당신의 상처들을 의식 속으로 떠오르게 한다. 또한 스스로 삶의 주인공임을 알지 못했던 어린 시절에 당신의 마음이 지어냈던 깊은 오해들을 청산하라고 재촉한다. 자신의 파괴적인 감정 습관을 자각하고, 함께 머물고, 건강한 습관으로 대체함으로써, 당신은 그것들을 깨어 있는 감응력으로 전환시킬 수 있다.

근원 주파수의 메시지

서문에서 설명했듯이, 나는 평소 당신의 조급한 독서 성향을 직접적이고 깊은 체험으로 전환시키기 위해 각 장의 말미에 영감 어린 글의 일부를 포함시켰다. 이 메시지들을 통해서 당신은 내적 진동을 의도적으로 변조시킬 수 있다.

아래의 메시지는 '직관의 시대'에 보편화될 앎의 방식과 비슷한 체험 속으로 당신을 데리고 갈 것이다. 근원 주파수의 메시지 속으로 들어가려면, 그저 속도를 늦추고 서두르지만 않으면 된다. 천천히 숨을 들이마시고, 내쉬고, 가능한 한 움직이지 말고 고요해지라. 당신의 마음이 부드럽게 열리도록 놓아두라. 당신의 직관을 열고, 이 글과 감응할 준비를 하라. 그 속에서 나타날 깊은 현실과 감각 상태를 스스로 받아들일 수 있는지 살펴보라.

각각의 구절에 주의를 기울이는 만큼, 당신의 체험도 더 큰 차원을 취할 것이다. 한 번에 몇 개의 단어에만 집중하고, 구두점마다 숨을 돌리고, 지금 이 순간에 그 지성의 메시지와 함께 존재하라. 당신은 그 단어들을 크게 읽을 수 있고, 눈을 감고 다른 사람더러 읽어달라고 해서 그 효과를 살펴볼 수도 있다.

내면의 고통 끝내기

고통은, 심각한 육체적 통증이든 감정적 상처이든 간에, 당신이 찾아내거나 눈길을 주지 않으면 흩어져버린다. 당신이 동의하거나 저항하지 않을 때, 그것은 사라진다. 당신이 스스로를 그것에다 끼워 맞추지만 않는다면, 그것은 아무것도 아니다. 높은 차원 속에는, 고통이 실재하지 않는다. 피해자도 없고, 구원자도 없고, 지도자도 없고, 추종자도 없고, 부와 가난도 없고, 이곳과 저곳의 경계도 없다. 높은 주파수 속에서, 당신은 존재(Being)의 힘을 깨닫는다. 존재는 영혼을 드러내고, 영혼은 신성한 의식을 드러낸다. 신성한 의식은 사랑을 드러내며, 안팎으로 만물을 보살핀다. 사랑은 생명과 자아의 불변하는 본성이다. 그 어떤 순간이라도, 당신은 '존재할' 수 있다. 당신은 영혼을 찾고 느낄 수 있다. 당신은 한 번도 떠난 적 없었던 사랑과의 놀라운 재회를 기대할 수 있다. 사랑 안에는 고통이 없다. 고통은 오직 사랑과의 분리 속에만 있다. 분리를 느끼는 것은 곧 고통을 선택하는 것이다.

높은 차원에서, 당신의 자아는 곧 우리의 자아이며 참된 자아이다. 사랑의 경험을 공유하는 참된 자아는 단 하나뿐이다. 자기 자신을, 또는 다른 누군가를 참된 자아가 아니라고 여긴다면, 당신은 본성을 잃고 고통 속에 빠진다. '그들'이라는 관념, 서로 간에 거리와 공간이 있다는 생각, 그것이 만들어내는 차이는 거짓이다. 당신의 외부에는 아무것도, 어떤 이방인도, 어떤 이질적인 것도 없다. 영혼이 부재한 텅 빈 공간은 어디에도 없기 때문이다. 영혼과 단절된 듯 가장하는 순간, 당신은 고통을 창조하게 된다. 고통이란 의심, 두려움, 분리, 광기를 말한다. 고통은 오직 마음속에만 있다. 당신이 이 세상과 친밀해지고 두려움을 내면에서 하나로 녹이는 순간, 단절은 사라지고 불가분의 영혼이 다시 나타난다. 당신은 자신을 작고 제한되고 위태로운 존재로 볼 수도 있고, 무한히 확장되는 빛의 존재로 볼 수도 있다.

당신은 때로 진통을 느낄 것이다. 움츠러드는 흐름에 저항할 것이다. 그럼에도, 그것을 고통으로 여길 필요는 없다. 긴장을 풀고 흐름을 따라 움직이라. 고통을 겪는 사람들이 종종 당신의 세상 안에, 당신의 공간 안에 등장할 것이다. 이것은 당신이 여전히 고통의 가능성을 현실 속에 열어두고 있다는 뜻이다. 오직 한 순간만 그들과 함께 머물라. 그들을 믿지 말라. 그들을 부정하지 말라. 그들을 모방하지 말라. 단지 그들의 경험을 허락하라. 그들에게서 영혼을 느끼라. 그들로 하여금 당신의 영혼을 느끼게 하라. 참된 자아를 내보이고, 그들이 자발적으로 그것과 하나가 되도록 놓아두라. 영혼을 자각하면 고요한 확신이 솟아나고, 그들은 자기 안의 참된 자아를 기억해낸다. 그들은 고통에서 벗어나는 방법을 찾고, 그것은 또다시 당신을 자유롭게 한다. 사랑을 기억해낼 때, 당신과 그들에게는 즉각적인 치유, 긍정적 변화와 내적 변성이 홀연히 일어난다. 사랑의 부재(no-love)라는 환상이 해체될 때마다 우리에게서는 고통이 지워진다. 마음이 만들어낸 단절이 사라질 때마다, 고통은 맑은 하늘의 한 점 구름처럼 흩어진다.

4

부정적 진동

내 안에서 최악의 것을 있는 그대로 충분히, 기쁘게 받아들이는 것만이
그것을 변모시키는 유일한 방법일지도 모른다.

— 헨리 밀러Henry Miller

클라우디아는 새로운 예비 고객들과의 회의장에 들어가자마자 차고 습한 기운을 느꼈다. 그녀는 생각했다. '느낌이 영 좋지 않은데.' 그녀는 그 느낌을 마음 저편으로 미뤄두고 발표를 준비했다. 발표를 시작했을 때, 예비 고객들 중의 한 남자가 못마땅한 표정으로 동료를 향해 뭔가 속삭이는 모습이 그녀의 눈에 들어왔다. 그 동료는 무표정하게 그녀를 쳐다본 후, 다시 자신의 전자수첩으로 시선을 돌렸다. 그녀는 갑자기 위축되고 불안해졌다. 자신의 어떤 점이 그들의 마음에 안 드는 것인지 눈치를 보게 되었다. '내가 매력이 부족한 걸까?'

그녀는 불안감을 억누르고 꿋꿋이, 설득력 있고 매끄러운 발표를 위해 최선을 다했다. 발표 후 회의장을 둘러봤을 때, 그녀의 직장 동료들은 자기들끼리만 뭔가를 꾸미고 있는 듯이 행동했다. 그녀는 소외당하고 있었다. 이제 그녀는 장까지 꼬여버리고 말았다. 그녀는 자신이 상어 떼 앞에 던져지는 듯한 느낌을 받았다.

그녀는 따돌림당한다는 생각에 종일 집중을 할 수 없었다. 그날 밤에도 그녀는 잘못을 부풀리고 부정적 시나리오를 써대는 마음 탓에 잠을 이루지 못했다. '빨간 옷을 입었어야 했는데.' '나는 말재주가 부족해.' '뭔가 끔찍한 일이 생길 거야.' 정확히 그녀의 예상대로, 다음 날 그녀는 상사의 사무실로 불려가 해고당했다. 상사는 그녀에게 업무 능력이 부족하고 동료들과도 잘 지내지 못한다고 말했다. 직장을 나오면서, 클라우디아는 전날의 회의가 자신을 모함하고 쫓아내기 위해 계획된 것임이 틀림없다고 생각했다. 이용당하고 무시당했던 과거를 곱씹으면서, 또한 막막한 미래를 상상하면서, 그녀의 마음은 들끓기 시작했다. 새로운 직업을 찾기는 어렵고, 생활은 궁핍해지고, 자신은 결국 엄마처럼 초라하게 늙은 여인으로 끝장나고 말 것이다. 이제 그녀는 저희 뜻대로 그리도 쉽게 상황을 조작해버린 직장 동료들을 향해 분노하기 시작했다.

이렇게 몇 주간 끔찍한 시간을 보내고 입사 면접에서도 여러 차례 떨어진 후에, 클라우디아는 지독한 감기를 앓게 되었다. 구직 활동을 못 하는 시간이 길어질수록 은행 잔고는 점점 줄며 그녀를 위협해왔다. 그녀는 상담은커녕 안마조차도 받지 못할 만큼 여유가 없었다. 그녀는 직장을 구할 때 좋은 인상을 주지 못했다. 너무나 강한 '결핍' 에너지를 퍼트리고 있어서 아무도 그녀를 고용하려 들지 않았다. 우울증은 심해졌고, 그녀는 나락으로 떨어졌다. 그녀는 탈출구를 찾지 못할 만큼 단단히 갇혀버렸다. 그녀는 '나는 갇혀 있다, 무얼 해야 할지 모른다'는 생각 속에서만 맴돌며 스스로 더 깊이 파묻혔다. '나는 무언가를 해야만 해! 하지만 내 노력들은 전부 실패했는걸. 하지만 나는 무언가를 해야만 해! 하지만 나는 이미 그런 노력을 다 해봤잖아. 하지만 나는 무언가를 해야만 해! 하지만 나는 그럴 기력이 없는걸. 하지만…'

자신을 가두는 방식들

수렁에 빠진 클라우디아의 모습이 남 일 같지만은 않은가? 당신도 이와 같은 막다른 골목으로 치달려간 적이 있는가? 그렇다면, 아마도 그때 당신은 파괴적인 감정 습관들을 전부 가동시키면서 무기력, 무감각, 심지어 자살에 이르도록 자신의 주파수를 점차 떨어뜨렸을 것이다. 진동이 멈춘 듯 보일 만큼 느려졌다면, 상황의 변화 가능성을 모색하거나 자신이 창조(물질화) 능력을 지닌 무한한 영혼이자 멋진 운명의 주인공이라는 사실을 떠올리기가 쉽지 않다. 그런데 그런 무기력은 어떻게 나타나는 걸까? 우선 부정적인 진동에 붙잡히는 내적 과정을 살펴보고, 그런 후에 이 패턴을 역전시켜서 지독히도 헛된 시간들로부터 더 빨리 탈출하는 방법들을 알아보자.

> 그대는 늘 그대를 칭찬하고, 다정하게 굴고,
> 뒤로 물러나주는 이들의 가르침들만 배워온 것은 아닌가?
> 그대는 자신에게 단단히 맞서고 … 이의를 제기하는 …
> 그런 이들의 위대한 가르침들을 배워왔는가?
> ― 월트 휘트먼Walt Whitman

겉보기에 별것 아닌 것처럼 보이는 수많은 경험들은 당신도 모르는 사이에 깊은 수준에서 충격이나 두려움을 일으킬 수 있다. 그것은 당신으로 하여금 움츠러들고 뒷걸음질 치게 한다. 클라우디아를 평가했던 그 두 남자는 말 한마디 없이도 그녀를 잠재의식 차원에서 위협했다. 열정과 열망으로 가득했던 높은 주파수가 순식간에 자신감이 결여된 낮은 주파수로 위축되었다. 우리는 부정적인 경험을 할 때, 대개 내적 진동이 하강하여 '나쁜' 기분을 느끼게 된다. 그리고 주파수가 낮으면 부정적인 경험을 마주하기가 더 쉬워지며, 그것은 당신을 더욱 부정적인 내적 진동으로 이끈다. 클라우디아가 실망과 실패로부터 미끄러져 내려와 적개심과 좌절에까지 이르렀듯이 말이다.

그것으로 끝이 아니다. 당신의 마음은 경험들에 "나쁘다/틀렸다/고통스럽다" 등등의 꼬리표를 붙이기 좋아하는데, 그 꼬리표는 당신의 정체성에도 들러붙는다. 이제는 당신 자신이 "나쁜/틀린/고통스러운" 존재가 된다. 웃을 일이 아니다. 그래서 당신은 의지로써 그런 경험들을 거스르거나 벗어나려고 하고, 인생의 흐름은 차차 느려진다. 느려진 내적 진동은 영혼의 실재를 가로막고, 당신은 끊어진 흐름으로 인해 고동받는다. 다음은 당신이 '갇히게' 되는 일곱 가지 상황이다.

1. 하나의 성장 주기가 완성되었지만, 당신은 여전히 그 사실을 모르므로 떠나보내지 않는다.

당신은 무언가를 창조했고, 새로운 기술을 습득했고, 어떤 가르침을 배웠으며, 진동을 새로운 수준으로 전환시켰다. 하지만 클라우디아처럼, 자신이 할 일을 다 끝마쳤으며 이제는 인생의 한 부분에서 손을 떼고 있는 중이라는 사실을 자각하지 못한다. 아마도 당신은 너무 순종적이거나, 마음속의 지루함을 알아채지 못했거나, 더 나은 삶을 실현하기 위해 상상력을 발휘하지 못했다. 그 직업은 이제 무의미하다는 메시지를 받아들이지 않는다면, 당신을 위해 삶이 그것을 끝장낼 것이다. 당신은 클라우디아처럼 해고당하거나, 어머니의 발병 또는 남편의 전근 등으로 사직해야 할 처지에 놓일 것이다. 그것이 파동의 바닥지점(끝)임을 알지 못하고 함께 가기로 선택한다면, 당신은 삶에서 거부당하고 실패했다는 느낌을 받기 십상이다. 그 끝매듭을 자기 비난, 사랑받지 못하는 느낌, 허무함과 두려움 속으로의 곤두박질에 써버리면 당신도 클라우디아처럼 추락하고 말 것이다. 자연스러운 창조 주기 안에는 하나의 발상이 물질화되는 과정은 물론이고, 그것이 비물질화되어 깨끗하고 생생한 공간 또는 빈 캔버스가 창조되는 과정도 함께 포함되어 있다. 우리는 스스로 형상을 창조하고, 다시 여백을 창조하고, 다시 형상을 창조하고, 또다시 여백을 창조한다는 사실을 잊어버린다. 우리는 그 여백이 얼마나 중요하고 반가운 것인지를 망각한다.

2. 당신은 주어진 것을 사용하지 않거나, 사용할 수 있는 것보다 더 많은 것을 원한다.

우리는 원하는 것을 받지 못했다고 불평하거나, 아직 때가 되지 않은 일을 이루려고 애쓰거나, 소멸하려는 대상을 계속

붙듦으로써 자신의 자연적인 성장 주기와 손발을 맞추지 못하는 경우를 흔히 겪는다. 당신이 지금 가진 것들은 지난 며칠, 몇 주, 몇 달 동안 스스로 의식적 또는 무의식적으로 생각하고 집중해온 것들이다. 자신의 현재 상황에 항의하거나 불만을 표하는 태도는 물질화 과정의 완벽함을 부정하고, 자신의 자연스러운 인생 흐름을 '중단'시킨다.

당신의 삶은 당신의 내적 진동으로부터 펼쳐져 나온다. 만약 골치 아픈 일들에 시달리고 있다면, 아마도 당신은 한동안 부정적인 감정과 생각에 빠져 있었을 것이다. 현재의 답답한 경험들은 당신을 일깨우기 위해서 존재한다. 당신은 사랑하는 대상, 즐거운 느낌에 집중함으로써 내적 진동을 끌어올려야 한다. 당신 자신에게 물어보라. 어떤 습관적인 생각과 감정들이 이런 결과들을 가지고 왔는가? 나는 나 자신 앞에 무엇을 내놓고 있는가? 스스로 창조해온 것들을 이용함으로써, 당신은 의도적으로 창조의 순환을 완성하고 새로운 것들이 등장할 공간을 마련할 수 있다. 또 반대로, 삶의 교훈에 맞게 제공된 것들보다 더 많이 원함으로써 인생의 흐름을 끊고 갇혀버릴 수도 있다. 그때 당신은 도를 넘은 창조물들을 손수 제거해야만 하며, 그 작업에는 시간과 에너지가 허비될 것이다.

3. 하나의 경험이 과거의 부정적 경험을 불러일으킨다.

삶이 고통스러운 기억을 불러오면, 당신은 현재의 흐름에서 멀어지고 고통스러운 과거로 '원격이동(teleport)'한다. 당신의 잠재의식은 과거의 대처 방식을 닮은 파괴적인 감정 습관들을 반사적으로 재현한다. 당신은 투쟁/회피 반응에 빠져들면서 현재의 느낌을 부정해버린다. 당신은 자신과 타인을 신뢰하지 못하고 결정적인 단서를 발견하지도 못한다. 또는 매몰감, 과도한 흥분, 방어, 위축, 피해의식 등에 빠진다. 자기비난, 처벌, 통제, 아집을 통해 스스로를 마비시킨다. 클라우디아의 경우에는, 해고가 어머니에 대한 기억 ― 알코올중독으로 인해 전도유망했던 가수로서의 삶을 망쳐버렸던 ― 을 불러일으켰고, 자신의 삶에도 비슷한 일이 생길지 모른다는 근거 없는 두려움에 점령당해버렸다.

4. 당신은 현실이 아닌 것, 일어나지 않은 일, 결코 일어나지 않을 일, 좋아하지 않는 것, 하지 않은 일, 자신의 모습과는 다른 엉뚱한 것에 신경을 쓴다.

당신의 마음이 근거 없고 실재하지 않는 현실을 그려내는데 집중한다면, 당신은 사실상 무無를 물질화하고 있는 것이다. 게다가 당신은 자기 삶의 흐름까지 방치해왔다. 삶은 당신이 깨어서 '존재할' 때만 흐를 수 있다. 무언가를 진정으로 경험하고 그에 따르는 동기와 행동을 취하려면, 의식적으로 당신은 현실을 여과해내는 장치인 몸 속에 자리를 잡고 몸을 통해 인식해야 한다. 그저 혼잣말로 부정적이거나 실재하지 않는 현실을 그려내더라도 당신의 몸은 그것을 이해해주지 못한다. 몸은 시공간 속에 존재하기 때문이다. 예를 들면, 당신의 몸은 기막힌 아이디어를 실행할 준비가 되어 있다. 당신이 "난 똑똑하지 않아"라고 떠들지만 않는다면 말이다. "난 돈을 더 많이 벌고 싶지만, 어떻게 해야 할지 모르겠어"라는 말을 할 때도 같은 일이 벌어진다. 그때 당신의 몸-의식(body consciousness)은, 당신의 사랑이 거부당해 되돌아왔던 어린 시절의 경험과 비슷한 충격 속으로 빠져든다. 몸-의식은 불가능과 비실재라는 개념을 이해하지 못한다. 그리고 몸-의식이 자신의 역할을 이해하려 동분서주하는 동안, 당신은 갇혀버린다.

공허 또는 비실재에 대해 말할 때, 당신은 자신의 안팎에 가상의 틈 또는 균열을 창조하게 된다. 그 틈 속에서 당신은 영혼을 모르는 듯이, 경험하지 못하는 듯이 가장한다. 자신감 부족은 그런 틈 중의 하나이다. 무지, 손해와 곤경에 대한 두려움, 몸-감정-생각-마음-영혼이 통합된 순수한 경험의 회피 등도 마찬가지다. 그런 틈들은 당신에게 불가능이라는 환상을 심어주고, 영혼의 표현을 훼방하며 삶의 흐름을 지연시킨다.

5. 당신은 다른 사람들의 삶, 다른 장소와 시대, 또는 가상 현실들에 온 마음과 에너지를 투사한다.

실재하지 않는 것에 대해 말하는 것과 마찬가지로, 당신은 지금 여기가 아닌 다른 시대와 공간을 바라봄으로써 몸의 인식과 내적 과정으로부터 소외당한다. 당신의 의식은 먼 곳에 있으므로 영혼에서 나오는 통찰, 가르침, 교훈을 받지 못한다. 그것들은 당신의 몸을 매개로 흘러나오는데, 당신은 그 몸 '안'에 머물고 있지 않기 때문이다. 더 높은 지침을 전달받을 사람이 자리를 비웠다면, 당신의 잠재의식이 대신 안내자 역할을 떠맡아 과거와 같은 식의 반사적인 대응을 지속할 것이다. 당신은 '감응'이 아닌 '반응'을 하게 되고, 그로써 앞서 논의한 수많은 파괴적인 감정 습관들이 일깨워진다. 과거의 방식이 오늘의 상황에도 꼭 통하지는 않는다. 또한 다른 누군가의 삶에 필요한 것이 당신에게도 꼭 좋으리라는 법은 없다. 자신의 몸속에, 자신의 삶 속에 머물지 않는다면, 당신은 스스로 성장을 지체시키고 갇혀버린 느낌에 빠지게 된다.

6. 당신은 자신의 창조물, 습관, 한계, 정체성에 집착하며 일종의 '정체 상태' 속에 머문다.

당신은 안정감을 주는 신념과 소유물들에 매달릴 수도 있고, 진리와 사랑의 표현을 포기해버릴 수도 있고, 어떤 주제에 대해 아는 체하며 주변 사람들을 통제하려 설쳐댈 수도 있다. 또는 더 이상 유효하지 않은 과거의 맹세와 의무를 신봉하거나, 분노와 시샘과 험담에 몰두하거나, 변화를 포기한다. 제풀에 숨을 죽이고, 뭔가를 학수고대하거나 회피하려 들고, 유난스러워 보일까 봐 자기 자신을 억압하기도 한다. 이처럼 자신의 에너지를 위축시키고 파동을 끊거나 멈추려 들 때마다, 당신은 흐름을 늦추고 주파수를 낮춰 스스로 기회를 놓쳐버린다. 또한 당신은 그 흐름을 틀어막느라 지쳐버린다. 이런 정체 상태가 굳어지면, 그것들은 강박과 병적 집착으로 바뀐다.

7. 당신은 지나치게 무언가를 거부하고 통제하려 듦으로써 에니지가 고갈된다.

당신은 잠들지 못할 만큼 심한 스트레스를 가지고 있을 수도 있다. 심각한 중독 증세가 있거나, 만성적 통증에 시달리는지도 모른다. 골칫덩이를 이겨내려고 싸우거나, 실패를 방지하려고 애쓰는 중일 수도 있다. 더 많이 진을 뺄수록, 의욕은 줄어들고 긍정적 심상에 쓸 에너지도 약해진다. 의식이 흐려질수록 감정은 무뎌지고 몸도 무거워진다. 일시적으로 당신은 자기 자신을 막다른 골목에 몰아넣고 옴짝달싹하지 못하는 느낌 속에 빠져든다.

치유의 가속화

고난과 역경이 있더라도, 자신이 분명한 목적지를 향해 흐르는 강물을 따라 여행하고 있다는 사실을 잊지 말라. 자신이 영혼임을 알라. 당신은 변성 과정의 일부를 겪고 있는 중이며, 그것은 낮은 주파수의 두려움과 파괴적 감정 습관들이 잠깐 떠올랐다가 사라지는 단계이다. 당신은 투쟁/회피를 통해 불편함과 고통을 다시 억압하고 싶어하는 내적 반응을 경험하고 있다. 실패에 대한 두려움과 고통을 견디는 데는 힘이 들겠지만, 결국 당신은 낡은 습관들의 유효기간이 지났다는 사실을 분명히 인식하는 단계에 진입한다.

분리, 격차, 두려움이 지배하는 구시대의 세상은 느리다.
상호 연결된 새로운 세상은 빠르다.
우리가 일체성에 가까워질수록, 삶은 더욱 동시성을 따른다.
우리의 삶은 지금 이 순간의 속도에 준하는 새로운 법칙에 따라 펼쳐진다.

당신의 삶과 이데올로기의 많은 문제가 해소된다. 피로감 덕분에, 그저 놓아버리고 지켜보고픈 마음은 점점 커지고 있다. 투쟁하기를 포기하고 평화를 구하면 새로운 현실을 일별하고 계속 나아갈 동기를 얻는다. 물론 여전히 몇 걸음마다 넘어지고 있다면, 갇혔다는 느낌이 들 때마다 그 부정적 진동을 쉽게 벗어나는 것이 가능한 일인지를 당신은 의심하게 될 것이다. 여기에 두 가지 고무적인 사실이 있다.

첫째, 당신의 내적 진동은 다른 사람들과 함께 지구적 차원에서 진화하여 가속되고 있기 때문에, 당신은 옛날만큼 오래 갇혀 있지 않을 것이다. 갇혔다고 느끼거나 결말이 두렵다면, 자신이 쉬지 않고 흐르는 삶의 파동 속에 존재하고 있다는 사실을 기억하라. 파동에는 높은 산과 낮은 골이 있으므로, 갇힌 느낌은 그저 파동의 전환점을 암시해주는 신호일 뿐이다. 실제로는 아무것도 멈추지 않는다. 당신은 전진하는 힘에 의지함으로써 반복적으로, 그리고 더 빨리 상승과 하강, 시작과 결말을 통과해갈 수 있다. 긴장을 풀고 그 흐름 속으로 들어갈수록, 그리고 모든 사람과 사물이 예외 없이 같은 흐름 속에 있다고 느낄수록, 전환은 더욱 쉬워질 것이다.

둘째, 지구적인 가속화 과정의 도움으로, 두려움과 잠재의식적 장애들은 예전보다 훨씬 빨리 사라져갈 것이다. 그동안 우리는 심리요법에 참가해서 자신의 문제를 몇 년간이나 이야기하고 카타르시스를 수반한 감정적 해방을 경험해야만 했다. 하지만 이제는 치유가 훨씬 더 빨리 이루어진다. 과거의 상처를 내려놓고 그 대신 영혼의 실재를 선택하여 지금 이 순간 속으로, 이 생생한 공간 속으로 옮겨옴으로써, 치유는 영혼을 위한 순간순간의 선택이자 거짓 현실로부터의 해방이 된다. 치유 또는 '회복'은 미래가 아니라 지금 이 순간 속에 있다. 따라서 자신의 참된 자아로 돌아가는 데는 지루한 과정이 필요하지 않다. 당신이 알아차리기도 전에 당신의 수난사는 의미를 잃고 희미해질 것이다. 제5장에서는 이런 중심 잡기 과정을 더욱 자세히 살펴볼 것이다. 그에 앞서, 부정적 진동을 벗어나고 흐름 속에 머무는 방법들을 알아보자.

> 자기 자신, 자기 보전에만 사로잡힌 생각들을 멈출 때,
> 우리는 진정으로 영웅적인 의식 변성을 경험하게 된다.
>
> — 조지프 캠벨Joseph Campbell

흐름에 올라타기

파동들은 장애물이 있어도 제 갈 길로 흐르므로 거기에 끼어들지 않는 편이 상책이다. 실제로, 당신 자신을 파동과 무관한 존재라고 생각하기보다는 파동 그 자체라고 여기는 편이 훨씬 유용하다. 당신은 진동의 바다를 항해하는 진동체이다. 당신은 쉼 없이 변화하는 삶의 에너지와 뒤섞이고 발맞추

는 법에 익숙해져야 한다. 그것은 의지력을 완전히 새롭게 사용하는 방식을 배워야 한다는 뜻이다. 작위作爲(willfulness)는 우리를 걸림돌처럼 만들어놓기 때문이다.

의지력의 올바른 사용법을 배우라.

다른 사람들처럼, 당신 또한 어릴 때 당신에게 권위자 역할을 했던 인물들의 온갖 말들을 내면화했을 것이다. 그것들은 지금 당신에게 '해야 할 일'을 상기시키고 있다. 나의 경우에는, "신은 스스로 돕는 자를 돕는다"라는 말을 들었던 때를 뚜렷이 기억하고 있다. 그 말은 마치 내가 나 자신을 돕는다면 신조차 필요 없다는 뜻처럼 들렸기 때문에, 나는 한동안 그 생각에 푹 빠져 지냈었다. 아무튼, 그로 인해 나는 굳은 의지력에 선석으로 의존하여 성취를 이루려는 자급자족의 길로 접어들었다. 나는 의지력을 사용하여 뚜렷한 목표를 세웠고, 근면함과 절제력을 길렀고, 험난한 상황에서도 포기하지 않았다. "뜻이 있는 곳에 길이 있으리라." 이것이 나에게 들러붙은 또 다른 설교였다. 의지력을 단단히 붙들고 집중하여 몇 년간의 성공을 거둔 후에, 나는 지쳐버렸다. 나는 어떤 일도 하고 싶지 않았다. 나는 "해야만 해"라는 모든 목소리에 넌더리가 났다. 그런 후에야, 나는 의지력의 올바른 사용법이 따로 있음을 알게 되었다.

**부정적이고 갇힌 상태를 벗어나는 일은
대개 구태의연한 강압적 의지력을 발휘해서가 아니라
'주어진 것을 받아들임으로써' 가능해진다.**

의지력은 저항과 강압, 통제와 관련이 없다. 그것은 선택과 관련이 있다. 그리고 여기에는 단지 두 개의 선택지밖에 없다. 확장과 사랑을 느끼고 영혼의 빠른 진동과 연결되어 말뜻 그대로 '영혼'으로서 존재하거나, 위축과 두려움을 느끼고 고통의 느린 진동에 파묻혀 영혼이 아닌 상태로서 존재하거나. 고립감과 분리를 선택한다면, 당신은 내가 몇 년간 그랬듯이 혼자 힘으로 자신과 타인을 통제하며 모든 일을 해결해야 하는 처지가 될 것이다. 삶과 연결된 느낌을 선택한다면, 당신에게는 낡은 의지력이 거의 필요치 않을 것이다. 당신은 흐름과 동시성 등의 개념들이 의지력을 대체한다는 사실을 발견하게 된다.

설령 지금 갇혀 있는 처지라 하더라도, 상황을 변화시킬 방법과 새로운 국면의 양상을 굳이 완벽히 계산해내야 할 필요는 없다. 당신이 해야 할 일은 구태의연하고, 위축되고, 낮은 주파수의 패턴을 중단시키는 것뿐이다. 있는 그대로를 선택하는 데 당신의 의지력을 사용하라. 자신의 마음을 근육이라고 생각하고, 그것이 흐물거리도록 놓아두라. "에에~~" 하고 소리를 내며 바보처럼 입을 벌린 채로 있어보라. 나는 이렇게 하면 통제야말로 해답이라고 생각하는 분주한 마음이 신기하게도 비워진다는 사실을 발견했다. 고요한 받아들임 속에서 당신은 그 파동이 무엇을 원하는지를 쉽게 알아차릴 수 있다. 지금껏 알아차리지 못했지만, 당신은 이미 하나의 결말에 이른 것은 아닌가? 의식 속에 떠올라 형체를 갖추고 싶어하는 새로운 영감이 문을 두드리고 있지는 않은가?

흐름을 따라가라. 그것은 갈 길을 안다.

우리는 형상으로, 다시 에너지로, 다시 새로운 형상으로, 다시 에너지로 진동하고 있다. 천 분의 1초마다, 1분마다, 하루마다 — 당신이 선호하는 시간의 단위가 무엇이든 간에 — 당신은 새로운 기회를 맞고 있다. 삶의 파동들은 당신이 내려놓고 새로운 공간을 열도록, 새로운 것에 매료당하고 의욕을 얻어 다시 시작하도록 돕는다. 당신은 그저 그 에너지 흐름 속의 지혜와 계획을 신뢰하고, 그 강물이 향하는 곳으로 함께 흐르면 된다. 때때로 그것은 급류로서 물거품을 내며 휘돌기도 하고, 지하로 숨어들기도 하고, 다시 나타나 평화롭게 흐르기도 한다. 당신 또한 때로는 존재하고, 때로는 행하고, 때로는 소유한다.

삶이란 되어감의 과정이며,

우리가 겪어야만 하는 단계들의 총합이다.

실패하는 사람들은 하나의 단계를 골라 그 안에 머물고 싶어한다.

그것은 일종의 죽음이다.

— 아나이스 닌Anaïs Nin

마루와 골(시작과 끝)을 인식하라.

나는 나 자신을 학대한 이후에야, 그리고 마침내 나 자신을 학대하지 않겠다고 결심한 이후에야, 자영업자들의 경우에는 일거리의 양이 내적 욕구와 비례한다는 사실을 알게 되었다. 나는 삶이 내게 변덕을 부린다고 생각했지만, 결국 거기에는 또 다른 원리가 작용하고 있음을 보았다. 예를 들어 내가 빡빡한 상담 일정에 지쳐서 쉼 없는 스케줄에 대해 불평하기 시작한다면, 사실 그것은 한적한 시간을 보내며 통찰을 얻고, 자신을 가다듬고, 새로운 계획을 품을 준비가 되었다는 뜻이다. 그러면 전화가 울리지 않거나 시도해온 일이 수포로 돌아가서 혼자만의 고요한 시간을 갖게 된다. 그런데 나는 그것이 나의 내적 욕구였다는 사실을 거의 알아차리지 못한다. 나는 '슬럼프'라는 벌을 받고 있다고 느끼면서 '혼자만의 시간'이라는 선물을 문젯거리로 만들어버린다. "뭐가 잘못된 거지? 사람들은 내 일을 좋아했잖아? 나는 돈을 더 벌어야 하는데!" 나는 투덜거린다. 불평하는 상태 속에서 머문다면 이런 '여백'의 시간은 연장될 것이다. 대신에 재충전의 시간에 감사하고, 배운 것들을 되돌아보고, 이제는 사람들과의 교류와 외적 자극이 다시 필요하다는 사실을 알아차리면, 쉽게 새로운 주기가 시작되면서 며칠 안에 또는 몇 시간 안에 기회가 문 앞에 모습을 드러낸다.

파동과 조화롭게 움직이려면 이런 전환에 익숙해져야 한다. 당신이 마루 또는 골에 이르렀다면, 하나의 문제(예컨대 과잉활동)로부터 다른 문제(무기력)로 이동하고 있다고 생각하기보다는, 그저 꼭 필요한 다음 과제를 수신하고 있다고 여기라. 전환점은 그동안 받은 선물과 교훈들을 이해하는 지점이고, 감사한 마음과 낙천주의가 특히 유용한 시기이다. 마루에 해당하는 전환점에서 당신은 가장 물질적이고 외향적인 삶의 관점에 도달하고, 물질화가 완성되어 절정과 성공의 느낌을 가진다. 물리학적으로 표현하자면 파동이 입자로 변해 있는 상태이다.

가장 큰 시련은 아마도 파동이 골에 이르렀을 때일 것이다. 그때 당신은 의욕이 없고, 가진 것이 줄어들고, 혼자만의 공간이 필요해진다. '존재'로 복귀하기 위해서는, 반드시 목표를 놓아버리고 낡은 것들을 버려야 한다. 물리학적으로 표현하자면 입자가 파동으로 변해 있는 상태이다. 골로부터 마루로 올라가는 과정은 활력, 동기, 목표 성취가 포함되기 때문에 재미있어 보인다. 하지만 낡은 대상들을 내려놓고, 긴장을 풀고, 다양한 현실상을 꿈꾸고, 원기를 회복하는 것도 똑같이 즐거운 일이다. 파동의 전환에 고질적으로 저항한다면, 그 전환점은 위기 또는 트라우마 같이 극적으로 과장되어 나타날 수도 있다.

> 효과적인 감정 치유를 위해서는,
> 해결되지 못한 것들 속으로 완전히 들어가서
> 갇힌 에너지가 소진될 때까지 그것들을 끝까지 타고 가야 한다.
> 그리고 그 작업이 끝나면,
> 다시는 자신의 주의(attention)나 정신적 에너지를 억압하지 말아야 한다.
> ─ 재클린 스몰 Jacquelyne Small

삶이 정체되고 의식이 고착되어 있음을 발견하면 움직이라.
정체 상태를 관찰해보라. 자신의 생각에 매달려 있다면, 다른 사람들과 더 많은 대화와 교류를 시작해보라. 앉아서 지내는 시간이 너무 많다면, 실내용 자전거라도 타라! 혼자 지내기가 싫어서 오래된 연인 옆에만 달라붙어 있다면, '정신을 좀 차리고' 새로운 취미를 개발해보라. 당신의 아버지가 종일 텔레비전만 보면서 친구가 없다고 불평한다면, 그를 YMCA

수영 교실로 데리고 가라. 정체되어 있는 가족은 일과를 바꾸거나 서로 역할을 바꿔보라. 가구 배치를 바꾸는 것도 좋은 방법이다. 분석적 또는 언어적 감각에 너무 치우쳐 있다면, 뇌의 다른 부위를 사용해보라. 몸으로 하여금 아무 이유 없이 좌측으로 돌거나 뛰어다니도록 내버려두는 '파충류 뇌 산책'을 떠나보라. 자신의 감각 속으로 들어가보라. 한 시간 동안 사물들의 냄새만 맡아보라.

**무언가를 강요하거나 붙잡는 것은
당신이 흐름과의 조화로부터 멀어졌고
중요한 핵심 정보를 놓치고 있다는 표시이다.**

마찬가지로, 당신의 성신석 습관들도 관찰해보라. 당신은 단정적인 의견과 말을 너무 많이 하지는 않는가? 당신은 첫인상만으로 사람들을 분류하지는 않는가? 당신은 "이것은 저것과 같아"라고 말하며 너무 빨리 자신의 경험에 꼬리표를 붙여 그 의미를 한정짓지는 않는가? 당신이 정의내리고 꼬리표를 붙일 때마다, 그 대상은 움직임을 멈추고 창조적으로 발전할 기회를 잃는다. "난 화가 났어"라고 말할 때, 당신은 자신의 섬세한 감응성과 몸-의식의 본색을 잃어버린다. 이제부터는 유동성을 유지하면서 자신의 경험을 묘사해보라. "위장이 팽팽하다. 남편이 내 말에 귀를 기울이지 않아 실망스럽다. 이제 그 실망감은 내 목을 조여오고, 나는 나 자신의 요구와 생각을 표현할 자격조차 없는 사람이 된 듯한 느낌이 든다. 그것은 나를 두렵게 하고, 나는 진짜로 울고 싶다." 그 많은 정의(definition)들이 꼭 필요한지를 살펴보라. 그 정의들을 더 유연하고 일시적인 상태로 내버려두라. 삶을 직접 경험할 수 있는지 시험해보라. 그러지 않고 그저 습관적으로 "난 몰라" 하고 말해버린다면, 당신은 그것이 당신의 흐름 — 영혼의 표현과 성장의 흐름 — 을 중단시키는 광경을 목격하게 될지도 모른다.

실습과제

당신은 어디에 붙들려 있는가?

- 당신이 붙들고 있는 방식들과 대상들을 적어보라. 그 이유는 무엇인가?
- 당신이 여전히 붙들고 있는 방식들, 포기한 방식들, 망설이고 있는 것들, 피하고 있는 것들, 진심으로 원하는 것들을 적어보라. 그 이유는 무엇인가?
- 당신이 자신의 세계와 다른 사람들을 통제하기 위해 시도하고 있는, 또는 강요하고 있는 방식들 — 전문가가 되

거나, 이목을 집중시키거나, 말을 많이 하는 식으로 —
을 적어보라. 그 이유는 무엇인가?
• 당신이 더 이상 의미가 없는지도 모르는 옛 맹세, 서약, 규칙을 따르는 방식들을 적어보라. 그 이유는 무엇인가?
• 당신이 자신의 경험을 한정지어왔던 방식들을 적어보라. 그 꼬리표를 떼어버린다면, 당신에게는 어떤 새로운 가능성이 열릴 것인가?

파동들이 당신을 통과해가도록 놓아두라.

파동들은 쉼 없이 당신 자신, 그리고 당신이 속해 있는 에너지장과 의식을 통과해간다. 그중에는 새로운 에너지와 정보의 주파수를 가진 파동들도 있다. 그것들은 당신을 통과해가면서 에너지와 정보를 미리 실어온다. 천둥소리에 앞선 벼락처럼, 사건의 파동들은 실제로 일어나기도 전에 당신에게 도달하곤 한다. 예를 들어, 당신은 고속도로를 달리다가 주변의 차들이 우왕좌왕하거나 꾸물거리고 있음을 느낀다. 그런데 더 가다가 당신은 실제로 사고 차량을 목격한다. 그 사고의 여파가 사방으로 뻗치고 있어서 운전자들이 불안을 느끼고 산만해졌던 것이다. 몇 년 전, 세인트헬레나 섬의 화산이 폭발했을 당시에 나는 캘리포니아 주의 북부에서 살고 있었다. 적어도 한 주 이상, 나는 비정상적으로 예민해지고 화가 나서 곧 '폭발할' 것만 같은 상태에 빠져 지냈다. 그것은 화산이 폭발하고서야 진정되었다.

우리는 이런 파동이 자신을 지나갈 때 그것을 무의식적으로 멈춰 세워 그것이 뭔지를 들여다보려고 한다. 만약 어떤 사건의 파동이 당신에게 화산 폭발 또는 교통사고와 관련된 정보를 가져다주고 있다면, 당신은 신경질적으로 격렬하게 반응하는 경향을 띨 것이다. 당신의 마음은 그 강력한 정보를 해석하지 못하므로, 그 동요를 자신과 관련된 것으로 오해하곤 한다. 사실은 화산이 폭발 직전에 이르고 있는 것이지만, 나는 나 자신이 유난히 화를 내고 있다고 생각한다. 사실은 친구가 죽어가고 있지만, 나는 나 자신이 죽어가고 있다고 생각한다. 사실은 곧 감행될 테러로 망연자실할 피해자와 생존자들 때문이지만, 나는 왠지 모를 슬픔을 느낀다. 당신은 숨겨진 정보를 파악하기 위해서 그 파동을 멈춰 세울 필요가 없다. 그 파동을 붙잡지만 않는다면, 그것은 흘러가는 동안 자신의 정보를 당신에게 전달할 것이다. 당신이 할 일은 주기적으로 자문해보는 것뿐이다. "나는 이유 없는 슬픔, 혼란, 행복 등등을 느끼고 있다. 그 감정의 원인은 무엇일까?" 이렇게 대응하면, 그것을 자신의 문제로 받아들이는 무의미한 왜곡은 사라진다.

당신의 삶에서 육체적, 감정적, 정신적, 영적 영역들의 중요성을 조화롭게 하라.

창조성의 파동이 영혼의 높은 주파수로부터 나와서 의식의 옥타브를 하강하며 삶에 새로운 패턴을 가져다주는 모습을 상상해보라. 그것은 영적, 정신적, 감정적, 육체적 영역의 순으로 내려왔다가 다시 되돌아간다. 이런 의식의 영역들이 균등하게 발전되었다면, 그 파동은 일정한 리듬을 유지하며 통과해간다. 그것은 자신의 내용물을 어려움 없이 당신에게 전해준다. 그때 당신은 행운, 순탄한 흐름, 삶의 조화와 균형을 경험한다. 하지만 예를 들어 당신이 논리적, 일률적, 관념적 삶을 선호하며 감정적 측면을 회피해왔다면, 당신의 정신적 수준은 지나치게 강조된 탓에 '부풀려질' 것이다. 한편 감정적 수준은 평가설하된 탓에 '좁아진' 듯 보일 것이다. 그러면 그 파동은 확대되고 과잉발달된 정신적 대역에 맞춰 변조되었다가, 좁아지고 발달이 덜 된 감정적 대역에 맞춰 다시 변조되었다가, 확대된 육체적 대역에 맞춰 또다시 변조되어야만 한다. 덜컹거리며 조화를 잃은 흐름이 반영되면서 당신의 삶 속에는 온갖 암초가 나타날 것이다. 당신은 의욕을 얻거나 일을 끝마치는 데 어려움을 겪는다. 과도한 압박과 무력감을 느낄지도 모른다. 하지만 몸, 감정, 마음, 영혼의 측면이 균등히 발달되어 있다면, 그 파동은 일정한 리듬에 맞춰 통과해가며 당신에게 최선의 이익을 선사할 것이다.

실습과제

조화롭지 못한 영역 찾기

1. 옆면에 1부터 100까지 눈금이 표시된 온도계를 상상해보라. 100을 최고점이라 할 때, 자신이 아래 영역들을 각각 얼마나 활용하고 있는지 내면의 자아에게 측정을 요청해보라.
2. 당신의 영적 의식은 얼마나 발달되었고, 얼마나 활발히 사용되고 있는가? 정신적 의식은 어떠한가? 감정적 의식과 섬세한 감응력은 어떠한가? 육체적 본능과 몸의 의식은 어떠한가?
3. 상대적인 백분율을 확인한 후에, 미진한 영역들을 발달시키고 활용하여 의식의 전 영역을 균등하게 만들 방법을 세 가지부터 다섯 가지까지 적어보라.

주파수 높이기

영혼의 실재를 느끼지 못할 때, 또한 삶과 조화를 이루지 못할 때, 당신은 부정적 진동들 속에 갇힐 수 있다. 당신은 두려움, 거짓말, 오해와 마주치거나 분열과 허무를 경험한다. 당신이 경험하지 못하는 영혼의 퍼즐 조각들은 결국 당신의 주파수를 낮춘다. 당신의 의식이 조각들로 나뉠 때, 즉 분리를 경험할 때도 당신의 진동은 느려진다. 내적 진동이 어떤 낮은 주파수 속에 갇혀버리면, 당신은 파괴적인 감정 습관들, 부정적 사고, 생기 없는 몸 상태 속으로 추락하기 십상이다.

주파수의 상승은 늘 당신을 부정적 진동과 한계로부터 해방시켜준다. 주파수를 높인다는 것은 긴장을 풀어버림으로써 영혼을 더 많이 경험할 시공간을 마련한다는 의미이다. 당신은 그저 웃음을 짓거나, 온도계와 같은 계측기를 떠올려 자신의 에너지를 10퍼센트 올리는 상상을 함으로써 이런 작업을 할 수 있다. 더 나은 현실, 더 밝은 색, 또는 호의적인 행동들을 심상으로 만드는 것도 하나의 방법이다. 예를 들어, 당신은 더 수용적이고 관대한 느낌을 갖기로 선택할 수 있다. 지금껏 거부해온 뭔가를 받아들이고 자신의 삶과 더욱 깊고 온전하게 마주할 수도 있다. 의지력을 통해 내적 진동을 통제하고 밀어 올리려는 시도는 오직 과도한 흥분과 스트레스를 낳고 결국에는 파멸에 이를 뿐이다. 당신이 정신적, 감정적 혼란을 거둬내고 방해하지만 않는다면, 당신의 주파수는 본래의 상위 수준으로 상승해간다. 훼방꾼만 사라진다면, 당신의 영혼은 어려움 없이 투명하고 따뜻한 빛을 발한다.

실습과제

깊고 느린 호흡으로 주파수 높이기

산소가 몸의 주파수를 높여준다는 것은 오래전에 밝혀진 사실이다. 경직된 근육 속에서는 에너지가 느리게 흐르기 때문에, 몸의 긴장을 풀고 깊게 호흡하는 것은 주파수 상승의 핵심 요소이다. 반면, 가슴 상부의 얕은 호흡은 불안하다는 징후이다.

1. 반듯이 앉고, 안정감을 느끼라. 근육을 느슨히 풀고, 편안하게 있어보라. 머릿속의 대화를 멈추고 침묵에 귀를 기울이라. 고요하게, 몸속의 미세한 움직임들을 느끼고, 대기 중의 산소가 당신의 혈액을 가득 채워 몸을 대단히 생기 넘치게 만들어준다는 생각에 집중하라. 호흡을 고요하고, 아주 느리고, 연속적이고, 고르게 하라. 날숨과 들숨이 끊임없이 이어지는 듯 보일 만큼.
2. 숨을 들이마시면서, 코 안쪽부터 하복부에 이르기까지 몸속의 모든 구멍을 채우라. 폐가 가득 찼다는 생각이 드는 순간, 모든 폐포를 남김없이 채우면서 조금만 더 숨을 들이쉬라. 당신의 흉곽이 평소의 부피 이상으로 팽창되어 있다고 상상하라.
3. 천천히 가슴을 웅크리고, 내장 근육들을 수축시키고, 횡격

막을 조이면서 모든 공기가 배출될 때까지 숨을 내쉬라.
4. 1부터 10까지 세면서 반복하라. 들이쉬면서 하나, 내쉬면서 둘…. (다섯 번의 호흡이 하나의 주기가 됨. 역주) 오직 그 숫자들만 생각하고, 만약 다른 생각에 휘말렸다면, 셈을 멈추고 1부터 다시 시작하라. 이 연습을 20분 동안 지속해 보라.

에너지장의 교란 없애기

당신의 빛은 어떤 거름막을 통해 발산되고 있으며, 당신은 그것을 통과해온 빛의 부산물이다. 자신을 양파와 같은 구형의 층들로 겹겹이 싸인 존재라고 생각하라. 당신과 가장 밀접한 층에는 육체적 정보가, 다음 층에는 감정적 정보가, 그다음 층에는 사고 패턴에 대한 정보가 담겨 있고, 더 먼 곳에는 당신의 영혼과 삶의 목적에 대한 정보가 담긴 층이 있다. 이것은 의식의 옥타브와도 같다. 영혼의 수준에서는 어떤 두려움도 장애물도 없다. 오직 찬란하고 자애로운 다이아몬드의 빛만이 있다. 명상가들은 순수한 의식의 느낌을 얻기 위해 그 빛의 특징을 심상으로 떠올리곤 한다. 하지만 육체적, 감정적, 정신적 층들 속에서는 신체 질환, 얼어붙은 감정, 닫힌 생각을 마주하게 된다. 그것들은 당신을 혼란시키고 위협했던 과거의 경험들로부터 비롯되었다. 이처럼 움츠러든 패턴들은 그림자와 같다. 그 정체된 공간 안에서, 당신은 자신만의 고유한 진리와 사랑을 경험하지 못한다. 또한 당신이 분열되거나 뭔가를 회피할 때 생겨나는 단절과 틈새들도 이런 장애물로서 작용한다.

> 마음을 고요히 하면, 생각이 사라진다.
> 생각이 사라지면, 저항도 사라진다.
> 당신이 저항적인 생각을 일으키지 않으면,
> 당신 존재의 진동은 높아지고 빨라지고 순수해진다.
>
> ─ 아브라함 / 에스더 힉스Abraham / Esther Hicks

이제 당신의 영혼이 지혜와 의도와 에너지를 발산하고 있다고 상상하라. 그것은 당신의 삶, 육체, 개성을 창조하기 위해서 의식의 옥타브를 따라 하강해온다. 하지만 당신이라는 존재 속에는 많은 그림자, 뭉친 곳, 단절된 틈새 등이 있기 때문에, 당신은 그중에서 일부만을 투과시킬 수 있다. 거름막의 열린 구멍을 통과한 빛만이 빠져나오는 것이다. 따라서 상위의 차원에 그림자 또는 단절이 있다면, 당신의 삶과 육체에도 그에 해당하는 위축과 무의식적 공백이 생길 것이다. 감정적 상처와 그로부터 비롯된 신념들은 몸에도 그림자를 드리운다. 그때 당신은 그 상처와 상응하는 부위에서 고질적 통증, 질환, 또는 상해를 겪는다. 예를 들어 반복적으로 구타를 당했던 사람이 있다면, 그것이 전생의 일이든 현생의 일이든 간에, 아프고 멍들고 부러졌던 기억은 그의 심층적 '에너지체' 속에 저장된다. 그리고 나중에, 그 위축된 에너지 또는 그림자는 특정 부위에서 원인불명의 만성적 통증을 일으킨다. 특히 당시의 증오와 분노를 강렬하고 생생하게 전달받아야 했던 얼굴과 같은 부위에서 말이다.

당신이 닫힌 감정과 신념들을 풀어내고 이해함으로써 상처를 치유하면, 암점(dark spot)들이 사라진 당신의 존재장은 영혼의 다이아몬드 빛을 더 많이 투과시킬 것이다. 이 지구상에서 당신의 주파수는 상승하고, 당신은 더 많은 지혜와 사랑으로 가득 차며, 당신의 몸은 치유되고, 당신의 삶은 오름세를 탄다. 이처럼 영혼을 가로막는 감정과 생각들을, 즉 파괴적인 감정 습관들을 치워버림으로써, 당신의 내적 진동은 자연스럽게 가속된다.

영혼을 가로막는 흔한 장애물로는 우리가 그간 감싸고돌았던 파괴적인 감정 습관들을 꼽을 수 있다. ― 희생자 또는 지배자 되기, 책임을 떠넘기기, 고집을 피우고 밀어붙이기, 구원을 갈망하거나 구원자를 자처하기, 한눈을 팔고 게으름

부리고 차일피일 미루면서 현실을 회피하기 등등. 이게 다가 아니다. 시기, 공격/투쟁, 불평과 거부(난 못해/난 싫어), 상스러운 말투(험담과 뒷말), 배배 꼬인 최악의 시나리오를 굳이 상상하기…. 비구니인 페마 초드론은 이런 식으로 반응하는 행동들을 마치 미끼를 문 물고기처럼 "낚였다"고 표현한다.

이런 유혹과 행위들을 한 가지씩 반전시켜 건강한 감정 습관으로 대체할 때마다, 저항을 포기하고 있는 그대로 존재할 때마다, 당신은 다이아몬드 빛으로부터 더 많은 기운을 받아들이게 된다. 그리고 실재는 늘 당신에게 중요한 정보를 주고, 자애로운 관점을 북돋아주고, 다음에 할 일을 알려줄 것이다. 꽉 막힌 생각과 신념에 투여했던 에너지를 회수하고 꼬리표를 거둬들이면, 당신은 또 다른 그림자를 없애 더 많은 다이아몬드 빛을 삶 속으로 불러들인다. 행동거지를 단정히 하고, 건강한 음식을 먹고, 체중을 조절하고, 몸을 오염시키는 중독물질 또는 담배를 끊는 것도 같은 결과를 가져온다.

영혼을 가로막는 장애물들 중에는 어린 시절에 생존을 위해 무의식적으로 받아들였던 생각, 신념, 세계관들도 있다. 그것들은 당신의 참된 모습과 소명과는 거의 관련이 없다. 그 가리개들은 당신이 탐지 신호를 발산하며 무의식적으로 부모의 신념체계와 몸가짐에 적응했던 시기로부터 유래된 것이다. 그것은 당신이 이미 용감한 저널리스트가 될 준비를 완전히 마쳤는데도 예의와 격식을 차리라고 속삭일지도 모른다. 그것들은 젖은 외투처럼 당신을 내리누르고, 더 이상 통하지 않는 방식으로 행동하게 만든다. 당신은 그런 생각들의 진짜 주인이 아니다. 그것들을 원래 주인에게 되돌려주라. 아니면, 그것들이 당신의 에너지장 속에서 증발되거나 흩어져 사라지는 모습을 그려보라. 당신은 물려받은 생각들을 쉽게 구분해낼 수 있다. 그것들은 "~을 해야만 해"라는 말에 뒤이어 등장하거나, 직접 소리 내어 말하는 순간에 다른 누군가의 목소리가 반향으로 들려온다.

> 당신의 잠재력은 과거에 있지 않다.
> 어떤 순간이라도, 당신은 미래를 해방시키는 선택을 내릴 수 있다. …
> 마침내 우리는 보는 누려움의 뒷면이 자유임을 깊이 깨닫게 된다.
>
> — 매릴린 퍼거슨

실습과제

물려받은 것들 치우기

- 당신의 삶을 지탱해온 가치와 습성들을, 당신이 합리화하는 것들까지 전부 적어보라. 당신의 어머니로부터 온 것은 무엇인가? 당신의 아버지로부터 온 것은? 시대에 뒤떨어졌거나 당신에게는 도저히 맞지 않는다고 느껴지

는 생각들이 있는가? 그렇다면, 그것을 당신이 빌려왔던 원래 주인에게 되돌려주거나 없애버리라.
- 돈, 직업, 인간관계, 양육, 건강, 노화, 종교, 정치, 죽음에 대한 당신의 신념과 습관들을 적어보라. 당신은 그런 생각들을 어디에서 얻었는가? 당신에게 그것들이 필요한가? 그것들을 하나씩 중단시켜보라. 고정된 견해와 규칙을 고수하는 대신에, 각각의 분야들로 하여금 자발적으로 당신에게 존재 방식과 할 일을 가르쳐주도록 허용한다면 어떨지 느껴보라. 각각의 분야들은 어떻게 변하고 얼마나 확장되겠는가?

당신이 무지, 결핍, 무기력, 집중력과 자존감 부족, 불평 등을 조장하는 습관들 속에 갇혀 있을 때, 그런 틈새를 채우는 것은 오직 실재 — 사방으로 퍼지며 만물을 이루는 사랑 — 밖에 없다. 자신의 중심으로 이동하여 그곳을 실재로 채우라. 그러면 파괴적인 감정 습관들에 대처할 평정심을 얻게 될 것이다. "난 몰라"라는 혼잣말이 속에서 들릴 때, 대신 이렇게 말하도록 노력하라. "내가 이것에 대해서 이미 알고 있는 것들은 무엇일까?" 친구에게 "난 춤을 못 춰" 하고 말하는 자신의 목소리가 들릴 때, 재미있고 독특하고 창조적으로 움직이는 자신의 능력을 즐겨보라. 춤에 대한 자신만의 견해를 갖고 그것을 삶의 일부로 받아들인다면 어떻겠는가? 항상 돈에 쪼들린다는 말이 머릿속에서 녹음테이프처럼 반복될 때, 자기 자신에게 이렇게 말해보라. "그만! 지금까지 나는 먹고사는 데 지장 없을 만큼 괜찮게 벌어왔어. 난 괜찮아. 나는 마음이 확실히 이끌릴 때면 언제든 상황을 변화시킬 수 있어. 나는 지금 진짜로 이것에 끌리고 있는 걸까? 나에게 창조의 느낌을 주는 것은 무엇이지?" 당신은 당신만의 이야기를 쓰는 작가이다. 불가사의하게도 당신은 삶이라는 경이로운 선물을 받았고, 동시에 자신의 태도, 기분, 활동 수준을 선택할 자유의지도 가지고 있다. 스스로 참된 존재가 되기를 원한다면, 그것을 방해할 만큼 강한 힘과 논리는 이 세상 어디에도 없다.

> 강물을 재촉하는 것은 불가능하다.
> 강가에 가면 당신은 강물의 속도와 부딪히게 되고,
> 그것은 지구상의 생명보다 더 오래된 흐름 속으로
> 당신을 이끌어간다.
> 하루만이라도 그 속도를 받아들이는 데 쓴다면,
> 우리는 자기의 심장박동 너머의 다른 리듬들을 기억해내고
> 변화를 이루게 된다.
> ― 제프 르니케 Jeff Rennicke

요약

 부정적 현실 속에 갇히는 원인은 네 가지이다. ― 느린 내적 진동, 의지력의 오용, 파동 및 주기와의 부조화, 매 순간 속에서 충분히 깨어서 존재하지 못함. 파괴적인 감정 습관(투쟁/도주 반응)을 가지고 두려움에 대응하면 당신의 내적 진동은 느려진다. 낮은 주파수는 부정적 경험을 더욱 증가시키므로, 내적 진동이 느려지면 우리는 쉽게 '갇혀버린다.' 의지력을 통해 흐름을 중단시키거나 통제하려 들면, 당신은 인생의 흐름 속에 반향과 왜곡을 끌어들이게 된다. 자신의 경험을 방치하거나 허무하고 부정적인 현실상에 초점을 맞추면, 그 실재의 공백은 왜곡과 문젯거리를 일으킬 것이다.

 강압하고 통제하고 저항하는 것은 의지력의 올바른 활용법이 아니다. 의지력은 (1) 더욱 빠른 진동을 선택하고 (2) 자신이 속한 파동의 흐름에 동조하여 '함께 흘러가기로' 선택하고 (3) 지금 이 순간에 일어나는 모든 것과 공존하기로 선택하는 데 ― 모든 상황이 더 많은 실재로 채워져 당신 영혼의 지혜가 드러날 수 있도록 ― 쓰여야 한다.

 영혼을 방해하는 생각들, 즉 당신에게는 어울리지도 않는 물려받은 생각들을 제거해버리면, 당신은 정화된 공간을 더 많이 창조함으로써 고유한 다이아몬드 빛이 당신의 삶과 육체 속으로 흘러들게 할 수 있다. 이 작업에는 힘이 들지 않는다. 당신의 주파수는 본래의 방식으로 작용할 때 자연적으로 상승한다. 오늘날은 부정적인 진동들로부터 벗어나기가 더욱 쉬워졌다. 이 지구와 당신 몸의 주파수가 상승하고 있기 때문에, 오히려 오랫동안 '갇혀' 있는 일이 더 어려워졌으며 두려움은 아주 단시간 내에 제거될 것이다.

근원 주파수의 메시지

서문에서 설명했듯이, 나는 평소 당신의 조급한 독서 성향을 직접적이고 깊은 체험으로 전환시키기 위해 각 장의 말미에 영감 어린 글의 일부를 포함시켰다. 이 메시지들을 통해서 당신은 내적 진동을 의도적으로 변조시킬 수 있다.

아래의 메시지는 '직관의 시대'에 보편화될 앎의 방식과 비슷한 체험 속으로 당신을 데리고 갈 것이다. 근원 주파수의 메시지 속으로 들어가려면, 그저 속도를 늦추고 서두르지만 않으면 된다. 천천히 숨을 들이마시고, 내쉬고, 가능한 한 움직이지 말고 고요해지라. 당신의 마음이 부드럽게 열리도록 놓아두라. 당신의 직관을 열고, 이 글과 감응할 준비를 하라. 그 속에서 나타날 깊은 현실과 감각 상태를 스스로 받아들일 수 있는지 살펴보라.

각각의 구절에 주의를 기울이는 만큼, 당신의 체험도 더 큰 차원을 취할 것이다. 한 번에 몇 개의 단어에만 집중하고, 구두점마다 숨을 돌리고, 지금 이 순간에 그 지성의 메시지와 함께 존재하라. 당신은 그 단어들을 크게 읽을 수 있고, 눈을 감고 다른 사람더러 읽어달라고 해서 그 효과를 살펴볼 수도 있다.

투명하고 느슨해지기

자기 자신을 빛과 에너지라고 상상해보라. 사랑의 다양한 표현을 이해하고 익힐 때, 당신의 일부는 투명한 다이아몬드와 같이 티 없이 반짝인다. 두려움과 과거사에 붙들려 참된 자아를 경험하지 못할 때, 당신의 다른 일부는 탁하고, 자욱하고, 빽빽하고, 불투명하게 나타난다. 이처럼 움츠러든 상황에서는, 어둠을 드리우는 생각들이 활개를 치고, 우주 통일장의 자유로운 에너지 흐름은 웅덩이와 소용돌이 속에 갇힌다. 당신은 당신 자신과 다른 사람들의 경험을 이 얼룩진 필터로 오염시켜버린다. 이 어두운 렌즈를 통해 바라볼 때, 당신은 고통과 한계, 부족, 부정적 감정을 경험하면서 그런 그림자들이 다른 사람들 속에 있다고 떠넘긴다.

좋은 소식은, 당신이 완전히 투명해지는 과정 중에 있다는 사실이다. 투명해진다는 것은 아무것도 붙들지 않는 것, 에고를 놓아버리는 것, 유연하게 적응하는 것, 성글게 투과시키는 것을 뜻한다. 그것은 고정된 정체성, 과거사, 한계, 신념, 두려움, 반사적 행동 등이 필요치 않은 삶을 의미한다. 그저 내려놓고 진리 또는 믿음을 경험할 때, 당신은 더욱 투명해진다. 방어적, 독선적, 공격적, 자기중심적, 경쟁적인 태도를 중단할 때마다, 당신의 다이아몬드 빛은 더 멀리 뻗어나갈 기회를 얻는다. 자신을 더 유연하고 유동적인 상태로 놓아두고, 과거와 미래에 대한 투사와 기대 없이 지금 이 순간 속에 온전히 존재할 때마다, 당신은 모든 것을 수용하는 능력을 증가시키게 된다.

당신이 응시할 수 있는 모든 것 너머에는, 통일장 속에서 자유롭게 흐르는 거대한 에너지와 의식이 있다. 확장된 자아의 인식과 표현을 눈앞에 두고도, 당신이 시답잖은 생각들에 붙들리거나 의심과 비관에 빠져 움츠러든다면, 그 에너지는 당신을 통과하지 못한다. 당신은 그것을 이해하지 못한다. 그것 역시 당신에게 교훈을 주거나, 당신의 창조를 돕지 못한다. 어떤 에너지장이 강해지면 — 지구 전체가 지금 이런 경험을 하고 있다 — 그 장의 일부인 당신 또한 자극받는다. 집착하고 망설이고 포기하고 저항할 때, 당신의 불투명함은 그 파동을 가로막는다. 곧 당신은 물속에서 나온 강아지가 물기를 털어내듯이 흔들어대기 시작할 것이다. 그래야만 그 답답하고 탁한 에너지를 떨치고, 자신의 에너지 통로를 깨끗이 청소하고, 자신이 속한 에너지장과 조화롭고 편안하게 동조할 수 있다.

부정적이고 위축되고 불투명할 때, 당신은 고통과 혼란을 경험한다. 자신에게 더 많은 투명함을 허락할수록, 당신이 경험할 문젯거리는 줄어든다. 투명한 사람에게 흘러든 강렬한 에너지는 지고한 신성, 열정, 빛의 느낌을 생산한다. 다이아몬드 빛의 심상에 주의를 기울이라. 그 화려함과 투명함을 당신의 안팎에서 느껴보라. 본디 자애롭고 지혜로운 다이아몬드 빛은 모든 입자, 파동, 존재를 흠뻑 적신다. 허무함은 환상이다. 모든 시공간 속에서 울리는 수정 같은 벨 소리, 그 투명함에 동조되어보라. 완전한 순수가 되어보라. 그것으로 당신의 내면을 가득 채우라. 그림자들이 그 경이로운 세계 속으로 흡수되고 흩어지도록 내버려두라. 완전한 투명함은 있는 그대로의 완전한 수용과 해방을 불러온다.

5

근원 주파수

희미한 달빛 아래서,

나는 팔베개를 하고 누운 나 자신을 정말로 좋아한다.

— 요사 부손Yosa Buson

항암치료로부터 회복 중이던 리사는 침대에 누워 책을 읽다가, 자신의 몸이 진동하고 있다는 사실을 깨달았다. 그것은 치료 중에 시달리곤 했던 스트레스와 불안, 부산한 기계음과는 다른 지복의 느낌이었다. 그녀의 몸은 지복 속에 있었다. 아무 이유도 없이, 그저 그럴 뿐이었다. 그녀의 의식은 독특한 감각 상태로 깊이 빠져들었고, 감미롭고 행복한 에너지와 어우러졌으며, 몸이 저 혼자서 일으키고 있는 현상을 그저 즐겼다. '이 얼마나 강력한 치유력인가?' 그녀는 생각했다. '이처럼 경이롭고 긍정적인 세계 속에서 암이나 비염, 멍자국 따위가 어떻게 존재할 수 있었을까? 내 몸에 이런 힘이 있는데도, 왜 나는 애초에 병에 걸리게 되었을까?' 그날 밤, 그녀는 자신이 자기 고유의 에너지를 사랑하고 있으며, 거기에는 대단히 아름답고 고무적인 '진짜 리사'의 무언가가 있다고 생각했다. 그녀는 그저 참된 모습으로 돌아가고 싶었고, 자신의 영원한 본질을 느끼고 싶었다. 그녀의 말에 의하면, 그녀는 그날 밤 몇 시간 동안이나 자기 몸의 내적 교감을 만끽하며 깨달음 속에 있었다. 그리고 그날의 기억은 대단히 인상적이어서, 지금도 생각만 집중하면 그 상태에 어렵지 않게 다시 들어갈 수 있다.

당신의 내면에도 이처럼 놀라운 진동이 있다. 영혼의 사랑, 진리, 풍요, 기쁨을 가져다주는 울림. 이것은 깊숙한 양자적 차원으로부터 솟아오르고, 당신의 세포와 조직을 통해 파도치며 주변 공간을 채운다. 이것은 언제나 그 자리에 흔들림 없이 존재하고 있다. 이것이 바로 당신의 근원 주파수, 즉 당신의 몸을 통해 표현되는 영혼의 진동이다. 내가 근원 주파수(home frequency)라고 부르는 이유는 이것이 집의 느낌을, 즉 지상의 당신에게 최대한 천상에 가까워진 경험을 선사해주기 때문이다. 근원 주파수는 마치 나침반처럼 작용한다. 일상의 변화무쌍한 내적 진동을 이런 본질적이고 자연적인 고주파 에너지에 동조시킨다면, 당신의 삶은 안정되고 행운과 의미와 즐거움을 펼쳐내기 시작한다.

리사처럼 자신의 근원 주파수 속에 머물 때, 당신은 환상적인 느낌을 경험하고 지금껏 다른 식으로 살아왔다는 사실이 의아할 정도로 자신의 삶을 사랑하게 된다. 근원 주파수로부터 나온 발상과 해답은 언제나 옳을 뿐만 아니라 당신 영혼의 표현 그 자체이다. 삶의 소란함 속에서 자신의 근원 주파수를 잃어버리는 일이 가능하다는 것은 꽤나 놀라운 사실이지만, 우리는 일상적으로 그런 상태에 빠진다. 때로는 리사의 경우처럼 자신의 근원 주파수가 저절로 드러나는 수도 있지만, 대부분의 경우에는 스스로 그것을 구하고 맞아들이고 어우러져야 한다. 자신의 근원 주파수를 찾고 그 속으로 이완해 들어가서 하나가 되는 법을 배우는 것은 자신의 삶을 변성시키고 직관의 시내로 신입하는 열쇠이다.

> 영혼을 가진 몸이 아니라,
> 몸을 가진 영혼으로서 자기 자신을 바라보기 시작하라.
> ― 웨인 다이어

기적과도 같은 전환점

당신은 파괴적인 감정 습관들을 제거하고 내적 진동의 주파수를 높이는 방법을 배워왔다. 이처럼 변성 과정에서 정화 단계가 최고조에 이를 때면, 당신의 삶은 치열하고 혼란스럽고 때로는 절망적으로까지 보일 수 있다. 낡은 방식은 더 이상 통하지 않는다. 당신은 피해의식, 상상력 고갈, 단단한 장벽을 느낀다. 당신의 중심은 두려움에서 사랑으로 옮겨왔고, 당신의 낡은 세계는 위태로워졌으며, 영혼을 따르는 새로운 현실이 드러나기 시작했다. 이런 순간에는 당신의 삶이 제대로 작동하지 않는다. 당신은 아마도 목표, 소유물, 사람들, 생활 방식의 일부를 내려놓아야 할 것이다. 당신은 자신의 정체성, 동기와 방향, 익숙한 습관들을 전부 잃게 될지도 모른다. 이때 중요한 것은 투쟁/도피 반응을 심화시키는 식으로 퇴보하지 않는 것이다. 당신의 영혼은 실상을 말해주고 있다. "너는 더 이상 낡고 제한된 존재가 아니야. 이제는 너 자신의 참된 모습과 잠재력을 발견할 때가 되었어." 이것은 불사조가 자기의 몸을 불태워 금으로 되돌아가는 신비로운 시기이다. 진짜로 원하는 자신의 모습을 선택하도록 요구받는 시기인 것이다.

낯선 것을 두려워하지 말라.

미래는 이미 한참 전에 네 안에 들어와 있으니.

그저 그 탄생을, 그 새롭고 맑은 시간을 기다리라.

— 라이너 마리아 릴케Rainer Maria Rilke

　당신은 새로운 정체성을 어떻게 찾을 것인가? 취향에 맞는 영웅을 추종해야 할까? 걱정하지 말라. 당신은 다른 누군가를 모방할 필요가 없다. 당신의 새로운 정체성은 온전히 당신만의 것이며, 그것은 당신에게 안성맞춤일 것이다. 당신은 그것을 밖에서 찾지 않을 것이다. 그것은 당신의 근원 주파수 속에 암호로서 담겨 있다. 그것은 당신이 근원 주파수 속에서 머무는 동안 새로운 잎사귀처럼 돋아난다. 당신의 외부 세세가 금이 가고 바스러지는 동안, 당신의 내면은 재건되고 새로워진다. 눈에 보이지 않는 당신의 내적 토대는 거의 완성 단계이다. 낡은 세계의 분주함과 어수선함으로부터 시선을 거두고, 모든 것을 재창조하는 영혼의 방식에 모든 주의를 집중할 때, 그 변성 과정 속에서는 마법과 같은 전환이 일어난다. 이제 당신은 동분서주하던 마음 자세를 극복해야 한다. 그것을 멈추거나 놓아버리면, 마치 모든 것을 잃고 한없이 추락하며 실패와 죽음을 맞을 듯이 느껴질 것이다. 물론 이것은 에고의 광적이고 극단적인 망상일 뿐, 영혼의 관점이 아니다. 당신이 공허 앞에 다다랐다고 느낀다면, 새롭고 더 나은 방식을 통해 자기 자신을 다시 찾을 때가 진정으로 도래한 것이다.

내려놓아야 할 때

　자비롭게도, 삶은 당신에게 낡은 것과 새로운 것 사이의 연결고리, 즉 중간단계를 제공해준다. 당신은 파나마 운하를 통과하는 배처럼, 의식의 '수문'들을 거치며 점차 낮은 수위에서 높은 수위로 이동해간다. 이때 당신에게 요구되는 것은 이완뿐이다. 당신은 미래의 모습이 어떨지, 변성이 어떻게 이루어질지를 모두 알 필요가 없다. 숨을 내쉬고, 외부에 대한 관심을 줄이고, 강요를 멈추라. 당신의 호불호, 성공과 실패, 미래 계획 등을 다른 사람들에게서 빌려오지 말라. 당신은 반려견이나 고양이처럼 완전한 실재, 완전한 행복, 완전한 가능성으로서 존재할 수 있다. 당신은 경이로운 힘이다. 그 힘은 아름답고 맑은 두 눈으로 세상을 바라보고, 즐겁게 진동하는 몸을 통해 뿜어져 나온다. 당신은 에고에 의지할 필요가 없는 참된 존재가 될 수 있다. 에고를 놓아버린다고 해서 당신이 휙 하고 사라지지는 않는다.

　물론 무서운 결말이 어른거리는 순간들도 마주하게 될 것이다. 그때 당신의 에고는 영리한 술책들을 수없이 동원하며 자기의 통제력을 유지하려 들 것이다. 잠깐 동안 휴식을 취하며 '땅을 놀리겠다는' 생각에 대해 에고는 이렇게 울부짖을 것이다. "하지만 난 멈출 수가 없어! 그것을 하지 않는다면, 나는 외톨이가 될 거야." "내게는 해결해야 할 청구서와 부양해야 할 가족들이 있어." "나는 저 아래로 추락하고 휩쓸리고 말 거야." 당신의 에고는 철이 지난 그 낡은 직업으로 되돌아가서 안전을 도모하거나, 이리저리 휩쓸려 다니는 희생자라는 새로운 정체성을 받아들이라고 꼬드긴다. 틀림없이 에고는 '내려놓음'이 '모 아니면 도'인 것처럼 꾸며서 어떤 선택도 편치 않게 만들어버릴 것이다. "더 이상 내게 맞지 않는 일을 계속하면 나 자신을 잃게 된다. 그렇다고 공허 속으로 뛰어들면 내가 가진 모든 것을 잃게 된다."

내려놓음은 그저 존재(Being)로의 귀환일 뿐이다.
진실로 내려놓았을 때, 당신은 중심으로 들어간다.

내려놓음은 희생을 불러오지도, 게으름과 싫증을 조장하지도 않는다. 그것은 그저 존재로의 귀환일 뿐이다. 그것은 당신을 '행위'에 열중하는 상태로부터 더 자연스럽고 직관적인 상태로 옮겨놓는다. 그때 당신은 지금 이 순간의 모든 것을 알아차리고, 그것들에 감사하고, 그것들과 함께 머문다. 내려놓음은 소음 속에서 침묵 속으로 이동하는 것이다. 진실로 내려놓았다면, 당신은 중심으로 들어가 반드시 자신의 근원 주파수에 이르게 된다.

휴식과 침묵

새것과 헌것의 중간, 즉 휴식과 성숙의 단계에 진입하기 위해서 모든 것을 완전히 중단해야 할 필요는 없다. 그리고 그것은 그리 오랜 시간을 요구하지도 않는다. 당신이 완전한 휴식을 경험한다면 그것으로 족하다. 일주일, 하루, 혹은 단 몇 분이라도 좋다. 당신의 영혼이 원하는 것은 순수한 여백뿐이다. 영혼은 그 여백을 통해 모습을 드러내고, 당신의 삶을 살찌워서 아주 실감나게 만들어줄 것이다. 흐름을 멈추고 안절부절못하며 "대체 언제까지 이래야 할까?" 하고 묻는 것은 아무 도움도 안 된다.

마거릿은 최근에 병을 하나 얻었는데, 그것 때문에 아주 곤욕을 치르고 있었다. 또한 그녀는 얼마 전 부모님을 여의었고, 유산을 관리해야 했고, 부부관계가 멀어졌고, 그림을 그릴 장소가 없어 작품 활동을 포기했다. 치유사로서 새출발을 했지만 많은 손님을 끌어모으지도 못했다. 그녀는 우울함과 속박을 느꼈다. 그녀는 변화를 원했지만 무엇부터 시작해야 할지를 알 수 없었다. 그녀의 집은 멋들어진 그림, 주물呪物, 희귀한 수집품으로 가득했다. 문제는 그것들이 너무 많아서 청소를 해도 해도 먼지가 쌓인다는 점이었다. 또한 어질러진 마당에는 쥐가 우글거렸고, 이웃집은 울타리를 부숴놓고도 전혀 고칠 생각을 안 하고 있었다. 그처럼 삶이 엉켜버린 것은, 그녀의 에고가 '내려놓기'를 거부하고 잠재의식 속의 두려움만을 마주 보고 있었기 때문이다. 그녀는 꼬여버린 삶 속에서 자신의 근원 주파수를 망각해버렸다. 혼란과 번잡함을 느끼는 사람에게는 이런 일이 자주 일어난다. 당신이 '당신 자신' 속에 충분히 머물지 못하기 때문에, 다른 사람들이 당신의 영역을 침범함으로써 '당신 자신'을 찾아주려고 하는 것이다.

나는 우선 계속 변주되고 있는 내면의 대화 — "난 못해. 난 …해야만 해. 다른 수가 없어" — 를 멈춤으로써 스스로 진 짐을 내려놓으라고 그녀에게 권했다. 그 고요함 속에서 그녀는 너그럽고 유쾌하고 창조적인 본래 모습으로 되돌아갈 수 있었다. 그녀는 마음의 여유를 찾고, 더 즐거운 상태에서 떠오르는 생각들을 살피고, 잠시 동안 그런 일들에만 전념했다. 실제로 그녀는 자기 자신을 찌그러졌다가 다시 원래 형태로 서서히 되돌아가고 있는 메모리폼 매트리스(형태가 거의 변형되지 않는 스펀지의 일종. 역주)라고 상상했다. 또한 나는 방에서 소품들을 모두 치워서 텅 빈 벽의 널찍한 느낌과 함께 머물러보라고 그녀에게 권했다. 그때 어떤 감정과 잠재의식적 문제들이 떠오르는지를 살펴보고, 그 방과 궁합이 맞는 물건들을 다시 골라보게 하기 위함이었다. "하지만 창고가 이미 가득 찼기 때문에 물건들을 옮겨놓을 곳이 전혀 없어요." 그녀는 내 말뜻을 정확히 이해하지 못했고, 또 그녀의 상황과는 직접적인 관련이 없는 내용이었기 때문에 우리의 대화는 그쯤에서 멈추고 말았다.

며칠 후에, 그녀는 불안해서 잠을 잘 수가 없다며 전화를 걸어왔다. 그녀의 에고가 나의 제안을 '의무'로 변질시킴으로써, 그녀 스스로 뭔가 일을 그르치고 있다는 느낌에 빠지도록 만든 것이 틀림없었다. 나는 '치유사'라는 소명을 타고났다고 말해준 다른 상담가들을 곧이곧대로 믿고 화가가 아니라 치유사가 되려 한다는 그녀의 말을 일축해버린 적이 있었다. 치유사에 대한 그녀의 생각은 그녀가 만났던 다른 치유사들의 겉모습에서 비롯된 것이었기 때문이었다. 정작 그녀에게 중요한 문제는 그간 털어놓았던 다른 이야기들에 의해 감춰져 있었다. 진짜 문제는 '치유사가 되겠다'는 마음가짐의 배후에 있었던 것이다. 마거릿은 자기 자신에게 원하는 대로 행동할 기회를 주지 않았다. 그녀는 자기만의 방식으로 개성을 꽃피우는 대신, 다른 사람들의 기준과 가치관에 맞춰 이타적이고 희생적인 역할을 떠맡으며 살아왔다. 그녀는 박탈감과 피해의식에 빠져 있었고, 다른 사람들의 눈 밖에 나면 자신이 몰락하고 말 거라는 극도의 두려움에 휩싸여 있었다.

나는 그녀에게 삶이 이러저러해야 한다는 생각과 관념을 내려놓고 그저 순수한 '존재'의 상태로 되돌아가서 자발적으로 행동하라고, 호기심과 열망이 솟아날 때마다 그것을 좇을 권리를 자신에게 선물하라고 재차 일러주었다. 그러면 그녀에게 꼭 맞는 '치유사'의 모습이 떠오를 것이다. 그것이 정말 그녀의 운명이라면 말이다. 어쩌면 그녀가 늘 흥미를 가져왔던 예술, 교육, 음악이 그 일에 보탬이 될지도 모른다. 하지만 먼저, 그녀는 낡은 패턴을 멈추고 자신의 근원 주파수로 돌아가야 할 필요가 있다.

> 가슴으로부터 그림을 그리면 거의 모든 것이 착착 들어맞지만,
> 머리로부터 그림을 그리면 대부분이 어그러지고 만다.
> ─ 마르크 샤갈Marc Chagall

당신이 어떤 행동과 결과를 간절히 욕망하고 있다면, 돌파구가 '존재' 속에 있다는 사실을 알아차리기가 어려울 것이다. 더 많은 행동과 소유만이 해결책인 듯 보이기 때문이다.

'다른 이웃을 만났더라면, 더 많은 돈이 있었더라면, 충분한 손님을 모을 수 있었더라면…' 에고는 완전히 구체화된 계획, 즉 확실히 구분된 열 개의 계단을 일주일 동안 오른다는 식의 전략을 요구한다. 이런 에고를 '휴식' 속에 빠뜨리지 않고는 영혼의 마법을 기대할 수 없다. 천진난만하고 유쾌하고 호기심 많은 당신의 영혼과 조화를 이루지 못하는 진동체들에 대한 관심만 끊는다면, 당신의 근원 주파수는 표면으로 떠오를 것이다. 생각의 방향을 영혼의 속성을 향해 돌리자마자 당신은 그것을 느끼기 시작할 것이다. 근원 주파수는 당신이 멈추기만을 기다리고 있다. 그것은 늘 침묵 속에 있으며, 당신이 돌아올 때 마중을 나와 반겨준다.

근원 주파수 찾기

자신의 근원 주파수를 찾는 것은 변성 과정에서 대단히 중요한 전환점이다. 공허 속으로 추락한다고 느껴지는 순간이 실은 참된 자아를 되찾는 순간이라는 사실, 비워진다고 생각되는 것들이 실은 충만해지고 있다는 사실, 낡은 것을 멈추면 그 즉시 새로운 것이 시작된다는 사실. 이것들이야말로 꽁꽁 숨겨져 있는 삶의 비밀이다. 만약 두려움과 혼란 속에 빠졌거나 의지력으로 삶을 통제하려 들고 있다면, 다음과 같은 조치들이 필요할 것이다.

1. 일시정지 버튼을 누르고 내면의 대화를 중단시키라. '나는 문제가 있어'라는 마음 상태에서 벗어나서, 아주 조금이라도 좋으니 내면의 즐거움을 느껴보라.
2. 몸의 느낌 속으로 더욱 깊이 들어가고, 고요해지고, 침묵에 귀를 기울이고, 자신의 에너지를 퍼트리고, 더 많은 공간을 확보하라. 당신은 지금 근원 속에 있다.
3. 유쾌함, 진실함, 순수함, 자유분방한 창조성 같은 영혼의 속성들에 집중해보라. 당신의 중심 진동 ― 근원 주파수 ― 을 찾고 느껴보라. 그것은 당신이 빛을 발하는 아기였을 때부터 늘 그 자리에 있었다. 당신이 사랑하는 '당신 자신'에 대해 생각해보라. 사랑, 행복, 관용 속에 머물던 순간의 느낌을 떠올려보라. 참된 존재의 기쁨 속으로 빠져들라. 근원 주파수가 당신의 몸, 감정, 마음을 남김없이 흠뻑 적시도록 놓아두라.
4. 자기 자신을 근원 주파수로 채우고 난 후에는, 그것을 하나의 소리로 상상해보라. 그리고 상상 속에서 당신만의 '소리굽쇠'를 두드려 울림으로써, 근원 주파수의 울림이 당신을 통해 주변의 곳곳으로 퍼져나가도록 해보라. 그것을 세상

에 아낌없이 나누어주라.

5. 당신이 이런 경험을 즐기는 동안, 근원 주파수가 당신의 세포들을 재구성하고 담금질한다고 상상해보라. 그 고요하고 열린 공간 속에서 무언가 새롭고 진실한 것이 떠오른다면, 그것은 당신의 근원 주파수와 일치할 것이다. 그것이 당신의 뿌리 깊은 문제와 관련된 감정이든, 호기심과 발상 또는 어떤 사람이든 간에, 진심으로 그 충동을 따르면서 손발을 맞춰보라.

마거릿에게도 근원 주파수 속으로 들어가는 것은 일상의 버거움을 해소하는 좋은 방법이 될 수 있다. 근원 주파수에 머무는 것은 그저 그런 다른 속박들과는 다르다. 그것은 '내려놓고 다시 태어나는' 기회이다. 그녀는 낡은 현실과 정체성으로부터 무한한 삶으로 나아가는 변성 과정 도중에 장애와 부딪힌 하나의 예일 뿐이다. 당신도 그녀와 다르지 않다. 지금은 제한된 습관들을 모두 제거할 수 있는 '지구적 변성의 시대'이기 때문이다. 당신이 이런 고비를 무한한 성장의 기회로 받아들였다면, 이제 필요한 것은 자유로운 상상력과 '부딪혀보겠다는' 결단뿐이다.

마음을 비우고, 또 비우라

  희생과 고통이라는 뿌리 깊은 정체성 때문에, 영혼에 근거한 새로운 현실이 자리 잡기 전까지 당신은 분명히 예전의 행동 패턴들을 여러 차례 반복하게 될 것이다. 예전에 나는 뛰어난 점성가에게 상담을 받은 적이 있다. 그는 분명하고 단정적인 투로 나의 미래를 얘기해주었는데, 그중에는 이런 말들도 있었다. "당신의 어머니는 이번 가을에 돌아가실 거예요." "당신은 결혼을 해서는 안 돼요. 결혼을 하면 불행해져요." 충격을 받고 집에 돌아온 나는 몹시 속이 상해서 울음을 터뜨렸다. 나는 마음을 진정시키고 명상을 시작했고, 명상 중에 하나의 영상이 떠올랐다. 나는 점성가가 들려주었던 그 불행한 미래가 저 밀리에서 펼쳐지는 것을 보았는데, 그것은 나 자신이 내보낸 것이었다. 그것은 검은 배경 위에 펼쳐진 녹색 네온 빛의 격자무늬로서 불행한 사건들을 주렁주렁 달고 있었는데, 그 모양새는 컴퓨터그래픽의 설계도와 비슷했다. 나는 그것을 관조하다가 깨달음을 얻게 되었다. 점성가의 예언에 에너지를 주입하고, 생명력을 보태주고, 현실로 만들어내고 있는 것은 바로 나 자신이었다. 이 얼마나 쓸데없는 짓인가!

  그러자 그 격자무늬 전체가, 즉 나의 잠재적 미래가 반쯤 각도를 틀더니 완전히 사라져버렸다! 이제 거기에는 부드러운 검은 배경만이 있을 뿐이었고, 그것은 무한히 뻗어나가는 동시에 나를 품어주고 있었다. 그것은 완벽한 침묵이자 고요였다. 내가 조금 각도를 틀자 그 격자들, 즉 부정적인 가능태가 모습을 드러냈다. 내가 또 각도를 틀면 다시 거기에는 허공뿐이었다. 나는 그 무한한 공간 속에 앉아 있었다. 그것은 젖은 담요처럼 나를 내리누르던 끔찍한 미래보다 훨씬 더 즐거운 느낌이었다. 미래 또는 계획을 소유하지 않는 상태가 다소 낯설긴 했지만, 나는 이것이야말로 진정한 자유임을 깨달았다! 나는 늘 자유를 찾아 싸워왔음에도 이제껏 진정한 자유를 경험해보지 못했었다. 제한된 마음을 가지고 미래를 꾸리려고 해봐야 문제만 일으킬 뿐이다. 선한 마음과 긍정적인 기대를 가지고 즐거움 속에서 그저 머물기만 한다면, 나의 미래는 그 검은 배경 위로 어떤 한계도 없이 펼쳐지리라.

그 후로 몇 달 동안 '녹색 무늬', 즉 부정적인 생각들에 사로잡힌 나 자신을 발견할 때마다 마음속에서 그것들의 각도를 틀어놓음으로써 나의 계획과 구상들을 ─ 긍정적인 것들까지도 ─ 허공 속으로 흩뜨려버렸다. 나는 채우는 대신 비우는 연습을 했다. 나의 어머니는 그해 가을에 돌아가시지 않았을 뿐만 아니라, 실제로는 갑자기 발병한 암으로부터 기적적으로 치유되어 수십 년이 지난 지금까지도 대단히 긍정적이고 활기차게 지내고 계신다. 나 역시 과거 인간관계의 상처들을 단시간 내에 해소했고, 새로운 방식으로 창조력을 발휘하기 시작했으며, 생각지도 못하게 여러 나라를 여행하게 되었다. 무엇보다 중요한 것은, 내가 늘 평화 속에 머물렀다는 사실이다.

세상이 좋아하라고 일러준 것들을 향해
경건하게 "아멘"을 외치지 말라.
당신 자신의 열망을 아는 것이 곧 당신의 영혼을 살리는 것이다.

— 로버트 루이스 스티븐슨

존재의 성숙

근원 주파수의 빛을 흡수하는 동안, 당신은 있는 그대로의 삶과 '함께 머무는' 명료한 경험을 하게 되고, 그 속에서 당신을 편안하게 해주는 단순한 진리를 발견하게 된다. 이제 당신은 자신이 다시 채워지고 있음을, 자신의 깊은 내면이 다중현실의 모든 가능태를 탐사하고 있음을 알게 된다. 그것들은 파동의 형태로서 당신을 위해 새로운 경험들을 펼쳐놓는다. 하지만 당신의 마음은 그런 과정까지 알 필요가 없다. 당신이 관심을 꺼버린다면, 당신 삶의 양상들은 영혼의 필요에 따라서 드러나거나 해체될 것이다. 그것들은 소멸되거나 후에 다시 새로운 모습으로 나타날 것이다. 중요한 것은, 지금 당신에게 필요한 것이 바로 '당신 자신'이라는 사실이다. 세상사는 알아서 펼쳐질 것이다. 때로는 영혼의 웅덩이 속으로 잠시 빠져드는 것으로 충분하지만, 며칠간 한가한 시간을 보내야 할 때도 있다. 몇 달 또는 몇 년간 무언가를 무심히 찾아다녀야 하거나, 부정적인 잡생각들을 멈추고 그저 자신이 가진 것과 깊이 연결되어야 할 때도 있다. 삶은 결코 완전히 멈추는 법이 없다.

나는 내 초라한 레몬나무의 열매가 언제나 딱딱하고 설익은 상태일 것이라고 생각했지만, 적당한 계절이 오자 마법처럼 전부 속이 차고 즙이 가득하며 말랑말랑해졌다. 나는 그것들을 영글게 할 수 없다. 그것들은 향기로운 시절을 보내고 있으며, 스스로 자신만의 잠재력을 발휘하고 있다. 이처럼 근원 주파수와 함께한다면 당신은 전진하기 위해 의지력을 쓸 필요가 없다. 파동과 함께 흐를 때, 당신이 할 수 있는 것은 그저 에고의 참견으로부터 벗어나 온전한 현존을 유지하는 일뿐이다. 이런 숙성의 시기는 우선 편안한 느낌을 줄 것이다. 그리고 나서 당신은 어린아이처럼 참된 자아를 온전히 느끼게 된다. 당신은 시간의 궤도를 잃어버리고, 등장할 준비가 되어 있는 무언가에 대한 기쁨을 느낀다. 또는 아직은 시기가 무르익지 않았지만 그 무언가가 실현될 때는 굉장한 일이 벌어지리라는 것을 예감할지도 모른다. 당신은 자기의 영혼을 신뢰한다. 당신의 영혼은 환상적인 일처리로써 필요한 것을 마련하는 중이다. 마침내 당신의 기대감이 최소가 되었을 때, 그 열매는 나무에서 떨어진다. 놀랍게도 당신은 훌륭한 발상, 계획, 기회, 직감에 따른 행동, 소중한 사건 또는 인연을 얻거나 마주한다.

당신의 가능성은 무한하다

'새로움'이라는 개념을 생각할 때는 다음의 사실을 떠올려보라. 특정한 정체성을 위해 에고가 요구하는 것에서 자유로워지고 성숙해질수록, 당신은 지상의 모든 존재가 쌓아놓은 경험과 지혜의 바탕으로부터, 영혼이 다른 차원 속에서 부딪혀온 경험들로부터, 그리고 양자적 실재 속의 가능태들로부터, 더 많은 것을 끌어낼 수 있게 된다. 당신의 정체성과 창조성은 진실로 무한하다. 당신이 내려놓은 후에 찾아오는 것들은 대단히 기적적이고, 지금으로서는 꿈도 꾸지 못할 것들이다. 당신의 순수한 믿음과 상상력이 살아 있게 하라. 왜냐하면 그것들을 통해 당신은 실현되고자 꿈틀거리는 것들을 발견할 수 있기 때문이다.

몸의 느낌에 집중하라

근원 주파수를 발견하기 위해서는, 이미 언급했듯이, 몸의 느낌에 충분히 주의를 기울여야 한다. 그것과 하나가 되고 그 변화를 감지해야 한다. 그 이유는 당신의 몸이 영혼, 즉 근원 주파수로 가득 채워져 있기 때문이다. 당신의 마음이 그 자리를 꿰차지만 않는다면 말이다. 마음이 몸속에 자리를 잡으면 당신은 영혼의 느낌을 제대로 인식하지 못하게 된다. 그것은 희미해지고, 곧 문제가 생겨난다. 어쨌거나 이런 일은 마치 소리굽쇠처럼, 주변의 주파수에 내적 진동을 일치시키는 당신 몸의 속성에서 비롯되는 것이다. 당신 영혼의 높은 근원 주파수는 늘 거기에 있지만 그것은 근심, 두려움, 질투, 분노, 정신적 탈진 등의 낮은 주파수에 의해 일시적으로 가려지곤 한다.

당신의 몸이 무수한 표면적인 진동들로 혼란스러워질 때, 당신의 마음은 붕 떠서 다른 시대와 장소 속으로 들어가거나 공허하고 멍한 상태 속에 머물곤 한다. 지나치게 많은 자극들 또는 느리고 부정적인 진동들과 함께 있을 때 — 좋아하는 일을 하지 못하고 있거나, 파괴적인 감정 습관들에 사로잡혀 있거나, 고통과 통증에 시달리고 있거나, 약물이나 해로운 음식들에 빠져들었을 때 — 당신의 몸은 안식처가 되지 못한다.

당신은 그처럼 '몸 밖에 있는'(정신을 딴 데 팔고 있는) 사람들, 눈동자가 흐리멍덩한 사람들, 온전히 존재하지 못하고 기계적이고 반사적으로 행동하거나 움직이고 있는 사람들을 쉽게 알아차릴 수 있다. 당신이 그들을 보고 불안해하는 이유는, 이렇게 몸 밖에 머무는 사람들은 좀체 '느껴지지'가 않기 때문이다. "또 무슨 짓을 저지를 작정이지? 이건 운전사가 없는 자동차 같잖아!" 당신도 그들처럼 자주 몸을 떠나곤 한다. 다음번에 마트에 가게 되면 계산원과 눈을 맞추고 웃음을 지어보라. 그들이 자신의 몸속으로 되돌아와 당신과 연결되는 모습을 관찰해보라.

그렇다면 '몸속에 있는' 느낌이란 대체 어떤 것일까? 우리들 대부분은 몸을 '가지고' 있다고 생각한다. 몸의 느낌을 심장박동, 혈액순환, 음식 소화 등이 일어나는 저 아래편 어딘가의 일처럼 여긴다. 그러나 실제로 몸속에 있는 상태, 즉 몸과 하나가 되어 몸의 관점으로부터 세상을 바라보는 수준은 그것과는 매우 다르다. 몸속에 머무는 것은 동물의 상태와도 같다. 그때 당신은 삶과 눈높이를 맞추게 된다. 당신은 삶을 '직접' 경험하고, 이 세상과 살아 있는 관계를 맺는다. 당신은 분석하고 판단한답시고 지체하지 않는다. 당신은 즉각적으로 상황에 대응한다. 당신은 하나하나의 행동에 진심을 다한다. 당신은 지금 이 순간 속에 머물기 때문에 자유자재로 확장되거나 수축하고, 좌우를 오가며, 자신의 에너지 수준을 당면한 상황에 맞춰 완벽하게 조율한다. 이 상태를 '나만의 리듬 속에 머물기' 또는 '안전지대 속에 머물기'라고 부르는 사람들도 있다. 자신의 몸속에 온전히 존재할 때, 당신의 눈은 빛을 발하고, 당신의 가치는 실현되며, 당신은 전적인 확신을 얻는다. 마찬가지로 근원 주파수 속에 머물 때, 당신의 몸은 안정감 있고 건강하며 타인에게 신뢰감을 준다.

고요한 상태보다 더 깊고 본질적인 자아는 없다.

— 에크하르트 톨레Echhart Tolle

몸을 고요하게 하기

당신이 몸의 느낌에 주의를 기울이고 지금-여기의 중심 속에 머물고 있다면, 불안과 고통을 경험하거나 마음과 감정이 질주할 때의 거칠고 산만한 진동들을 알아차릴 수 있을 것이다. 몸의 느낌과 하나가 될수록, 당신은 더 많은 에너지 진동들을 질감의 형태로 ─ 사포처럼 거칠거나, 왁스처럼 끈끈하거나, 잿가루처럼 건조하거나, 찰흙처럼 차갑고 축축하거나, 고압 전류처럼 따끔하거나 ─ 감지하게 된다. 더 나아가서,

더 미세한 진동들을 찾아보라. 아무것도 느껴지지 않는 듯 생각되더라도 주의를 계속 기울이며 더 깊숙이 들어가보라. 당신은 자신의 신경계가 찌릿찌릿한 것을, 자신의 세포가 진동하는 것을 발견할 것이다. 당신의 몸은 건강을 유지하기 위해 제 몫을 다하고 있다. 당신이 귀를 기울인다면, 당신 몸의 행복하고 건강한 음조(tone)가 들릴지도 모른다.

의식적으로 몸을 고요히 하면 표면의 왜곡된 진동들을 더 빨리 통과해 내려갈 수 있다. 당신은 좌뇌적, 직렬적, 분석적, 언어적 지각으로부터 빠져나오는 것만으로도 고요해진다. 우뇌의 예술적, 심미적, 직관적 지각으로 이동함으로써 당신의 에너지는 유연해지고 개방되며 더욱 이완된다. 또한 당신은 걷기, 뛰기, 기공氣功, 수영, 자전거와 같이 부드럽고 지속적인 움직임을 행함으로써 몸을 고요히 하고 내적 진동을 상승시킬 수 있다. 춤을 추거나, 몸을 두드리거나, 호흡을 고르거나, 만트라를 외거나, 카약의 노를 젓거나, 드럼을 치는 등 단조로운 행동을 반복하는 것도 하나의 방법이 될 수 있다.

실습과제

몸속으로 더 깊이 들어가기

이제 당신에게는 '존재'의 기회가 주어졌다. 주의를 몸속으로 돌리고, 과거나 미래 따위의 것들은 잊어버리라. 지금 이 순간은 대단히 흥미로운 것이다.

1. 자신에게 이렇게 말하라. "지금 이 순간 속에, 그리고 이 몸속에, 나는 100퍼센트 실재한다." 이 말의 의미를 느껴 보고, 그와 일치된 상태로 들어가라.
2. 라디오의 음량을 조절하듯이 생각의 소리를 줄이라. 곧 당신은 자기 몸의 와글거림을 듣게 될 것이다. 그것은 웅웅거림, 백색잡음, 끝없는 허밍일 수도 있다. 그런 소리들 사이에, 또는 그 너머에 있는 더 깊은 무언가를 상상해보라. 육체적인 잡음들을 뛰어넘어, 당신의 중심 속에 늘 존재하는 침묵 속으로 들어가라.
3. 자신이 눈의 뒤편이자 머리의 중심부에 존재한다고 상상해보라. 그곳은 머리의 가장 안쪽 부위로서 작은 다이아몬드가 빛나고 있다. 그 투명하고 밝은 빛은 당신의 뇌 전체를 밝히고 당신의 마음을 정화하여 중립적인 관찰 상태로 만든다.
4. 자신이 그 다이아몬드 안에서 밖을 내다보고 있으며, 그것이 작은 비행접시처럼 당신 몸속을 이동한다고 상상해보라. 그것이 당신의 목으로 하강하여 맴돌도록 하라. 목의 시점으로부터 세상을 바라보라. 당신의 머리는 지금

당신보다 위쪽에 있다. 이제는 가슴의 중심, 심장의 주변으로 내려가서 맴돌아보라. 거기에서 세상을 바라보라. 몸의 어떤 부위들은 위쪽에 있고, 몇몇 부위들은 아래에 있다. 당신은 한가운데에 자리 잡고 있다.

5. 이제 척추의 시작점으로 내려가서 맴돌아보라. 그 시점으로부터 세상을 바라보라. 당신은 지구의 에너지에 대단히 가까워졌고, 머릿속의 마음은 한참 위에 떨어져 있으며, 이제 당신의 몸은 다른 사람들의 몸과 직접 교감한다.

6. 몸속의 여러 부위를 옮겨가며 그 진동들을 느껴보라. 발바닥, 무릎, 집게손가락 끝, 혀뿌리, 척추의 중심골, 횡격막 등등. 이처럼 다양한 시점에서 머무는 동안, 당신은 세상에 대한 앎의 특정한 방식들을 알아차리게 될 것이다. 각각의 부위마다 독특한 종류의 의식이 내재하고 있다. 몇몇 부위들은 믿기 힘들 만큼 고요하고 지혜롭다.

7. 머릿속의 중심으로 되돌아와서, 눈을 뜨고, 주변을 걸어보라. 색깔, 모양, 감촉, 온도, 냄새, 소음을 인식하며 주변 환경에 주의를 기울여보라. 어떤 것도 분류하지 말라. 동물들처럼 직접적인 경험을 유지하면서, 하나의 인상으로부터 다음 것으로 부드럽게 옮겨 다니라.

8. 조금 시간을 보낸 후에, 한두 가지 감각과 관련된 행동을 시도해보라. 거실에서 음악에 맞춰 춤을 추거나, 신선한

재료들을 갈아서 만든 음료를 천천히 마셔보라. 몸의 즐거움을 알아차리고, 그것이 정확히 어떤 느낌인지 집중해보라.

심장과 근원 주파수

자신의 심장을 자각하고 그 속으로 들어가 몸과 주변 상황에 자애로운 주의를 기울이는 것은 아마도 근원 주파수를 찾기 위해 고요함을 이루는 최선의 방법일 것이다. 삶을 있는 그대로 받아들이고, 영혼의 상태를 감지함으로써 당면한 상황에 대응하며, 스스로 가장 관대하고 친절하고 이타적일 때의 느낌을 기억해내라. 그것이 가장 빠른 길이다. 지금 이 순간의 삼라만상 앞에 자신을 열어두라. 모든 것은, 어떤 식으로든, 완벽한 질서 속에 있다. 그것들의 목적이 당신 앞에 드러나게 하라. 그것들을 환영하라.

근원 주파수와 심장의 전자기장

정신과학학회(Institute of Noetic Science)의 잡지인 <시프트Shift>의 2005년 겨울호에는 심장의 전자기장에 대한 롤린 맥크래티

Rollin McCraty, 레이먼드 트레버Raymond Trevor, 댄 토마시노Dan Tomasino 의 기사가 실렸다. 그들의 말을 빌리면, "심장은 인체에서 가장 강도가 세고 영향력이 크며 주기적인 전자기장을 생성한다." 그것은 뇌파의 진폭보다 60배나 크고, 모든 세포를 울리며, 몸에서 1~2미터 떨어진 곳에서도 측정된다. "분노와 좌절과 같은 부정적인 감정들은 불규칙하고 혼란스럽고 일관성 없는 심장박동과 관계가 있다." 긍정적인 감정들은 부드럽고 일정한 심장박동과 관련이 있으며, "긍정적 감정이 지속되면 심장 기능의 뚜렷한 향상을 불러오는데, 이것을 '정신생리학적 일치'(psychophysiological coherence)라고 부른다." 구체적으로는 "인체 구조의 상호작용과 활동의 조화와 효율성이 높아지고", "내면의 독백이 줄어들고, 스트레스가 덜 인식되며, 감정의 균형이 잡히고, 사고가 냉료해지고, 직관적 판단력과 인지적 수행 능력이 향상된다." 당신의 심장 주파수가 일정할 때 몸과 마음과 감정과 영혼이 조화롭게 기능하는 것은 당연한 결과이다. 아마도 그때 그것들은 당신의 근원 주파수와 같은 주파수를 — 옥타브의 높낮이는 있을지라도 — 띨 것이다.

나는 가슴이 열린 사람들에게 일어나는 믿기 어려운 변화를 목격해왔다. 그들의 눈동자는 깊어지고 빛이 나며, 그들의 얼굴은 자연스레 미소를 짓고(내 여동생은 "도와줘! 난 미소를 멈출 수가 없어!"라고 말하곤 했다), 이해심이 흘러넘치고, 제3의 눈 — 이마의 에너지 중심 또는 차크라 — 이 열리고, 예상치 못한 통찰과 예지를 경험한다. 온몸이 떨릴 만한 두려움 또는 육체적 통증을 자비와 호의로써 보듬을 수 있다면, 난생처음 자전거를 타다가 넘어진 아이를 달래듯이 자신의 몸에 다정한 말을 건넬 수 있다면, 당신은 심장의 전자기장 속으로 들어갈 것이다. 심장의 진동은 특별하다. 불교도들이 '굳건한 자존감'이라고 부르는 그것은 당신으로 하여금 근원 주파수를 찾도록 도와줄 것이다.

실습과제

몸의 느낌에 집중하기

이번 주에는, 최소한 하루 동안만이라도, 몸속에 주의를 둠으로써 자기 자신의 중심부로 들어가보라. 당신 두뇌 속의 전자기적 중심에 집중해보고, 그 모든 느낌을 자각하는 상태 속에서 머물러보라.

- 당신의 근육, 장기, 뼈, 세포들을 느껴보라. 그 진동은 어떤 느낌을 주는가? 너무 과도하거나 힘없게 느껴지는 표면의 진동이 있는가? 그 느낌을 감각적인 형용사들을 동

원하여 기록해보라. 그 소리는 어떤가? 모양은 어떤가? 근筋감각은 어떤가? 맛은 어떤가? 냄새는 어떤가? 그 진동이 연상시키는 감정은 없는가?

- 당신 몸속의 가장 내밀한 곳, 즉 심장의 중심 주파수 속으로 들어가보라. 표면의 진동들을 통과하여 더 깊이 들어간다고 상상해보라. 그 중심의 한결같은 진동은 어떤 느낌을 주는가? 그 느낌을 감각적인 형용사들을 동원하여 기록해보라. 그 소리는 어떤가? 모양은 어떤가? 근筋감각은 어떤가? 맛은 어떤가? 냄새는 어떤가? 그 진동이 연상시키는 감정은 없는가?
- 시간이 흐르면서, 표면의 주파수들이 당신의 근원 주파수를 어떻게 점차 덮어가는지를 관찰해보라. '불협화음'이 된 상태를 스스로 자각해보고, 그때마다 다시 놓아버리고 자신의 중심으로 돌아가는 훈련을 하라. 무언가가 변하기를 바라지 말고, 그저 존재 그 자체를 즐기라.

근원 주파수의 느낌

당신의 근원 주파수가 대단히 빠른 진동인 것만은 틀림없지만, 자신의 주파수를 폭등시키거나 고주파 상태에 머물기 위해 '애를 써야만' 그것을 얻으리라는 생각은 틀린 것이다. 당신이 무언가를 갖거나 이루기 위해 노력한다면, 실제로 그 배후에는 그것은 내 것 또는 내 길이 아니라는 생각이 있다는 뜻이다. 해결해야 할 장벽과 틈새가 존재한다고 믿고 더 많이 애를 쓸수록, 당신의 진동은 더욱 일그러지고 불안정해진다. 그러면 자연스러운 근원 주파수로부터 더욱 멀어질 것이다. 당신은 근원 주파수를 발생시킬 필요가 없다. 그것은 언제나 한없이 진동하고 있다. 그저 긴장을 풀고 그 안으로 들어가라. 당신이 순수해질수록 참된 자아와 합일하는 과정은 더욱 수월해진다. 당신의 내적 진동은 시시각각 변동하겠지만, 우리의 궁극적인 목표는 그것을 근원 주파수에 동조시킴으로써 그 둘이 하나가 되도록 만드는 것이다.

지복 속에 빠졌던 느낌을 원할 때마다 되살리곤 했던 리사의 예처럼, 당신도 영혼의 특정한 속성 — 지복, 생기, 관용, 다정함, 기쁨, 진실함, 자존감, 진심 어린 웃음, 일체성 등등 — 에 집중함으로써 근원 주파수를 자각할 수 있다. 아니면 실크, 부드러운 버터, 다이아몬드, 산꼭대기의 공기, 흐르는 물처럼 느껴지는 에너지의 질감에 집중하는 것도 한 방법이다. 고요하게 명상을 할 때의 느낌과 활동하고 있을 때의 느낌은 서로 다를 수도 있다. 따라서 기존의 느린 주파수들과 아직 흐릿하기만 한 높은 진동을 구분하기 시작할 때는, 근원 주파수에 대한 어떤 선입관도 갖지 않는 편이 좋다. 우리의 목표는 근원 주파수의 흔적을 놓치지 않을 만큼 분명한 느낌과 스냅 사진을 간직하는 것이다. 신경질적이거나 의기소침한 사람들 탓에 덩달아 균형을 잃어버렸을 때, 과거의 상처를 자극하는 경험들에 의해 '몸 밖으로' 밀려났을 때, 무수한 갈림길 앞에서 자신을 잃었을 때, 당신에게는 중심을 되찾아줄 확실한 느낌이 필요하다.

> 우리는 고요해지는 동시에,
> 또 다른 강렬함 속으로 계속 움직여가야 한다.
>
> ― T. S. 엘리엇Eliot

최악의 시나리오 찾기

골치 아픈 사건이나 문제에 휘말려 들었을 때의 마음 상태를 상상해보라. 당신은 주의를 흩트리고 귀찮게 구는 사람에게 시달리거나 너무 많은 근심에 사로잡혀서 명료한 사고가 불가능하다. 실패할까 봐 안달복달하거나 사랑하는 사람의 건강을 걱정한다. 거기에는 우리 모두가 빠져드는 어떤 분위기가 있으며, 그것은 불안과 동요를 조장한다. 그것을 알아차리고 잠깐 그 기분을 경험해볼 수 있는지 시험해보자.

실습과제

부정적인 사고방식 느끼기

1. 당신만의 '걱정스러운 기분'을 떠올리고 아래의 질문들에 해당하는 사항들을 적어보라.

- 최근에 당신은 어떤 문제들을 해결하려고 애쓰고 있는가?
- 정신적, 영적 성장 과정 속에서 당신은 어떤 문제들에 공을 들이고 있는가? 어떤 낡은 상처가 드러나 있는 듯 보이는가?
- 최근에 당신을 고달프게 하고 있는 상황이나 인간관계는 무엇인가?
- 당신이 걱정하고 있는 사람은 누구이며 그 이유는 무엇인가?
- 당신을 두렵게 하거나 불안하게 하는 것은 무엇인가?
- 지금 이 순간, 당신의 삶에 혼란을 일으키는 것은 무엇인가?
- 지금 이 순간, 당신은 물질적으로 갖지 못한 것들 중에서 무엇을 원하거나 욕망하는가?
- 당신에게 감정적으로 결핍된 상태란 어떤 느낌인가?
- 당신은 무엇에 저항하는가? 그 갈등은 당신 삶의 어느 부

분에 위치하는가?

- 생각을 떠올릴 때마다 당신으로 하여금 움츠러들고 긴장하게 만드는 것은 무엇인가?
- 당신에게 궁지에 몰린 상태란 어떤 느낌인가? 압도당한 상태란 어떤 느낌인가?
- 당신은 삶의 어떤 부분에서 불공평하다고 느끼는가?

2. 내적 진동이 움츠러들 때, 근심이 쌓이고 더욱 확장되어 갈 때, 당신은 특별한 경우의 예를 떠올리고 부풀림으로써 '느린 진동 상태' 속으로 손쉽게 빠져들 수 있다. 나는 그것을 '낡은 현실'이라고 부르기를 좋아한다. 이제 위에 적은 항목들 중 몇 가지를 고르고, 그것의 부정적 진동에 동조되었을 때 경험되는 몸속의 독특한 감각들에 대해서 적어보라. 그것을 현실로 느껴보라.

3. 당신의 한계를 나열하고 느껴봄으로써 창조해낸 그 불안과 긴장 속에 계속 머물면서, 당신의 삶을 미래로 투사하여 가능한 한 최악의 시나리오를 그려보라. 모든 일이 틀어지고 불운이 닥치며 그 누구도 도와주지 않는다면, 당신에게는 대체 어떤 일이 벌어질 것인가? 후에 그것을 기억해낼 수 있도록, 최대한 자세하게 상상하고 마음속에 스냅 사진을 찍어두라. 이제 숨을 내쉬고 긴장을 풀라.

짓눌렸던 등을 최대한 죽 펴고, 긴장된 자세를 풀고, 위의 문제들을 떠나보냄으로써, 당신은 긍정적인 현실 속으로 훌쩍 날아올 수 있다. 이 연습의 요점은, 부정적인 현실의 느낌이 얼마나 끔찍한지를 인식하고 그런 진동 상태에 동조된 몸의 감각을 찾아내는 데 있다. 그것은 목 또는 가슴이 조이는 느낌, 축축한 한기寒氣, 또는 과호흡의 촉발일 수도 있다. 당신은 내면에서 어둠과 무게감을 느끼거나, 핵폭탄처럼 폭발하여 주변의 온갖 것을 부숴버리고 싶을 수도 있다. 이런 속성들은 당신이 무의식적 스트레스를 관리하는 방법과 관련이 깊다.

최선의 시나리오 찾기

이제 기어를 변환해서, 당신 자신이 좋아하거나 다른 사람들을 위해서 기꺼이 하는 일들을 생각해보자. 당신은 즐거운 휴가, 보고 싶은 공연, 맡고 싶은 창조적 프로젝트 등에 대한 꿈을 가지고 있다. 또한 운이 따르는 친구와 함께 있을 때는 행복한 기분을 느낀다. 거기에는 우리 모두가 빠져드는 어떤 분위기가 있으며, 그것은 앞선 과제의 느낌과는 전혀 다르게 열정과 흐름을 촉진한다. 그것을 불러내서 느껴보라.

실습과제

긍정적인 경험 느끼기

1. 당신만의 '행복한 기분'을 떠올리고 아래의 항목들에 해당하는 답을 적어보라. 기억과 경험들을 떠올리면서, 당신의 몸이 이전의 과제로부터 남겨진 긴장을 전부 떨쳐버리고 영혼의 속성을 간단히 불러일으키는 동조 상태 속으로 들어간다고 상상해보라. 아래의 내용을 읽으며 하나 또는 그 이상의 경험을 기억해보라.

• 직감이 당신을 훌륭한 선택으로 이끌었던 때.

• 기막힌 기회가 굴러들어왔던 때 / 황송할 만큼 당신을 친절하게 대해주었던 사람.

• 영혼의 짝, 친구, 가족이라고 느껴지는 특별한 사람들과 만났던 때.

• 보상이나 칭찬을 바라지 않고 호의를 베풀었던 때.

• 새로운 성장으로 이끄는 중요한 진리 또는 정보를 들었던 때.

• 깊고, 고요하고, 평화롭고, 만족스럽고, 감사하며, 모든 것이 완전하다고 느껴졌던 때.

• 선견지명을 갖고 그것을 당신의 상황에 맞게 성공적으로 활용했던 때.

• 흘러넘치는 상상력 속에서 멋지고 독창적인 아이디어가

마법처럼 찾아왔던 때.

- 동시성, 행운, 흐름, 재능 있는 사람들과의 협력으로 가득했던 시절의 경험.
- 찾아 헤맬 필요도 없이 필요한 것이 정확히 주어졌던 때.
- 그 누구도 훼방하지 못할 만큼 황홀한 기분 속에 젖었던 때.
- 특별한 동물과 함께하거나 아름다운 자연 속에 머물면서 삶과 연결되는 것은 물론이고 신성과도 교감했던 때.

2. 내적 진동이 확장될 때, 성공과 행운이 점점 더 크게 쌓여갈 때, 당신은 그런 특별한 경우의 예를 떠올리고 부풀림으로써 근원 주파수와 '새로운 현실'을 느끼고 수월하게 그것과 하나될 수 있다. 이제 위에 적은 항목들 중 몇 가지를 고르고, 그것의 긍정적 진동에 동조되었을 때 경험되는 몸속의 독특한 감각들에 대해서 적어보라. 그것을 현실로 느껴보라.

3. 자신이 겪었던 긍정적 느낌을 나열함으로써 창조해낸 열정적이고 근원적인 상태 속에 계속 머물면서, 당신의 삶을 미래로 투사하여 현 시점에서 상상이 가능한 최선의 시나리오를 그려보라. 만사가 잘 굴러가고, 커다란 행운이 찾아오고, 모든 사람이 당신을 도와주고, 당신의 모든 장점이 도드라지고 능력이 배가된다면, 당신에게는 대체 어떤 일이 벌어질 것인가? 후에 그것을 기억해낼 수 있도

록, 자세하게 상상하고 마음속에 스냅 사진을 찍어두라. 이제 숨을 내쉬고 긴장을 풀라.

다시 말하지만 이 연습의 요점은, 긍정적인 현실의 느낌이 얼마나 멋지고 가슴이 벅찬지를 의식적으로 인식하고 그런 높은 진동 상태에 동조된 몸의 감각을 찾아내는 데 있다. 그것은 온기의 확산, 안도감, 에너지의 충전, 에너지장의 확장, 빛을 발산하려는 욕구일 수도 있다. 당신은 애정과 사랑과 포용을 느끼거나, 출발문 앞에 선 경주마처럼 흥분으로 가득 찰지도 모른다.

실습과제
긍정과 부정을 오가기

이제 당신은 선택이 가능한 두 가지 존재 상태를 확실히 알았다. 그것은 마치 두 경쟁자가 상금을 놓고 벌이는 시합과도 같다. 한쪽 코너에는 지옥에서 온 거짓의 진동 상태가 있으며, 그것은 당신을 영혼의 느낌 바깥으로 꾀어낸다. 반대편 코너에는 천상에서 온 근원 주파수가 있으며, 그것은 당신의 참된 모습을 일깨워준다. 지금까지 당신은 한 번은 이쪽, 다음번은 저쪽 하는 식으로 그 둘 사이를 오갔지만, 이제는 쓸데없이 두려움과 고통의 세계 속에 장시간 머무는 일이 없도록 그런 흔들림을 조절할 때가 되었다.

1. 당신은 지금 근원 주파수 속에 있다. 이제 반대편으로 움직여가서 움츠러듦, 피해의식, 최악의 시나리오 상태와 다시 하나가 되어보라. 골칫거리와 곤란을 기억해내고, 그런 존재 상태 속에 휩쓸려보라. 그 느낌이 어떤지를 살펴보라.
2. 이번에는 긴장을 풀고, 다시 근원 주파수 속으로 되돌아오라. 긍정적인 경험들을 되새겨보고, 방향을 바꿔 더 빠른 진동들에 동조되어보라. 그 느낌과 몸속의 변화를 살펴보라.
3. 다시 움츠러든 진동 속으로 움직여가서 그것에 동조되어보라. 그것과 어우러져 하나가 되어보라. 몸의 느낌을 살펴보라. 당신의 몸은 이 상태를 좋아하는가?
4. 다시 근원 주파수 속으로 되돌아오라. 열린 가슴, 이완, 자연스러움, 유동성, 자존감을 느껴보라. 당신의 몸은 이 상태를 좋아하는가?

이처럼 최선과 최악의 시나리오를 양극으로 오가다 보면, 당신은 움츠러들고 혼탁한 상태로 되돌아가는 데는 어떤 작업이 요구됨을 깨닫게 될 것이다. 몇 차례 반복하다 보면, 아마도 당신의 몸은 이렇게 말할 것이다. "이 짓을 꼭 해야 해?" 가슴을 닫고 거짓과 긴장의 상태를 유지하는 것은 쉽지 않은 일이지만, 놀랍게도 우리는 늘 그 짓을 하고 있다. 이와 반대로 최선의 시나리오 속에서 근원 주파수에 동조되어 있을 때는, 당신은 얼마나 만사가 저절로 잘 굴러가는지를 실감할 수 있다.

기분의 선택

당신은 기분이 좋아지기를 기다리고 있는가? 사소한 일이든 큰일이든, 당신은 날마다 수축-불안 대[對] 근원-중심 사이의 갈림길에 놓인다. 당신의 기분과 존재 상태를 선택하는 것은 오직 당신의 몫이다. 당신이 좋은 기분을 선택하지 않는다면, 그 누구도 당신의 기분을 좋게 만들어줄 수 없다. 유쾌하고 건강한 기분을 선택하라. 상황이 정리되거나 문제가 해결되기를 마냥 기다리지 않겠다고 결심하는 순간에 삶은 전환점을 맞는다. 인생은 짧다. 그것을 즐기라. 순간순간마다 삶을 즐기는 것은 그리 어려운 일이 아니다.

이쯤에서 우리는 한 치의 거짓도 없이, 부끄럽고 자존심 상하지만 자유를 선사해줄 질문들을 자신에게 던져야 한다. 나는 다른 사람을 탓할 만큼 형편없는 인간은 아닌가? 나는 다른 사람에게 뭔가를 해달라고, 안정감을 달라고 떼를 쓰면서 나 자신의 성장을 거부하고 있지는 않은가? 나는 나 자신의 실수를 포용할 수가 없기 때문에 멋진 인생을 살기를 주저하고 있지는 않은가? 나는 더 나은 것을 상상하지 못할 만큼 게으르기 때문에 지금의 고통을 지속시키고 있지는 않은가? 나는 나 자신이 자랑스러운가? 이것들보다 더 중요한 질문이 있다. 나는 기꺼이 낡은 것을 떠나보내고, 변성을 이루고, 나의 통제력 밖에서 얼마나 멋진 일이 벌어질지를 알아보고 싶은 의지를 가지고 있는가?

위의 질문들에 답하면서 당신이 가진 핑계들을 살펴보라. 당신은 자신의 용기 부족을 다른 사람들과 자기 자신에게 무어라 설명하는가? 우리는 모두 온전한 삶을 누리지 못하는 데 대한 변명거리를 가지고 있다. 하지만 그것을 되뇔 때마다, 당신은 깊은 차원에서 부끄러움을 느끼게 되고, 그것을 떠나보내기는 더욱 어려워진다.

> 바로 지금 여기에 앉아 있는,
> 우리가 가진 이 몸을 알아차리는 것은 유익한 일입니다.
> 내 몸의 통증과 쾌감… 이것들은 우리가 완전한 인간이 되고,
> 완전히 깨어나고, 완전히 살아가기 위해 꼭 필요한 것들입니다.
> ― 페마 초드론

당신의 삶을 들여다보고, 근원 주파수라는 안식처를 대체할 권리를 당신이 무엇 또는 누구에게 내주었는지를 살펴보라. 당신이 내면의 평화보다 더 중요하게 여겨온 것은 무엇인가? 정치에 대한 비관론인가? 질병, 제정신이 아닌 상사, 제멋대로인 운전자들, 옆집의 개 짖는 소리, 술독에 빠진 가족, 도통 고마워할 줄 모르는 사람들인가? 높은 주파수의 새로운 삶으로 나아가고 싶다면 당신은 이 모든 것으로부터 자신의 권리를 되찾아야 한다. 그것들이 떠오르더라도 그냥 내버려두고, '흥분된 주파수'가 아니라 근원 주파수를 선택해야 한다. 근원 주파수가 자신의 몸-감정-생각에 긍정적인 영향을 미치는 방식에 대해서만 섬세하고 강하게 집중하라.

근원 주파수 속의 삶에 익숙해지는 동안, 당신은 거기서 빗어났음을 알아차리는 즉시 되돌아갈 수 있도록 나름의 확언을 만들어 사용할 수도 있다. 그것들은 근원 주파수야말로 유일한 '현실'이라는 사실을 잊지 않게 해준다. 예컨대 이런 말들이다. "나는 나의 고통을 쫓아다니지 않는다." "나는 다른 사람에게 육체적-감정적-정신적 고통을 줄 수 있는 말이나 행동을 하지 않는다." "나는 다른 사람들과 나 자신에 대해서 아름다움과 가능성을 깎아내리는 식으로 생각하지 않는다." "나는 내 경험 속에서 납득할 만한 이유를 찾아낸다." "나는 자비로우며 진실하다." "나는 매 순간 영혼의 관점에서 신뢰하고 행동한다." 지금 당신이 의도적으로 근원 주파수를 선택하고 있다면, 당신은 실제로 자신을 포함한 모든 사람을 깨달음으로 이끌고 있는 것이나 진배없다.

빛몸 명상하기

낯선 상황 속에서 참된 자아를 찾고 그 주파수를 유지하기 위해서는 자신이 누구인지를 기억해내는 것이 중요하다. 당신은 에너지와 의식으로 이루어진 무한한 존재이다. 당신은 다른 모든 존재와 연결되어 있고, 이 우주는 창조의 흐름과 완벽하게 손발을 맞춘다. 당신은 본질적으로 빛이다. 직관력을 통해 다른 사람들의 인생을 상담해주는 법을 배우기 시작할 때, 나는 마음속으로 내담자에게 이렇게 말하라고 교육받았다. "내 안의 빛은 당신 안의 빛을 알고 사랑합니다." 이 확언을 진실로 느낄 때면 확실하고 즉각적인 감응이 이루어졌다. 세월이 지나면서, 나는 다른 사람들의 영적 에너지를 투명한 다이아몬드 빛으로 보게 되었다. 그것은 걸림이 없고, 한계가 없으며, 눈이 부시게 맑고 밝다. 아래의 연습은 당신이 근원 주파수를 잃었을 때 다시 그것을 발견해내는 강력한 명상법이다. 이 연습을 통해 당신은 그 작업을 몇 분 안에 해낼 수 있다. 이 명상법은 회의를 앞두었을 때도, 대화를 하거나 심지어는 운전을 하는 도중에도 사용할 수 있다.

실습과제

다이아몬드 빛몸의 심상화

1. 생각을 멈추고, 몸의 느낌에 주의를 기울이고, 지금 이 순간 속에 100퍼센트 존재하라. 고요함 속에서 마음을 열라. 그리고 긍정적인 경험의 목록들을 떠올려보라.
2. 당신의 등 뒤에 다이아몬드 빛몸이 나타났다고 상상해보라. 그것은 당신과 꼭 닮았지만, 순수하고 투명한 빛으로 이루어져 있으며 어떤 흠이나 장애도 없다. 당신의 다이아몬드 빛몸은 지혜, 사랑, 조화, 풍성한 앎을 발산하고 있다. 그 빛몸이 다가와 당신의 어깨에 손을 올린다.
3. 상상 속에서 그 빛몸의 높은 주파수를 느껴보라. 그것을 받아들이고, 그 주파수에 동조되어보라. 그때 당신의 빛몸은 당신의 몸속으로 걸어들어오고, 아무런 걸림도 없이 당신과 하나가 된다.
4. 당신의 빛몸은 당신의 육체와 완벽하게 어우러진다. 빛몸의 모든 부위가 그에 상응하는 신체 부위로 찾아든다. 빛의 심장은 육체의 심장과, 빛의 세포는 육체의 세포와, 빛의 뇌는 육체의 뇌와 하나가 된다. 이 과정이 일어나는

동안, 당신 몸의 각 부위들을 시간을 들여 훑어보라.

5. 당신 자신을 그 빛몸에 내맡기면서 이렇게 말하라. "당신은 나의 뇌, 나의 심장, 나의 폐, 나의 손, 나의 목소리를 어떻게 다스려야 할지를 아십니다. 당신의 방식대로 하십시오. 나는 당신이 나를 새롭게 하고, 변화시키고, 가르쳐줄 것을 믿습니다."

6. 놀라운 일이 벌어진다. 당신이 빛몸에게 내맡기고 그 안내를 따르는 동안, 빛몸은 당신을 탈바꿈시킬 만큼 강력해진다. 당신은 이제 다이아몬드 빛몸 그 자체가 되었다. 당신의 정체성이 바뀌었다. 당신은 빛몸에게서 들려오는 그 안내의 목소리가 실은 자신의 목소리였음을 깨닫는다. 당신은 이렇게 말할 것이다. "나는 지금 여기에 있다. 그리고 나는 무엇이 실재인지를 안다."

7. 당신의 모든 세포는 물론이고 감정과 감각, 생각까지도 빛몸으로 가득 채우라. 빛몸이 당신의 육체와 두뇌를 다스리고, 어둠을 밝히고, 분리된 틈새를 메우고, 모든 신체 조직을 향상시키고, 근심과 걱정을 지우고, 새로운 길을 열고, 높은 주파수에 맞춰 당신을 재조직하게 하라. 침묵 속에 머물라.

8. 이제 그 다이아몬드 빛몸의 진동을 소리굽쇠처럼 울려서, 그 빛과 근원의 파동이 온몸 곳곳으로 퍼지고 당신

의 피부를 넘어 주변의 공간까지 흘러가도록 하라. 그것이 이 우주 속에서 원하는 만큼 확장되도록 하라. 확장된 당신의 다이아몬드 빛은 모든 곳에 편재하는 다이아몬드 빛과 만나고 합쳐진다. 그 빛의 중심에서, 당신은 영원불멸하는 영혼의 소리와 근원 주파수를 듣고 느낄 수 있다.

근원 주파수 속에서 살면 인식이 명확해진다. 당신은 더 고요한 중심으로 들어갔지만, 당신의 주변 사람들은 변성 과정의 이전 단계, 그 혼란스러운 시기를 거치고 있을 것이다. 당신은 아직 고통 속에 있는 그들과 어울리면서 도움을 주고 싶어진다. 어쩌면 하루에도 수백 번씩 중심을 벗어나 낮은 주파수로 빠져들지도 모른다. 물론 당신은 자기 자신에게 최대한 관대해야 하시만, 농시에 '선택을 바로잡는' 훈련에도 충실해야 한다. 근원 주파수 속의 삶에 익숙해질수록, 다른 사람들이 먼저 당신의 뭔가 '특별한' 측면에 이끌려 모여들 것이다.

경영 자문위원이자 무예가인 캐머런은 선견지명이 있었던 두 명의 창립자가 세운 회사에 다니고 있었는데, 그 회사는 최근에 규모가 큰 기술 회사로 인수되었다. 새로 온 최고 관리자는 인간미가 없고, 부하들을 싫어했으며, 중요한 정보를 독점했다. 그래서 다른 사람들은 업무를 분석하고 목표를 세우고 문제를 찾아낼 기회를 전혀 얻지 못했다. 더 바랄 것 없었던 일터는 난장판이 되어갔다. 에너지의 상태와 흐름에 대해 배웠던 캐머런은 현실의 배후에 있는 패턴과 변화들을 살피기 시작했다. 그는 이런 문제 상황에 마음을 열어둔 채로 고요한 중심으로 들어가서 머물렀는데, 그렇게 다른 사람들의 일에 참견하지 않자 오히려 그들이 제 발로 찾아와 조언을 구하기 시작했다. 캐머런은 이제 그들을 이끄는 일에 대부분의 시간을 사용하게 되었다.

흥미로운 점은, 사람들이 내적 에너지의 양상에 반응한다는 사실이다. 캐머런은 부서의 통솔자가 아니었지만 그의 에너지는 가장 큰 신뢰를 얻었다. 물론 그는 매일 혼란스러운 에너지장에 둘러싸이며 여전히 시련을 겪고 있다. 그는 합기도를 수련하듯이 근원 주파수를 유지하는 훈련을 한다는 마음으로 계속 그 직장에 다니고 있지만, 한편으로는 그곳의 '에너지 게임'에 자신의 재능이 소모되고 있다고 느낀다. 그는 가까운 시일 내에 자신과 주파수가 더 맞는 사람들과 함께하는 새로운 상황이 펼쳐지기를 기대하고 있다.

> 참된 자신으로 살아가는 것, 그것은 특권이다.
>
> ─ 조지프 캠벨

요약

당신은 낡은 두려움의 세계를 떠나 영혼의 세계로 들어갈 준비가 되었고, 이제 결정적인 전환점에 도달했다. 당신은 멈추고, 몸의 느낌 속에 머물며, 자신만의 근원 주파수 ― 몸을 통해 표현되고 있는 영혼의 진동 ― 를 찾아야 한다. 당신의 의지력과 에고는 모든 것을 통제하지 못한다. 당신은 있는 그대로의 삶과 함께 존재할 때가 되었다. 내려놓음으로써 당신은 충만한 상태 속으로 들어가게 되고, 내면의 무언가가 무르익었다는 확신을 갖는다. 하지만 서둘지는 말라. 모든 일에는 때가 있고, 완벽한 해결책과 새로운 발상은 기대감이 최소화된 순간에 나타난다. 근원 주파수의 열정, 신뢰, 긍정적 희망이 변화를 불러올 것이다. 몸속으로 더 깊이 들어가 고요해지고, 그 안의 삽동사니를 치워 여유 공간을 만듦으로써, 당신은 표면의 산만한 진동들을 더 빨리 통과해 나아갈 수 있게 된다.

당신의 근원 주파수는 내면의 진동을 '인위적으로' 변조시킬 때 발견되는 것이 아니다. 그것은 매 순간이 진실하고 충실할 때, 어떤 방해도 없이 절로 빛나도록 당신의 에너지를 내려놓을 때 얻어진다. 당신은 가슴을 열고 사랑을 연습함으로써 근원 주파수를 찾을 수 있다. 또한 최선과 최악의 시나리오가 주는 느낌을 비교해보고, 가장 긴장되고 움츠러든 상태와 가장 열리고 유동적인 상태를 오가는 것도 좋은 방법이다. 연습을 통해 당신은 근원 주파수의 상태를 각인시키고, 낮은 주파수에 휩쓸려 균형을 잃더라도 곧 그것을 회복할 수 있다. 당신은 자신에게 솔직해야 하고, 자신이 원하는 모습과 기분을 스스로 선택해야 한다. 누구도 그 일을 대신 해줄 수는 없다. 거기에는 당신이 해결해야 할 무수한 변명과 방해 기제들이 있다.

근원 주파수의 메시지

서문에서 설명했듯이, 나는 평소 당신의 조급한 독서 성향을 직접적이고 깊은 체험으로 전환시키기 위해 각 장의 말미에 영감 어린 글의 일부를 포함시켰다. 이 메시지들을 통해서 당신은 내적 진동을 의도적으로 변조시킬 수 있다.

아래의 메시지는 '직관의 시대'에 보편화될 앎의 방식과 비슷한 체험 속으로 당신을 데리고 갈 것이다. 근원 주파수의 메시지 속으로 들어가려면, 그저 속도를 늦추고 서두르지만 않으면 된다. 천천히 숨을 들이마시고, 내쉬고, 가능한 한 움직이지 말고 고요해지라. 당신의 마음이 부드럽게 열리도록 놓아두라. 당신의 직관을 열고, 이 글과 감응할 준비를 하라. 그 속에서 나타날 깊은 현실과 감각 상태를 스스로 받아들일 수 있는지 살펴보라.

각각의 구절에 주의를 기울이는 만큼, 당신의 체험도 더 큰 차원을 취할 것이다. 한 번에 몇 개의 단어에만 집중하고, 구두점마다 숨을 돌리고, 지금 이 순간에 그 지성의 메시지와 함께 존재하라. 당신은 그 단어들을 크게 읽을 수 있고, 눈을 감고 다른 사람더러 읽어달라고 해서 그 효과를 살펴볼 수도 있다.

가슴의 에너지장과 하나되기

주변을 둘러보라. 검푸른 벨벳 같은 우주 공간의 평화로움을 느껴보라. 하늘이 별들을 품듯, 우주는 당신을 품는다. 중심 속에서 흐르면서, 요람 같은 침묵을 전적으로 신뢰하면서, 당신은 매 순간 새롭게 창조되고 있다. 지혜로운 영은 절대 당신을 방치하지 않는다. 그것은 한없는 사랑과 관심을 준다. 삶도 선물이고, 자아 또한 선물이다. 사랑은 가슴의 본질이다. 놀랍지 않은가. 창조하는 영은 당신의 가슴 속에 있고, 동시에 모든 가슴 속에 있다. 당신은 거대한 가슴 속에서 살아가는 존재이다.

상상해보라. 당신의 인간관계가 사라지고, 일이 사라지고, 소유물이 사라진다. 당신에게는 음식도, 물도, 돈도, 칭찬도 필요 없다. 당신은 목표도 없고, 욕망도 없고, 심지어 육체조차 없다. 딱딱한 것들이, 진동이 느렸던 것들이 모두 투명해진다. 당신에게는 신념도, 가치관도, 기억도, 성장도, 실수도, 말 상대도 없다. 남은 것은 순수한 빛의 진동, 사랑의 파동뿐이다. 당신은 빛을 내고, 흘러 다니고, 심장을 고동치게 한다. 이것이야말로 당신의 참된 모습이며, 참된 앎이다.

이제 저 멀리 우주의 에너지장을 바라보라. 밝은 별들은 모두 빛과 영으로 이루어진 하나의 가슴이다. 이제 가까이 지상의 에너지장을 살펴보라. 밝은 빛들은 모두 지금까지 살아왔거나, 지금 살고 있는 존재들의 가슴이다. 거기에는 권력을 잃은 강대국의 정치인도 있고, 굶주린 엄마와 죽어가는 아이들도 있고, 신지학神智學의 영적 스승도 있고, 식당의 종업원도 있고, 집에 돌아오지 못할 군인도 있고, 그를 수호하는 천사도 있고, 생명을 다한 당신의 애완동물도 있다. 이제 더 가까이, 몸속의 에너지장을 들여다보라. 밝은 점들은 모두 아주 작은 세포들이며, 빛을 주고받는 초소형의 가슴들이며, 사랑의 계주(relay)이며, 생명을 빛내는 마법의 가루이다.

당신이 저 먼 곳의 별을 하나의 가슴으로 볼 때, 그것 또한 당신을 하나의 별이자 가슴으로 바라본다. 당신이 죽어가는 아이에게서 불멸하는 가슴을 볼 때, 그 아이 또한 당신의 영원한 가슴을 진심으로 축복해준다. 당신이 건강한 세포를 하나의 가슴으로 볼 때, 그것 또한 당신을 자신의 확장으로 본다. 이러한 인식들은 진동하는 사랑의 현(string)이 되어 우주의식과 연결된다. 이러한 마음의 가닥들은 빛으로 공명하는 가슴의 에너지장과 우리를 하나로 엮는다. 이러한 에너지의 필라멘트들은 일체성의 깨달음이 된다. 가슴의 에너지장 속에서, 이처럼 장엄한 가슴의 씨줄과 날줄을 느끼고 그려보라. 그것을 통해 울려 퍼지는 영원함, 순수함, 생기, 사랑을 상상해보라. 이것이 바로 '근원'의 소리다. 상상해보라. 모든 가슴은 당신의 존재를 알고 지켜보고 있다. 그 관심과 사랑을 빠짐없이 수용하고, 당신이 주의를 기울이는 다른 사람들에게 그것을 전달하라. 주고, 받고, 또 주고, 또 받으라. 가슴의 빛이 가득 들어와 당신을 빛나고 또 빛나게 한다. 당신은 참된 자아를 기억해낸다. 그러한 파동은 흘러넘치고 쏟아져 나와 온 우주로 번져간다. 이제 더 큰 사랑이 당신에게로 온다. 주고, 받고, 또 주고, 또 받으라. 거대한 가슴은 파동을 통해 모든 가슴을 고동치게 하고 일깨운다. 우리 안에는, 우리를 보살피는 영이 있다고.

6

감응력

> 혁신적인 리더들은 자신의 조직과 상황을
> 주관적으로 인식하고 보이지 않는 곳에서 일한다. …
> 그들은 숨겨진 잠재의식을 활용하여 임박한 혼란을 예견한다. …
> 그들은 혼란을 창조의 기회로 전환하는 능력이 있다.
> 그들은 사고방식의 질적인 변화를 받아들임으로써
> 변성 과정이 촉발되기 위한 조건을 충족시킨다.
>
> — 캐런 버클리, 조앤 스터피 Karen Buckley, Joan Stuffy

부활한 불사조처럼, 이제 당신은 놀라운 일이 벌어지는 새로운 '정상적' 현실에 적응하기 위해 세상 속으로 되돌아간다. 당신은 동시성과 텔레파시를 일상적으로 경험하고, 별다른 노력 없이도 상황에 꼭 맞는 행동을 취하며, 지금까지와는 다른 통로로 지식을 얻고, 결정을 내릴 때는 심층적 에너지의 밀물과 썰물을 참고한다. 당신은 이전보다 훨씬 큰 감응력을 갖게 되었으므로, 아마도 이 새롭고 낯선 자각을 어떻게 써먹어야 할지 궁금할 것이다.

감응력은 자신의 육체적, 감정적 느낌과 감각을 알아차리는 능력이다. 감응력이 높아지면 오감과 몸속의 다양한 변화 — 확장과 수축 또는 움직임 — 를 통해 비언어적 정보들을 획득할 수 있다. 이제부터 당신이 탐구하고 훈련해야 할 '의식적인 감응력'이란, 미세한 자극과 비언어적 정보들을 즉각적으로 감지하여 그 의미를 찾아내는 능력이다. 그것들은 물질적 또는 비물질적 원천으로부터 온다. 진동을 통한 직접적 앎에 더욱 숙달될수록, 당신은 삶이 다양한 측면에서 개선되고 있으며 이 새로운 자각의 힘을 통해 전에는 상상조차 하지 못했던 일을 해낼 수도 있다는 사실을 깨닫게 된다. 하지만 이 단계는 몇 가지 근본적인 질문을 품게 되는 시기이기도 하다. — '나는 이 세상과 어떤 관계를 맺고 있는가?' '나는 어떤 방식으로 방향을 읽고 의미 있는 정보들을 알아차리는가?'

새로운 원칙

이제 세상과의 관계가 새로운 과제로 나타났다. 사람, 물체, 기계, 과정, 사건 등등과 교감하는 방식은 야심, 관심 유발, 정복, 일대일 거래 따위와는 관계가 없다. 근원 주파수가 지금 이 순간 행하는 모든 것 — 직접적인 경험(의식적인 감응력), 직접적인 앎(직관), 직접적인 소통(텔레파시), 직접적인 사랑(상위의 공감 능력) — 이 당신의 선택과 앎과 행위의 주된 방식이 될 것이다.

이 과정은 다음과 같다. 당신은 근원 주파수 속에 머물면서, 그 느낌을 의도적으로 몸 바깥의 사방으로 확장시킨다. 그리고 모든 것을 품어 안으면서, 동시에 특정한 대상에 뚜렷한 주의를 기울인다. 그때 당신은 그 대상과 '감응하게' 된다. 감응이란, 당신의 감응력을 무언가에 침투시켜 그것과 하나가 되고 잠시 동안 그것 자체로서 존재하는 것이다. 당신이 무언가와 감응할 때, 그것은 당신의 일부가 된다. 당신은 그것과 친숙해지고 즉각적인 앎을 얻기 시작한다. 이는 마치 그 대상의 역할을 당신 스스로 연기해보는 것(role playing)과도 비슷하다.

나의 혈관들은 눈에 보이지 않게 몸 밖으로 뻗어 있다.

─ 안토니오 포치아 Antonio Porchia

당신이 자신을 확장시키면서 소파에 주의를 기울인다고 치자. 당신은 그것과 감응한다. 그것과 하나가 되고, 그것으로서 존재하고, 그것의 독특한 의식을 수용함으로써, 당신은 소파가 쿠션 속재료(foam)의 교체를 원한다는 사실을 직접 알아차린다. 이제 당신은 더 확장되어 창문 밖의 나무에 주의를 기울인다. 그것과 감응하고, 그것 속으로 들어가고, 그것의 삶을 잠시 경험해봄으로써, 당신은 그 나무가 다른 나무들로부터 가려진 탓에 더 많은 햇빛을 원하고 있음을 알게 된다. 이제 당신은 더 확장되어 길거리의 버스에, 시청에서 열리는 회의에, 심지어 몇 시간 거리에 있는 산 또는 계곡에도 주의를 기울인다. 여기에는 끝이 없다. 당신이 시간을 들여 감응할 때마다 그것들은 저마다의 내적 본질을 드러낸다. 당신이 주의를 기울이는 대상과 하나되어 함께 존재하는 동안에는 일종의 삼투압 현상이 일어난다. 주변의 세상과 감응할수록, 당신 자신이 모든 것과 연결되어 있다는 느낌은 더욱 강해진다.

당신은 근원 주파수와 일치하는 삶과 앎을 다른 주파수들과 구별되는 확실한 기준선으로 삼게 된다. 소파 또는 나무와 감응하여 그것들의 진동과 관점을 접한 후에, 당신은 단호하게 내적 중심으로 돌아와서 자신만의 주파수를 쉽게 기억해낸다. 이처럼 진동들 간의 차이점을 인식할 수 있다면, 그다음은 몸의 느낌과 내적 진동의 변화를 주변 상황의 지표(barometer)로서 활용하는 단계이다. 기억하라. 당신의 몸은 마치 소리굽쇠처럼 그 순간의 환경에 맞춰 쉽게 공명한다. 예를 들어 아주 활기찬 사람을 만난다면 당신 또한 자극받을 것이다. 당신의 몸은 상대방의 진동에 상응하는 정보들을 꺼내 놓는다. 그러나 당신은 근원 주파수 속으로 다시 들어감으로써, 상대방이 훌륭하고 획기적인 아이디어를 가진 천재인지 혹은 치료가 필요한 조울증 환자인지를 그 즉시 알아차린다. 당신의 몸은 진동하는 정보들을 수신하는 매개체가 되고, 당신의 근원 주파수는 그것의 판독을 돕는 셈이다.

때때로 당신은 아무것도 관찰하지 않고 있는데도 어떤 정보들을 수신하게 될 것이다. 당신은 문득 여동생과 통화를 해야겠다는 충동을 느낀다. 실제로 전화를 걸어보면, 그녀는 당신이 도와줄 수 있는 일로 인해 직장에서 곤란을 겪고 있다. 이는 당신의 몸이 잠재적인 위험요소들을 늘 경계하면서 기준치를 벗어난 부정적 진동들을 감지하기 때문이다. 즉, 당신은 직접적인 관련이 없는 진동들로부터도 불필요한 스트레스를 받을 수 있다. 예를 들어, 당신은 별다른 이유도 없이 근심 속에 빠져 있는 자신을 발견한다. 근원 주파수 속으로 돌아가 보니 그 긴장은 아침 일찍부터 시작된 것이었다. 출근하는 길에 도로 위의 운전자들이 이상하리만큼 화를 내고 있었기 때문이다. 그것이 직접적인 위험요소가 아니었음을 확인한 후에, 당신은 마음을 내려놓고 긴장을 푼다. 이처럼 감응력을 다룰 때는 근원 주파수에 동조된 상태로 하루에도 몇 번씩 이렇게 자문해보는 것이 중요하다. "나는 무엇을 감지하고 있는가? 이것과 관련된 다른 정보는 없는가? 이 인식은 지금 나에게 유용하고 적합한가?" 몸속으로 들어가고, 몸의 느낌에 귀 기울이고, 중요한 감각적 교감만을 내려받는 (download) 습관을 들이라. 받은 이메일 중에서 스팸메일은 삭제해버리듯이, 당신은 진동하는 정보들을 의식 속에서 처리함으로써 불필요한 잡동사니와 부정적 영향력을 최소화하고 자신만의 '스크린'을 깨끗이 치우며 의식적인 감응력을 점점 더 향상시키게 된다.

직관과 감응력

당신이 기존의 관념을 내려놓고 어떤 대상에 주의를 기울여 그것과 감응하여 하나가 될 때는 — 진심으로 그것에 대해 알고자 한다면 더더욱 — 놀라운 사실이 드러난다. 특정한 사람, 동물, 식물, 장소, 문제, 또는 상황에 일시적으로 동조되고 합일함으로써, 당신은 그것의 삶과 관점 속에 숨겨진 비밀을 직관을 통해서 해독할 수 있다. 어떤 식물과 감응했다면, 당신은 스스로 물 또는 비료를 원한다고 느낌으로써 그 식물에게 그것들이 필요하다는 사실을 인식한다. 자신의 반려동물과 감응했다면, 스스로 산책을 가고 싶다고 느낌으로써 그 동물이 바람 쐬기를 원한다는 사실을 알게 된다. 어떤 장소와 감응했을 때는, 그 아래에 있는 수맥 또는 광산의 존재를 마치 내 몸의 일부처럼 감지한다. 어떤 문제와 감응해보면 그것은 이러저러한 방향으로 술술 풀려가기를 바라고 있다는 것을 알게 된다. 왜냐하면 당신 자신이 아무런 제약 없이 그 방향으로 걸어가고픈 느낌을 받기 때문이다. 친구와 감응하면서 당신은 그가 가슴속의 어떤 응어리를 치우고 다시 마음을 열 필요가 있음을 알게 된다. 왜냐하면 당신 자신의 가슴이 굳어져 있고 대화를 원하기 때문이다.

당신은 스스로 느끼는 편안함을 기준으로 삼아서 "예스"라고 해야 할지 "노"라고 해야 할지를 알게 된다. 당신은 더 오래 주의를 기울이면서 어떤 과정 또는 상황에 감응하고, 켜켜이 쌓인 정보들을 통해 그것이 어떻게 전개될지를 눈치챈다. 이처럼 모든 것은 저마다 온전한 이야기를 가지고 있고, 그 안으로 깊이 침투하는 것은 오직 당신의 몫이다. 삶과의 감응은 일을 벌이기 전의 예습과도 같다. 그 후에 당신은 얼마든지 전략적으로 그 통찰을 검토하거나 실행할 수 있다. 물론 당신은 앞으로도 계속 지출 내역을 관리하고 외적 정보들을 분석해야 하지만, 이제 논리적이고 체계적인 사고방식은 실행의 단계로만 더 집중될 것이다.

감응력이 충분히 다듬어질 때까지는 일상적이고 사소한 선택을 통해서 한 발씩 나아가라. 중대한 갈림길이 가까이 다가왔어도 그것에 압도당하거나 미리 앞서 나가지 말라. 큰 선택은 작은 선택으로부터 시작된다. 자신이 아침식사로 원하는 것이 달걀인지 오트밀인지를 자각하는 연습부터 해보라. 약속에 맞추려면 집에서 언제 출발해야 할지를 느껴보라. 어느 곳부터 전화를 걸어야 할지도 느껴보라. 에너지의 흐름이 어떤 움직임을 원하는지, 무엇이 당신의 근원 주파수와 가장 조화로운지를 살피면서 의식적으로 이런 선택들을 내려보라. 중요한 선택을 향해 가는 동안 안팎의 진동을 '읽어' 긴요한 통찰들을 모으는 능력을 기르라.

주의 깊은 행동은 오랫동안 아무 성과도 못 내는 듯 보이지만,
그 노력과 꼭 맞는 양의 빛이 어느 날 당신의 영혼을 가득 채우리라.

— 시몬 베유 Simone Weil

'직접 체험', 즉 마음이 개입하지 않는 느낌과 감각을 통해서, 당신은 사소해 보이지만 실제로는 풍부한 의미가 담긴 인상(impression)들을 획득한다. 예를 들어, 당신이 세 곳의 회사에서 면접을 보았다고 하자. 어느 곳이 가장 좋을까? 당신의 몸은 첫 번째 면접에서는 추위를 느꼈고, 두 번째 면접에서는 나른함을 느꼈고, 세 번째 면접에서는 상쾌한 꽃향기를 맡았으며 유난히 말도 술술 나왔다. 직관적으로 당신은 친근하고 편안한 기운을 주는 세 번째 회사에 호감을 느낀다. 면접 후에 주차된 차를 향해 걸어갈 때는 그 건물을 떠나는 것조차 아쉽게 느껴진다. 물론 더 많은 조사가 필요하겠지만, 당신은 이런 인상을 신뢰할 수 있다. 당신의 몸은 거짓말을 하지 않는다.

당신은 고객과 이야기를 나누다가 일종의 텔레파시를 통해 '제대로 안 듣고 있다'고 불평하는 내면의 목소리를 듣게 되고, 문득 그것이 고객의 생각이라는 사실을 깨닫기도 한다. 당신은 그 즉시 이렇게 말한다. "제가 제대로 이해를 했나요? 제가 뭔가 오해한 부분은 없나요?" 당신의 높은 공감 능력 — 상대방 내면의 빛을 사랑함으로써 형성되는 유대감 — 은 상대방에게 필요한 바를 당사자보다도 빠르고 정확하게 파악하도록 도와준다. 별다른 이유도 없이, 당신은 가족의 식습관을 바꿔야 할 때가 되었다거나 한 친구에게 외로움을 달래줄 나들이가 필요하다는 사실을 알아차린다.

실습과제

물건, 기계, 식물과의 감응

1. 물건을 하나 선택하라. 그것에 주의를 기울이라. 그것으로부터 오는 모든 인상을 열린 태도로 받아들이라. 그것에 생명을 부여하고, 새로 사귄 친한 친구처럼 호기심을 가져보라. 그것을 시각적으로 살피는 작업부터 시작하라. 그러고 나서는 촉각을 활용하라. 실제로 만지라는 뜻이 아니다. 당신의 빛몸을 육체보다 더 크게 확장하여 유동적인 에너지장으로 만들라. 그리고 그 에너지장의 일부가 구름처럼 몰려가서 그 물건을 휘감도록 해보라. 그 구름 속에 당신의 눈이 있다고 상상하라. 당신의 눈은 분자들까지 보일 만큼 그것을 가까이 들여다보고 있다. 당신의 빛 입자는 그 물건의 빛 입자 속으로 침투할 수 있다. 이제 당신은 거의 그 물건의 관점에 밀착되었다.

2. 당신의 에너지와 의식을 그 물건 속으로 흘려보내라. 그 물건의 의식과 반갑게 마주하고, 잠깐 내적 공간을 공유하고 공개해도 괜찮은지를 물어보라. 그것과 하나가 될 때, 어떤 감각과 인상과 통찰들이 당신의 몸과 마음속으로 곧장 전송되어올 것이다. 호기심을 유지한 채로 긴장을 풀라. 당신은 그것의 내력, 수명, 잠재력, 상징적 의미, 내구성 또는 결함, 부족한 부분 등에 관한 인상을 수신하

게 될 것이다.

3. 그 인상들을 잘 기억해두라. 진동을 통해 공감과 사랑을 전하고, 그 존재에게 감사를 표하라. 그러고 나서 밖으로 빠져나와 당신의 몸속으로 완전히 되돌아오고, 배우고 깨달은 바를 다시 살펴보라.

실습과제

동물 또는 다른 사람과의 감응

1. 거리가 멀든 가깝든 관계없이, 하나의 동물 또는 사람을 골라서 위와 똑같은 과정을 실행해보라. 그들에게 내적 공간의 공유와 공개를 허락받는 일을 잊지 말라. 당신은 그 살아 있는 창조물로부터 건강 상태, 감정적 욕구와 습관, 재능과 욕망, 에너지의 흐름과 정체, 사고방식, 운명 등에 관한 인상들을 수신하게 될 것이다.

2. 당신의 빛몸을 철수시키기에 앞서, 그 존재의 몸과 영혼에 감사를 표하라. 가슴으로 공감의 에너지를 발산하고, 그들이 있어 나 또한 행복하다는 생각을 전달하라. 몸속으로 돌아온 후에는 배우고 깨달은 바를 다시 살펴보라.

친밀감과 배려심

삶과 감응하면 모든 것에 대해 더 배려하는 법을 배우게 되고, 그 대상은 화답을 해온다. 예를 들어 식탁을 마주했을 때, 그것을 '나 아닌 것'으로 분류하는 머릿속의 관념에 빠져 "식탁"이라고 이름 붙이는 식의 분리감을 지속하지만 않는다면, 당신은 일종의 에너지로서 그것을 직접 경험하게 된다. 그것은 당신의 에너지장 속에 당신의 일부로서 존재할 것이다. 당신 몸의 안팎으로 펼쳐진 에너지장은 감정적-정신적-영적 의식을 두루 포함한다. 당신이 주의를 기울이는 대상은 즉시 그 속에 들어와 당신의 일부가 된다. 당신은 있는 그대로의 그 대상과 하나가 되어 감응함으로써 그것 자체의 관점으로부터 나오는 인상늘을 획득한다. 당신은 그것의 생명력, 조화, 아름다움, 사랑, 온전함, 건강 상태를 느낀다. 당신은 그것이 나무에 가까운지 금속에 가까운지, 네 다리를 가졌는지, 단단한 재질인지, 가장자리가 둥그스름한지 등등을 알게 된다. 이질적이었던 그것과 당신은 이제 끈끈한 유대를 맺는다. 그것이 물체나 기계인 경우도 마찬가지다. 나는 평소에 시간을 들여 자동차, 컴퓨터, 세탁기, 헤어드라이기 등과 감응하고 사랑을 나누곤 한다. 그리고 맹세컨대, 그것들은 나에게 미리 경고를 해주며 고장을 거의 일으키지 않는다. 그것들은 내게 이런 생각들을 전달한다. "세탁조의 필터를 청소해주세요." "오일을 갈아주세요." "나는 곧 고장이 날 테니 여행을 갈 때 챙기지 마세요."

> 감각에 대해 전적으로 깨어 있다면,
> 동물적인 눈과 귀로써 온전히 보고 듣는다면,
> 우리는 이 세상에 수동적인 무생물로 경험되는 것이
> 하나도 없음을 깨닫게 된다.
> 모든 물체, 모든 개체는 우리 앞에서 저마다의 비밀을 드러낸다.
>
> ─ 데이비드 아브람 David Abram

사람 또는 사물과 의식적으로 합일하는 법을 배움으로써, 당신은 에고의 통제를 벗어나 정체성을 확장하게 된다. 당신의 의식이 다른 무언가와 합일할 때, 당신은 분리감을 떨쳐내고 그것과 어우러진다. 당신의 개성은 더 이상 예전처럼 독단적이지 않다. 이제 당신은 마치 의식이 있는 식탁처럼 말을 하게 될지도 모른다. 궁극적으로 당신은 삶과 깊이 연결되어 마치 다른 사람의 감정과 감각, 생각을 '내 것'처럼 여기게 될 것이다. 물론 당신이 원한다면 말이다. 장기적으로 당신은 집단의 의식과 일체성에 대한 어마어마한 양의 지식을 얻게 된다. 우리는 이 주제를 10장에서 다시 논의할 것이다.

일본에서 '익사당했던' 경험의 교훈

나는 언젠가 일본을 방문했을 때 극적인 사건을 통해 교감에 대한 깨달음을 얻은 바 있다. 당시에 나는 휴식도 없이 매일 내담자들의 인생을 심층적으로 상담해주고 있었는데, 어느 날인가는 점심시간에 건널목을 지나게 되었다. 내 옆에는 50여 명의 사람들이 신호를 기다리고 있었고, 반대편에도 비슷한 수의 사람들이 있었다. 파란불이 들어오자 두 방향의 사람들이 마치 물고기 떼처럼 서로를 스쳐 갔다. 그 속에서 홀로 금발이었던 나는 알게 모르게 이목을 집중시키고 있었다. 아무도 나를 대놓고 쳐다보거나 몸을 부딪치지 않았지만, 마치 동물원의 원숭이가 된 듯이 나의 내면은 그들의 호기심 속에 노출되었다. 이런 식의 '침범'을 몇 주간 경험하고 나서, 즉 날마다 일본인들의 잠재의식과 깊게 연결되고 나서, 나는 완전히 탈진해버렸다. 그때 나의 머릿속은 온갖 종류의 피해의식으로 가득 차 있었다.

나는 열이 나고 기운이 없었으며, 숨쉬기조차 버거웠고, 실신하기 직전이었다. 나는 나만의 공간과 영역을 유지할 수 있을지를 확신하지 못했다. 혼자 호텔방에 있던 어느 날, 그 군중의 영상과 내가 만났던 내담자들의 온갖 이야기가 나를 덮쳐왔다. 나는 내가 익사당하고 있다고 느꼈다. 아래로부터 어떤 '손'이 나타나서 나를 아래로 끌어당겼다. 그리고 몇 초간 이어진 환영 속에서, 나는 에너지의 바다에 잠겨 있었다. 나는 미국의 낡은 개인주의 세계로부터 소멸되고 새로운 세계 속으로 등장했다. 나는 모든 사람과 사물이 상호 연결된 의식의 대양 속에서 자유롭게 유영하고 있었다. 나중에 나는 이것이 동양의 많은 문화권 속에서는 자연스러운 상태라는 사실을 배웠다.

> 그동안 방치해온 감각들을 사용하기 시작할 때,
> 당신은 세상을 완전히 새로운 눈으로 바라보는 보답을 얻는다.
>
> ― 바버라 셔 Barbara Sher

나는 이 바다를 벗어나지 않고도 파도처럼 솟아 나와 다양한 형상을 취할 수 있었다. 나는 나 자신이었고, 나의 내담자였고, 길거리의 어떤 사람 또는 나무이기도 했다. 상대방의 내면으로 들어가자 마치 그가 나 자신인 것처럼 느껴졌다. 그리고 다시 긴장을 풀면 에너지의 바다 속으로 돌아올 수 있었다. 나는 이 경험을 통해서 단숨에 일본인의 세계관을 이해하게 되었다. 그날 이후로, 나는 눈치를 보지 않았고 따라서 혼란에 빠지지도 않았다. 체온은 정상으로 내려왔고, 나는 만나는 모든 사람에게서 유대감과 행복을 느꼈다. 그들은 서로를 가족으로 느꼈고, 나는 그런 느낌을 내적으로 감지할 수 있었다. 한 사람의 고통이 다른 모든 이에게 영향을 미치므로, 그들은 모두 서로를 이해하고 돌보았다. 그리고 그것이 바로 일본인들이 '체면'에 큰 신경을 쓰는 이유였다. 어떤 한 사람이 무시를 당하거나 반대로 제멋대로 굴면 모든 사람이 상처를 받는 셈이다. 이때의 경험은 나를 완전히 바꾸어놓았다. 이런 상호연결성은 오늘날 동양을 넘어 전 세계 사람들에게 퍼지기 시작했으며, 인류의 미래에서도 중요한 요소가 될 것이다.

내면의 주시자

감응력을 잘 사용하려면, 당신의 영혼이 지목하는 것과 시답잖은 것을 구별하는 법을 배워야 한다. 당신의 내면에는 그런 힘이 있다. 그것을 내면의 주시자(the Inner Perceiver), 현시자(the Revealer), 또는 성령(the Holy Spirit)이라고 부르자. 그것은 여러 이름으로 불린다. 그것은 영혼의 힘이며, 삶의 교훈을 깨우쳐주고 참된 모습을 드러내도록 도와줄 대상을 향해 당신의 주의를 이끈다. 나와 내 여동생은 한 집에서 같은 부모님 아래 자랐고 서로 속속들이 잘 안다. 하지만 어린 시절에 대한 우리의 기억이 너무나 다른 세계로 채워져 있기에 나는 종종 웃음을 짓곤 한다. 내면의 주시자가 우리를 완전히 다른 방향의 앎으로 이끌었던 것이다. 동생은 차려놓은 모든 음식을 최소한 한 입씩은 맛봐야 한다는 어머니의 규칙을 싫어했지만, 나는 그것을 좋게만 여겼다. 그녀는 커서 영양학 박사가 되었고, 나는 아무거나 잘 먹는 체질이 되었다.

당신은 내면의 주시자가 지목해주는 일련의 대상들을 신뢰할 수 있다. 더 깊은 앎을 얻기 위한 비결은 내면의 주시자에게 이렇게 물어보는 것이다. '나는 왜 저 사람에게 주목하고 있을까?' '지금의 이 자각을 어떻게 이해해야 할까?' 어쩌다 당신은 공항에서 대기하던 중에 한 장애인에게 특별한 주의를 기울이게 된다. 왜일까? 그들은 당신이 삶 속에서 지녀야 할 어떤 용기를 구체적으로 본보이고 있는지도 모른다. 또한 당신은 내면의 주시자와 협상을 할 수도 있다. 예를 들어 자동차 사고가 날까 봐 두려워하고 있다면, 당신은 피해망상 속에서 살아가는 대신에 이렇게 요구할 수 있다. "곧 닥칠 자동차 사고의 위험이 정말로 제게 드리워져 있다면, 저로 하여금 그것을 알아차려 피할 수 있도록 해주세요. 만약 주변의 위협들이 사실 저와는 큰 관계가 없다면, 저로 하여금 그것들을 모르고 지나치게 해주세요. 저는 제가 알아차림으로써 뭔가 손써볼 여지가 있는 정보만을 원합니다." 이때 중요한 점은 긴장을 풀고 자신의 감응력과 내면의 주시자를 신뢰하는 것이다.

감응력과 진동을 통해 길을 찾을 때는, 당신의 근원 주파수와 조화롭게 공명하고 깊은 안정감을 주는 사람 또는 기회를 선택하라. 당신은 자신과 기막힌 화음을 이루는 사람, 기회, 장소, 해결책 등을 골라낼 수 있다. 당신의 근원 주파수를 건반 중앙의 '도' 음이라고 친다면, 그것과 같은 음을 내는 사람 또는 상황이 있을 것이다. 같은 '도' 음이지만 당신보다 옥타브가 높거나 낮은 사람도 있을 것이다. 혹은 당신과 같은 중앙의 '도' 음이지만 '음색'이 다른 사람들도 있다. 같은 음정이더라도 바이올린과 튜바는 서로 다른 소리를 내며, 그것들은 멋지게 어우러진다. 당신의 근원 주파수와 조화되지 않는 사람, 계획, 기회 등을 만난다면 거기에 끼어들지 말라. 참여할 수밖에 없는 형편이라면 깊게 관여하지 말라.

> 우리는 주시자들이다. 우리는 하나의 의식이다.
> 우리는 사물이 아니다. 우리는 고정되어 있지 않다. 우리는 무한하다.
> ― 돈 후앙Don Juan, 카를로스 카스타네다

다음은 새로운 사람과 기회를 앞에 두고 심사숙고할 때 직시해야 할 몇 가지 질문이다. 당신 자신에게 물어보라.

1. 이 선택은 나의 파장과 일치하는가? 이것의 옥타브는 나의

근원 주파수보다 높은가, 낮은가? 이것은 나와 조화를 이루는가?

2. 잠재적인 상호작용을 상상해볼 때, 여기에는 자연스러운 흐름, 협력, 원활한 소통, 대등한 주고받음과 이익이 존재하는가? 이것을 받아들이는 편이 더 기분 좋게 여겨지는가? 이 선택이 나의 감응, 공감, 자각 능력을 더욱 향상시켜주는가? 아니면 퇴보를 막기 위해 나 자신을 보호하게끔 만드는가?

3. 이 기회를 성공시키기 위해서 나는 내 몫보다 더 많은 일을 해야만 하는가? 누군가를 가르치거나, 보조하거나, 변화시키거나, 맞상대해야 하는가? 어떤 식으로든 나 자신을 희생시켜야 하는가?

4. 이 사안과 영향을 주고받는 동안 나는 어떤 교훈을 얻게 될 것인가?

솔깃한 유혹들에 "아니오"라고 말할 수 있다면 더할 나위 없이 좋은 일이다. 조화되지 않는 진동들을 더 적게 받아들일수록 — 그 어긋남의 정도가 아주 작더라도 — 당신에게는 더 많은 에너지와 지고한 창조성이 주어진다. 지금까지는 소모적인 직업을 견딜 수 있었을지 몰라도, 이제 그것은 당신을 질식시키는 듯 느껴질 것이다. 당신 자신만의 음정을 설정하

라. 높은 주파수 수준 속으로 다른 사람들을 초청함으로써, 당신은 직관의 시대에 꼭 맞는 새로운 존재 방식을 더욱 확실히 신뢰하게 된다.

현실의 개선

당신은 사랑의 느낌을 반복적으로 선택함으로써 내적 진동을 근원 주파수와 동조시키는 방법을 배웠다. 그 근원 주파수를 유지하고 확장하면서 세상의 많은 것들을 수용해가는 동안, 당신은 구시대적이고 지겨워 보이는 많은 상황들, 지체되고 느려터진 과정들, 당신만큼 진보하지 못한 사람들을 자주 접하게 될 것이다. 그 행렬에서 스스로 떨어져 나온 당신은 지금까지 잘 통해왔던 방식, 사업적 동반자, 배우자, 친구, 가족 또는 고객이 더 이상 자신과는 어울리지 않는다고 느낀다. 원시적, 무의식적, 무원칙적인 그들의 일처리 방식이 이제는 짐스럽게 여겨진다.

똑똑하고 영적인 경험까지 갖춘 사업가 두 명이 최근에 내게 이런 이야기를 털어놓았다. 한 사람은 녹색부지 조성사업을 책임져왔다. 그녀는 어마어마한 자금을 끌어모으고, 감정 조절이 안 되는 동업자를 챙기고, 인접한 땅주인 또는 시당

국과의 문제를 쉴 새 없이 해결했으며, 사업 초안에 담긴 영적인 측면을 포기하고 사욕을 채우라는 유혹에 결코 굴복하지 않았다. 하지만 성공의 조짐은 번번이 장애물에 가로막혔다. 지금 그녀는 목표를 공유하던 땅주인과 입안자들로부터 그 사업을 빼앗을 속셈을 가진 새로운 투자자에 의해 퇴출될 처지에 놓여 있다. 그녀는 근원 주파수 속에서 머무는 능력을 익혔음에도 파산의 위기에 내몰렸고, 지나친 긴장으로 몸이 망가졌으며, 다시 한번 내려놓고 중심을 되찾아야만 하는 임계점에 도달해 있었다.

다른 사업가도 자신이 운영하던 회사에서 비슷한 일을 겪은 적이 있었다. 시장 상황이 어려워지면서 그녀의 회사는 돈을 제때 지급하지 못했다. 모든 사람이 그녀에게 화를 냈다. 그녀는 살이 쪘고, 우울했고, 파산전담 변호사에게 상담까지 받았다. 그러던 어느 날, 걱정을 멈추는 편이 좋겠다는 생각이 솟아났다. 근심한다고 해서 뭐가 달라지겠는가? 그리고 머지않아서, 그녀의 제품 중 하나가 대단한 인기를 끌며 국내외에서 판매량이 급증했다. 다 내려놓고 근원 주파수와 다시 접촉했더니 삶이 더 멋진 모습으로 새롭게 펼쳐지기 시작한 것이다. 그녀는 살을 뺐고 건강을 되찾았다. 그녀의 회사는 빚을 다 갚고 대기업에 인수되었다. 거기에서 그녀는 자신의 주도하에 독립적으로 제품을 생산할 수 있는 사업부를 배정받았다. 이제 그녀의 직관은 전보다 더욱 예리해졌다. 그녀는 가능성 있는 또 다른 제품에다 힘을 쏟았고, 그것은 이전 제품보다 더 큰 성공을 가져다주었다. 그러자 그녀의 새로운 동료는 그 제품을 자기 것으로 빼돌려 수익을 가로채려는 못된 수작을 부렸다.

그 두 여사업가는 똑같은 교훈을 얻고 있는 중이다. 그들은 영적인 자극이 주어지는 일에 혼신의 힘을 다했다. 그들은 자기 자신을 너무 빨리 확장해버렸고, 재력과 술책과 유명세로 돈을 벌어들이는 사람들을 무심코 동료로 받아들였다. 그들은 높은 근원 주파수의 창조력 속에서 마법과 같은 성취를 경험했었다. 하지만 자신보다 훨씬 느린 진동을 가진 사람들을 동료로 선택함으로써, 두려움과 에고 — 낡은 현실 — 가 좋은 일을 어떻게 망쳐놓을 수 있는지를 목격할 기회를 얻은 것이다. 이제 그들은 각자의 근원 주파수를 회복시킨 후에, 그것과 조화롭게 공명하는 새로운 동료와 기회를 선택해야 한다. 그들은 지금 주파수를 분별해내는 과정을 거치고 있다.

나의 참된 목소리는 다른 사람들의 시끄러운 요구에 의해 움츠러들고, 묻히고, 심지어는 끊기기도 한다. 참된 자아는 가슴으로 말한다.

— 줄리아 캐머런Julia Cameron

근원 주파수의 발산

 위의 두 사례처럼, 당신도 지금 진동이 당신의 삶과 성공에 미치는 영향을 경험하고 있는지도 모른다. 당신은 근원 주파수가 창조하는 마법적인 결과를 경험하고, 조화롭지 못한 인간관계와 기회들이 촉발하는 골칫거리와 실패들도 맛보았을 것이다. 또는 삶의 모든 측면에서 근원 주파수를 토대로 삼고 현실의 유동성과 즐거움을 깨닫도록 요구받을 수도 있다. 조화를 삶의 방식으로 받아들이지 않는 만큼, 당신의 현실 속에는 시련을 주고 기세를 꺾는 사람들이 끌려올 것이다. 낡고 파괴적인 감정 습관과 정화된 습관의 비중에 따라서, 두려움에서 비롯되는 '낡은 현실'의 추종자와 영혼에서 비롯되는 '새로운 현실'의 추종자가 당신의 삶 속에 포함되는 비율이 달라질 것이다.

 당신은 앞선 장에서 소개된 캐머런과 비슷한 처지에 놓일 수도 있다. 그는 직장에서 이전보다 더 많은 에너지를 소모하고 까다로운 사람들을 감내하고 있지만, 자신의 에너지로써 다른 사람들까지 안정시킨다. 또한 스스로 단단한 주춧돌 위에 머물고 있어 날마다 다시 새로운 기운이 솟는다. 자신의 확장된 능력을 인식할 때, 그리고 성공을 위해 참된 자신을 희생할 필요가 전혀 없다는 사실을 깨달을 때, 당신은 '소리

굼쇠'처럼 자신의 근원 주파수를 울리고 퍼트려 주변의 에너지 진동을 바로잡는 모습을 상상해볼 수 있다. 변화의 가능성을 믿는 만큼, 당신은 자신의 근원 주파수와 공명하는 사람들과 상황을 더 많이 만나게 될 것이다. 그때 당신의 삶에는 기적이 일어난다. 머지않아 당신은 현실의 삶을 위해서 내적 주파수를 낮출 필요가 없다는 사실을 깨닫게 된다. 근원 주파수를 통해 성공적인 삶을 창조하는 것, 자신을 이해하고 뒷받침해주는 친구와 동료들을 만나는 것은 그처럼 쉬운 일이다.

실습과제

영적인 장소와 감응하기

의식적인 감응력을 활용하여 당신의 근원 주파수와 공명하시나 기※가 센 장소를 찾아내보라. 그러면 에너지 수준을 극대화하고, 건강을 향상시키고, 머리를 맑게 하고, 성장 과정을 가속시킬 수 있다.

1. 중심으로 들어가서 몸을 고요히 하라. 지금 당신이 있는 곳으로부터 시작하라. 집, 마당, 사무실, 시장, 또는 산책길도 좋다. 당신이 서 있는 공간 안에 존재하는 에너지를 느껴보라. 그것은 땅속 중심부로부터 직접 솟아 나와 당신 주변의 공간을 채우고, 당신의 발과 몸속으로도 들어

온다. 이제 천천히 움직이면서 주변의 공간을 탐색해보라. 몸으로 하여금 멈추고 싶은 공간을 스스로 찾아내도록 하라. 그곳의 에너지를 느껴보라. 그 느낌은 어떤 점에서 흥미로운가?

2. 몸으로 하여금 다시 움직였다가 멈추게 하라. 그곳의 에너지를 감지해보라. 가능한 한 자력(magnetic)과 기가 가장 센 장소에 도달할 때까지 계속해보라. 그곳과 다른 곳의 차이를 느껴보라. 그곳으로부터 몸이 원하는 만큼의 에너지를 들이마시고, 당신의 사랑을 그 공간과 땅속으로 내려보내라.

3. 이 방법을 식당에서 마음이 끌리는 자리를 찾을 때도 시도해보라. 자연 속을 거닐거나, 가구를 배치하거나, 정원을 가꿀 때도 마찬가지다. 당신은 어느 길로 걸어가고 싶은가? 각각의 소품 또는 식물들은 어떤 자리를 원하고 있는가? 집 안에서 가장 깊은 평온함을 주는 장소를 찾아서 명상을 할 때 사용해보라. 기대어 서면 당신의 생각을 맑게 해주는 오래되고 특별한 나무도 한 그루 찾아보라.

뇌의 세 가지 층

다음의 그림과 같이, 당신의 뇌에는 서로 다른 인식을 일으키는 세 가지 층이 있다. 뇌 속에서 이 층들을 오르내리는 것은 의식의 사다리 또는 단계를 이동하는 것과도 같다. 좌우반구 상층의 신피질은 추상적이고 개념적인 인식을 담당한다. 그중에서도 좌반구는 분석적인 사고와 언어를 맡고 우반구는 직관력, 창조성, 패턴의 인지 등과 관계되어 있다. 그 아래의 중뇌는 감각적 인식의 층으로서 교감과 애착을 통해 이 세상과 유대감을 맺게 해준다. 가장 하층의 파충류 뇌는 생존 지향적 인식에 해당하고, 본능적인 수용/거부 또는 투쟁/도주 반응을 일으킨다. 파충류 뇌는 직접적인 체험과 충동에 관련되어 있다. 척주를 타고 올라온 신체적 정보가 의식 속에 나타나는 첫 지점이 바로 파충류 뇌이다. 그 후에 중뇌에서 감각이라는 차원이 덧붙고, 상층의 신피질로 올라와서는 언어와 의미까지 더해짐으로써 더욱 광범위한 앎이 일어난다. 만약 마음속에서 사다리의 모습을 그릴 수 있다면, 당신은 이 층계들을 유동적으로 오르내리고 신체적 감응으로부터 직

뇌의 세 가지 층

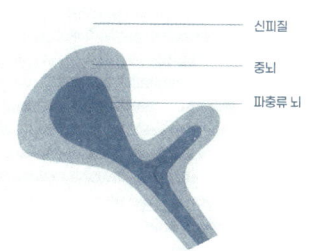

신피질
중뇌
파충류뇌

관, 의미, 패턴 인지의 수준으로 가볍게 솟아오를 수 있다.

　감응력을 증폭시키려면 신체적 자각의 수준을 향해 사다리를 내려가라. 추상적 인식에 무게를 두려거든 반대로 사다리를 올라가라. 당신이 종일 좌반구 속에서만 머물렀다면 언어적 사고와 베타파에 잠식당해 스트레스를 느끼고 예민해졌을 것이다. 만약 상상을 통해 우반구를 거쳐 중뇌로 하강한다면 — 거기서 당신은 직관, 감각, 교감, 애정을 경험한다 — 당신은 뇌파를 알파파와 세타파 수준으로 낮추고 긴장을 풀어낼 수 있다. (델타파는 주로 깊은 잠속에서 나타난다.) 더 나아가 파충류 뇌의 수준까지 하강한다면 — 거기서 당신은 본능을 경험하고 주변 환경과 직접 연결된다 — 당신은 뿌리 깊은 스트레스까지 캐낼 수 있다. 이처럼 뇌 속의 층계를 내려감으로써, 당신은 몸의 느낌 속으로 더 깊이 들어가고 고요해진다. 그리고 그 고요함과 안정감 속에서 당신은 뇌와 몸의 모든 층 속에 존재하고 있는 근원 주파수를 생생하게 느낀다.

　뛰어난 감응력을 발휘하려면, 우선 눈을 감고 시각의 저 아래편(파충류 뇌)까지 하강했다가 — 외적 시각과 내적 시각(투시, clair-voyance)은 모두 신피질과 가까이 연결되어 있다 — 언어와 의미, 개념들의 상층으로 순간적으로 솟아오르는 것이 도움이 된다. 감응력을 향상시키려면 몸의 느낌과 하나가 될 수 있어야 한다. 몸속과 몸 밖의 소리, 가까운 소리와 먼 소리, 큰 소리와 자그마한 소리들을 주의 깊게 들어보라. 그런 후에 약간 방향을 바꿔서, 물리적 소리 저 아래편의 '들리지 않는' 소리들에 귀를 기울여보라. 당신은 몸속의 장기(organ)로부터, 친구의 음성으로부터, 또는 식물들로부터 숨겨진 메시지를 듣게 될 것이다. 이때는 옆길로 새지 않도록 주의하라. 만약 내적 청각(투청, clair-audience)이 좌뇌의 음성에 붙잡혀버리면, 당신은 끝없는 혼잣말에 현혹되어 뇌의 상층으로 다시 끌어올려질 것이다.

뇌의 세 가지 층에 따르는 감응력의 종류

초기의 인식 **파충류 뇌**	감각적 감정적 인식 **중뇌**	가장 정제된 인식 **신피질**
미세한 진동 / 불안과 초조 / 울렁거림 / 직감 / 수용과 거부 / 확장과 수축 / 공명과 부조화	후각 / 미각 / 촉각 / 청각 / 시각 ※이 다섯 감각에는 외적 감각과 내적 감각(초감각)이 함께 포함된다. / 공감과 교감	합리적 의미 / 번뜩이는 이해 / 패턴의 순간적 인지 / 신비주의 / 비물질적 존재의 감지 / 의식의 통일장 / 집단의식

그러지 않으려면 물리적 소리의 아래편으로 이동할 때 촉감을 활용해보라. 눈을 감은 채로, 온도감과 질감을 통해서 당신의 안팎에 무엇이 있는지를 자각해보라. 당신은 자신의 머리가 다리보다 더 뜨겁다고 느끼거나, 공기의 온도차 또는

울퉁불퉁한 천 조각을 느낄 것이다. 이번에는 내적 촉감(투감, clair-sentience)을 가동하여 인상들을 수집해보라. 당신의 에너지는 어떤 질감인가? 당신이 있는 이 방의 에너지는 침체되어 있는가, 강렬한가, 또는 포근한가? 이제 당신의 청각과 촉각을 결합해보라. 시계의 똑딱거림 또는 전화벨 소리가 당신의 몸에서 일으키는 느낌들을 감지해보라. 계속 눈을 감은 채로, 후각에도 집중해보라. 고요함이 깊어질수록 당신은 미세한 냄새까지도 알아차리게 된다. 가열된 프린터에서 갓 출력되어 나온 종이와 사용된 적 없는 차가운 종이는 서로 다른 냄새를 풍길 것이다. 당신은 내적 후각을 사용해서 건강한 몸 또는 좋은 해결책이 풍기는 냄새를 구분해낼 수도 있다. 미각도 마찬가지다. 예를 들어 당신은 그 상황이 달콤한지 씁쓸한지를 인식할 수 있다.

> 나는 신성한 사념(Divine Thought)이 거대한 흐름을 일으키며
> 온 사방의 에테르를 진동시킨다고,
> 그리고 그 진동을 느끼는 사람은 영감을 얻게 된다고 확신한다.
> — 리처드 바그너 Richard Wagner

섬세한 인식과 본능적 감각의 수준으로 사다리를 하강해감으로써, 당신의 의식적인 감응력은 향상될 것이다. (2장에

실린 '일상의 진동들' 도표를 참고하라.) 당신의 감응력은 다른 신체, 대상, 장소, 사건, 동향, 내력, 과정, 심지어는 가까운 미래에 대한 정보들까지 수집해온다. 당신은 감정적 상처, 치유, 동기, 복잡한 사고방식의 본질을 홀연히 깨닫고, 궁극적으로는 고차원적 의식에 해당하는 감정 상태 — 황홀경, 환희, 지복 — 까지 이해하게 될 것이다.

실습과제
투자 상황에 감응하기

당신이 주식과 펀드를 사고팔거나 그 외의 투자 건에 대해 숙고하고 있다면, 종이에다 투자처들의 목록을 적고 고요히 앉아 그것을 바라보라. 첫 번째 항목에 집중해보라. 이 펀드를 살아야 할까, 보유해야 할까? 촉감을 확장하여 그것과 감응해보라. 어떤 감각이 느껴지는가? 그것의 진동은 높은가, 불규칙한가, 또는 오래 묵혀도 좋을 만큼 옹골찬가? 시큰거림, 쇠약함, 뾰족함, 텅 빈 느낌이 들지는 않는가? 당신의 기분은 어떤가? 행복한가, 둔한가, 두려운가, 옥죄는가, 열정적인가, 또는 변화가 없는가? 당신은 그 펀드와 완전히 하나가 되어서 그것의 메시지를 직접 감지해낼 수 있다. 이제 다음 항목에 대한 인상들도 기록해보라. 다음, 또 다음 항목으로 나아가라. 작업을 마친 후에는 그 통찰들을 뒷받침할 만한 증거가 있는지 찾아보고 다른 사람들의 의견도 참고해보라. 그리고 실행에 돌입하라.

빠른 인식의 중요성

당신은 진동을 통해 전달되는 비언어적 정보들을 얼마나 빨리 인식하는가? 어떤 인상을 빨리 알아차려 해독할수록 당신의 의식적 감응력은 더욱 풍부해진다. 우선은 쉽게 관찰할 수 있는 대상부터 시작하라. 대부분의 사람들은 중요하거나 흥미롭다고 여기는 대상에 대한 감응력이 가장 높다. 걱정과 근심에 사로잡혀 있는 사람은 신체적 건강, 경제적 안정, 또는 결혼생활에 대한 위협에 민감할 것이다. 이와 달리 내적 성장에 전념하고 있는 사람은 자아를 확장시켜주는 긍정적인 대상들에 주의를 기울일 것이다. 예컨대 지혜로운 글귀, 햇볕을 쬐고 싶은 충동, 지적 차원을 넘어선 새로운 공부 등이 그렇다.

다음 단계로, 당신의 호기심은 한 발짝 더 나아가서 자신의 몸이 종일 어떤 것들을 습득하고 있는지, 어떤 심층 정보와 인상들이 자신의 순간적인 선택에 영향을 미치고 있는지를 알고자 할 것이다. 당신은 왜 갑자기 하던 일을 멈추고 심부름부터 다녀오기로 결정했는가? 당신은 왜 이 사람이 아니라 저 사람에게 먼저 전화를 걸었는가? 당신은 왜 평소엔 친절하게 대하던 사람에게 신경질적으로 말했는가? 마지막 단계는, 감응력을 발휘하여 당신 자신과 주변 사람들에게 영향을 미치고 있는 숨겨진 힘 또는 변수들을 감지할 수 있는지를 살펴보는 것이다. 당신은 내면의 인식을 살핌으로써 '정보→최적 행동'의 회로를 구축하게 된다.

당신의 몸이 주변의 진동으로부터 수신하고 있는 비언어적 정보를 당신의 의식이 자각하거나 적절한 행동을 취하지 않는다면, 그 진동은 더욱 강렬해질 것이다. 좌뇌 속에 너무 오래 머물거나, 한 대상에만 너무 오래 집중하거나, 몸의 느낌을 벗어났을 때는 일시적으로 둔감해지기 쉽다. 하지만 당신의 영혼은 늘 당신에게 말을 건네고 있다. 만약 그것이 중요한 정보인 경우에는, 당신이 알아차릴 때까지 영혼은 압박을 그치지 않을 것이다. 예를 들어 당신은 직장에서 신경을 곤두세우다 집에 돌아왔지만 기분이 계속 좋지 않다. 아마도 제 실력을 발휘하기에는 업무량이 너무 많다거나 형광등 불빛을 그만 쬐어야만 한다는 신호가 주어졌지만, 당신은 그것을 놓쳐버렸을 것이다. 당신이 그 메시지를 제때 알아차려 몸의 부담을 덜어주는 조치를 취하지 않았기 때문에, 이제는 거의 편두통이 생길 만큼 압력이 쌓여버렸다.

이처럼 진동하는 미세한 파동을 초기에 인식하지 못하면, 그 정보는 더욱 높은 음조를 띠면서 집요하게 전해져온다. 당신의 몸은 우선 속삭이고, 헛기침을 하고, 문을 노크했다가, 다음번에는 쾅쾅 두들기고, 결국에는 빨간 경고등과 사이렌을 켠다. 미세한 수축이 쌓이면서 긴장이 일어나고, 아프고, 만성통증이 생기고, 병이 나고, 마침내 마비가 오는 것이다. 종국에는 충격적 사건 또는 사고가 터진다. 모든 고통과 상처의 배후에는 이처럼 거부당한 영혼과 몸의 메시지가 있다. 따라서 의식적인 감응력을 통해 심층 정보들을 재빨리 인식한다면, 당신은 수많은 고통과 근심을 내려놓게 된다.

실습과제

당신은 무엇에 가장 민감하거나 둔감한가?

아래 항목에 해당하는 경험들을 자각해봄으로써, 당신은 지금 이 순간의 느낌에 더 의식적으로 감응할 수 있다.

- 당신의 발작 버튼, 즉 당신을 열받게 하는 것들을 적어보라.
- 마음속 깊이 당신을 두렵고 불안하게 하는 것들을 적어보라.
- 당신이 다른 사람들에게서 배우고 싶은 점들을 적어보라.

- 당신은 잘 못 느끼지만 다른 사람들은 예리하게 집어내는 것들을 적어보라.
- 기쁨과 아름다움을 느낄 때 당신의 오감이 어떻게 반응하는지를 적어보라.
- 당신이 몸의 긴장, 통증, 경미한 증상들을 얼마나 빨리 알아차리는지를 적어보라.
- 당신은 지금 주변의 무엇에 감응하고 있는가? (빛, 습기, 색, 음식, 형태, 온도, 소음, 고도 등등)
- 당신이 주변 환경으로부터 오는 비언어적 정보들을 초기 단계에서 얼마나 빨리 알아차리는지를 적어보라.
- 당신의 감각 중에서 가장 뛰어난 것은 무엇인가? 당신은 어떤 감각을 더욱 발달시키고 싶은가?

진실한 신호와 불길한 신호

당신은 진실과 거짓, 안전과 위험에 대한 높은 감응력을 가지고 있다. 당신의 파충류 뇌가 어떤 정보를 인식할 때, 그것은 "네" 또는 "아니오"의 두 가지 신호로 나타난다. 당신은 에너지가 확장하는지 수축하는지, 흐르는지 정체되는지를 통해서 그 신호를 포착한다. 이런 감각들을 그저 우발적인 몸의 느낌인 양 묵살해버리지 않도록 주의하라. 그것은 당신만의 감응-인식 체계이다! 어떤 선택이나 행동이 적절하고, 안전하고, 진실하고, 당신의 목적과 일치한다면, 당신의 에너지는 확장될 것이다. 에너지가 샘솟고, 활기와 적극성이 생기고, 하나의 생각에 집중되고, 머리가 상쾌해지고, 열정으로 가슴이 뛸 것이다. 이런 반응들은 '진실한' 신호이며, 당신은 그것을 몸의 곳곳에서 느낄 수 있다. 어떤 사람들은 가슴 전체에 퍼져 나가는 따뜻한 기운을 감지한다. 에너지가 횡격막 아래로부터 가슴, 목, 눈가까지 솟아오르며 가득 차고 흘러넘치기도 한다. 혈액이 목과 얼굴로 활발히 공급되어 혈색이 강렬해지거나, 에너지가 척추를 타고 상승하거나 팔을 타고 하강하면서 서늘한 느낌이 들기도 한다. 마치 뭔가가 제자리에 척척 들어맞는 것 같다고 묘사하는 사람들도 있다.

어떤 선택이나 행동이 위험하고 부적절하고 기만적이고 당신의 목적과 어긋난다면, 당신은 불길한 신호들을 경험하게 될 것이다. 당신은 에너지의 약화, 수축, 침체, 압박을 느낀다. 오한이 나거나, 위장에 구멍이 난 듯 속이 쓰리다. 당신은 웅크리고, 음침해지고, 돌처럼 굳는다. 핼쑥해진 얼굴은 창백하거나 새파랗다. 통증을 느끼거나 말뜻 그대로 '머리털이 곤두서기도' 한다. 불길한 신호들의 대표적인 예는 다음과 같다. 위통, 메스꺼움, 목 부위의 통증, 흉부의 경직, 두통, 태양신경총(복부)의 응어리 또는 뭉침 등등.

　내게 강의를 들었던 한 사람은 좋은 해결책을 찾기 위해 이런 신호들을 자신의 후각과 연계시키는 연습을 했다. 그는 세 가지 해결책을 염두에 두고 있었다. 각각의 해결책을 상상하면서 냄새를 맡았더니 하나에서는 구운 스테이크, 다른 하나에서는 흙먼지, 마지막 하나에서는 오렌지가 연상되었다. 그 중에는 어떤 냄새가 최악이었을까? 그는 자기의 몸이 그 세 가지를 다 좋아한다고 말했다. 나는 각각의 냄새가 주는 에너지의 양상 또는 감정 상태를 느껴보라고 충고했고, 그의 선택은 아주 활발하고 기분 좋은 느낌을 주는 오렌지 냄새로 확 기울었다. 다른 두 가지는 무난했지만 감흥이 없었던 것이다.

　어떤 집 안으로 들어갔을 때 물리적 온도와 관계없는 한기가 느껴졌다면 그것은 어떤 의미일까? 아마도 그 집은 최근에 누군가가 죽어 나갔거나, 터가 안 좋거나, 입주자들끼리 격한 언쟁을 벌였거나, 당신에게 실망할 일 또는 불운을 안겨줄 가능성이 크거나, 당신이 이해하고 해소시켜야 할 과거의 부정적 경험을 상기시키고 있을 것이다. 예비 동업자를 만났더니 가슴이 빠르게 쿵쾅거리기 시작했다면, 그것은 그가 당신의 영혼의 짝이라는 뜻일까 아니면 가면을 쓴 위험인물일지 모르니 근원 주파수에 비추어 거듭 확인해봐야 한다는 뜻일까? 당신이 누군가와의 전화 통화를 계속 미루고 있다면,

그것은 그와의 관계에서 뭔가 정리해야 할 부분이 있기 때문일까, 아니면 당신이 할 말을 바꿔놓을 만큼 중요한 정보가 어디엔가 있기 때문일까? 당신은 이런 신호들에 주의를 기울이고 해독하는 연습을 해야 한다.

> 낡은 모자, 낡은 상자, 신발, 죽은 물고기가
> 파도에 떠밀려와 해변에 놓여 있다.
> 그것들을 본 당신은 이렇게 말한다.
> "이건 우연이야, 아무런 의미도 없어!"
> 동양의 사고방식은 이렇게 묻는다.
> "이것들이 함께 있는 것은 무슨 의미일까?"
> ― 카를 융

감응력의 활용

데이비드는 샌프란시스코 지역에서 인력채용 및 경영자문 전문가로 일하고 있다. 처음 그가 업무 범위를 헤드헌팅까지 넓혔을 때, 사람들은 그에게 최소한 하루에 50번 이상의 거절 전화를 감내해야 할 거라고 말했다. 그렇지만 그는 모든 것이 상호 연결되어 협동한다는 철학을 삶 속에서 실험하고 있었다. 우선 그는 미국 전체를 느낄 수 있도록 동쪽 방향으로 책상을 두고 앉았다. 아침마다 그는 자리에 앉아 눈을 감고 이 나라 전체와 연결되었다. 그는 이곳부터 동쪽 해안까지 이르는 미대륙 전역에 흩뿌려진 수천 개의 불빛을 상상하고 느꼈다. 한 사람 한 사람을 의미하는 그 불빛들은 빛나는 실가닥을 통해 그의 책상과 연결되어 있었다. 다음 단계로, 그는 구인 목록을 검토하며 거기에 알맞은 사람들을 감지해보았다. 마치 저녁 만찬을 알리는 종을 치듯이, 그는 행복한 마음으로 빛의 실가닥을 통해 사람들에게 제안을 보냈다. 그러자 몇몇 불빛들이 더 환하게 반짝였다.

상상을 마친 그는 만족감을 느끼면서 전화번호 목록으로 주의를 돌렸다. 그는 첫눈에 확 들어오는 번호에 전화를 걸었다. 이런 방식으로 그는 단기간에 괄목할 만한 성공을 거두었다. 동료들은 그가 사람을 끌어당기는 이유를 이해하지 못했다. 그는 하루에 50통이 아니라 단 열 통의 전화를 걸었지만, 그것은 실속이 있는 열 통이었다. 그가 주선한 인재들은 대개 예상치 못한 경로로, 때로는 소개를 통해서 나타나곤 했다. 의뢰인들은 마법처럼 일을 술술 풀어내는 그의 능력을 높이 샀다.

내가 만났던 사업가나 전문경영인들의 상당수는 자신만의 방식으로 감응력을 활용했던 이야기를 공통으로 들려준다.

투자회사에서 고위직까지 올랐던 피터는 언젠가 큰 규모의 부서를 맡으면서 유리벽으로 차단된 집무실을 배정받게 되었다. 하지만 그는 그 속에서 지낼 수가 없었다. 그가 창조와 실행을 위한 방책을 찾아내는 유일한 방법이 바로 주변을 거닐면서 사람들과 대화하는 것이었기 때문이다. 그는 사람들과 단절된 집무실을 비워둔 채로, 밖으로 나와서 휴가 계획이나 가족에 대한 수다를 떨곤 했다. 그는 자신의 몸이 비언어적인 정보를 획득하고 있음을 느꼈다. 그런 인식들은 전체상과 함께 어우러졌고, '감방' 안으로 되돌아갈 때쯤이면 해결책이 자연스럽게 떠올랐다. 그는 이처럼 '돌아다닐' 수만 있으면 업무에 전혀 부담을 느끼지 않았다.

무의식적인 동조

나는 몸의 느낌에 동조하면서 지금 내가 경험하고 있는 바를 살피고, 그런 에너지와 의식의 흐름을 종합하여 수강생들에게 공개하거나 소식지에 싣곤 한다. 좌절과 공포, 또는 설명할 수 없는 안정감을 느낄 때도 있고, 새로운 단계의 의식에 진입했다는 사실을 깨달을 때도 있다. 이런 통찰을 공유할 때마다, 나는 홍수와 같은 — 통계적인 예상치를 뛰어넘는

— 반응을 얻는다. "제게도 같은 일이 일어났어요!" 나는 이런 일을 수도 없이 겪어왔다.

내가 아는 한 사업가는 어느 날 사무실로 들어가서 자리에 앉았는데, 어렴풋하게 신경을 긁고 있는 무언가를 감지했다. 그녀는 그것이 저절로 명확해질 때까지 그 느낌과 함께 머물렀다. 그것은 좋진 않지만 쓸모 있는 소식이었다. 그녀는 '직원들이 지겨워하고 있다'는 사실을 알아차렸다. 얼마나 끔찍한 일인가! 그녀가 만들어낸 회사와 업무 환경은 직원들에게서 최선의 동기를 끌어낼 만큼 활기차거나 재미있지 않았다. 그렇다면 어떻게 해야 할까? 그녀는 그 느낌과 함께 조금 더 머물면서 또 다른 사실을 발견했다. 실은, 그녀 자신이 지겨워하고 있었던 것이다! 그녀는 자신의 감정이 일으킨 반향에 경악했다. 그녀의 마음가짐이 회사 전체에 파문을 일으킬 만큼, 그녀와 회사와 직원들은 서로 밀접하게 연결되어 있었던 것이다. 이런 경우에 당신은 궁금증을 느낄 것이다. "뭐가 먼저인가? 닭인가, 달걀인가?" 그녀의 지루함이 텔레파시를 통해 진동하며 직원들을 전염시킨 것일까, 아니면 직원들이 퍼트린 에너지가 그녀에게 미친 것일까? 그도 아니면, 회사 전체가 동시다발적으로 반응하며 에너지 상태와 환경을 변화시킨 것일까? 정답은 4번, 즉 세 가지 답이 모두 옳다는 것이다.

> 정성을 다하여 자신의 몸을 돌보라.
> 영혼조차도 육안을 통해서 바라볼 수밖에 없으니,
> 시력이 나빠지면 이 세상도 흐릿해지는 법이다.
> ― 요한 볼프강 폰 괴테

 필립은 분노를 조절하지 못하는 여성과 얼마간 결혼생활을 한 적이 있는데, 그녀는 터무니없는 이유를 가지고 남편에게 화풀이를 하곤 했다. 결혼 초기에 그는 아내의 발작에 깜짝 놀랐으며 정말로 한 대 맞은 것처럼 순간적으로 복부와 가슴이 조여드는 것을 느꼈다. 그는 그 충격과 느낌을 붙잡고 있지도, 같은 식으로 아내에게 대응하지도 않았다. 하지만 그의 몸은 고통스러운 반응을 멈추지 않았다. 그렇게 몇 년이 흐르는 동안, 그는 아내가 폭력적인 발작을 시작하기에 앞서 자신의 몸이 미리 불안해하고 조마조마해한다는 사실을 깨달았다. 마치 자신의 몸이 주변 환경 속에서 증가되는 '오존'의 냄새를 맡거나, 극도로 미세한 형태의 긴장감을 감지할 수 있는 것만 같았다. 몸의 느낌을 통해서 인간관계 속의 감정적 기류 변화를 알아차리고 아내의 분노를 몇 시간 전에 정확히 예측할 수 있게 된 것이다.

시공의 초월

 이런 유의 경험은 전혀 드문 것이 아니다. 위기를 맞거나, 사랑하는 사람이 죽거나, 또는 뜻밖의 횡재를 했을 때, 사람들은 이렇게 말하곤 한다. "나는 알고 있었어. 나는 이런 일이 닥칠 것을 느꼈어." 당신의 몸은 현재의 상황이나 인간관계뿐 아니라 곧 일어날 사건에 대한 정보까지도 인식하는데, 그것은 진동의 물결들이 심층적 정보들을 쉼 없이 가져다주기 때문이다. 아마도 먼 곳 또는 미래의 사건과 관련된 정보 패턴 속에 있던 양자(quantum)가 파동으로서 용해되었다가 입자로서 다시 등장하는 과정에서, 우리의 몸속에 어떤 인상들을 형성시키는 듯하다. 즉 시공간을 완전히 건너뛰는 것이다.

 통일장 속에서 거리는 문제가 되지 않는다. 시간도 마찬가지다. 앎은 즉각적이며 모든 곳에 편재한다. 당신의 몸은, 당신을 위해 온 우주에 초점을 맞추는 중심 렌즈이다. 내 몸은, 나를 위해 온 우주에 초점을 맞추는 중심 렌즈이다. 상위의 에너지장 속에서 벌어지는 일들 가운데 당신 영혼의 관심사와 관련된 것들은 모두 당신의 정보장 속으로 여과되어 들어오고, 당신이 수정구슬을 응시하듯 의식적으로 바라보는 동안 중심 렌즈(몸) 속에서 상으로 맺힌다. 당신이 의도적으로 통찰과 길잡이를 구한다면 그 과정은 백배 더 확실해지고 가속화된다.

에너지장의 공유

만약 우리가 유사한 삶의 교훈과 성장 단계를 함께 경험하고 있는 존재들이라면, 우리의 현실 또한 서로 공명할 것이다. 그때 나는 나 자신의 생각을 통해 당신을 이해하고, 나의 느낌을 통해 당신이 느끼는 감정과 충동을 쉽게 파악한다. 우리는 같은 에너지장을 공유하고 있다. 같은 맥락에서, 물리적 환경을 공유하는 사람들끼리는 동일한 배움의 과정을 거치고 있는 경우가 많다. 야근이 많은 회사에서 일하는 사람들은 어떤 형태로든 저마다 자기희생이라는 문제를 마주하고 있을 것이다. 독재자가 통치하는 나라에 사는 국민들은 모두 내적인 위엄과 자율성을 발견하는 법을 배우고 있는 중이다. 당신이 속한 국가의 정치적 동향을 이해하고 싶은가? 그렇다면 당신 자신의 에너지-감정-생각 속에서 일어나는 변화를 살펴보라. 당신의 문제는 무엇인가? 당신은 성장 단계의 어디쯤에 도달해 있는가?

당신은 상상으로 만들어낸 미래상이 조화롭게 공명하는지 그렇지 않은지를 살핌으로써, 몸의 느낌을 통해 그것의 실현 가능성을 정확하게 예측할 수 있다. 새로운 동업자와의 관계 또는 부동산 투자의 결과가 어떻게 될지를 알고 싶은가? 당신의 몸은 상상 속의 현실에도 즉각적으로 반응할 것이다. 어떤 일이 어떻게 흘러갈지를 알고 싶은가? 그것을 상상해보라. 당신의 몸은 사건들의 흐름과 청사진을 '읽어낼' 수 있고, 확장되거나 움츠러들면서 문젯거리나 돌파구의 등장 가능성을 암시해준다.

실습과제

공명하거나 조화를 깨뜨리는 진동들과 감응하라

1. 약간 친분이 있는 세 사람의 이름을 적어보라. 그들의 몸에서 방사된 내적 진동이 당신의 몸을 향해 전파되어온다고 상상하라. 그것이 당신의 진동과 만나고 당신을 통과하기 시작할 때, 그 둘은 쉽게 조화를 이루는가? 아니면 그의 진동이 불쾌하거나 왠지 이질적으로 느껴지는가? 이번에는 근원 주파수에서 나온 당신의 내적 진동이 그에게로 방사되고 그를 통과해간다고 상상해보라. 그 둘은 쉽게 공명하는가? 그는 당신과의 조화에 쉽게 적응하는가? 아니면 아주 조금이라도 어긋나는 부분이 있는가? 이제 가장 가까운 친구를 대상으로 같은 연습을 해보고 그 차이를 느껴보라.

2. 당신이 휴가를 보내고 싶은 세 가지 장소를 적어보라. 당신 자신이 지금 그 장소들 속에 있다고 상상해보라. 그리고 당신 몸의 신호와 진동을 읽어서 그곳들과의 공명 또는 부조화 정도를 확인해보라.
3. 당신이 해야 할 세 가지 과제를 적어보라. 당신이 지금 그 과제들을 하고 있다고 상상해보라. 몸의 느낌을 읽어서 가장 크게 공명하는 과제를 찾아보라. 그것은 당신의 근원 주파수와 잘 맞거나, 우주의 '긴급' 리스트에 올라 있거나, 당신에게 가장 필요한 무언가를 제공해줄 것이다. 몸의 선호도에 따라 과제들의 우선순위를 정해보라.

실습과제

미세한 감각을 묘사하라

다음의 미세한 감각들이 어떤 느낌이며, 또 몸의 어느 부위에서 인식되는지를 기록해보라.

- 무슨 일이 일어날 것만 같을 때, 당신은 어떤 느낌이 드는가?
- 자신의 직관을 무시할 때, 당신은 어떤 느낌이 드는가?
- 개인적 관점으로부터 공동체적 세계관으로 옮겨갔을 때, 당신은 어떤 느낌이 드는가?

- 무언가가 꼬여가고 있을 때, 당신은 어떤 느낌이 드는가?
- 무언가가 아주 잘 풀리고 있을 때, 당신은 어떤 느낌이 드는가?
- 다른 사람의 몸으로부터 정보를 인식했을 때, 당신은 어떤 느낌이 드는가?
- 무언가를 어떤 '신호' 또는 상징으로 받아들였을 때, 당신은 어떤 느낌이 드는가?
- 정보를 포함한 에너지의 파동을 수신하고 있을 때, 당신은 어떤 느낌이 드는가?

감응력을 높이는 몇 가지 팁

이처럼 에너지-의식 기법을 통해 파동과 진동 속에 내포된 자료들을 해독할 때는 주파수에 관한 몇 가지 중요한 법칙을 이해하는 것이 도움이 된다.

1. 감응에 적합한 의지의 활용법이 따로 있다.

감응력을 발휘하기 위해서 주변의 에너지장으로 주의를 확장할 때는 자신만의 방식으로 밀어붙이지 말라. 그저 개방되고, 부드럽고, 확장되고, 호기심 가득한 상태를 유지하라.

다가오는 것들을 마음을 열고 받아들이라. 내면의 주시자가 보여주려는 것들을 인식할 수 있도록 자기 자신을 열어두라. 당신이 할 일은 확장하고 수용하는 것이다. 예를 들어 누군가의 눈을 들여다볼 때는, 억지로 그 속으로 들어가지 말라. 그런 식으로는 아무것도 볼 수 없을 것이다. 당신의 눈을 이완되고 수용적인 상태로 두라. 그러면 줄줄이 이어지는 정보들을 수신하게 될 것이다.

2. '찾아다니는' 감응과 '받아들이는' 감응은 다르다.

여전히 분리감에 빠져 있다면, 당신은 자기 자신이 다른 사람, 생각, 사건, 과정 등을 '찾아다닌다'고 여길 것이다. 그리고 그런 관점은 단선單線적인 소통만을 허락할 것이다. 당신은 그것과 자신 사이의 틈새를 건너뛰어야 하고, 원하는 것을 발견하기 위해 자신의 중심을 떠나야 한다. 또한 짧은 여행이 끝날 때마다 다시 자신의 중심으로 되돌아오는 과정을 반복해야 한다. 이런 관점을 고수하고 있다면 반드시 자신의 중심으로 되돌아와서 이렇게 자문해야 한다. "이것에 대해 나는 어떤 생각을 갖고 있는가? 이것은 나에게 유용한가? 이것은 나에게 어떤 의미인가?" 중심으로 되돌아오지 않는다면 샛길로 빠져서 다른 사람의 현실 속에 붙잡히거나 소모될 것이다.

하지만 당신은 항상 내적 중심에 자리를 잡은 채로 그저 의식의 장을 확장함으로써 어떤 대상이든 간단히 품어 그것을 이해할 수도 있다. 당신은 '집', 즉 근원 주파수를 떠날 이유가 전혀 없다. 당신의 의식이 필요한 것을 감지해줄 것이다. 이해하고 싶은 대상과 어우러지고, 그것을 나의 일부로서 느끼고, 가슴을 열고, 의식적 교감을 통해 앎을 얻는 것이 훨씬 더 쉬운 방식이다.

3. 그것이 당신만의 느낌이라는 생각은 착각이다.

감응에 대한 책임을 모든 사람과 나누어 진다면, 당신이 원할 때마다 질문과 해답은 의식 속에서 마법처럼 솟아날 것이다. 당신은 모든 사람이 위대한 일체(unified Self)의 메신저임을 발견하게 된다. 동물, 조류, 곤충, 식물 등등 몸을 가진 모든 생명체는 당신에게 진동하는 정보들을 전달해준다.

4. 당신은 지금 이 순간에 필요한 만큼만 알고 행동한다. 당신이 너무 먼 미래를 느끼지 못하는 것은 당연한 일이다.

당신은 중요한 대상부터 주의를 기울이게 되어 있다. '중요하다'는 것은, 당신이 그것으로부터 배움을 얻고 있다는 뜻이다. 당신은 필요한 만큼의 정보를 얻는다. 그리고 그 정보를 잘 써먹고 그 경험을 소화시키고 나면, 즉시 다음 차례의 아이디어와 경험이 날아든다. 너무 먼 미래에 대한 직관이 부정확하거나 어두운 이유는 당신이 코앞에 놓인 더 중요한 인식들을 무시하고 있기 때문이다. 비행기처럼 이륙 신호를 기다리고 있는 인식들부터 통합하고 활용할 때, 당신의 시야는 더욱 넓어지고 분명해진다.

5. 감응력은 신뢰와 인정을 통해 강화된다.

진동을 통해 전달되는 심층 정보들을 신뢰하고, 교감을 기다리는 메시지들의 단서를 알아차리고, 비언어적 메시지들을 해독하여 의미를 찾아내고, 그 정보를 더 나은 사람이 되기 위해 활용하라. 이런 과정 전체를 받아들이겠다고 결심하라. 당신의 몸과 영혼을 신뢰할수록 감응력은 더욱 발전할 것이다. 당신의 몸이 감응을 통해서 어떤 메시지를 가져다준다면, 큰 소리로 몸에게 고마움을 표하고, 정성껏 껴안고 쓰다듬고 어루만져주라. 몸은 감각적 접촉을 아주 좋아한다!

6. 감정은 감응에 의한 신호들이 과장된 것이다.

확장되고 기분 좋은 감정이든 위축되고 기분 나쁜 감정이든 간에, 그것들은 당신에게 무시당했던 미세한 신호가 주의를 끌기 위해 에너지 수준을 높인 결과이다. 당신의 감정 속에는 적절한 방향, 영혼의 지침, 중요한 삶의 교훈들에 대한 정보가 담겨 있다.

감응력이 뛰어난 사람들의 특징

- 자존감이 강하며 성격이 유연하다.
- 어떤 대상과 감응하더라도 — 입자, 파동, 에너지장, 개인, 단체 — 편안하게 머문다.
- 자신의 앎 속으로 들어가서 그것과 합일하고 하나가 된다.
- 배려심이 깊고 중립적이며, 영적 교사의 입장에서 상대방에게 감정을 이입한다.
- 외적-객관적 현실을 내적-주관적 현실로서 인식한다.
- 주관적 앎이 객관적 현실과 상응한다고 믿는다.
- 육체가 의식이 있고 민감하다는 사실을 안다.
- 원하는 바를 이루기 위해 자신의 내적 진동을 활용한다.
- 창조와 치유 작업에 우주의 에너지를 동원한다.
- 일체성과 사랑을 회복하고 의심을 제거함으로써 자신을 치유한다.
- 다른 사람들이 자신의 내면에 존재한다고 인식하기 때문에, 나 자신을 치유함으로써 다른 사람들을 치유한다.
- '꼭 맞는' 방향과 선택을 감지한다. 그는 '아주 편안한' 쪽으로 선택을 내린다.
- 삶과의 조화가 깨졌을 때, 또는 분리감과 고립감에 빠진 사람들과 감응할 때 고통을 느낀다.

요약

 감응력을 활용하여 이 세상과 접촉함으로써, 당신은 생생한 경험을 얻고 길을 찾을 수 있다. 그러려면 주변 환경을 대하는 방식부터 변화시켜서 눈앞의 사람, 대상, 상황, 과정, 사건 등을 수용하고 그것에 동화되어야 한다. 그것들에 접속하는 것이 아니라, 의식적으로 교감 상태 속으로 진입하여 그것들을 자기 내면의 일부로서 알아차리는 것이다. 이런 방식은 배려심과 자비심을 키워준다. 이때는 소리굽쇠처럼 자신의 근원 주파수를 울려 의식의 바깥으로까지 퍼트림으로써 온 세상의 주파수를 정돈시킨다고 상상하는 것이 중요하다. 당신이 특정한 진동을 인간관계, 직업, 자기표현 등의 토대로 삼기로 선택했다면, 그것을 재확립하기 위해서 일종의 정돈과 정화 작업이 필요할 수도 있기 때문이다.

> 모든 사람은 시공간과 단선적 인과관계를 초월하는
> 의식의 특성을 드러낼 수 있다.
> ― 스타니슬라프 그로프

 조화롭지 못한 진동과 피해의식에서 플러그를 더 많이 뽑아낼수록 당신의 사고는 더욱 명쾌해진다. 당신은 내적 진동과 조화를 이루는 대상을 감지함으로써, 즉 근원 주파수에 비추어 옥타브의 높낮이만 다르거나 화음을 이루는 진동들을 찾음으로써, 자신에게 유익한 것들을 알아차린다. 당신은 몸의 반응 — 참된 신호(확장), 두려움의 신호(수축), 또는 그 외의 유쾌하거나 불쾌한 감각 정보들 — 을 통해서 진동과 파동들 속에 암호화된 미세 정보들을 해독한다. 그 정보들을 빨리 수신할수록 당신의 스트레스 수준도 감소한다. 당신의 몸은 현재의 주변 상황과 가까운 미래를 나타내주는 지표이다. 당신이 비슷한 주파수를 가진 사람들과 배움을 공유하는 것은 자연스러운 일이다.

근원 주파수의 메시지

서문에서 설명했듯이, 나는 평소 당신의 조급한 독서 성향을 직접적이고 깊은 체험으로 전환시키기 위해 각 장의 말미에 영감 어린 글의 일부를 포함시켰다. 이 메시지들을 통해서 당신은 내적 진동을 의도적으로 변조시킬 수 있다.

아래의 메시지는 '직관의 시대'에 보편화될 앎의 방식과 비슷한 체험 속으로 당신을 데리고 갈 것이다. 근원 주파수의 메시지 속으로 들어가려면, 그저 속도를 늦추고 서두르지만 않으면 된다. 천천히 숨을 들이마시고, 내쉬고, 가능한 한 움직이지 말고 고요해지라. 당신의 마음이 부드럽게 열리도록 놓아두라. 당신의 직관을 열고, 이 글과 감응할 준비를 하라. 그 속에서 나타날 깊은 현실과 감각 상태를 스스로 받아들일 수 있는지 살펴보라.

각각의 구절에 주의를 기울이는 만큼, 당신의 체험도 더 큰 차원을 취할 것이다. 한 번에 몇 개의 단어에만 집중하고, 구두점마다 숨을 돌리고, 지금 이 순간에 그 지성의 메시지와 함께 존재하라. 당신은 그 단어들을 크게 읽을 수 있고, 눈을 감고 다른 사람더러 읽어달라고 해서 그 효과를 살펴볼 수도 있다.

가장 진실한 느낌에 동조하라

당신은 생각보다 훨씬 더 한계 없고 복 받았으며, 보살핌을 받고 있다. 만물은 당신의 손아귀 안에서 자기 존재를 허락받기만을 기다리고 있다. 모든 지식은 당신의 호기심이 손 내밀어주기만을 기다리고 있다. 당신의 본질이자 모체인 존재의 생명장은 원자 하나의 목소리에도 감응한다. 그것은 당신의 사소한 바람 하나하나에도 반응하고, 변화하고, 귀 기울인다. 그런 자발성을 따름으로써, 당신은 보살핌받는 기쁨과 평온함을 얼마든지 느낄 수 있다. 그렇다. 당신은 의식적이고 발전된 감응력과 조화로운 공명의 이득을 — 그것이 얼마나 삶을 평안케 하고 지혜의 수준을 상승시켜주는지를 — 발견하고 있다. 하지만, 의식적 교감이 당신을 진정 데려가는 곳은 어디인가? 그것은 당신을 '우리(Us)'의 체험으로 이끈다. 앎을 공유하고, 감정을 공유하고, 동기를 공유하게 하면서, 당신을 진실한 일체감 속으로 데리고 간다. 당신은 형제자매와도 같은 생명체들과의 교감을 통해서 이기적이지 않은 우주의 속성을 발견한다. 주변을 간단히 둘러보고 사물들의 동기와 감응해보라. 그것들은 왜 존재하는가? 거기에는 단 하나의 참된 느낌밖에 없다. — 너그러움.

카페는 당신을 반겨주고, 당신은 보고 느끼기 시작한다. 한 여자의 행복한 발 위에서 빨갛게 색칠되어 반짝거리는 발톱, 스스로를 뽐내고 있는 그녀의 샌들, 다른 사람들과의 연결 수단이 되어주는 한 남자의 핸드폰, 손으로 돈을 꺼내는 동안 핸드폰을 고정시키기 위해 서로 굽혀지고 맞닿은 그의 어깨와 목, 주인의 뜻에 따라 기꺼이 옮겨 다니면서 결코 고정된 자리를 소유하지 않는 돈…. 아빠의 다정한 팔에 안겨 버둥거리는 아기의 통통한 다리는 당신을 웃음 짓게 한다. 산속에서 가족들과 함께 묵묵히 지내다가 얇게 잘려 당신의 도시로 왔고, 지금은 테이블 상판에 얹혀져 검푸른 얼룩을 쉼 없이 아름답게 반짝이며 사람들의 팔과 컵, 책과 빵을 떠받치고 있는 둥근 화강암 평판도 있다. 당신은, 글씨를 남기는 펜의 사랑과, 그 펜을 눌러서 머리에서 떠올라 목과 어깨와 팔과 팔목을 타고 전해오는 단상을 글씨로 써내는 손가락의 기쁨을 느낄 수 있다. 오리건주에서 자라다가 짧은 생을 마감한 한 그루의 나무로부터 온 종이는 당신의 그 덧없는 단상들을 기다렸다가, 아는 것이라곤 '주는 일'밖에 없을 만큼 자신을 사랑하는 이 우주에다 전한다.

7

인간관계

'집'은 우리에게 깊은 유대감과 친밀감을 준다.

고향이 같거나 한 지역에서 살고 있는 사람들은 끼리끼리 잘 어울린다.

각자의 내면과 외면, 과거와 현재, 경험과 현실과 열망이

서로에게 배어드는 것이다.

— 스티븐 A. 미첼Stephen A. Mitchell

이 책의 내용을 꾸준히 잘 따라왔다면, 당신은 우리가 변성 과정의 몇 가지 단계들을 통과했음을 눈치챘을 것이다. 우리는 먼저 '주파수'라는 측면에서 당신의 의식이 어떻게 상승하고 있는지를 살펴보고, 당신의 감응력을 가로막거나 왜곡시키는 것들을 제거하는 방법을 확인했다. 그런 후에 당신의 '근원 주파수'를 찾고, 의식의 감응력을 키우는 작업을 했다. 이제 우리는 또 다른 단계로 나아갈 것이다. — 주파수 법

칙과 감응력을 삶의 중요한 분야들에 활용하기. 그 출발점은 '관계'이다. 우리가 하는 모든 일은, 심지어 명상조차도 '관계'로부터 비롯되는 듯 보인다. 사람과 동물은 물론이고 돈과 자동차와 육체와 신성에 이르기까지, 우리는 모든 것과 관계를 맺고 있다.

멋진 인간관계 — 영혼의 짝이나 영적인 가족이라고까지 불릴 수 있는 — 를 맺는 것은 우리의 궁극적인 꿈이다. 파장이 같은 사람들과 함께하는 것만큼, 사이좋게 협동하고 손발이 척척 맞는 것만큼 행복한 일이 또 어디 있겠는가? 우리는 상대방의 가려운 곳을 긁어주고 치유를 돕는 데서 즐거움을 느끼게끔 태어났다. 그러나 현실 속에서는 최악의 시련과 상처를 불러오는 인간관계 탓에 비참함을 맛보곤 한다. 그렇다면 어떻게 해야 할까? 다른 모든 것과 마찬가지로 관계 또한 일종의 진동이므로, 우리는 주파수 법칙에 능숙해짐으로써 골치 아픈 상호작용을 영혼의 선물로 탈바꿈시킬 수 있다.

당신의 세계

주변을 둘러보라. 당신은 어떤 종류의 사람들을 친구와 동료로 두고 있는가? 당신이 운이 좋다면, 그들은 듬직하고 따뜻하고 사려가 깊을 것이다. 그들은 애정을 갖고 당신이 잘되기를 기원한다. 그들은 당신이 다가오는 만큼 마중을 나가고, 중간 지점에서 당신과 어울리고 소통하고 창조하며 도움을 준다. 이와 반대로 당신은 피해의식에 찌들고, 찰거머리처럼 들러붙고, 비난을 퍼붓고, 말이 통하지 않고, 또는 은근히 신경을 긁는 사람들에게 둘러싸여 있을 수도 있다.

당신의 세계가 그런 사람들을 받아들인 데는 이유가 있다. 못마땅해 보일지라도 모든 인간관계는 당신의 영혼이 주는 선물이다. 당신 혼자서는 발견하지 못할 장애물, 재능, 새로운 방향을 드러내주기 위해서 말이다. 어떤 사람은 당신과 관심사를 공유하며 당신의 재능을 이끌어내고 자신감을 북돋아준다. 누군가는 당신이 삶의 교훈을 얻는 데 기폭제가 되어준다. 누군가는 새로운 생각과 가능성을 열어준다. 물론 그저 함께 있으면 즐겁기 때문에 당신의 영혼이 불러들인 사람들도 있다. 즉, 까다로운 인간관계조차도 당신을 부정적인 감정 습관들로부터 해방시키기 위해 존재하는 것이다.

우리의 참된 소명은 사랑이다. 혼자서는 삶의 의미를 찾을 수 없다.
그것은 다른 사람들을 통해 발견된다.

— 토머스 머튼 Thomas Merton

인간관계와 의식의 변성

인간관계는 당신의 변성 과정을 가속화시킨다. 그것은 당신으로 하여금 내면의 긍정적 속성과 장애물을 더 빠르고 정확하게 자각하도록 돕는다. 두 사람의 진동이 합쳐진 강력한 에너지장 속에서는 시급한 문제 또는 전환점을 회피하기 어렵다. 이처럼 확대된 공명 속에서는 파괴적인 감정 습관들을 더욱 빨리 제거하여 새롭고 확장된 자아를 얻게 된다. 당신은 훨씬 더 크고 복합적인 존재가 된다. 사랑과 두려움은 인간관계 속에서 즉각적인 반향을 불러오므로, 당신은 영혼을 불러들이는 것과 밀어내는 것들을 신속히 분별할 수 있다. 그리고 인간관계는 '나만이 잘났다 또는 못났다'는 생각을 뛰어넘게 해주고 공감 능력을 향상시켜준다. 당신은 다른 사람들도 나 자신과 같은 경험을 할 수 있고 그 반대의 경우도 마찬가지라는 사실을 깨닫는다. 이것은 대단한 해방감이다.

우리의 에고는 '나는 나, 너는 너, 우리는 결코 만나지 않는다'는 제한된 관점 속에 우리를 가둬놓는다. 그러나 지금 당신은 변성되고 있다. 그것은 당신이 스스로를 에너지적 진동체로 여기고, 의식의 에너지장 속에서 다른 사람들과 서로 얽혀 있음을 깨달았다는 뜻이다. 이제 당신은 우리가 어떻게 만물을 공유하고, 서로를 알고, 서로의 존재를 뒷받침하고, 함께 페달을 밟고, 함께 살아가는지를 진심으로 이해한다. 겉보기엔 복잡해 보이겠지만, 당신은 '관계'라는 것이 얼마나 단순하고 우아한지를 실감한다. 궁극적으로 각자의 근원 주파수는 결국 하나의 근원 주파수를 향한다. 우리는 모두 '사랑'이라는 보편적 주파수로서 진동하고 있다.

어떤 '관계'와 감응할 때, 당신은 당사자들의 과거와 재능과 가능성을 두루 포함하는 단일한 '관계장' 속에 진입하는 방법을 알게 된다. 그것은 속한 사람들 모두에게 지침이 되어준다. 관계장과 하나됨으로써 당신은 그 관계가 주는 지혜, 특징, 삶의 교훈, 의미를 수용할 수 있다. 한발 더 나아가서, 당신은 한 개인인 동시에 상호 연결된 의식체로서 존재하는 법을 배운다. 당신은 한 개인인 동시에 집단적 자아이다. 당신이 더 많은 사람들을 자신의 관계망 속으로 받아들이는 법을 배우는 동안, 당신의 정체성은 개인, 일대일 관계, 가족, 조직, 국가, 인류의 수준으로 확장되고, 마침내는 순수한 의식이 되어 모든 사람이 궁극의 경지에서 하나가 되는 비물질적 차원으로 진입한다.

주파수가 맞는 사람들

상대방과의 관계가 찰떡궁합이든 삐걱거리든 간에, 그들은 당신과 비슷한 주파수 패턴을 가지고 있다. 당신의 세계 속에 들어온 사람들은 당신의 주파수와 어울린다. 누군가 당신의 삶 속에 등장해서 내적 주시자의 주목을 받고 있다면, 당신은 그와 내적 진동을 공유하고 있는 것이다. 즉, 그들은 당신의 세계 속에 등장하고 당신은 그들의 세계 속에 등장한다. 당신과 그들은 하나의 공통 목적을 위해 서로를 창조한다. 서로 꼭 같지는 않더라도 비슷한 주파수를 공유하는 것이다. 서로의 에너지장이 하나로 합쳐지면 거기에는 하나의 관계장이 형성되고, 그것은 공유되는 경험을 불러들인다. 당신은 과거의 경험을 통한 지혜, 새로운 재능의 발견, 에너지의 획득 등등의 공통적 자원을 얻는다. 이런 작용 덕분에, 마치 삼투압 현상처럼 다른 사람의 앎이 당신에게로 전달될 수 있다. 놀랍게도, 진동 패턴의 차이가 극심한 사람들은 서로의 현실 속에 결코 등장하는 법이 없다.

우리는 자신이 원하는 것이 아니라, 자신과 같은 것을 끌어당긴다.

— 제임스 레인 앨런 James Lane Allen

이런 어울림 과정은 당신을 혼란케 할 수도 있다. 그 이유는, 첫째로 그것이 무의식적 차원에서 작용할 수도 있기 때문이고, 둘째로 상대방이 공통의 근본적 문제를 인식조차 하지 못하는 채로 당신과 정반대의 행동을 보이는 경우도 종종 있기 때문이다. 존경하는 사람들과 내가 서로 비슷하다는 생각은 멋져 보이지만, 눈에 거슬리고 위협적인 사람들과 내가 닮았다는 사실은 받아들이기가 쉽지 않다. 그러나 모든 관계장은 그 구성원들에게 항상 하나의 주제만을 들려주고 있다. 당신이 몇 달간 출장을 가야 하는데 애인은 떨어져 지내는 것에 반대한다면, 진실은 양쪽 모두에게 독립과 자기 공간이 필요한 시기라는 것이다. 서로 의견이 다를 때, 당신은 상대방 또한 나와 공통으로 관련된 사안들에 접근하고 있음을 깨닫게 될 것이다. 당신이 상대방에게만 해당하는 문제에 대해 말하는 것은 불가능하다. 상대방에 대한 관찰은 동시에 당신 자신에 대한 관찰이다. 관계장으로부터 오는 메시지를 발견하고 동반자로서 그 공통 문제를 인식한다면, 그것은 부정적이든 긍정적이든 간에 당신의 변성 과정에 커다란 기여를 할 것이다.

인연의 작용

관계를 더 높은 차원으로 진전시키고 서로를 정당하게 대하기 위해서, 우리는 사랑의 위대함을 이해해야 한다. 사랑은 우리가 서로 연결되는 원인이자 에너지적 교류의 작용 원리이다. '끌어당김'의 법칙은 대개 이렇게 말한다. "같은 것끼리 끌어당긴다." 반대로 말하는 옛 속담도 있다. "반대되는 것끼리 끌어당긴다." 관계가 형성될 때의 에너지 작용을 더 면밀히 살펴보자. 당신은 어떤 내적 진동의 주파수를 확고히 하고, 그 에너지는 당신의 주변 공간을 채운다. 내적 진동이 발산되는 것이다. 그것은 느린 진동일 수도, 근원 주파수처럼 빠른 진동일 수도 있다. 어쨌든 공통된 욕구와 호기심을 해결하기 위해 비슷한 주파수를 가진 사람들이 당신의 세계 속에 불쑥 나타났다가 또 사라져버린다. 물론 같은 방식으로 당신도 그들의 세계 속에 출현한다. 우리는 제9장에서 '끌어당김'의 작용을 더 낱낱이 논의할 것이다. 지금은 우선 '끌어당김'을 일종의 주파수 동조라고 생각해보자.

우리는 자석이 철가루를 끌어당기듯이 사람들을 불러들이지는 않는다. 자연스럽게 동조된 영혼들은 그저 상대방 앞에 모습을 드러낸다. 동조가 깨지면, 그들은 사라진다. 관계의 창조와 소멸은 언제나 상호작용을 통해 일어난다. 당신은 의도적으로 누군가를 불러들이고, 소원 목록을 작성하고, 다양한 전략을 구사할 수 있다. 그러나 그런 아이디어가 당신 영혼의 바람에 의해 일어났고, 내면에서 이미 그것들을 실현시키고 있을 때라야 가능성이 있다. 자기 영혼이 누군가의 등장을 바란다고 확신할 수만 있다면 그것은 현실이 될 것이다. 삶의 동반자를 만나거나 회사 고객의 증가가 필요한 시점이 되면 당신의 영혼은 그것을 마련해줄 것이다. 그리고 당연하게도, 파괴적인 감정 습관들을 제거하고, 자신의 욕구를 인식하고, 정신과 감정을 한곳에 집중시킨다면, 그것의 실현은 앞당겨질 것이다. 그 반대의 경우도 마찬가지로 작용한다. 하지만 아무 효과가 없는 경우도 있다. 당신의 영혼이 그런 인연을 원하지 않는다면, 긍정적 확언을 아무리 많이 해도 소용이 없을 것이다.

> 사랑보다 쉬운 길은 세상에 얼마든지 많다.
> 하지만, 누가 쉬운 것을 원하는가?
>
> ― 메리 올리버Mary Oliver

당신이 누군가에게 강한 호감과 매력을 느낀다면 ― 연인이든 스승이든 새로운 친구이든 ― 그와 당신은 장애물을 제거하고 동질성을 느끼기를 함께 바라고 있는 것이다. 서로 같은 장점과 목적에 공명하는 사람들을 두고 우리는 "같은 것끼리 끌어당긴다"고 말한다. 우리의 억압된 부정적 진동과 공명하거나 우리와 정반대로 행동하는 사람들을 두고는 "반대되는 것끼리 끌어당긴다"고 말한다. 특히 아드레날린에 의한 강렬한 성적 이끌림으로 시작된 연인관계 중에 이런 경우가 많다. 그들은 실제로는 서로를 두려워하는데, 그 이유는 상대방에게서 과거에 상처를 주었던 사람의 모습이 무의식적으로 연상되기 때문이다.

지나치게 활동적인 사람이 곰같이 우직한 정반대 성격의 사람을 끌어당겨 서로의 반쪽을 채우고 균형을 맞추는 경우도 흔하다. 이제 우리는 내적인 중심이 잡혀 있어야 한다. 인간관계를 변성시키기 위해서는 양쪽 모두 활동성과 고요함을 갖추어야 한다. 지금 당신이 연인의 활력에 이끌리고 있다면, 아마도 당신은 자기표현을 확장할 준비가 되어 있을 것이다. 소외계층을 배려하는 정치가에게 호감을 느낀다면, 당신은 소외당했던 과거의 상처를 치유하고 있는 중일 것이다. 폭력적인 인간관계 속에서 학대자와 피학대자는 둘 다 피해자인 동시에 가해자이다. 그들의 영혼은 이런 패턴을 더욱 부추기고 있다. 그래야 그것을 발견함으로써 장애물을 제거하고 마음을 다시 열 수 있기 때문이다.

실습과제

새로운 사람들을 만날 준비

1. 높은 주파수를 지닌 새로운 사람들을 만나는 상상을 하고 있다면, 새로운 동반자, 동업자, 또는 더 많은 고객을 맞이할 준비가 되어 있다면, 그것은 당신의 영혼이 새로운 성장 단계를 마련하기 시작한다는 신호이다. 그런 생각 자체가 현실화의 첫걸음에 해당한다. 당신은 그것을 손수 해치울 필요가 없다. 그저 긴장을 풀고, 그것이 저절로 펼쳐지도록 놓아두라.

2. 당신이 바라고 있는 미래의 인간관계와 다양한 측면에서 감응해보라. 그것의 에너지 흐름은 어떤가? 그것은 어떤 공감대를 형성시키는가? 소통 과정은 얼마나 진실하고 수월한가? 상대방과 나의 몸은 얼마나 함께 행복해하는가? 그 느낌과 촉감을 아주 생생하고 자세하게 상상하라. 그 느낌을 당신의 새로운 진동 수준으로서 확실하게 받아들이라. 그것은 지금 이 순간 당신의 에너지장 속에서 중심 주파수로서 더욱 뚜렷해지고 있다. 상대방이 누가 되었든, 그들 또한 그 주파수를 공유하고 새로운 현실로 받아들일 준비가 되어 있다. 긴장을 풀고 그들이 등장할 무대를 마련해주라. 그것이 이미 실현되고 있음을 알

라. 행복하게 기다리라.
3. 이제 새로운 진동 수준의 주파수를 적극적으로 발산하라. 머리 위에서 등대 하나가 쉬지 않고 불빛을 회전시키면서 밤낮으로 당신의 주파수를 사방에 쏘아 보낸다고 상상하는 것도 좋다. 그 불빛은 당신을 안심시킨다. 그것은 상대방에게 당신의 존재를 알릴 것이고, 한번 가동된 후에는 계속 에너지 물결을 내보내는 한편으로 당신의 진동도 선명하게 유지시킬 것이다.

두려움에 동조된 관계

당신의 근원 주파수가 사랑스러운 영혼의 짝과 친구들을 불러들이듯이, 잠재의식 속의 두려움도 당신의 에너지장을 통해 발산되어 두려움에 찌든 사람들을 등장시킬 수 있다. 그릇된 인식과 파괴적인 감정 습관을 공유하는 사람은, 자신과 똑같이 움츠러든 사람들과 연결됨으로써 자신의 방식이 잘못되었음을 발견한다. 골칫거리인 사람이 삶 속에 등장했다고 해서 당신이 벌을 받는 것은 아니다. 오히려 당신은 빨리 자신을 변성시킬 기회를 얻고 있는 것이다.

인간관계의 조화가 깨지는 원인은 다양하다. 두려움에 빠진 에고는 서로를 서먹하게 하고, 고통스럽게 하고, 동요시킨다. 움츠러들어 있는 사람들이 한데 모이면 그들의 감정 패턴은 현실화될 수 있는 수준으로 증폭된다. 그러면 그 관계는 서로 부딪히고, 보기 싫은 측면을 투사하고, 비난과 처벌과 거부로 끝을 맺는다. 당신이 골치 아픈 인간관계를 경험하고 있다면 아마도 다음의 원인들 중의 하나가 작용했을 것이다.

1. 양쪽 모두 잠재의식 속에서, 어린 시절에 부모의 영향 아래 형성된 감정 패턴에 집착하고 있다.

당신은 지금 무엇이 옳은 태도인지를 모른 채로 반사적으로 반응하고 있다. 당신의 영혼은 똑같은 '음파'를 가진 사람들을 불러들이고, 그들은 당신과 피해자-가해자 역할을 주고받는다. 심술궂은 어머니 탓에 아버지의 꼬맹이 애인으로서 자라난 딸은 커서 다른 여자들의 애인을 가로채거나 반대로 애인을 빼앗기곤 한다. 밖으로 나도는 아버지 탓에 덩달아 어머니의 사랑을 받지 못했던 아들은 커서 한 여자에게 헌신하지 못한다. 본인은 그러려고 해도 상대방이 제멋대로 굴거나 한눈을 판다. 어릴 때 부모님과 사별하거나 헤어진 사람은 연인이 혼자만의 시간을 필요로 할 때마다 화를 낸다. 그리고 먼저 이별을 고하거나 버림받는다.

2. 양쪽 모두 영혼의 온전한 표현을 훼방하는 정신적-감정적 상태에 붙잡혀 있다.

당신의 영혼은 당신의 관점을 두드러지게 반복시키거나 흔들어놓을 사람을 불러들인다. 훌륭한 과학적 지식을 갖추고 그것을 통해 세상만사를 설명하는 사람은 과학에 한계가 있다고 생각하는 사람을 만난다. 그 상대방은 감각적으로 순리에 따르는 것을 최고로 친다. 자신의 집과 정원을 세상과 단절된 아름다운 안식처로 꾸민 사람에게는 시끄럽고, 집 뒤편에서 쉼 없이 담배를 피워대고, 고물 자동차를 남의 집 앞에 대놓는 사람이 옆집으로 이사 온다. 어릴 때 배에서 떨어져서 거의 죽을 뻔했던 사람의 영혼은 바다와 뱃놀이와 수영을 좋아하는 사람을 배우자로 불러들인다.

3. 적어도 둘 중 하나는 카르마 — 과거에 매듭짓지 못한 업보 — 를 가지고 있다.

당신은 먼 과거에 저질렀던 일을 이제 이해하고 풀어내고자 한다. 당신은 과거에는 마음을 닫았었지만 지금은 받아들이고 싶은 어떤 상황을 무의식적으로 재현시켜주는 인간관계를 마주한다. 또는 당신에게 저지른 과거의 악업을 갚으려는 다른 사람들을 받아들인다. 젊은 시절 또는 전생에, 당신은 상사의 것을 훔쳤다. 그리고 이제 아버지는 당신에게 유산을 물려주지 않는다. 언젠가 다른 시간대에, 당신은 어린 자식과 아내만 두고 요절했다. 이제는 좋지 않은 상황에 처한 배우자와 헤어지는 대신에, 남들이 미쳤다고 할 정도로 오랫동안 배우자와 사고뭉치 의붓자식들을 보살피게 된다.

카르마에 의한 관계는 뭔가에 홀리듯이 자동적으로 시작되며, 마치 터널 안에 있는 것처럼 느껴지기도 한다. 당신은 반대쪽 출구에 도달하기 전까지 그곳을 빠져나갈 수 없다. 당신이 원하고 선택한 길이지만 그다지 유쾌하지는 않다. 카르마가 해소되면, 당신은 머리를 흔들며 이렇게 말한다. "내게 무슨 일이 일어났던 거지?"

> 두 인격의 만남은 두 가지 화학물질의 결합과도 같다.
> 어떤 반응이라도 일어난다면, 양쪽 모두가 변성된다.
> — 카를 융

인간관계의 변화와 종결

비슷한 주파수의 두 에너지장이 관계를 창조하듯이, 한쪽의 주파수가 변하면 그 관계도 전환되고 때로는 끝을 맺는다. 예컨대 영적 성장을 통해 당신의 주파수가 높아졌다면, 몇몇 사람들은 당신의 주변에 더 이상 튀어나오지 못하게 된다. 당신과 비슷한 성장을 이룰 때까지 그들은 자취를 감춘다. 당신은 이런 말과 함께 관계를 끝마치리라. "그들은 날 지루하게 해." "이러저러한 이유로, 그들은 이제 날 좋아하지 않아." 친구들이 떠나가고, 예기치 못한 곳에서 새로운 친구가 나타난다. 하나의 카르마가 해소되면 즉시 당사자의 진동이 변화되고, 그러면 인간관계의 양상도 급작스럽게 방향을 바꾼다.

내 부모님은 결혼생활 내내 사사건건 다투고 부딪혔다. 둘 다 딱히 행복한 생활은 아니었지만, 분명 그것은 함께 지냄으로써 서로에 대한 업보를 푸는 성격을 띠고 있었다. 나는 언제나 아버지는 어머니에게 더 헌신해야 하고, 어머니는 아버지가 허락한 커다란 자유를 받아들여야 한다고 느꼈다. 어머니는 아버지를 용서하고 포용할 필요가 있었다. 그들의 결혼은 긴장과 갈등의 연속이었지만, 나는 그들이 제 몫을 꽤 잘 해냈다고 생각한다. 그리고 함께 산 지 49년이 지났을 때, 어머니는 갑자기 이혼을 결심했다. 무려 일흔둘의 나이였다! 나는 의아할 수밖에 없었다. '49년이나 지내놓고서 새삼스럽게 이혼이라니?' 그러나 나는 직업상 그런 일을 많이 보아왔다. 영혼이 마침표를 찍으면 그것으로 끝이다. 왜 그만큼의 세월이 필요했는지에 대한 설명 따위는 없다. 영혼은 구차한 설명을 늘어놓지 않는다. 눈에 보이지 않는 분기점에 도달하면, 한쪽 편이 낡은 진동 패턴과의 동조 상태를 벗어난다. 그때는 양쪽 모두의 현실이 급격히 변하고, 특히 먼저 벗어난 사람은 운명을 향해 재빨리 전진한다. 모순적이게도, 상대방은 자신도 그 결정에 동조했음에도 불구하고 그 사실을 인식하지 못하고 마치 피해자가 된 듯이 느끼는 경우가 많다.

아내와 함께 오랫동안 사업을 해온 라비는 어느 날 구도의 삶을 추구하기 시작했다. 그는 인도로 돌아가서 구루와 지내고, 형이상학과 새로운 관점의 물리학에 관한 책을 읽고, 시대를 앞선 생각들에 매료당했다. 그의 아내는 가족과 경제적 안정, 인도의 문화를 가치 기준으로 삼고 있는 평범한 여인이었다. 라비도 그런 것들을 존중했지만, 그는 새로운 자아를 찾기 위해 더 멀리 나아가길 원했다. 그는 투덜거렸다. '아내가 조금이라도 구도에 관심이 있다면 우리는 계속 함께 지낼 수 있을 텐데.' 하지만 그녀는 라비의 영적인 관심을 어리석은 짓으로 여겼다. 라비는 문화적으로 가장의 역할을 부여받았지만, 근원 주파수가 인생을 다른 방향으로 이끌자 별종이 되어버렸다. 결국 그는 내적 갈등을 견디지 못하고 이혼 절차를 밟기 시작했고, 가족들의 원망과 주변의 악담이 쏟아졌다. 그가 영적 진화를 위해 치른 대가는 컸지만, 그는 여기에 자신의 목숨이 달려 있다고 믿었다. 우리는 모두 진화하고 있으며, 이런 성장의 분기점은 사적이든 직업적이든 간에 모든 인간관계의 양상 — 진화 또는 정체 — 속에서 가장 뚜렷이 드러난다.

누군가의 파동이 상대방과의 동조 상태를 벗어나 더 높은 주파수로 옮겨갈 때는 그 즉시 변화가 감지된다. 그 둘이 비교적 무의식적인 관계를 맺어왔다면, '뒤에 남겨진' 사람은 화를 내고, 비난하고, 손해를 입히고, 통제를 하려 달려들 수도 있다. 상대방을 익숙하고 낡은 패턴 속으로 되돌리려고 강제하거나 심지어 신체적 상해를 입히기도 한다. 상대방이 근원 주파수 속에 머무는 새로운 습관을 들였다면, 우리 또한 함께 진화할 수 있는 대단히 좋은 기회를 얻을 것이다. 그들은 어긋난 것들을 부각시키면서 이렇게 말할 수도 있다. "뭔가가 달라졌어. 우리 사이에 뭔가가 변했어. 그게 뭐지? 우리가 처음에 맺었던 약속 — 공동의 목표 또는 꿈 — 이 변경되고 있는 걸까? 넌 지금 무얼 원하니? 난 지금 무얼 원하지? 우리는 더 높은 주파수를 방사하는 새로운 에너지장에 함께 진입할 수 있을까? 우리는 우리의 관계를 다시 조율함으로써 새로운 진동 속에서 나타나려는 것들을 현실화시킬 수 있을까?"

결혼, 가족, 친구, 사업상의 인간관계가 유동적이고 개방적이고 진실하다면, 우리는 새로운 양상에 평화롭게 적응할 수 있다. 만약 영혼이 서로 어긋난 목표를 향한다면, 그 관계는 분리되고 더 적당한 양상으로 변화할 것이다. 예컨대 부부

관계가 친구 관계로 변화할 수도 있다. 아니면 서로에 대한 고마움을 간직한 채로, 각자 완전히 다른 현실 속으로 간단히 갈라져 나갈 수도 있다. 관계의 변화를 결정하는 데는 언제나 양쪽 모두의 영혼이 관여하고 있기 때문에, 관계의 끝에서 분노와 비탄에 빠져드는 것은 전혀 쓸모가 없는 짓이다.

고독의 의미

만약 관계를 끝내기로 결정했거나 반대로 버림받았다면, 당신은 혼자만의 시간을 보내게 될 것이다. 변성 과정 속에서 내려놓고, 고요해지고, 근원 주파수를 다시 맞이하고, 새로운 발상과 동기의 관계를 획득하는 단계로 되돌아가는 것이다. 레이시는 예쁘고 교양 있는 여성으로, 그녀의 모든 요구를 들어주는 남자들과 관계를 맺어왔다. 그녀는 이별을 겪고 나서 다른 남자를 찾는 데 한 번도 어려움을 겪지 않았다. 하지만 그녀의 주파수가 상승할수록 이런 방식은 더 이상 통하지 않았다. 그녀는 맘에 드는 남자를 찾을 수가 없었다. 사실은, 그녀의 영혼이 제거될 필요가 있는 감정적 장애물을 드러내고 있었던 것이다. 그래야 지금껏 대신 일해줄 남자를 찾는 데 사용되었던 그녀의 훌륭한 창조성이 스스로 맘껏 표출될 수 있기 때문이다. 그녀는 혼자 지내야 한다는 사실에 격분했고 고문을 당하는 듯 느꼈다. 그녀는 새로운 관계만을 찾아다녔다. 어느 날 그녀는 여자들만의 어떤 모임에 참가하면서 명상하는 법을 배웠고, 곧 가까운 연합 교회(Unity church)에 다니기 시작했다. 그녀는 점차 고요해졌고 자기 자신을 있는 그대로 받아들였다. 그녀는 자신의 집착을 완전히 내려놓고 미술 교실에 참가했으며, 거기에서 자신의 새로운 재능과 열정을 발견했다. 머지않아, 그녀는 교회에서 완전히 다른 성향의 남자를 만났다. 그는 서로 동등한 입장에서 그녀의 영혼이 발현되도록 도와주었다.

혼자 지낸다는 것은 당신이 인간관계에서 소외당했다는 뜻이 아니다. 첫째로, 당신에게는 언제나 자기 자신이 있다. 둘째로, 당신의 영혼은 당신에게 필요한 것 — 인간관계이든 혼자만의 공간이든 — 을 가져다준다. 관계 속에 놓여 있을 때는 상대방의 영혼과 교감하는 것이 당신의 과제이다. 혼자만의 공간 속에 있을 때, 당신은 자신의 영혼과 교감하며 만물 속에서 신성의 현존을 느낀다. 당신은 음식 또는 텔레비전과도 관계를 맺을 수 있다. 또는 상상을 통해서 자신의 빛몸, 육체, 또는 비물질적 존재들과도 연결될 수 있다. 그리고 아직 만나지 못한 사람들, 당신에게 혼자만의 시간을 주기 위해서 모습을 드러내지 않고 있는 사람들까지도 사랑할 수 있다.

> 내가 신을 보는 그 눈으로 신은 나를 바라보신다.
>
> — 마이스터 에크하르트

혼자만의 시간 속에서 누군가와 '교감'을 한다는 것이 처음에는 추상적으로 느껴질 수도 있겠지만, 알아차리기(mindfulness, 생각하고 행동하는 자신을 의식적으로 알아차리는 불교 수행법)를 연습하고 모든 곳에서 빛과 사랑과 다정함을 만끽한다면 당신은 기운과 힘을 보충하게 된다. 그리고 곧 형상(form)의 단계가 뒤따르면서 물리적 차원의 새로운 인간관계가 나타날 것이다. 그러니 혼자 지낼 때는 육체, 세상, 물체, 공기 등과 감응하면서 모든 장소에서 근원 주파수를 느껴보라. 그것과 조화를 이루고 궁극의 부모, 숨어 있는 연인, 눈에 보이지 않는 최상의 친구와 사랑을 주고받으라. 진실로, 당신이 분리되거나 공명을 멈추는 것은 불가능하다. 당신은 '존재의 통일장' 속에 머물고 있으며, 그 안의 모든 것은 당신과 똑같은 방식으로 진동한다. 결국 자신의 근원 주파수, 그리고 더 높은 차원의 참된 자아야말로 진정 당신에게 소중한 것이다.

관계의 근원 주파수

인간관계란 각 개인의 진동과 성향이 증폭되고 확대된 것이기 때문에, 양쪽이 동시에 근원 주파수 속에 머물면 당연히 그 관계장은 상상을 뛰어넘는 수준으로 사랑을 펼쳐낸다. 기억하라. 근원 주파수는 열린 가슴이다. 그것은 당신이 선택한 방식대로 느끼고, 당신이 선택한 방식대로 사랑한다. 양쪽이 모두 근원 주파수 속에 머물 때는 성격과 취향과 생각의 차이가 전혀 문제되지 않는다. 당신은 상대방을 좋아하고 이해하며 언제나 웃을 준비가 되어 있다. 까르르 자지러지게 웃는 갓난아기에게 화를 낼 수는 없다. 대개 그런 웃음은 아기의 순수하고 즐거운 근원 주파수로부터 나오기 때문이다. 그것에는 당신이 동참할 수밖에 없는 강력한 힘이 있다. 공유된 근원 주파수는 모두 그런 식으로 작용한다. 그들은 공감대를 창조한다. 모든 사람의 근원 주파수는 사랑의 미묘한 변형판으로서, 마치 화음 속의 음정들처럼 서로 어울리기 때문이다.

우리는 서로 보이지 않게 연결되어 있다.
그리고 우리의 에너지장은 쉼 없이 변화하고 진화해간다.
우리의 행동과 인식이 그것을 구성하고 움직이고 있기 때문이다.

— 데이비드 봄 David Bohm

모든 관계장은 각자의 근원 주파수를 가지고 있다. 그것은 당사자들의 근원 주파수 또는 가슴이 통합된 것이다. 당신의 관계장이 근원 주파수에 동조되기 시작하면, 당신과 상대방은 그 공명 상태를 거의 벗어나지 않고 계속 사랑을 키워나갈 것이다. 관계장의 근원 주파수 속에서 사람들은 서로 가슴을 열고, 자애와 안정감을 느끼며, 동행의 참뜻을 이해한다. 둘의 관계가 따뜻하고 진실하고 자발적일 때 어떤 느낌이 들지를 상상해보라. 그 상호작용은 어떻게 펼쳐지는가? 양쪽의 가슴이 모두 열렸다면, 상대방이 참된 모습을 찾도록 돕는 것밖에 다른 바람이 없다. 관계장의 근원 주파수 속에서 당신은 주파수가 조화를 이뤄가는 과정을 분명하게 자각할 수 있다. 그때는 특별한 문제 또는 특징이 두드러지고, 치유와 정화가 일어날 조짐이 보이며, 각사의 운명이 펼쳐지는 데 서로 보탬이 된다. 공감대의 창조는 당신의 텔레파시와 예지 능력을 높여줌으로써 서로의 마음을 읽고 미래의 방향과 사건들을 감지하게 해준다.

겉으로 드러난 문제들 탓에 당신은 상대방과 서로 양립할 수 없다고 느낄 수도 있다. 하지만 상대방에게서 영혼의 진동을 보고 관계의 근원 주파수를 주시하는 동안, 당신의 마음은 열리고 갈등도 사라진다. 한쪽은 근원 주파수를 잠시 놓쳤더라도 다른 한쪽이 근원 주파수 속에 머물고 있다면 그 관계는 부정적인 흐름을 벗어나기가 훨씬 쉬워진다. 공유된 관계장 속에서 두려움이 치워지는 만큼, 그 관계는 기쁨과 창조성과 있는 그대로의 공존을 통해서 영혼의 경험으로 바뀌어간다.

그것이 가장 친밀한 애정 관계라면, 서로가 두려움에서 비롯된 반응을 벗어나서 자신의 근원 주파수 속으로 되돌아가는 데 섹스가 큰 도움을 줄 수 있다. 섹스는 그저 그런 일상사들이 저편으로 물러나고 열린 가슴, 신뢰, 보살핌, 즐거움의 의식 상태가 다시 바로 서는 성스러운 공간이 될 수 있다. 우리는 상상만으로는 정화, 균형, 변성 작업을 다 해내기가 어렵다. 우리에게는 몸에 기반을 둔 영혼의 충만한 경험이 필요하다. 섹스는 그런 경험을 위한 방편들 중의 하나이다. 게다가 그것은 양쪽 모두에게 음양 에너지의 균형을 잡아주고, 조화롭게 발현될수록 우리는 더욱 높고 통합된 사랑의 체험과 연결된다. 파괴적인 감정 습관들이 당신의 성생활 속에 파고들어 있다면 그것들을 제거하는 일은 대단히 중요하다. 당신은 홀로 명상을 하거나 창조적 시간을 보낼 때와 마찬가지로 상대방과 함께일 때도 편안하고 안전한 안식처를 마련해야 한다.

관계장의 근원 주파수가 증폭될수록, 양쪽은 더욱 빠르게 내면의 진리를 발견하고 숨겨진 재능에 접근하게 된다. 관계장의 근원 주파수는 양쪽의 의도를 결합시켜서 '최선의 결과'를 실현시켜준다. 또한 그것은 대단히 충만한 에너지를 통해서 드넓은 지혜로부터 불러낸 높은 수준의 경험을 제공해준다. 당신의 인간관계가 진정 깨어 있는 삶으로 가는 방편이 되는 것이다.

공유된 근원 주파수의 특징

관계장의 근원 주파수에 동조하는 사람들은

- 동등한 입장에서, 서로를 위해 시간을 쓰고, 중간 지점에서 만난다.
- 거리낌 없이 애정을 보이고, 사려 깊고, 마음이 통하며, 서로 고마워한다.
- 진실하고 믿음직히다.
- 서로 선행을 주고받고, 상대방의 요구에 맞춰주고, 필요에 따라 앞서거나 뒤서는 역할을 교대한다.
- 상대방이 최선의 것을 얻기를 원하고, 상대방의 영혼과 운명이 발현되도록 뒷받침해준다.
- 비난, 질투, 비밀, 피해의식 등의 파괴적인 감정 습관들을 풀어 없앤다.
- 한쪽 또는 양쪽 모두가 두려움 속으로 되돌아갈 때면 열린 마음 상태를 회복하고 유지하는 데 온 힘을 쏟는다.

- 한쪽이 일으킨 문제가 양쪽 모두에게 해당한다고 이해한다.
- 두려운 것, 기쁜 것, 마음을 움직이는 것들에 대해 소통한다.
- 성장을 추구하고, 서로의 안락지대를 넓혀주는 경험과 매 순간의 공유를 통해 자연스럽게 진화한다.
- 혼자만의 공간, 친교, 사회적 참여를 요구하는 흐름(밀물과 썰물)을 모두 존중한다.

주고받음

근원 주파수 속에서 머물 때, 주고받음은 언제나 황홀하고 마법과 같은 특성을 띤다. 당신은 주거나 받을 때 더 이상 부담을 느끼지 않는다. 이제 당신은 앙갚음을 하지도, 받기 위해서 주지도, 오직 받기만을 원하지도, 무엇을 어떻게 받을 것인지를 고르려 들지도 않는다. 당신은 사심 없이 널리 베풀고, 자신이 원하거나 필요하다고 생각하지 못했던 것들을 받는다. 당신이 상대방을 위해 해준 일은 그들이 원하는 것과 정확히 일치한다. 그들은 스스로 즐겁게 느끼는 것을 당신에게 주고, 그것은 당신이 찾던 바로 그 퍼즐조각이다. 어떤 관계장의 근원 주파수 속에서 주고받을 때는, 그 공유된 에너지장이 드러날 필요가 있는 것을 드러내주고 실현될 필요가 있는 것을 실현시킨다. 당신의 머릿속에는 아이디어가, 당신의 몸속에는 동기가 떠오른다.

주고받음은 한 가지 움직임의 양극이다. 주고받음은 양쪽 모두가 알고 경험해야 할 무언가를 에너지장으로부터 이끌어낸다. 양극 — 주는 자와 받는 자 — 은 각자가 자아를 발견하고 더욱 확장하도록 돕는다.(나+받은 것=새로운 나) 나는 아버지가 주신 용돈을 포장지 뭉치 속에서 잃어버렸던 어느 크리스마스를 기억한다. 나는 한동안 그것을 찾아 헤매다가 아버지에게 사실대로 고백했다. 하지만 나는 이미 그 돈을 받아서 필요한 곳에 잘 사용한 것이나 다름없다고, 그러니까 나는 그것을 잃어버렸다고 생각지 않으니 절대 걱정하실 필요가 없다고 말씀드렸다. 아버지는 눈시울이 붉어질 정도로 감동하셨다. 그리고 한 시간이 지나서, 모든 걱정을 잊었을 때쯤 나는 그 돈을 찾았다. 하지만 우리는 그 소동 덕분에 변화되었다. 우리는 서로를 더욱 소중하게 여기게 되었고, 서로 주고받는 가운데 공유되는 힘을 확실히 이해하게 되었다. 그전까지 우리는 그저 받는 대로 되돌려주었을 뿐이었다.

변성된 인식으로 보면, 만물은 상호 연결되어 있기 때문에 무언가를 준다고 해도 그것은 결코 당신에게서 멀어지거나 사라지지 않는다. 주는 사람, 받는 사람, 주고받는 대상은 모두

관계의 한 측면이며 같은 공간 속에서 존재한다. 깨어 있는 의식으로 주고받음으로써, 당신은 양쪽 모두에게 선물이 주어지는 경험을 얻는다. 진실로, 양쪽 모두가 선물을 받았다는 사실을 알아차릴 때, 거기에는 오직 이득만이 있을 뿐이다.

> 서로 하나로 연결되면, 그들은 어딘가 다른 존재가 된다….
> 관계는 우리를 변화시키고, 드러내주고, 더 많은 것을 환기시킨다.
> 다른 사람들과 함께할 때, 또는 자기 자신과 함께 할 때만이
> 우리의 재능은 모습을 드러낸다.
> — 마거릿 휘틀리Margaret Wheatley, 마이런 켈너 로저스Myron Kellner-Rogers

공유된 근원 주파수의 목적

관계장의 근원 주파수 속에서 머물면, 설령 그것이 잘 알지 못하는 사람과의 관계일지라도, 당신은 상대방과 마주치거나 동행하게 된 원인을 통찰할 수 있는 지혜의 실마리를 얻는다. 그 고요하고 중립적이고 자애로운 인식으로부터 당신은 양쪽 모두에게 해당하는 주제들을 찾아낼 수 있다. 그런 후에, 그 공유된 에너지장은 서로의 배움과 정화 과정이 어떻게 전개될지를 직관을 통해서 알려줄 것이다.

당신의 주변을 에워싸고 있는 사람들을 다른 관점에서 바라보자. 여기에는 대중매체와 책 속에 나오는 인물과 배우들까지도 포함된다. 그들이 나타내는 주제들은, 그들의 영혼이 '우리'가 무엇에 관심을 기울여주길 바라는지를 암시하고 있다. 명심하라. 둘 중 한 사람이 무언가를 발견했다면, 그것은 그 둘 모두에게 드러난 것이다. 혹시 큰돈을 벌려고 모험을 하거나 파산을 막기 위해 애를 쓰고 있는 친구들이 있는가? 그렇다면 당신을 포함해서 모두가 두려움을 버리고 성공을 이루는 쪽으로 방향을 바꿀 준비를 하고 있는 건지도 모른다. 당신의 동료가 자신의 지위에 대해 지겨워하고 불평하는가? 당신 또한 새로운 자아를 발현하기 위해서 도약할 준비를 하고 있을 수 있다. 당신은 제인 오스틴Jane Austen의 연애소설을 많이 읽고 있는가? 그렇다면 당신의 애인도 더욱 낭만적이고 용감하고 단순한 삶을 원하고 있을 것이다. 당신은 조화롭고, 생산적이고, 세상에 변화를 일으키는 특출난 사람들로부터 감동을 받고 있을 것이다. 그렇다면 당신도 그런 장점들을 받아들여서 자신의 삶과 인간관계를 확장시킬 준비가 되어 있다는 뜻이다.

당신이 진절머리 나는 성격을 가진 사람과 관계를 맺고 있다면 어떨까? 그것은 당신에게 끔찍하기만 한 일일까? 이처럼 까다로운 상황 속에서 의미를 발견하려면, 당신은 근본적인 감정 습관들 속으로 하강해야 한다. 당신이 싫어하는 그 행동은 상대방이 자신도 모르는 자신의 감정적 상처 — 거절이나 압도적인 공포의 경험 등 — 를 치료하는 하나의 방식일지도 모른다. 그와 비슷한 상처를 갖고 있다고 해도 당신은 다른 방식으로 대처하고 있을 것이다. 예컨대, 부모의 부적절한 성적 에너지에 시달렸던 두 사람이 있다면 — 그것이 실제의 신체적 학대였든 사념 전달을 통한 학대였든 간에 — 한 명의 성생활은 공격적이고 문란한 반면에 다른 한 명은 점잔을 빼는 성향일 수 있다. 그 둘이 서로에게 끌린다면 그 관계는 정상이 아닌 것처럼 보일 것이다. 그들은 서로의 입장을 불안하게 한다는 이유로 상대방을 비난하기 쉬울 것이다. 관계장의 근원 주파수 속으로 들어감으로써, 그들은 억압된 기억과 공통의 취약점을 발견할 수 있다. 그러면 서로 반대의 역할을 수행해온 방식을 깨닫고, 얼마나 쉽게 서로 입장을 바꿔볼 수 있는지를 이해하게 된다. 그리고 치유가 뒤따른다.

자신과 타인의 치유

당신의 깊고 얕은 모든 관계는 당신의 성장과 치유를 돕는 정보를 포함하고 있다. 인간관계는 다른 사람들을 더 효과적으로 돕고 능숙하게 치유할 방법을 당신에게 가르쳐준다. 다른 사람들을 자신의 일부로서 내면에 더 많이 받아들일수록, 당신의 공감 능력과 텔레파시 능력은 커진다. 공감 능력이 커질수록, 다른 사람들이 고통받는 원인들을 정확히 짚어내는 능력도 커진다. 무의식적으로 그들과 감응할 때, 당신은 그것을 자신의 고통처럼 느낀다. 그래서 상대방을 치유하고 바로잡음으로써 그것을 제거해버리고 싶어진다. 진실로, 당신이 그것을 느낀다면 그것은 곧 당신의 고통이다. 의사들이 물질적인 신체를 치료해주긴 하지만, 에너지적-감정적 상처의 완전한 치유는 각자가 자신의 삶과 몸이라는 실험실 속에서 제 역할을 할 때만 가능해진다. "의사들이여, 그대 자신부터 치유하라."

어렸을 때 자동차 사고로 부모님을 여읜 샘은 버림받은 여자들에게 마음이 끌렸다. 여성들을 통해 자신의 상처를 바라볼 때는 적당한 거리에서 관찰할 수 있었기에 감정을 허용할 수 있었지만, 정작 자신의 고통스러운 상실감을 직접 마주하는 것은 허용하지 못했다. 무의식적으로, 그는 그 여성들을 치유함으로써 자신의 상처도 나을 것이라고 믿었다. 그러나 반대로 그런 믿음은 여성들로 하여금 그를 떠나게 만들었다. 그녀들은 그가 자신들을 변화시키려 들고 죄책감을 불러일으킨다고 느꼈다. 그래서 그녀들은 그를 떠났고, 그의 상처는 더욱 깊어졌다. 다른 사람을 치유함으로써 자신을 치유할 수는 없다. 그리고 상대방을 위해서 그들의 상처를 치유해줄 수도 없다. 당사자들이 의식적으로 선택하여 경험을 온전히 받아들인 것이 아니므로, 그런 치유는 결코 '전달되지' 않는다.

우리는 의식과 에너지의 장 속에 함께 속해 있기 때문에, 당신이 자신에게 행한 모든 치유는 상대방의 상처도 같은 정도로 치유한다. 당신의 주파수가 상승함으로써 에너지장을 공유하고 있는 모든 사람을 치유하는 것이다. 예컨대 버림받았던 자신의 상처를 회복시킬 때, 당신은 다른 사람의 상처까지 적절한 방식으로 보듬게 된다. 따라서 그는 자신의 고통을 더 쉽게 내려놓고 그것이 허상임을 알아차릴 수 있다. 당신의 내적 진동은 몸과 몸의 직접적인 소통을 촉진한다. 진실로, 치유란 영혼과 몸 사이의 제약 없는 텔레파시 소통이다. 마치 건강한 사람의 몸과 내적 진동이 건강하지 못한 사람에게 이렇게 말하는 것과 같다. "나는 조화로운 에너지체의 본보기야. 나는 사랑 속에서 너와 공명하고 있어. 너도 원하기만 하면 언제든 너만의 방식대로 조화를 창조할 수 있어." 당신은 치유된 자신의 상처를 그들 앞에 내보인다. 그들이 준비가 되었다면, 서로의 몸은 치유가 일어나는 방식과 그 이후의 느낌에 대한 미세한 패턴들을 전송하기 위해 교섭을 시작할 것이다. 그는 당신이 본보인 치유의 공간 속으로 기꺼이 발을 내디딜 수도 있고, 당신을 떠나서 자신의 고통에 맞장구치고 부채질할 다른 사람을 찾아갈 수도 있다. 물론 이것은 그들의 몫이다. 치유될 것인가, 상처를 간직할 것인가. 그것은 각자의 선택이다.

나는 그저 사랑만 받기보다 사랑한다는 말까지 듣길 좋아해요.
하지만 침묵의 공간은 사후세계까지 덮을 만큼 크지요.

— 조지 엘리엇George Eliot

새로운 사람들과의 감응

새로운 사람을 만났을 때, 당신은 그들의 첫인상을 있는 그대로 수신하는가? 당신은 자신의 생각보다 예리한 통찰들을 더 많이 획득하고, 상대방이 고개를 끄덕일 만큼 그들에 대해서 많은 정보를 파악하고 있을 수도 있다. 당신이 직접, 전화로, 또는 이메일을 통해서 누군가와 맞닥뜨릴 때, 감응의 지표가 되어주는 당신의 몸은 확장되거나 위축되면서 상대방의 주파수와 동조한다. 당신의 진동은 그들의 감정 상태와 즉각적으로 동조한다. 만약 그때 당신이 행복하고 자유롭고 완전히 존중받는다고 느낀다면, 그것은 아마도 상대방 또한 기분이 좋으며 다른 사람을 존중하고 함부로 판단하지 않는다는 뜻일 것이다. 당신은 달콤한 에너지가 자신을 후루룩 삼켜버렸다고 느끼고 나서 상대방이 실제로 매력덩어리임을 확인한다. 만약 움츠러듦 또는 추위가 느껴진다면, 당신은 즉시 상대방의 긴장된 모습을 발견할 수 있을 것이다. 그들은 수줍음 또는 걱정이 많거나, 남을 불신하고 뭔가를 숨기거나, 압박감 때문에 주변을 일일이 통제하려고 들지도 모른다.

사람과 동물이 누군가의 시선을 알아차리는 것처럼, 당신의 몸은 에너지 흐름을 증가시키거나 정체시키는 작은 압력의 변화까지도 감지할 수 있다. 당신은 가로막힌 파동, 교란된 파동, 위험할 만큼 증폭된 파동, 양극화의 조짐, 에너지 흐름의 충돌 등을 느낄 수 있다. 또한 조화로운 사람들의 고르고 안정되고 한결같은 파동도 느낄 수 있다. 진실한 사람들은 확실한 존재감, 현실감, 안정감을 풍긴다. 당신은 그들의 존재 속에서 더욱 생생한 느낌을 얻는다. 당신이 진리를 접할 때, 당신의 내적 진동은 종처럼 더욱 깨끗하고 조화롭게 울려 퍼진다.

누군가가 거짓말을 한다면, 당신의 내적 진동은 제멋대로 치닫거나 숨을 얕게 들이쉰 것처럼 잠시 멎을 것이다. 당신의 몸은 어딘가 조화가 깨졌음을 감지하고 직감적 수준에서 막연하게 겁을 먹는다. 당신은 내적 조화를 벗어난 사람들을 만날 때 이와 같은 느낌을 받는다. 아마도 그들의 내적 진동은 잔잔하고 문제가 없어 보이겠지만, 그들은 내뱉는 말과 다른 심상들을 상상 속에서 투사하고 있을 것이다. 뭔가가 미심쩍게 느껴지고, 당신은 마음속에서 고개를 들고 더욱 주의 깊게 귀를 기울인다. 당신은 작은 차이들을 수없이 구분해낼 수 있다. 아드레날린(두려움)에 의해 가속된 에너지와 건강한 열정에 의해 가속된 에너지 사이에는 미묘한 차이가 있다. 마찬가지로, 당신은 고요하고 개방된 에너지와 얼어붙은 침묵 간의 차이도 감지할 수 있다.

실습과제

닫힌 가슴과 열린 가슴 구분하기

1. 누군가의 가슴이 열렸는지 닫혔는지를 당신은 어떻게 아는가? 당신을 받아들이고 이해하고 아끼고 보살펴주는 사람들과 함께 있는 순간에 당신의 몸과 가슴이 느끼는 미세한 감각들을 적어보라. 승승장구할 때, 또는 누군가와 한껏 웃으며 농담을 주고받을 때의 감각들도 좋다. 반대로 상대방이 당신을 저울질하고, 선의를 오해하고, 비난하고, 입을 닫고, 혹은 당신도 관계된 일을 혼자 결정해버릴 때, 당신의 몸과 가슴은 어떤 느낌을 받는가?

2. 누군가가 당신을 상처입히고 푸대접했을 때, 성질을 긁

었을 때, 그리고 당신이 스스로 에너지를 거둬들이고 차단하는 식으로 반응했을 때를 회상해보라. 그때 당신의 느낌은 어땠는가? 당신의 가슴이 누군가를 마중 나갔을 때를 떠올려보라. 이 미묘한 감각의 차이들을 적어보라. 상대의 가슴이 열렸는지 닫혔는지, 나의 가슴이 열렸는지 닫혔는지를 알려주는 미세한 신호들을 감지하는 연습을 해보라. 가능한 한 며칠 동안 연습해보라.

앤드루는 어린 시절 냉담한 어머니로부터 무시를 당했고, 다 자라서도 자신을 무시하는 여자들만 연달아 만나다가 헤어지곤 했다. 그는 자기 생활에 몰두하면서 혼자 지냈고, 여자를 고르는 자신의 안목을 불신했다. 그렇게 몇 년이 지난 후에, 그는 자신과 진짜 어울리는 삶의 동반자를 찾을 시기가 되었다고 생각했다. 특히 한 여자가 상당히 매력적이고 호감이 갔다. 그녀는 앤드루보다 생일이 며칠 늦었는데, 앤드루와 놀랄 만큼 비슷해 보였다. 앤드루는 그녀와 함께하는 인생을 쉽게 상상해볼 수 있었다. 그런데 두 가지 사실이 점점 눈에 거슬리기 시작했다. 첫째로, 그녀는 집 없이 근 1년간 친구 집의 소파에서 숙식하고 있었다. 둘째로, 그녀는 유부녀였는데 그녀의 남편은 결혼 사실을 숨기고 다른 여자와 함께 살고 있었다. 앤드루가 그녀에게 왜 결혼 관계를 끝내지 않느냐고 묻자 그녀는 퉁명스럽게 대답했다. "아, 이혼 절차를 밟을 시간이 없었어요."

앤드루는 왜 이 여자가 나타났고, 왜 자신이 그녀에게 빠졌는지를 곰곰이 생각해보았다. 앤드루는 그녀가 자신과 사귈 의향이 있는 듯 보여도 속마음은 그렇지 않다는 사실을 깨달았다. 그녀는 남편이 새로운 '아내'에게 완전히 전념할 수 없게 만드는 기묘한 방식으로 복수를 하고 있었다. 그녀는 자기 자신에게 무관심했다. 그녀는 중심으로 들어가서 자신의 자아를 있는 그대로 발현할 근원적 공간을 가지고 있지 않았다. 앤드루는 농담 삼아 말했다. "그녀는 분명 '접근 불가' 페로몬을 풍기고 있었어요. 전 그것에 사족을 못 쓰지요." 그는 자신이 그녀의 폐쇄성과 과잉행동을 신비한 매력으로 잘못 이해한 원인을 깨달았다. 이미 여러 차례 거부당한 경험이 있는 그의 몸이 이번에도 예감대로 아드레날린을 분비하며 두려움에 반응했던 것이다. 그래서 그는 그 '벌집'을 건드리지 않고 계속 자신의 근원 주파수 속에서 머물렀고, 자신이 건강한 관계를 정확히 분별할 수 있게 되었음을 확인했다.

인간관계를 '읽어낼' 때 던져볼 만한 질문들

- 그들은 자기 자신을 잘 추스르고 있는가? 그들의 모습은 그들의 두려움과 일치하는가, 그들의 영혼과 일치하는가?
- 그들은 거짓된 면을 내세우고 있는가? 그들은 에고를 통해 나와 관계를 맺고 있는가?
- 나는 그들의 에너지를 정확하게 읽고 있는가? 우리는 어떤 공통된 사각지대를 갖고 있는가? 나는 숨겨진 문제에 대해 반응하고 있는가, 아니면 중립적인 입장에서 대응하고 있는가?
- 그들은 내 안에서 무엇을 즉각적으로 이끌어내고 있는가? 내 몸은 그들에게 어떻게 반응하는가?
- 나는 감각적 단서들을 획득하고 있는가? 그 냄새는 비리거나 시큼한가? 그것들은 귀에 거슬리고, 날카롭고, 또는 텅 빈 소리를 내는가?
- 나는 이 사람으로부터 무엇을 배우고 있는가? 나는 내 안의 어떤 측면에 주의를 기울이고 있는가?
- 그들은 진실한가? 그들은 솔직한가? 그들은 뭔가를 숨기거나 속이고 있는가?
- 그들은 이 관계를 훼방하거나 계획의 진행을 망칠 개인적 문제를 가지고 있는가?
- 그들은 통제를 하려고 드는가? 그렇다면, 어떤 행동을 어떤

방식으로 하는가?
- 이것은 나에게 이로운 관계인가? 왜 그런가?
- 지금이 이 관계를 개선하거나 변화시켜야 할 때인가? 지금이 이 관계를 끝내야 할 때인가?

╶╌╌╌╌╌╌╌╌╌╌╌╌╌╌╌╌╌╌╌╌╌╌╌╌╌╌╌╌╌

에너지의 흐름

　　인간관계의 동조에 능숙해지려면 상호작용의 주기를 이해하고 자신의 다양한 내적 파형이 상대방의 파형과 상응하는 방식을 알아야 한다. 당신은 여러 수준의 정체성, 주고받음, 냉료함과 혼란, 사랑과 두려움, 여백과 형상, 능동적인 양陽적 의식과 수동적인 음陰적 의식 사이를 끊임없이 오간다. 삶은 하나의 길로만 나아가지 않는다. 유동적인 태도를 취할수록 — 파동을 덜 멈출수록 — 당신은 균형을 이루게 된다. 또한 파동 원리를 더 많이 활용함으로써 인간관계의 흐름과 영적 측면을 더 크게 증폭시킬 수 있게 된다.

　　인간관계는 전형적인 충돌로 치닫거나(그림 1), 그 반대로 움직인다.(그림 2) 하지만 변성된 관계 속에서는 주파수와 에너지의 흐름이 방향의 전환에 결정적인 역할을 한다.(그림 3)

대립으로부터 8자 흐름으로의 전환

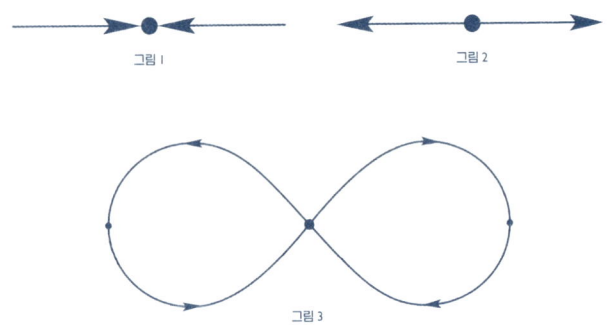

그림 1은 파동의 저점(골), 또는 중심을 향해 집중되는 순환 단계를 나타낸다. 당신 또는 당신의 인간관계가 이런 양상을 띤다면, 지금은 통합과 여백과 새로운 것의 잉태를 경험하는 시기라고 할 수 있다. 당신이 개인적으로 이런 상황 속에 있다면, 잠시 멈추고 고요 속에서 근원 주파수와 다시 연결될 필요가 있다. 인간관계가 이런 상황이라면, 그들은 서로에게 이끌려서 외부 세상을 다 잊어버린 상태일 것이다. 이런 집중이 일어날 때, 에고는 파동의 흐름을 멈추고 이것만을 '삶의 방식'으로서 붙들고 싶어한다. 고착이 시작되는 것이다. 이런 사람은 다른 사람들과 격리되었다고 느끼고, 자기 안으로 무너져 내리고, 스스로 쓸모없다고 느끼고, 우울증에 사로잡힌다. 어떤 일도 이뤄지지가 않기 때문이다. 이런 인간관계 속에서는 서로가 상대방과의 공통점에 집착하고, 지나치게 긴

시간을 함께 붙어 지내고, 서로의 인생 속에서 살고 있다고 착각하며, 자신의 실체를 놓쳐버리게 된다.

그림 2는 파동의 고점(마루), 또는 바깥으로 창조해 나가는 순환 단계를 나타낸다. 당신 또는 당신의 인간관계가 이런 양상을 띤다면, 지금은 다양성과 새로운 발견과 물질화를 경험하는 시기라고 할 수 있다. 이런 방출이 일어날 때, 에고는 파동의 흐름을 멈추고 이것만을 삶의 방식으로서 붙들고 싶어한다. 다시 고착이 시작된다. 이런 사람은 과잉 활동 또는 과잉 자극 상태가 되고, 자신이 창조한 것에 집착하고, 참된 자신으로부터 멀어진다. 이런 인간관계 속에서는 서로 '달라 보이는' 점들을 발견함으로써 상대방과 멀어지게 된다. 그들은 통합된 상태로부터 서로 화합할 수 없는 양극단으로 분리되고, 비난과 불평에 사로잡히고, 상대방이 틀려먹었다고 느끼며, 결국 고립감에 빠진다.

삶 속에서 자신의 의도와 관계없이 양극(동화와 분화)의 고착 사이를 오락가락한다면, 당신은 스스로 불필요한 고통을 창조하는 것이다. 파동의 '회전'을 경험하지 않는다면 — 당신이 해온 모든 일은 바로 그 시점에 불현듯 이해된다 — 당신은 순환 과정을 지체하게 되고 그로 인해 부정적 결과가 발생할 것이다. 삶의 파동성과 유동성을 충분히 인식함으로써, 당신은 자신과 타인의 높은 본성을 다 함께 아우르는 변성의 길로 접어들 수 있다. 여기서의 핵심은 다음과 같다.

(1) 흐름은 절대 멈추지 않는다.
(2) 파동 또는 순환은 곡선을 그리면서 계속 방향을 회전시킨다.
(3) 당신이 알아차린 순환 단계는 바로 지금 당신에게 필요한 부분이다.
(4) 당신이 속한 순환 단계는 적당한 때에 자연스럽게 다음 단계로 나아갈 것이다.

인간관계의 조화

그림 3은 흐름 위에 올라탄 관계를 나타낸다. 그때 당신은 파동이 다음 단계의 경험을 향해 휘어지기 시작할 때의 느낌을 기억해낸다. 당신의 마음은 하나의 장면에 얽매이지도, 이분법적 사고에 사로잡히지도 않는다. 당신은 에너지 흐름을 신뢰하고, 새로운 것을 발견하고, 그것의 가치를 이해하고, 모순 또는 양시론(서로 부딪히는 두 주장이 모두 옳음)을 편안하게 받아들인다. "함께 지내는 것과 떨어져 지내는 것은 둘 다 좋다. 서로 생각이 다르므로 배울 점이 있다." 대립이 극에 달했을 때, 당신은 상대방의 보기 싫은 모습이 내 안에도 똑같이 있음을 깨닫는다. 그리고 '방향'을 바꾸어서, 공유된 근원 주

파수 속으로 다시 들어갈 수 있다는 사실을 기억해낸다.

인간관계가 가장 융합되었을 때(8자의 중심점), 당신은 이 관계가 성장하면서 상대방과의 거리가 생길 것을 미리 알아차린다. 그리고 상대방이 무엇을 창조하고 배울 것인지를 이해하고, 그를 소유하려 들거나 불신하지 않는다. 만약 서로가 인간관계 속에서 가장 멀리 떨어진 지점에 있다면(8자 그림의 바깥쪽 끝점), 당신은 자신이 '집으로' 돌아가야 할 필요가 있음을 깨닫게 된다. 당신은 자신의 경험을 상대방과 나누고, 그들의 반응과 의견을 살피며, 고립감을 느끼지도 상대방을 탓하지도 않는다.

> 그대의 심장은 우리 모두의 심장입니다.
> 자연의 그 어디에도 판막이나 혈관이나 교차점 따위는 없지만,
> 하나의 피가 전 인류를 거치며
> 막힘없이 무한한 순환을 하고 있습니다.
> 마치 지구의 물이 결국 하나의 대양일 뿐이며,
> 진실로 그 흐름은 하나이듯이.
>
> — 랄프 왈도 에머슨 Ralph Waldo Emerson

내적으로 균형 잡힌 사람들 간의 관계는 아름답게 춤출 수 있다. 그들은 공유된 근원 주파수 속에 머물기를 좋아하며,

서로 이끄는 법도 알고 따를 줄도 안다. 그들은 혼자서도 즐겁고 함께 있어도 즐겁다. 그들은 개인적으로도 즐겁고 사회적으로도 즐겁다. 그들은 흐름을 신뢰하며, 상대방에게 생긴 일이 자신에게도 의미가 있음을 안다. 상대방이 아주 활발해져야 할 필요가 있다면, 당신은 자연스럽게 그의 활동을 도울 만한 공간을 마련하고 싶어진다. 다음번에는 상대방이 당신을 돌봐준다. 상대방이 어떤 일로 당신을 탓하더라도, 당신은 투명한 사람이 되어 열린 가슴으로 되돌아갈 수 있다. 다음번에는 상대방이 고요한 사람이 된다. 순환의 양극을 쉼 없이 오갈 수 있다면, 당신은 인간관계의 가능성에 더 많이 접근하게 된다. 순환이 완성될 때마다 당신의 관계장은 더욱 영적으로 진실하고 충만해지기 때문이다.

성공적인 인간관계를 위한 공식

1단계

1. 당신은 상대방에게로 즉시 빠져든다. 서로의 영혼은 공통으로 집중하길 원하는 주제가 있고 주파수가 일치한다. 당신은 이끌림, 사랑, 감탄을 경험한다.
2. 그 사랑은 더 깊은 사랑을 가로막는 모든 장애물을 끄집어낸다. 양편 모두에게서 잠재의식 속의 두려움이 떠오른다. 양편

은 서로 맞서고, 의견을 달리하고, 비난하고, 처벌하고, 문제를 다시 억누르며 상대의 비위를 맞추고, 또는 관계를 끝낸다. 이런 일이 반복되고 늘어지면서 이별을 겪는 경우가 많다. 장애물을 제거하기 위해서는, 인간관계가 반드시 2~3의 단계로 나아가야만 한다.

2단계

3. 당신은 관계의 근원 주파수 속으로 다시 들어가기로 선택하고, 마음을 다시 여는 방법을 찾고, 비난이나 투사 없이 자신의 느낌에 대해 소통한다. ("네가 어쩌고~" 하는 말로 시작하지 않는다.)
4. 공통의 약점을 발견하고, 오해를 바로잡고, 자신의 파괴적인 감정 습관들을 전환시키기로 선택한다. (상대방은 자기 나름의 속도에 따른다.)
5. 당신은 이 관계와 상대방의 중요성을 재확인하고, 공통의 목표를 분명히 하고, 상대방을 아끼는 마음을 기억해낸다.
6. 이제는 더 깊은 사랑을 가로막는 더 많은 장애물들이 각자의 잠재의식 속에서 떠오른다.

3단계

7. 2단계를 반복하라! 사랑이 두려움을 극복할 때마다, 당신의 몸은 고주파의 인간관계에 더욱 익숙해진다. 당신은 부정적

인 진동을 선택하지 않게 된다. 그것들은 너무나 지겹고 힘들기 때문이다.

요약

당신의 세계 속에 있는 사람들은 당신의 주파수와 일치하며 에너지장을 공유한다. 에너지장의 공유는 당신의 성장을 가속화시켜 인간관계의 목적을 이해하게 해준다. 상대방은 당신의 긍정적인 재능을 강화시켜주고, 삶의 교훈들을 이해하도록 돕고, 새로운 방향으로 이끌고, 또는 감정적 상처와 파괴적인 감정 습관들을 분명히 인식하도록 돕는다. 두려움에서 비롯된 인간관계 속에는 해결되어야 할 특정한 문제들이 담겨 있다. 그러나 서로의 주파수가 크게 다른 사람들은 각자의 삶 속에 등장하지 않는다. 상대방의 진동이 바뀜에 따라서 인간관계는 변화하거나 끝이 난다. 왜냐하면 그들의 영혼이 다른 단계로 진입했기 때문이다. 상대방의 영혼이 성장하기를 바란다면, 관계가 끝났다고 해서 화를 낼 필요는 전혀 없다. 혼자 있더라도, 당신은 여전히 다른 많은 것들과의 관계 속에 있다. 동조를 멈추는 일은 불가능하다.

인간관계 또한 근원 주파수를 가지고 있다. 그것은 그 관계의 더 깊은 목적을 드러내고, 상대방의 변성 과정이 어떻게 펼쳐질지를 알려준다. 주고받음이 관계장의 근원 주파수 안에서 일어난다면, 양쪽에게는 오직 상승만이 있을 뿐이다. 인간관계는 당신이 확장된 정체성을 경험하도록 돕는다. 당신은 개별적인 자아를 넘어서 자기 자신을 하나의 관계, 가족, 집단, 조직, 국가, 인류 전체로서 느낀다. 다른 사람들을 치유하려면, 당신은 상대방이 연상시키는 자신의 감정적 상처를 제거해야만 한다. 그것은 당신 안에 있다. 의식적인 감응력과 공감 능력에 더욱 익숙해질 때, 당신은 자신의 몸과 직관을 통해서 상대방에 대한 세세한 정보를 습득하게 된다. 당신은 파동의 원리를 의식적으로 활용함으로써, 파괴적인 갈등과 양극단의 관계들을 건강하게 흐르는 관계로 전환시킬 수 있다.

근원 주파수의 메시지

서문에서 설명했듯이, 나는 평소 당신의 조급한 독서 성향을 직접적이고 깊은 체험으로 전환시키기 위해 각 장의 말미에 영감 어린 글의 일부를 포함시켰다. 이 메시지들을 통해서 당신은 내적 진동을 의도적으로 변조시킬 수 있다.

아래의 메시지는 '직관의 시대'에 보편화될 앎의 방식과 비슷한 체험 속으로 당신을 데리고 갈 것이다. 근원 주파수의 메시지 속으로 들어가려면, 그저 속도를 늦추고 서두르지만 않으면 된다. 천천히 숨을 들이마시고, 내쉬고, 가능한 한 움직이지 말고 고요해지라. 당신의 마음이 부드럽게 열리도록 놓아두라. 당신의 직관을 열고, 이 글과 감응할 준비를 하라. 그 속에서 나타날 깊은 현실과 감각 상태를 스스로 받아들일 수 있는지 살펴보라.

각각의 구절에 주의를 기울이는 만큼, 당신의 체험도 더 큰 차원을 취할 것이다. 한 번에 몇 개의 단어에만 집중하고, 구두점마다 숨을 돌리고, 지금 이 순간에 그 지성의 메시지와 함께 존재하라. 당신은 그 단어들을 크게 읽을 수 있고, 눈을 감고 다른 사람더러 읽어달라고 해서 그 효과를 살펴볼 수도 있다.

영혼의 사랑을 기억하라

영혼과 영혼 간의 깊은 공존은, 낯익은 주파수들끼리의 편안한 동조와 함께, 그리고 우리가 어떻게든 서로를 이미 알고 있다는 직관과 함께 시작된다. 우리가 대화를 할 때, 우리의 생각들은 마치 퍼즐조각처럼 서로 잘 들어맞는다. 우리는 서로를 의지하면서, 혼자 알던 세상보다는 더욱 흥미롭고 정교한 공동 창조의 세상이 서서히 나타나는 모습을 본다. 낭만적인 가슴과 육체적인 열정에 연료가 되어주는 것은, 서로 스며들며 자극하는 우리들 마음의 즐거움이다. 깊은 평온으로 향하는 길을 발견하겠다는 열망, 전부터 서로를 알고 있었다는 연대감은 평생의 사랑을 위한 연료이다. 우리가 신비한 조화의 원인에 더 가까이 다가갈수록, 그것은 더욱 깊숙이 물러나면서 우리를 더욱더 크고 확장된 공통 자아의 경험 속으로 이끈다.

우리들 마음의 활강과 질주는 우리의 내면에서 경외감 — 우리가 가능성이 희박하다고 생각했던 그런 상호교환이 언제든지 가능하다는 놀라움 — 을 불러일으킨다. 우리는 감동하고, 우리의 가슴은 깊이 감사하고 안심한다. 우리가 아낌없이 주고받고자 할 때, 우리의 가슴은 한 단계 도약한다! 그러면, 우리의 주의는 모든 세포 속으로 스며들고, 고요해지고, 언어의 수준 아래로 이동한다. 우리는 말을 할 수 없다. 우리는 그저 내맡기고, 침투하고, 하나가 되고, 아름다움 속에서 황홀해한다. 거기에는 실제적인 이끌림의 리듬이 있다. 그것은 처음에는 느리지만, 곧 게걸스럽게 동합적 감각, 감각석 통합을 추구한다. 나는 당신에게 빠져들 수 있다. 나는 나라는 존재를 분리시키는 것, 나라는 존재를 유지시키는 것을 내려놓는다. 우리는 자유롭고, 서로의 자유를 반긴다.

그리고 조금씩, 서로의 놀라운 본질을 신뢰하면서, 더욱 친밀해진다. 가벼운 리듬으로 호흡하면서, 우리는 순환하는 고리처럼 서로에게서 멀어지고 흥미로운 개성을 띠다가, 다시 회합하여 앎을 교환한다. 서로를 풀어주었다가 갈망하는 일을 반복함으로써, 우리는 사랑의 모든 측면을 강화시키는 신뢰를 구축한다.

상대방에게서 오는 모든 것이 나를 고향으로 데리고 간다. 우리는 자신을 희생시키는 계약이 아니라, 더 높은 진리의 서약과 맹세를 한다. 우리는 상대방의 인격에 앞서서, 그의 위대한 영혼을 먼저 신뢰하겠다고 다짐한다. 그의 영혼을 보고, 그와 같은 의식을 갖고, 그의 눈으로 보고, 그의 목소리로 말하는 것은, 결핍에서 나오는 거짓된 욕구와 비난과 거부라는 거짓된 두려움을 붕괴시킨다. 일상적 연습을 통해서 영혼을 보는 것은, 이끌림과 거부를 선사시대의 일로 만들어버린다. 우리는 우리가 서로의 존재 속에 다른 누군가로서 늘 있었고, 있고, 있을 것임을 안다.

우리는 고요하고 따스한 가슴-근원의 연못을 창조하고 그것을 소중히 여기겠다고, 그 주파수 속으로 들어가서 가능한 한 지속적으로 그 속에서 머물겠다고 맹세한다. 이제는 이 고향을 떠나는 것도, 참된 자아가 서로를 부정적으로 생각하는 것도, 부정적인 말을 하고 두려움으로부터 행동하는 것도 고통스러운 일이 된다. 상대방은 우리의 생각을 듣고, 우리의 생각을 읽고, 우리의 움츠러든 감정을 느끼고, 각자의 소유를 구분하지 않는다. 우리는 참된 자아를 보살피기 위해서 행복과 기쁨을 선택한다. 우리는 참된 자아를 보살피기 위해서 신체적이고 감정적인 건강을 선언한다. 우리는 참된 자아를 보살피기 위해서 가능한 만큼 자주 창조와 축하에 대해 "예스"라고 말한다. 우리가 하는 모든 일은 사랑을 만들고, 우리 안에 살아 있는 그 사랑을 느끼기 위한 것이다. 다른 사람의 실수를 떠올리는 것은 의미가 없다. 그것은 더 이상 쓸모가 없는 생각들 속에 우리의 참된 자아를 붙잡아둘 뿐이다. 몸을 통해서 사랑을 발현할 때, 우리는 실재가 아닌 것을 보기 때문에 귀중한 시간을 낭비한다.

지금 우리는 누구인가? 우리의 레퍼토리는 서로의 재능과 장점을 포함하는 쪽으로 확장되어왔다. 우리는 서로의 혈통에서 비롯된 것들을, 서로의 어린 시절을, 서로가 진 짐을, 서로의 죽음까지도 분명히 안다. 이런 공통 요소들을 함께 살아내는 사람들은 그것을 어떻게든 더 쉽게 견디고 소화시킬 수 있게 변화시킨다. 원한다면 우리는 더 빨리 이동할 수 있다. 또는 늦출 수도 있다! 우리가 진화하는 동안 새로운 인식이 일어난다. 이제 우리는 더욱 천사들과 닮아졌는가? 참된 자아 속에서 이완될 때, 우리는 더 많은 삶을 수용하는 쪽으로, 너 낳은 사람을 가족의 사랑 속으로 초대하는 쪽으로, 더욱 큰 가슴의 고향 속에서 앎을 얻는 쪽으로 자연스럽게 확장된다. 우리는 서로를 소유하거나 붙들지 않는다. 신뢰와 감사는 우리가 여행하는 널따란 비포장 길을 닦아준다.

8

문제해결

> 기존의 패러다임을 바꾸려면,
> 문제가 있는 모델을 붙들고 씨름하지 말고
> 새로운 모델을 만들어내서 옛것을 못 쓰게 만들어버리라.
>
> — R. 버크민스터 풀러Buckminster Fuller

패트릭은 사람의 인식 능력에 큰 관심을 가진 기업 교육관이자 자문위원이었다. 그는 다섯 살 때 방에서 책을 보다가 문득 건너편 벽의 벌어진 틈을 발견했었다. 그때 그는 그 구멍을 '신의 눈'이라고 불렀고, 자신의 몸속에 존재하는 동시에 신의 눈을 통해 자기 자신의 모습도 지켜보는 경험을 했다. 그는 그것이 자신의 상상이 아니었다고, 실제로 경험했던 일이라고 말한다. 지금 그는 여러 회사와 함께 일하면서, 다양한 관점과 가능성을 단번에 감지해내는 유별난 능력을 발휘하고 있다. 그는 각각의 요소들이 어떻게 어울리고 있으며, 그 조합을 바꾸면 어떤 결과가 나올지를 즉각적으로 그려낸다.

그는 말한다. "마치 내 중심에서 큰 붓이 나와서 활 모양으로 움직이며 전경을 채색하는 것 같아요. 일종의 '비디오로 구현되는 에너지 줄기', 즉 에너지의 영상이지요! 먼저 그것은 어떤 직관으로서 등장하고, 그런 후에 반쯤 깨어 있는 상태에서 그림으로 변환됩니다. 저는 그 패턴이 어떻게 흘러갈지, 다른 요소가 끼어들면 그 에너지는 어떻게 변할지, 목표를 이루기 위해서는 각자가 어떤 의도를 지녀야 하는지, 그리고 누가 궁합이 안 맞는 사람인지를 감지합니다. 하나의 요소가 바뀌면, 전체상도 거기에 맞춰 바뀝니다. 가끔 저는 사람들의 느낌을 감시하고, 일과 관련된 그의 예상을 재빨리 파악하여 내 몸의 직관과 비교해봅니다. 그러면 그 미묘한 차이에 대해 소통할 수 있지요."

나는 패트릭의 이야기를 좋아한다. 그는 의식과 에너지를 활용해서 문제를 해결하고 계획을 세우는 새로운 업무 방식의 본보기를 보여준다. 그는 흐름 속에 있고, 우연의 일치와 자발적 선택에 열려 있으며, 상황이 그 자체의 의도를 간직하도록 놓아둔다. 그는 두려움 없이 공감하고, 보이지 않는 세계를 자유롭게 이용하고, 에너지의 흐름을 읽고 자유롭게 놓아두며, 하나의 답을 성급하게 붙잡지 않고, 자신의 논리 위에 직관과 감응력이 보태지도록 허락한다.

새로운 문제 해결법

자기 자신을 진동체로서 인식하고 주파수 원리를 활용하면 해결책, 계획, 목표에 이르는 길도 달라진다. 이것은 답을 찾는 새로운 방식이다. 이제 당신은 에고 대신 영혼의 기준에 따라 결정을 내리고, 혼자 모든 일을 처리하려 들지 않는다. 더 이상 당신은 상황을 '좋다/이롭다' 또는 '나쁘다/해롭다'고 딱 잘라 정의할 수 없다. 낡은 방식을 따를 때는 그 문제를 분리시키고, 흐름을 멈추고, 그것을 더 낫게 느껴지는 방향으로 변화시키는 데 온 힘을 쏟았었다. 우리는 의견과 정보를 모으고 분석하고 미래를 예측하고 채택한 답을 적용시킨 후에, 목록에서 그 문제를 지웠다. '종결! 이제 다음 문제로.' 낡은 사고방식을 통해 목표와 계획을 세울 때는 우선 분명한 지향점이 필요하고 ─ 그것은 영감일 수도 있고, 다른 발상을 영리하게 확대시킨 것일 수도 있다 ─ 그것을 실현하는 데 필요한 단계들을 분석해야만 했다. 그리고 우리는 죽이 되든 밥이 되든 그 계획을 고수하면서, 정신력과 의지력으로써 장애물들에 대처했다. 우리는 문제 해결, 계획 수립의 전사들이었다!

변성 과정을 통해 의식이 확장되면, 당신은 모든 사람과 모든 것을 내면에서 본다. 그것들은 동시적이고 유기적으로 협동한다. 답은 그 안에 있다. 때맞춰 필요한 것들이 등장하고, 삶은 당신을 더 나은 곳으로 데리고 간다. 문제들은 당신을 경직시키는 대신 새로운 관점으로 이끌어준다. 직관의 시대에, 문제를 해결한다는 말은 에너지 흐름과 통합적 의식에 감응하여 앞으로 생길 일을 알아본다는 뜻과 같다. 결정을 내린다는 말은 개인-양자(兩者)-단체의 근원 주파수와 공명하는 것들을 골라 선택한다는 뜻이다. 목표, 계획, 전략은 불변의 대상이 아니다. 그것들은 유기적으로 쉼 없이 전개되는 홀로그램의 일부이며, 당신 또한 거기에 동참해야만 한다. 계획을 세울 때, 당신은 상위의 주파수 흐름에 동조되고 통합된 에너지장과 어우러진다. 그런 후에 확장된 차원이 원하는 바를 깨닫는다. '그것은 영혼의 흐름을 풀어놓는가? 그것은 주파수 원리에 적합한가? 그것은 양자 간의 '윈윈win-win'을 넘어서 모든 사람이 이득을 얻는 '윈윈윈win-win-win'의 결과를 낳는가?' 이런 질문들이 높은 주파수와 공명하는 상위의 해결책을 감별해내는 기준이 된다.

이 복잡한 세상의 문제들을 해결할 길은
직관적 도약밖에 없을 것이다.
직관은 컴퓨터에는 없는 인간만의 장점이다.

— 톰 피터스, 로버트 워터만Tom Peters, Robert Waterman

운명을 발견하기

통상적인 문제 해결과 계획 수립에 적용되는 주파수 원리들을 살펴보기에 앞서서, 먼저 영혼의 유일한 '문젯거리'와 그 해결 전략부터 알아보자. 영혼의 유일한 관심사는 이것이다. '어떻게 하면 당신을 분리적 인식으로부터 일체적 경험 속으로 이동시킬 수 있을까?' 모든 문제를 유발하는 것은 분리의 체험이다. 따라서 영혼의 문제가 해결되면 다른 모든 문제도 소멸한다. 분리감에 대한 영혼의 해결책은 당신의 운명을 드러내고 온전히 펼쳐지게 함으로써 통합적 인식을 실증하는 것이다. 당신의 운명이란, 당신에게 있어 가장 주파수가 높은 삶을 뜻한다. 그것은 당신으로 하여금 자신의 무한한 재능을 발견하고 가장 즐거운 일을 하게 해준다. 운명을 따를 때, 당신은 조화로운 에너지 흐름과 절묘한 타이밍을 경험한다. 그리고 일체성은 당신을 한 걸음 한 걸음 안내하고 보살핀다.

그때 '문젯거리'들은 곧 당신의 영혼이 보내는 메시지가 되고, 문제의 해결은 살아 있는 과정이 된다. 삶은 당신에게 필요한 것을 가져오기 위해서 완벽하게 작동하고 있으며, 미래를 통제하려는 시도는 시간낭비일 뿐이다. 자신의 영혼을 따를수록, 삶은 더욱 당신의 운명에 부합하게 된다.

당신은 시공간 속에서 살아간다. 당신의 몸은 독특한 종류의 렌즈이며, 당신은 본래 특정한 방식으로 걸러진 에너지를 세상으로 발산하는 존재이다. 아마도 당신의 필터는 에너지를 건축물, 귀금속, 아이들 교육, 또는 복잡한 조직 등등의 형태로 빚어내고 있을 것이다. 당신은 특정한 명분을 위한 사절로 국제적 행보를 해야 하거나, 땅을 사랑하며 아름다운 음식을 길러내야 하는 처지일 수도 있다. 어쨌든 존재의 목적에 맞게 행동할 때, 당신은 운명을 체험하고 그것은 일체성의 경험을 촉발한다. 당신이 운명을 온전히 맞아들일 때, 그것은 가장 소중한 꿈이 이뤄진 듯한 기분을 당신에게 선사한다. '이렇게 되리라는 뜻이었나요? 문제가 없냐고요? 무슨 문제요? 제가 이 일을 하고 있는걸요!' 당신은 모든 문제의 숨겨진 목적이 잘못된 인식을 바로잡고, 시야를 맑게 하고, 운명을 기꺼이 살아낼 만큼 기운 넘치게 만드는 것이었음을 곧 알게 된다. 따라서 당신이 영혼의 유일한 문제 해결을 돕는다면, 그것은 당신의 모든 문제를 해결할 것이다.

문제란 당신이 최선을 다할 기회이다.

— 듀크 엘링턴Duke Ellionton

관점의 전환

 줄줄이 늘어선 문제들을 하나씩 하나씩 장애물이 아닌 기회와 길잡이로 탈바꿈시킬 때, 당신은 자신의 운명 속으로 한 발짝 한 발짝 걸어 들어가게 된다. 앞으로는 각각의 문제를 다룰 때마다 영혼의 의도가 무엇인지를 찾아보라. 당신의 영혼은 직접적인 경험으로 교훈을 얻을 수 있는 상황을 창조해낸다. 예컨대 영혼은 돈 따위에는 관심이 없다. 영혼은 돈을 갖거나 갖지 못함으로 인해 당신이 얻게 될 경험과 배움에만 관심이 있다. 하나의 문제를 알아차리고 내면을 살필 때마다, 당신은 스스로 내적인 에너지 흐름을 멈춰왔음을 깨닫게 된다. 왜 그럴까? 영혼은 당신이 충분히 경험하지 못한 것, 또는 삶의 양상에 대한 오해를 일으킨 지점을 드러내고 있기 때문이다. 대부분의 경우에, 하나의 문제는 당신의 주의를 어떤 대상을 향해 환기시킨다. 그것은 당신이 경험해야 할 필요가 있는 것이다. 그러니 상황을 변화시킬 전략과 행동을 찾아나서는 대신, 긴장을 풀고 당신의 영혼이 가리키는 것을 찾아보라.

직장 상사에게 더 많은 업무와 더 큰 봉급을 요구하기가 몹시 불안하다면, 그것은 직장을 떠나 독립적인 활동을 하고 싶은 자신의 욕구를 드러내주는 신호일지도 모른다. 담배 냄새를 침실까지 흘러들게 하는 아파트 이웃에게 짜증이 난다면, 그것은 단독주택을 갖겠다는 욕구를 심어주기 위한 자극일지도 모른다. 남편을 여읜 여인의 만성 기관지염은 그녀가 자신도 모르게 사별의 비통함을 붙들고 있는 방식일지도 모른다. 이런 문제들을 새로운 통찰의 디딤돌로 변화시킴으로써, 우리는 영혼의 발현과 운명을 가로막는 장애물을 제거할 수 있다.

당신의 마음이 어떤 문제와 마주했다면, 다음과 같은 사항에 주의를 기울이며 해결책을 찾아보라.

1. 가능한 한 그 문제를 긍정적인 관점에서 바라보라.

그렇게 함으로써, 당신은 저항감이 주는 압박을 몰아내고 해결책이 드러날 공간을 마련하게 된다. 또한 그 문제를 신체적-감정적-정신적 차원에서만 보지 말고, 우선적으로 영혼의 창조물로서 인식하라. 그 문제의 내적 의도를 살피기 시작할 때는 반드시 근원 주파수 속에 머무는 것을 잊지 말라. 근원 주파수는 당신의 이해를 훨씬 빠르게 해준다.

2. 문제란 하나의 질문이다. 그것은 영혼이 원하는 경험을 찾아내도록 당신을 돕는다.

그 문제를 당신이 싫어하는 측면이 강조된 단정적 표현 — "나는 새 차가 필요한데 그럴 여력이 없어" — 으로 나타내지 말라. 그것을 당신의 영혼이 선물하려는 경험이 무엇인지를 일깨워주는 하나 이상의 질문들로 바꾸어보라. 질문은 변화를 창조한다. '새 차가 생긴다면 나는 어떤 경험을 하게 될까? 새 차를 얻어 새로운 안정감, 자유로움, 자신감을 경험할 때 나는 어떤 교훈을 얻게 될까? 더 넓은 세상과 새로운 장소들을 돌아다닐 만한 용기를 갖기 위해서 지금 나는 어떤 경험을 해볼 수 있을까?'

3. 문제를 먼저 상상 속에서 해결하라.

당신은 진짜로 차가 생길 때까지 기다릴 필요가 없다. 상상 속에서 새 차를 운전해보라. 힘찬 가속페달과 안정감 있는 엔진, 높아진 자존감과 당당함 등을 상상할 때, 당신은 영혼이 바라는 경험을 미리 해보게 된다. 특히 그 상상에 오감이 총동원된다면, 당신의 몸은 그것을 진짜 현실로 인식한다. 이제 당신은 영혼의 현실 속으로 들어갈 자격을 얻었다. 그 속에서 당신은 긍정적인 속성들을 당연하게 즐기고, 진실로 자유롭게 풍요와 만족감을 누린다. 상상 속에서 새 차를 운전하는 경험은 운명을 따르는 느낌이 어떤 것인지를 알게 해준다.

4. 그 문제가 가리키는 경험을 내면에서 충족시키고 나면 외부의 물질적인 문제도 순식간에 해결된다.

예를 들어, 당신이 미리 자신감에 찬 에너지를 느껴보고 새 차가 인도해줄 여행길을 갈망하게 되었다면, 당신은 새 차를 살 만한 돈이 주어지는 프로젝트를 맡게 되거나 스포츠카를 사게 된 친구가 자신의 세단을 당신에게 헐값에 넘길 것이다. 이렇게 당신은 상상 속의 경험을 물질적 세계 속에서 실현하고 삶의 교훈을 완성할 수 있다.

그 문제가 당신의 잘못된 방향을 알려주는 신호였다면, 영혼이 원하는 경험을 하게 되는 순간에 그 '증후'가 즉각 사라진다. 갑자기 몸이 쑤시기 시작하고 당신은 뭔가가 완전히 어긋났다는 느낌을 받았다. 의사도 원인을 찾지 못했다. 당신은 긴장을 풀고 그 아픔 속으로 들어감으로써, 몸이 더 많은 운동을 필요로 한다는 사실을 발견한다. 당신은 저녁식사 후에 산책을 시작하고, 통증은 곧 사라진다. 당신의 몸이 더 많은 에너지를 송수신하는 능력을 갖춤으로써 당신이 성장의 다음 단계로 나아가도록 하기 위해 영혼이 이런 식으로 주의를 잡아끌었던 것이다.

5. 문제는 언제나 파동의 전환점을 나타낸다. 거기에는 당신의 운명에 맞는 새로운 진동이 있다.

당신이 보는 것은 곧 영혼이 드러내는 것임을 명심하라. 그 문제가 유도하는 경험을 받아들였다면, 이제 당신에게는 어떤 방향이 주어지고 있는가? 다음에는 어떤 일이 생겨날까? 영혼의 더 큰 의도는 무엇일까? 이 문제가 해결됨으로써 어떤 새롭고 확장된 가능성이 열렸는가?

6. 많은 문제가 한꺼번에 등장하더라도 그 아래에는 대개 한 가지의 주제가 있다.

골칫거리가 쌓여만 가고 문제가 문제를 불러오는 시기가 있다. 당신은 재수가 없다고 느낄 것이다. 이런 일은 대개 당신의 잠재의식으로부터 커다란 주제 하나가 떠오를 때 나타난다. 당신이 그 주제를 외면해왔기에, 당신의 영혼이 이제는 그것을 살펴볼 때라고 거듭 알려주고 있는 것이다. 이때는 모든 탈출구가 가로막히고, 사소한 것들조차도 모두 말썽을 피운다. 그것은 당신의 근원 주파수와 크게 어긋난 무언가가 표면으로 떠올랐다는 신호이다. 이때 최선의 길은 모든 문제를 해결하려 드는 것이 아니라, 그 자리에 멈춰서 깊숙한 긴장과 질문들에 감응해보는 것이다. 당신은 피할 수 없는 경험들 중에서 무엇을 꺼리고 있는가? 당신은 어떤 경험을 간절히 원하고 속속들이 알고 싶은가? 이렇게 핵심 주제를 해소하고 나면, 하나의 행동만으로 다양한 문제가 우르르 해결되곤 한다.

7. 아주 사소한 문제들조차도 영혼의 의도를 담고 있다.

내가 가진 프린터는 이물질이 묻은 롤러 탓에 출력물 위에 하얀 점들을 만들어낸다. 화분의 식물들은 바짝 말라 있다. 내 컴퓨터는 글을 쓰는 와중에 제멋대로 꺼지기 시작한다. 내 생각에는 전원 장치의 교체가 필요해 보인다. 이런 사소한 일들조차도 내 안의 무언가를 나타내는 상징이다. 내 영혼은 그것을 알아차리도록 나를 이끈다. 더 멋진 글쓰기를 방해하는 낡은 사고방식이 내 안에 있는 걸까? 나는 더 감정적인 보살핌을 바라고 있는가? 좋은 결과를 지속시키려면 멈추고 휴식하면서 기력을 되찾는 편이 좋을까? 내 영혼은 내가 이런 문제들을 '더 키우지 않는' 방식으로 다루기를 바라고 있다. 나는 각각의 문제에 애정 어린 주의를 기울이고, 그것들을 본래의 이상적인 상태로 돌려놓는다. 그럴 때마다, 나는 나 자신의 이상적인 상태를 되찾고, 내가 내 운명을 따르고 있다는 사실을 확인한다.

그래요, 우리가 보는 이 세상은 문제가 많지요.

하지만 우리는 우주의 힘을 믿습니다.

그것은 인간의 가슴을 통해서

만사를 옳게 만드는 힘을 발휘합니다.

이것이 사랑의 신성한 권능입니다.

가슴을 변화시키고, 국가를 변화시키고,

궁극적으로는 이 세상을 변화시키지요.

— 메리앤 윌리엄슨

직관의 시대에 합당한 방식

직관의 시대에, 해결책이란 '존재'를 더욱 온전케 하는 방식을 뜻할 것이다. 그것들은 당신의 마음이 생각조차 하지 못했던 완벽한 방향을 제시해준다. 잠재적이고 부수적인 요인과 능력들이 결정적인 역할을 하고, 당신의 모든 행동이 의미를 지니며, 모든 양상이 저마다 적절한 역할을 해내면서 하나로 엮인다. 카르멘은 폭력적인 아버지로부터 여동생들을 보호하면서 책임감 강한 맏딸로 성장했다. 그녀는 강한 사람으로서 성공하는 법을 배웠고, 충분한 부를 쌓아 화려한 생활로 자기 자신에게 보상을 주었다. 그녀는 웃으며 자기 자신을

'쾌락주의자'라고 표현했다. 그녀는 다양한 활동에 매여 있으면서도 타인을 치유하고 돕는 일에 늘 마음을 쏟았다. 그녀의 문제는 스스로 갇혀 있다고 느끼고, 너무 진지하며, 삶을 바꾸고 싶어한다는 점이다. 그녀의 논리적인 마음은 이런 답을 내놓았다. "나는 다른 사람들이 더 강해지고 스스로를 온전히 표현할 수 있도록 뒷받침하는 존재이다." 이것은 그녀의 인생사를 감안하면 그럴듯해 보였지만, 어릴 때부터 아무도 알아주지 않았던 그녀의 자질들을 계속 방치하는 답이었다.

내가 느끼기에, 새로운 삶이 펼쳐질 방향은 아름다움과 고상함을 즐기는 그녀의 능력과 관련이 있어 보였다. 그녀는 무엇을 원하든 그것을 쉽게 손에 넣는 능력을 지녔고, 다른 사람들에게 이런 성취가 얼마나 쉬운 일인지를 전파하는 데도 뛰어났다. 그녀가 그저 곁에서 사랑과 관심을 보이는 것만으로 사람들은 자신의 운명과 능력을 기억해내곤 했다. 그녀는 애써서 누군가를 구조하거나 보호할 필요가 없었다. 그저 의무감을 내려놓음으로써, 그녀는 물질세계의 즐거움을 만끽하는 것이 영적인 일임을 깨달을 수 있었다. 그녀는 이 세상을 사랑하고, 사람들을 사랑하고, 모든 사람과 함께 즐기기를 원했다. 그녀는 새로운 유형의 '머니코치'가 되어서 사람들에게 돈 버는 일이 얼마나 재밌는지를 알려주겠다고 결심했다. 그녀의 문제를 푼 것은 '버거웠던' 어린 시절의 역할을 확대시켜놓은 답이 아니라, 그녀의 기쁨 속에 숨어 있었던 한 가닥의 실마리였다. 그녀는 '쾌락주의'라는 말로 둘러치면서 그것을 축소시켜왔던 것이다.

문제가 지속되는 경우	문제가 전환되는 경우
• 당신은 상황을 부정적으로 판단하고 그 흐름을 멈춘다. • 당신은 그 문제를 단정적으로 표현하고 고정된 상황 속에 가두어놓는다. • 당신은 그 문제가 유도하는 본질적인 경험을 회피한다. • 당신은 너무 앞서 나가면서 최종 해답을 찾는다. • 당신은 영혼의 의도와 일치하지 않는 것들을 주제로 삼는다.	• 당신은 영혼의 의도를 찾는다. ― '당신은 무얼 배우고 있으며, 무얼 경험하고자 하는가?' • 당신은 문제를 자연스러운 전환점, 선택지, 또는 곧 드러날 길잡이와 진리의 조짐으로 여긴다. • 당신은 문제를 더 깊은 통찰을 이끌어낼 하나 이상의 질문으로 변화시킨다. • 당신은 제시된 경험들을 일단 받아들이고, 그러한 영혼과의 조율이 곧 유익한 해답을 내놓을 것이라고 믿음으로써 그 흐름을 유지시킨다.

직관의 시대에는, 가장 자연스러운 최선의 해결책이 빈 공간 속으로 홀연히 떠오른다. 그것은 영혼의 의도와 완벽하게 일치하고, 항상 긍정적인 측면에서 놀라움을 준다. 문제란 그저 영혼이 제시하는 길잡이이며, 방향 전환의 필요성을 알려주는 계기판일 뿐이다. 해결책들은 당신의 개성을 놀라운 방식으로 활용하고, 당신의 가능성을 독특하게 조합시키고, 당신이 기대치 못했던 결과를 낳고, 다양한 문제들을 단번에 해

소하고, 감탄이 섞인 웃음을 선사한다.

실습과제
해결책 발견하기

당신에게 영향을 미치고 있는 하나의 문제를 생각해보라. 그것을 떠올리면서, 그것이 당신의 중심 어느 곳에서 어떻게 솟아올라 당신 앞에 펼쳐졌는지를 느껴보라. 우리는 무의식적으로 해답이 '외부'의 어딘가에 있다고, 그래서 내가 그것을 찾거나 그것이 나를 찾아와야만 한다고 믿는다. 그러는 대신 긴장을 풀라. 펼쳐진 문제가 처음 발생한 지점으로 되말려 들어가도록 놓아두라. 당신의 의식으로 하여금, 처음 그것을 '문제'라고 인식했던 내면의 장소를 찾아 들어가게 하라. 그곳에서 잠시 머물라. 해답은 바로 거기에 있다. 그것을 알아차려보라. 마음속으로 들어온 해답은 아마도 단순하고 명쾌해 보일 것이다. 문제와 해답은, 영혼이 가리키는 하나의 경험으로서 그곳에 함께 존재하고 있다.

선택 과정

 선택은 대개 이런 식으로 이뤄진다. 'A를 하거나, B를 하거나, C를 하거나, 아무것도 하지 않는다.' 당신이 이런 선택지들을 심사숙고하는 과정은 아마 이럴 것이다. '내가 A를 한다면, 이런 면에서는 좋고 저런 면에서는 나쁘다. 내가 B를 한다면, 저런 면에서는 좋고 이런 면에서는 나쁘다. 그럼 어떤 것이 더 나은 선택일까?' 당신은 편견에 치우친 성급한 판단을 내리고 싶진 않기 때문에 자료를 모아 분석하고, 각각의 찬반양론을 저울질하고, 선택이 가져올 결과를 미래상 속에 그려본다. 마음만 가지고 판단을 내릴 때는 혼란과 궁지 속에 빠지기 쉽다. "대체 어디서 멈춰야 하지?" 어떤 장소는 물이 부족하지만 예술가들이 많이 산다. 다른 장소는 자연경관이 뛰어나지만 문명의 혜택이 적다. 또 다른 곳은 멋진 대학가가 있지만, 지대가 높아서 건강에 악영향을 줄 것 같다. "도와줘!" 물론, 정치적이고 조직적인 사회에서는 선택 과정이 훨씬 더 복잡하다. 그러나 그런 문제 또한 구성원들의 집단적인 영혼이 표출해낸 작은 문제들의 덩어리일 뿐이다. 겉으로 드러난 문제의 심각성에 짓눌리지 말라. 먼저 근원 주파수의 고요한 내적 세계 — 그곳의 삶은 단순하다 — 속으로 들어감으로써, 당신은 감응력을 통해 통찰을 얻고 복잡한 상황을 올바른 관점에서 보게 된다.

> 우리가 모순과 마주했다는 사실은 얼마나 멋진가.
> 지금 우리에게는 더 나아갈 데가 있다는 희망이 있다.
>
> — 닐스 보어Niels Bohr

정부와의 계약에 의존하던 소피아의 회사는 예산이 삭감되면서 손실을 보기 시작했다. 올해는 처음으로 정부의 연말 예산을 배정받지 못할 것이다. 어떻게 해야 할까? 휴직을 권고하고, 임금을 동결하고, 남은 사람들의 업무량을 늘려야 할까? 전 직원의 봉급을 줄여야 할까? 계획 중 하나를 취소하고 관련된 사람들을 해고해야 할까? 이미 가족과의 시간조차 포기하고 눈코 뜰 새 없이 일하고 있는데, 재빨리 돈을 융통해서 새로운 수입원을 찾아내는 일이 과연 가능하기는 한 것일까? 다른 사람들의 생계가 걸려 있었기 때문에, 소피아는 완전히 자유로운 선택은 불가능하다고 느꼈다. 그녀는 책임져야 할 몫이 있었다. 그는 목이 조여드는 상황 속에 갇혔다. 그녀가 세워둔 10년짜리 성공 계획은 아직 종결되지 못한 상태였지만, 소피아 내면의 청사진 — 그녀의 사고방식, 감정적 욕구, 꿈, 영혼의 의도 등등 — 은 바뀌어가고 있었다. 그녀의 영혼은 새로운 일과 새로운 모습의 회사를 제시하고 있었다.

그녀의 문제와 이도저도 못하는 처지는 그간의 활동을 재평가할 시기가 되었음을 알려주는 신호였다. 하지만 그녀는 자신의 영혼이 이런 상황을 만들어냈다는 사실을 직시하지 못했다. 극적인 사건에 너무나 압도당했고, 날마다 급한 문제들을 해결하는 데 온 힘을 다해야 했기 때문이다.

나는 그녀에게 근원 주파수 속으로 푹 빠져들라고, 실패하거나 사람들을 실망시키지 않을까 하는 두려움을 전부 내려놓고 자신의 참된 모습 그대로 머물라고 권했다. 그러자 즉시 그녀는 자신이 이 사업을 처음 시작할 때 이끌렸던 목표들을 전부 적어보겠다는 생각을 떠올렸다. 그녀는 10년 전에 그 지역의 동종 업계에서 가장 큰 회사를 키워내겠다는 목표를 세우고 가슴이 설레었다. 이미 그녀는 그 목표를 달성했다. 그녀는 지금처럼 직원들을 통솔하고 정부의 회계 감사를 감당하기보다는, 더 창조적으로 생각하면서 교육적 사업을 구상하고 다른 전문가들에게 조언을 해주는 일이 진정 자신이 원하는 것임을 깨달았다.

내적 청사진의 조율

우리는 대화를 하면서 몇 가지 흥미로운 통찰을 얻게 되었다. 먼저, 자신이 어떤 과정을 겪고 있는지를 살펴볼 '숨 쉴' 공간을 마련함으로써 — 화재 현장으로 돌진하는 소방차가 되는 것이 아니라 — 소피아는 내적 진동이 바뀌면 주변 상황도 그에 맞게 변한다는 사실을 깊이 이해할 수 있었다. 그녀는 회사가 기존의 방향대로 더 성장하지 않는 현실 속에 숨겨진 목적을 볼 수 있었다. 그녀는 스스로 두려움을 벗어나 영혼이 바라는 것을 감지하면 훌륭하고 마법적인 해결책이 등장할 여지도 커진다는 사실을 이해했다. 자기를 흥분시키는 목표를 재확인함으로써, 그녀는 회사에 새 생명을 불어넣을 새로운 방향이 움트는 낌새를 알아챘다. 그녀는 항상 그래왔듯이 새로운 기회가 곧 굴러들어올 것이라고 느꼈다. 그녀의 직관에 따르면, 정부와의 큰 계약은 1년 이내에 파기될 것이다. 그 사업 자체가 새로운 흐름에 뒤처져 있기 때문이었다. 그녀의 회사는 주춤하겠지만 곧 제자리를 찾을 것이다. 그녀는 무슨 일이 벌어질지를 정확히 알진 못했지만, 그런 양상을 예감할 수 있었다.

> 우리는 자신이 두뇌의 논리적 역량에 의존한다고 믿지만,
> 연구 결과에 따르면, 인간은 미래를 위한 결정을 내릴 때
> 다른 동물들과 마찬가지로 감정과 직관을 활용한다.
>
> — 린 맥타가트 Lynn McTaggart

자신의 내적 청사진이 어떻게 바뀌고 있는지를 검토해본 그 짧은 시간이 소피아의 삶 속에서 건강한 에너지 흐름을 회복시켜주었다. 그녀는 영감이 번뜩였고 새로운 발전을 학수고대하게 되었다. 그녀는 새로운 사업이 어떤 모습일지를 당장 확인해야 할 필요가 없었다. 하지만 긴장을 풀자 더 많은 가능성과 상상력이 펼쳐지기 시작했다. 그녀는 회계 담당자를 만나서 계약이 만료될 때를 대비해 미리 관련 직원들에게 다른 업무를 교육시킬 계획을 세웠고 재정이 악화될 것임을 숙지시켰다. 그녀는 궁극적인 해결책이 즉각적이고 결정적인 하나의 선택이 아니라 일련의 선택들을 통해 드러날 것임을 알았다. 각각의 결정들은 그녀의 참된 모습에 가까운, 그녀의 근원 주파수와 공명하는 중심 진동을 전달할 것이다. 그럼으로써 그녀의 회사와 직원들은 그녀와 동조하는 방향으로 전진할 것이다. 지금 그녀는 더욱 명확한 목표를 갖고 회사를 재창조하고 있다.

실습과제

내적 청사진의 조율

당신의 삶은 편안할 수도 있고 불편할 수도 있다. 어느 쪽이든, 당신의 의식은 지금 이 순간의 내적 청사진에 발을 맞추지 못하고 있다. 그것은 끊임없이 진화하기 때문이다. 당신의 영혼이 지금 원하는 것이 무엇인지를 알기 위해서, 아래의 질문들을 보고 맨 처음 떠오른 인상들을 적어보라.

- 삶의 앞선 시기에서 당신이 한쪽으로 미뤄두었던 꿈이 있는가? 그것이 변형된 모습으로 아직도 당신의 흥미를 잡아끌고 있지는 않은가?
- 당신이 늘 이뤄내고 말 거라고 생각해왔던, 하지만 실제로는 이미 인연이 다한 꿈이 있지는 않는가? 그것을 내려놓고 새로운 여지를 마련한다면, 당신은 그 대신에 무얼 하게 될 것 같은가?
- 무엇이 당신의 삶을 따분하게 만들고 있는가? 어떤 발상과 호기심이 당신의 관심을 잡아끌고 더 적극성을 띠라며 손짓하고 있는가?
- 어떤 활동 방향이나 목표가 실제로 종료되었는가? 그것을 내려놓고 새로운 여지를 마련한다면, 당신은 그 대신에 무얼 하게 될 것 같은가?

- 나이나 경제력의 제한을 받지 않는다면, 그리고 누군가가 당신이 새로운 현실을 맞이하도록 도와준다면, 당신은 어떤 분야를 탐험해보고 싶은가?

위의 질문들은 당신의 마음을 새로운 기회 앞에 활짝 열어줄 수 있다. 지금 이 순간의 내적 청사진과 발을 맞출 때 가장 중요한 요소는, 새로운 발상과 변화에 마음을 열고 매 순간 분명한 선택을 내리는 것이다. 당신을 매료시키는 것, 열정과 의욕을 샘솟게 하는 것, 자부심을 느끼게 해주는 것을 향해서.

감응을 통한 선택

장애물을 치우고 더 높은 주파수를 향할 때, 당신은 이 세상 속에서 엄청나게 다양한 진동들을 감지하게 된다. 또한 자신이 얼마나 많은 선택지를 갖고 있는지도 알게 된다. 얼마 전에 내 친구는 세 살 난 아들에게 뭔가를 시키다가 이런 말을 들었다. "그치만 나도 선택권이 있어요!" 그렇다면 당신은 어떤 식으로 결정을 내려야 할까? 소피아가 택한 방식이 정확히 옳다. 그녀는 모든 결정을 내릴 때마다 자신의 진심을 들여다보기로 다짐했다. 여과기처럼 기능하는 지금 이 순간의 힘을 기억하라. 당신은 한 번에 한 가지 아이디어만 숙고하면 충분하다. 당신은 그것과 충분히 감응할 수 있다. 실제로 당신은 필요한 발상과 선택지들을, 그것도 필요한 순서대로 가져다달라고 내면의 주시자에게 요청할 수 있다. 그런 식으로 당신은 혼잡한 정보의 미로 속을 성큼성큼 나아갈 수 있다.

선택지를 저울질할 때는, 감응력을 통해서 진실한 신호와 불안한 신호를 구분하고 드러난 것들 속에 켜켜이 쌓인 통찰과 의미들을 감지해야 한다. 예를 들어 누군가가 당신에게 이렇게 하라고 충고해줬는데, 당신의 섬세한 감응력은 그것만으로는 충분하지 않다고 말한다. 당신은 더 많은 정보가 필요한가? 더 깊은 인식이 필요한가? 그 해결책에는 결정적인 요소가 빠져 있는가? 그것은 다른 여러 사람들의 생각과 일치하는 더 큰 해결책의 한 조각인가? 당신은 분명하게 인식하는 것보다 더 많은 부분을 직감적으로 안다. 그런 심층적 정보들을 의식 속으로 가져오는 연습을 한다면, 당신은 결정을 내리는 과정을 단축하게 될 것이다.

실습과제

감응력은 결정을 내릴 때 어떤 도움을 주는가?

당신은 의미가 숨겨진 미세한 층들을 어떻게 감지하는가? 고요한 중심 속에서 아래의 질문들에 감응해보고, 그것이 '깊은 안도감'을 주는 결정을 내리도록 어떤 도움을 주는지 살펴보라. 예를 들어 새로 제안받은 일자리가 바람직하지 않을 때, 당신은 뱃속 어딘가가 꼬인 듯한 느낌을 받을지도 모른다. 생각지 못한 말을 내뱉거나 행동을 할 때, 당신의 몸은 마음과는 별개로 혼자 움직이는 듯 보인다. 당신의 감응력은 결정을 내릴 때 어떤 도움을 주는가?

- 어떤 해결책이 '명쾌하게' 여러 문제를 일거에 해소할 것인가?
- 어떤 해답이 충분치 못하거나, 중요한 정보를 놓치고 있는가?
- 어떤 행동 지침이 틀렸거나, 실패하고 위험에 빠질 가능성이 큰가?
- 어떤 상황이 몰아닥치고 있는가? 또는 물러나고 있는가?
- 언제 조치를 취해야 할까? 언제 지켜봐야 할까? 처음에는 무엇을 할까? 다음에는? 그다음에는?
- 그것을 문제로 삼아야 할 때는 언제이고, 무시해야 할 때

는 언제인가?
• 그것을 끝마쳐야 할 때는 언제인가? 그것을 내려놓고 이동해야 할 때는?

감응력을 의식적으로 활용할수록, 즉 당신의 몸이 보내주는 아주 정밀한 신호를 정확히 집어낼수록, 차원 높은 해결책을 찾고 최선의 결정을 내리기가 더욱 쉬워질 것이다.

자연스러운 파동의 흐름

고정된 모습보다는 변화하고 진화하는 것이 더 당연하게 보일 만큼, 당신 몸속의 에너지는 매우 가속화되고 있다. 아이디어들은 더 이상 갇혀 있지 않고, 한번 선택된 해결책은 오직 짧은 기간 동안만 유효할 뿐이다. 몇 년이나 몇 달은커녕, 며칠을 못 가기도 한다. 이렇게 생각해보라. 매 초마다, 당신은 선택을 한다. 일어나고, 먹고, 좌측으로 가고, 우측으로 간다. 그러는 동안, 다른 사람들도 전부 선택을 하고 있다. 당신의 선택은 그들에게 영향을 주고, 그들도 당신에게 영향을 준다. 이는 마치 모든 사람이 한꺼번에 참여하는 더없이 복잡한 홀로그램 게임과도 같이, 동시에 전개되는 선택들의 장엄한 별무리이다. 예컨대 1년 전 나의 인생 계획에는 세미나를 위해 해외 여러 나라를 여행하는 일이 포함되어 있었는데, 지금은 다른 사람이 그 일을 하고 있다. 이 세상은 내가 그 일을 하길 바라지 않는 것이다. 대신에 '우리'는 나더러 더 많은 책을 쓰라고 한다. 만약 내가 그 첫 번째 방향을 내 사업 계획의 큰 부분이라 굳게 믿고 최신의 청사진을 확인하지 않았다면, 나는 아마도 해외 방문건이 성사되지 않았을 때 크게 실망하고 뭔가가 잘못되어간다고 생각했을 것이다.

> 사물을 바라보는 방식을 바꿀 때,
> 당신이 바라보는 그 사물은 변화한다.
> ─ 막스 플랑크Max Planck

계획을 세울 때는 지금 이 순간에 주의를 집중하라. 지금 이 순간은 얼마든지 확장되기 때문에, 당신은 그것을 떠날 필요가 전혀 없다. 그것을 당신과 함께 호흡하는 하나의 고무공으로 생각해보라. 당신이 '들이쉴 때', 또는 마음을 열 때, 지금 이 순간은 확장되면서 더 많은 것들을 품는다. 더 많은 시간, 더 많은 공간, 더 많은 집단적 지혜, 더 많은 에너지를. 당신은 그 속에서 자신의 운명과 일치하는 예지 또는 내적 청사진에 접근하고, 만물이 조화를 이루는 방식을 이해한다. 우리는 서로를 돕고 있다. 당신이 '내쉴 때', 즉 하나의 대상에 마음을 고정할 때, 지금 이 순간은 시간과 공간과 포괄적 예지를 덜 포함하는 방향으로 수축한다. 이제 당신은 자신의 몸과 개성을 느끼고, 특정한 목표를 향하는 물리적 행동을 취하겠다고 마음먹는다. 지금 이 순간을 확장하는 것은 마치 광각렌즈를 사용하는 것과 같다. 자신의 내적 현실로 수축해 돌아오는 순간은 마치 구체적인 대상을 더욱 가까이 확대해서 들여다보는 것과 같다. 당신은 끝없이 숨을 쉬며 들락거리고, 지금 이 순간 속에 우주의 정보들을 더 많이 포함시키거나 내보낸다.

> 인간의 영혼은 현실보다 이상을 더 필요로 한다.
> 현실은 우리를 먹고살게 하지만, 이상은 우리를 살아 있게 한다.
> ― 빅토르 위고

개인적 현실과 집단적 현실을 마음속에서 동시에 유지하기는 어려운 일이다. 따라서 의도적으로 그 둘 사이를 오가는 편이 더 낫다. 밖으로 확장하면서, 당신은 청사진을 접하고 잠재적 현실의 인상들을 수집한다. 그런 후에 다시 몸속으로 수축해 들어와서, 당신은 특정한 목표나 구체적인 충동을 받아들인다. 그 행동을 완수하고 목표를 이룬 후에는 다시 파동의 끝에서 텅 빈 배경 속으로 들어가서 청사진을 향해 확장한다. 청사진을 확인할 때마다 그것은 새로워져 있다. 당신의 청사진은 모든 사람을 위한 거대한 계획의 일부이다. 그것은 당신이 마지막으로 방문했던 이후로 몇 년, 며칠, 몇 시간 동안 계속 발전해왔다. 자주 그 상태 속으로 들어감으로써, 나는 내 욕구가 마법처럼 변화하고 있음을 깨닫는다. 나는 진실로 더 이상 해외를 여행하고 싶어하지 않는다. 이제는 아늑한 집 안에서 새로운 책을 쓰는 편이 더 기분 좋게 느껴진다. 모든 사람의 필요와 선택이 나로 하여금 '우리' 모두가 원하는 것을 하게끔 도우며, 그것은 내게도 가장 행복하고 최선인 선택으로 다가온다. 나는 해외를 여행하지 못하는 것을 희생으로 느끼지 않는다. 나는 다른 누군가가 그 일을 대신해주어 행복하다. 개선된 내적 청사진을 받아들일 때, 그것은 언제나 자연스럽고 흥미진진한 다음 단계처럼 느껴진다.

한때는 어떤 청사진을 발견하고 그것을 고수하는 것이, 예컨대 5년짜리 사업 계획을 세우고 그 적절성을 따지지 않는 것이 의미가 있었다. 소피아가 그 좋은 본보기이다. 그녀는 회사를 위해 실현 가능한 계획을 창조했고 흔들림 없이 그것을 10년 동안 성취해냈다. 그러나 그녀가 사업을 키워온 방식은 이제 새로운 생각과 행동 방식에 의해 빛이 바랬다. 지금 그녀의 과제는 이것이다. (1) 현실을 인식하기. (2) 개선된 청사진에 자기 자신을 다시 일치시키기. (3) 청사진을 반영하여 자신의 방식과 조직을 재편성하기. 그녀는 최초에 확장하면서 받아들인 청사진을 정성껏 실현시켰다. 하지만 일이 잘 풀렸기 때문에, 정기적으로 자신을 확장시켜 청사진을 다시 확인하지 않았다. 그래서 자신의 회사가 시대에 뒤떨어지기 시작하자 몹시 당황했다. 자신의 청사진을 자주 확인한다면, 당신은 변화의 중심에 서서 방향을 잃거나 탈선하지 않을 것이다.

시간관념의 변화

유동적인 '직관의 시대' 속으로 진입하는 동안, 당신은 시간에 대한 관념이 변화한다는 사실을 발견하게 된다. 처음에 당신은 이 세상이 대단히 빨리 움직이고 있으며 짧은 시간 동안 더 많은 것들을 쥐어짜서 거기에 뒤떨어지지 말아야 한다고 느낀다. 하나를 끝내고 나면 열 가지가 당신에게 손짓을 보낸다. 당신은 자신의 성공을 만끽하거나 자신 또는 타인의 창조성에 감탄할 시간이 전혀 없다. '해야 할 일'의 목록이 가까운 미래를 가득 채우고 있다. 당신은 '좋았던 옛날'처럼 고요하고 아름답고 유유자적하고 우아했던 상태로 되돌아갈 엄두를 내지 못한다. 당신의 마음은 과거로 빠져들어 숨을 고르고, 다시 미래로 뛰어들어 계획들을 수립한다. 당신은 지금 이 순간 속에 거의 머물지 못한다. 지금 이 순간 속에 존재하지 못하고, 압력을 느끼고, 근원 주파수를 놓치고, 무한한 에너지 자원을 경험하지 못한다. 툭하면 기진맥진하고 늘어진다. 낡은 관점에 따르면, 시간적 경험은 과거와 현재와 미래를 서로 상대적으로 비교하는 데서 기인하는 것이다.

직관의 시대에 일어나는 일은 그와 정확히 반대된다. 과거와 미래는 확장된 '지금 이 순간' 속에서 하나로 용해되고, 거기에는 더 이상 비교될 만한 차이점이 없다. 더욱 큰 현존과 충만한 의식이 '지금'이라는 영원한 시간을 채운다. 그 안에는 당신에게 필요한 모든 것이 들어 있다. 모든 것이 지금 이 순간 속에 존재하므로, 모든 것이 '지금' 일어난다. 에너지는 빛의 속도로 이동한다. 현재와 미래, 행동과 결과 사이의 (가상의) 틈새를 횡단하는 데 필요했던 '시차'가 더 이상 존재하지 않는다. 따라서 당신이 문제를 해결하고, 결정을 내리고, 목표를 세울 때는 다음의 사항을 유념해야 한다. — 우리가 이전에 필요로 했던 단선적이고 논리적인 과정을 다 거치지 않고도 결과는 대단히 빠르게 일어날 수 있다. 거기에 관련된 사람들이 깨어 있을수록 더욱 빠르게 말이다. 놀랍게도, 당신이 순간적으로 초공간 속으로 도약하여 확장된 '지금 이 순간' 속으로 들어갈 때, 당신은 근원 주파수 속에 머물게 된다. 삶은 고요해지고 거의 시간의 제약을 받지 않는다. 삶은 빠르거나 느리지 않다. 삶은 당신의 에너지 수준과 감정적 경험에 맞춰 조율되고, 모든 일이 기적적으로 이루어진다. 이런 물질화(materializing)는 더없이 효율적인 방식이다. 삶이 스스로를 보살피고, 사람들이 도움을 주고, 동시성과 우연의 일치가 당연한 듯 나타나기 때문이다. 반대로 미래와 과거로부터 분리된 채로 머무는 낡은 습관을 고수할수록, 당신은 스스로 더 많은 스트레스를 창조하고 더 많은 '문제들'을 경험하게 된다.

자신의 내적 현실과 더 높은 청사진 사이를 의도적으로 옮겨 다님으로써, 당신은 시간의 흐름과 움직임에 대한 천부적인 감각을 계발하게 된다. 당신은 더 폭넓은 시야를 얻고, 잠재적인 장애물을 미리 감지하고, 더 다양한 가능태들 사이의 연관성을 알아차린다. 당신은 하나의 길이 다른 길들보다 우선시될 확률을 가늠하게 될 것이다. 당신은 가장 가능성 높은 하나의 스냅 사진을 흐릿하게 간직하는 것으로부터 시작할 것이다. 당신은 변화하는 에너지 흐름에 맞춰 자신의 계획을 무리 없이 각색해내고, '되어야 할 일이 되도록' 최종 결과를 받아들일 것이다. 당신은 곡선과 하강, 감속과 가속 구간을 능숙하게 항해하는 과정을 즐기게 될 것이다. 새로운 인연이 끼어들거나 그 반대로 떨어져 나가는 상황들도 즐기게 될 것이다. 시간의 줄기(timeline)는 살아 있는 것이다. 그것은 유기적인 변화에 가담하고 있는 모든 사람의 욕구를 반영한다.

실습과제

시간의 줄기 느끼기

1. 당신이 실행할 참이었던 어떤 계획 또는 과정을 생각해보라. 그것은 여행일 수도, 신제품의 개발이거나 어떤 대학에 진학할지를 결정하는 일일 수도 있다. 고요한 근원 주파수 속으로 들어가서 그 전체 과정 — 최초의 희미한 조짐부터 최종적인 결과까지 — 을 그곳으로 불러들여보라. 그 전부가 당신의 확장된 자아 안에 존재한다. 당신의 일부분은 이미 그것을 경험했다. 긴장을 풀라.

2. 그 과정의 에너지를 느껴보고, 그 일이 풀려갈지 정체될지를 알려주는 진실한 또는 불안한 신호들이 당신의 몸을 통해 드러나도록 해보라. 당신은 급류를 타듯이 그 과정을 따라 내려가면서 모든 지점을 경험하고 있다. 그것이 전개되는 동안 변화하는 흐름을 감지해보라. 흐름이 느려지는 구간도 있고, 빨라지는 구간도 있다. 난관이 닥치는 구간도 있고, 새로운 사람과 사건이 엮여 들어오는 구간도 있다. 흐름이 잠시 동안 멈추는 구간도 있다. 어떤 사건이 생겨나고, 그보다 더 큰 사건도 생겨난다.

3. 종이 위에다 시간의 줄기를 마치 강물의 모습처럼 그려 보라. 그것으로 하여금 넓어지고, 좁아지고, 구불거리고, 반듯해지게 하라. 줄기의 곳곳에다 서로 다른 물결의 작용과 힘을 그려 넣어보라. 크고 작은 점들로 사건들을 표시해보라. 이처럼 흐름이 변화하게 된 원인에 감응해보고 그림 위에다 설명을 덧붙이라. — "논쟁", "상실", "긍정적 에너지", "동시성/행운", "급정거/차질" 등등.
4. 그것이 뻗어가려는 방식에 정기적으로 발을 맞추라. 시간의 줄기를 다시 수정하고, 경험하고, 그려보라.

문제의 예지

당신의 마음은 정확하고 안정된 것을 선호하기 때문에 에너지 흐름의 변화를 알려주는 초기의 신호들을 무시하기 십상이다. 낡은 사고방식에서는 그것을 '말썽의 조짐'이라고 부른다. 감응력을 활용함으로써, 당신은 더욱 섬세하게 변화를 읽고 아직 일어나지 않은 문제들을 피할 수 있다. 자신의 느낌, 직원들의 행동, 또는 주변 상황에서 보이는 신호들에 주의를 기울일 때, 당신은 닥쳐올 상황을 정확히 예고해주는 다양한 파동들의 영향력을 감지할 수 있다. 당신은 삶이 과열되기 시작하고 있음을 느낄지도 모른다. 막다른 골목이나 난관을 느낄지도 모른다.

> 다가올 일들은 미리 그림자를 드리운다.
> — 옛 속담

소피아의 상황으로 돌아가보자. 그녀는 애초부터 경고가 있었음을 뒤늦게야 깨달았다. 그녀는 다른 사람들의 요구에 부응하기 위해서 장시간 일을 해왔다. 그녀는 이전보다 열 배는 큰 스트레스를 받았고, 병들어 누울 뻔한 적도 여러 번이었다. 그녀는 사무실 관리자 한 명을 고용했었는데 그는 아주 무능한 사람이었다. 그 탓에 회사는 누적된 실수들을 바로잡느라 여러 달을 소모해야 했다. 또한 그녀는 더 넓은 곳으로 사무실을 옮겼는데, 장소를 마련하고 컴퓨터들을 순조롭게 작동시키느라 상당한 골치를 앓아야 했다. 떠밀리거나 발목이 잡혔다고 느껴진다면, 자신의 몸과 주변 환경에 에너지의 수축 또는 경직이 있다면, 당신의 에너지가 짓눌리고 즐거움이 지하로 숨어들고 있다면, 건강이 악화되고 같은 노력을 해도 이전과 같은 결과를 얻어낼 수 없다면, 지금은 변화가 진행되고 있는 것이다!

> **실습과제**
>
> **변화의 조짐 감지하기**

1. 곤경과 문제가 쏟아졌던 시기를 떠올려보라. 그 전에 앞선 경고 신호들이 있었는가? 감응력이 더 뛰어났다면, 당신은 무슨 근거로 변화가 진행 중이라는 사실을 알아차렸겠는가? 문제가 등장하기 직전에 당신의 몸과 주변 환경에서는 무엇이 느껴졌는가? 벌어질 일들을 미리 알았다면 당신은 어떤 조치를 취했겠는가? 다음의 항목들에 대해 감응해보라.

- 문제를 감지할 때 당신은 어떤 감각을 활용하는가? 그것은 당신 몸속의 어느 부분에서 나타나는가?
- 뭔가 심각한 문제를 일으키려 할 때, 당신은 그것을 어떻게 알아차리는가?
- 당면한 문제 또는 잠재적 문제가 있을 때, 당신은 그것을 어떻게 알아차리는가? 그리고 그 변화 과정은 얼마나 지속될 것 같은가?
- '안성맞춤'인 해결책은 어떤 느낌을 주는가?

2. 오늘부터 에너지의 썰물과 밀물을 감지하는 연습을 해보라. 당신의 마음은 어떤 때에 문젯거리를 눙치고 넘어가려 하는가? 당신은 청사진을 확인할 때가 되었음을 어떻게 알아차리는가? 어떤 행동을 언제 취하는 것이 좋을까?

더 완전한 시야를 얻기 위해서는 더 많은 정보가 필요한가, 아니면 이미 충분한가?

해결책의 발견

차원 높은 해결책은 관련된 모든 사람의 영혼이 최대한 발현되도록 뒷받침해준다. 그것은 삶의 상호연결성에 토대를 두고 있으며, 눈앞의 갈등을 완화시키기 위해 장기적인 손해를 감수하는 식의 임시방편을 취하지 않는다. 우리는 살아 있는 세계 속에 존재하고, 한 부분의 손상은 어떤 식으로든 다른 모든 부분에서도 장애와 곤란을 일으킨다. 여기에는 지상의 모든 창조물과 지구 그 자체도 포함된다. 차원 높은 해결책에는 부정적 감정과 두려움에서 비롯된 행동 — 비열함, 복수심, 입막음, 속임수, 거짓말, 도둑질 — 들이 끼어들 여지가 없다.

차원 높은 해결책은 언제나 치유와 진리의 문을 연다. 그것은 근본적인 오해가 있는 곳, 우주의 원리가 잘못 이해된 곳에 빛을 밝히고 실수를 바로잡는다. 차원 높은 해결책은 중요한 정보들이 떠오르도록 돕는다. 그것은 마음이 양자택일, 옳고 그름, 흑과 백의 사고방식으로부터 포괄적이고 대립을 넘어서는 사고방식으로 나아가게 해준다. 그때는 모순되고 복잡한 상황 속에서 신선한 창조적 흐름이 샘솟는다. 차원 높은 해결책은 때때로 한 단계 도약하고, 예컨대 영적인 측면을 담아내는 식의 더욱 통합적인 접근으로 말썽투성이인 낡은 방식을 퇴색시킨다. 차원 높은 해결책을 찾기 위해서, 아래의 질문들을 자신에게 던져보라.

1. 그 문제는 새로운 배움의 전조 또는 성장의 기회인가? 그것은 당신 또는 당신이 속한 집단의 경험에 어떤 기여를 하고자 하는가?
2. 그 문제가 지금의 방향 그대로 현재 상황과 과정 속에서 지속된다면 어떤 일이 일어날 성싶은가? 현재의 상황을 자연스럽게 조율되고 개선되도록 유도한다면 어떤 일이 일어나겠는가?
3. 최악의 시나리오가 실현된다면 당신은 무엇을 배우게 되겠는가? 당신은 그런 일을 겪어야만 하는가, 아니면 내면의 상상을 통해서도 그 교훈을 얻을 수 있는가? 설령 '실패'를 겪게 되더라도, 만사는 어떻게 다시 긍정적인 흐름에 도달하겠는가?
4. 그 에너지 흐름은 어떤 식으로 만사를 더 나은 방향으로 이동시키고 싶어하는가? 차원 높은 해결책은, 당신의 의지나

아이디어와는 무관하게, 무슨 일을 일으키고자 하는가?
5. 어떤 해결책이 가장 깊은 평온과 기쁨을 주고 손쉽게 최선의 결과를 물질화시키는가? 육체적-감정적-정신적-영적 수준에서 생각해보라. 개인, 팀, 조직, 고객, 지역사회, 환경, 후손들의 입장에서 생각해보라. 지금 이 순간에 모두가 만족할 수 있는 스냅 사진은 무엇인가?
6. 그 수단(문제를 바로잡는 과정)도 마무리(결과)만큼 가치를 인정받을 수 있는가?
7. 당신은 그 과정의 극히 일부분만을 문젯거리로 보고 있지는 않은가? 당신은 신체적-감정적-정신적-영적 원인을 두루 이해할 수 있는가?
8. 해결책을 찾지 못했을 때, 당신은 그 문제를 자신의 몸과 통일장 속에 내맡길 수 있는가? 당신은 보이지 않는 세상에 도움을 구하고, 그 손길을 알아차릴 수 있는가?

실습과제

차원 높은 해결책 찾기

1. 당신이 지금 연관되어 있는 문제 하나를 선택하라. 그리고 당신이 지금까지 내놓은 실현 가능한 해결책들을 적어보라.
2. 당신의 문제와 해결책들을 앞선 여덟 가지 질문에 비추

어 고려해보라. 일지에 기록으로 남겨두라.

3. 여덟 가지 질문에 다음의 질문들을 추가해서 당신의 해결책들을 더 검토해보라. — 그것은 너무 의지가 앞서거나 충동적이지는 않은가? 자기희생적이지는 않은가? 다른 사람들 또는 이 지구에 해를 주지는 않는가? 몸의 현실감과 안정감을 희생시키면서 속도를 내고 있지는 않은가? 두려움과 쓸모없는 원인들에서 비롯된 동기는 아닌가? 이상의 측면들이 개선된다면, 그 해결책은 어떤 모습이겠는가?

4. 어떤 절대적인 정보 또는 통찰이 누락되지는 않았는가? 만약 그런 부분이 있다면, 그것이 무엇이며 해결책에는 어떤 영향을 미치는지가 직관을 통해 떠오르기를 요청해보라.

모든 질문에 대한 자문을 끝마쳤을 때, 당신의 차원 높은 해결책은 즐거움과 안정감, 개선된 에너지를 가져다줄 것이다.

나는 똑똑한 것이 아니라, 그저 문제를 더 오래 연구할 뿐이다.

— 알베르트 아인슈타인

요약

진동을 통해서 문제를 해결하고 계획을 세울 때, 당신은 문제를 자신에게 필요한 사건을 암시하는 질문들로 변화시킴으로써 자신의 영혼과 운명을 더 깊이 경험하게 된다. 문제를 해결한다는 것은 에너지 흐름을 회복시켜줄 신호들을 알아차리고, 파동의 방향 전환을 따르면서 새로운 방향을 발견한다는 뜻이다. 문제란 당신이 분리감을 인식할 때 나타난다. 자신의 운명을 찾는 것이야말로 인생의 궁극적인 해답이다. 당신이 영혼으로서 살면서 하나됨을 경험하면 부차적인 문제와 미래 계획 따위가 모두 사라지기 때문이다. '직관의 시대'의 해결책들은 '안성맞춤'처럼 느껴지며, 항상 영혼과 열정이 자유롭게 발현되도록 돕는다. 차원 높은 해결책은 모두를 만족시키고, 모든 생명체에 봉사하고, 인간의 다차원적인 — 육체적, 감정적, 정신적, 영적 — 경험을 두루 포괄한다.

비록 복잡한 상황일지라도, 결정을 할 때는 근원 주파수 속으로 들어가 자신의 내적 청사진과 예지를 확인하는 시간을 가져야 한다. 삶의 방향은 진화하고 있다. 선택지가 너무 많을 때는, 몸이 드러내는 진실한 또는 불안한 심층적 신호들에 의존하여 그것들을 저울질해볼 수 있다. 계획과 목표를 수립할 때는 자신의 일상적인 현실과 최고의 청사진 사이를 의도적으로 오가는 것이 중요하다. 당신의 운명은 다른 사람들과 함께 얽혀 진화하고 있으므로, 당신은 오랫동안 같은 계획 속에 묶여 있을 수 없다. 계획은 유동적이고 지금 이 순간 속에 있어야 한다. 직관의 시대에 문제를 해결하고 계획을 수립하는 과정은 시간에 대한 관념과 경험을 변화시킬 것이다. 당신은 과거와 미래가 확장된 '지금 이 순간' 속으로 녹아들면서 물질화 과정을 단축시킨다. 시간의 줄기는 모든 사람의 계획과 선택의 영향을 받으며, 반드시 자주 확인되어야 한다.

근원 주파수의 메시지

서문에서 설명했듯이, 나는 평소 당신의 조급한 독서 성향을 직접적이고 깊은 체험으로 전환시키기 위해 각 장의 말미에 영감 어린 글의 일부를 포함시켰다. 이 메시지들을 통해서 당신은 내적 진동을 의도적으로 변조시킬 수 있다.

아래의 메시지는 '직관의 시대'에 보편화될 앎의 방식과 비슷한 체험 속으로 당신을 데리고 갈 것이다. 근원 주파수의 메시지 속으로 들어가려면, 그저 속도를 늦추고 서두르지만 않으면 된다. 천천히 숨을 들이마시고, 내쉬고, 가능한 한 움직이지 말고 고요해지라. 당신의 마음이 부드럽게 열리도록 놓아두라. 당신의 직관을 열고, 이 글과 감응할 준비를 하라. 그 속에서 나타날 깊은 현실과 감각 상태를 스스로 받아들일 수 있는지 살펴보라.

각각의 구절에 주의를 기울이는 만큼, 당신의 체험도 더 큰 차원을 취할 것이다. 한 번에 몇 개의 단어에만 집중하고, 구두점마다 숨을 돌리고, 지금 이 순간에 그 지성의 메시지와 함께 존재하라. 당신은 그 단어들을 크게 읽을 수 있고, 눈을 감고 다른 사람더러 읽어달라고 해서 그 효과를 살펴볼 수도 있다.

흘러라, 문제들이 사라지도록

삶은 움직임이다. 롤러코스터는 당신을 파동으로부터 입자로, 운동으로부터 멈춤으로 데리고 간다. 파동은 흐름과 자유의 즐거움을 가지고 온다. 멈춤은 당신을 일깨운다. 당신의 개성, 집단성, 일체성을 알도록. 파동치고, 멈추라. 확장되고, 다시 중심으로 돌아오라. 분리되고, 다시 하나가 되어라. 주고, 받으라. 당신의 인연을 느끼고 교감하라. 지혜를 배우고 경험하라. 당신은 파동이고, 입자이고, 다시 파동이고, 다시 입자이다. 당신은 매번 새롭다.

당신은 마음을 그릇되게 사용하는 파괴적인 습관들을 익혀왔다. 당신은 하나의 파동 속에 있고, 당신의 마음은 이렇게 말한다. "삶은 에너지이며, 나는 움직임이다." 이제 당신은 멈추어서 하나의 입자가 되었고, 당신의 마음은 그 말을 바꾸어야 한다고 생각한다. "삶은 고정되어 있으며, 나는 유한한 개체이다." 당신이 다시 하나의 파동을 향해 움직일 때, 마음은 자신의 정의를 '흐름'으로 다시 바꾸어야 한다는 압력을 느낀다. 마음은 당신과 삶이 하나의 방식만 따르기를 원하고, 삶과 자아의 양자^{量子}적 본성을 충분히 경험하지 못하도록 당신을 옥죈다. 마음은 제 습관을 완고하게 고집피운다. 그처럼 좁은 시야 속에서, 파동-흐름으로부터 입자-멈춤으로 전환되거나 그 반대의 상황에 놓일 때마다, 마음은 이렇게 말한다. "난 잘못되었어. 뭔가가 잘못되었어. 내게는 문제가 있어. 나는 이게 싫어. 나는 이 변화를 통제해야 해." 두려움이 생겨나고, 불필요한 동요가 뒤따른다.

자신의 참된 자아를 가장 생생하게 경험할 수 있는데도, 정반대로 문제가 있다는 생각에만 몰두하는 것은 인류의 엄청난 어리석음이다. 문제가 있다는 느낌 아래에는, 당신이 다음 단계를 향해서, 참된 자아의 더욱 즐거운 경험을 향해 나아가고 있음을 암시하는 미세한 느낌이 있다. 그것이 스스로 흐르거나 멈추도록 하라. 분별없이 그 경험 속으로 들어가서 교감해보라. 움직이고, 표현하라. 창조하고, 멈추고, 다시 중심을 찾고, 감사하라. 그런 후에 바깥세상을 살펴보라. 당신의 꿈과 당신의 영화(movie)가 스스로 그 에너지 순환에 일치되고 조율되도록 하라. 마음이 주저하지 않으면, 세상도 주저하지 않는다. 문제와 해결책은 사라진다. 나타남, 사라짐, 다시 나타남이 있을 뿐이다. 삶의 형상들은 나타나고, 떠나가고, 진화한다.

당신은 마음이 분별을 멈추고 지금 이 순간의 경험과 '함께 머물도록' 이끌 수 있다. 당신의 마음에게 순환 주기의 반환점을 감지하는 법, 양극점에서의 기쁨에 동조하는 법을 가르쳐주라. 마음이 그것들을 껴안고, '틀렸다'는 관념을 떠나보낼 수 있도록. 마음이 분리감과 저항감에 빠질 때마다, 그것들을 내려놓고, 다시 현재 흐름에 합류하고, 즐거움을 찾으라. 이제, 깊은 즐거움이야말로 대원칙이 될 것이다. 그것은 당신이 깨어 있는 매 순간 속에서 사랑을 발현하게끔 해준다. 영혼의 즐거움을 당신의 원칙으로 삼을 때, 거기에는 어떤 그릇됨도, 문제도, 해결책도 존재할 수 없다. 삶은 저 스스로 지혜롭게 진화해간다. 해답이란 마음과 영혼이 만나는 찰나의 정지점이고, 이러한 만남 속에서, 다음번의 적절한 대상을 창조하는 선택의 기쁨이 주어진다. 당신은 문제를 소유하는 일을 포기할 수 있다. 지금 이 순간 속에서 긴장을 푼다면, 당신에게는 어떤 도움도 필요 없다.

9

높은 주파수의 삶

> 우리는 자신의 참된 모습을 깨닫기를 두려워하여
> 운명을 비켜 가서는 기근 속의 굶주림을 자초한다….
> 결국 우리는 마비된 채로 열정을 잃고 살며,
> 영혼의 진정한 목적과의 연결이 끊어진다.
> 그러나 참된 자아의 본성을 따라 살아가겠다는 용기를 가질 때,
> 당신은 빛을 밝히고 진정으로 살아 있게 된다.
>
> — 도나 마르코바 Dawna Markova

　최근 자기 자신의 삶과 상황을 뜻대로 창조하거나 물질화시킬 수 있다는 사고방식이 대중적으로 번져가고 있다. 하지만 그것은 신과 운명 앞에 무력한 희생자였던 인간의 기나긴 역사를 감안할 때 상당히 급진적으로 보인다. 이는 영적-정신적-감정적 상태가 물리적 현실에 영향을 미치는 방식

— 비물질적인 것이 구체적인 물질로서 나타나는 방식 — 을 이해할 수 있을 만큼 우리가 진화했다는 증거이다. '물질화(materializing)' 또는 '현현顯顯(manifesting)'이란, 우리의 의지력과 소망과 집중된 에너지가 뭔가를 물리적 차원에서 실현시킬 수 있다는 뜻이다. 이것은 오랫동안 신의 화신化身, 마술사, 연금술사들만 접할 수 있었던 지식이었다. 하지만 얼마 전부터 부각된 '끌어당김의 법칙'이 은밀히 전해진 이 초자연적 개념들을 공론화시켰다. 우리는 이미 내적 진동의 힘으로 현실을 변화시키는 방법을 이해할 준비를 끝마쳤다. 기본적으로 '끌어당김의 법칙'은 이렇게 말한다. "같은 것들끼리 끌어당긴다." "당신이 진동하는 대로 창조가 일어난다." "원하는 삶을 창조할 때는 행복한 느낌이 도움을 준다." 이것들은 거의 진실이다. 그러나 내 경험에 의하면, 아직 초보적인 이해에 불과하다. 물질화, 그리고 반대 과정인 비물질화의 작용에 대한 사실들을 더 자세히 알아보자.

끌어당김의 법칙을 넘어

사회 전반의 변성 과정이 3단계(판도라의 상자 또는 잠재의식의 비워짐)와 4단계(움츠러들고, 저항하고, 밑바닥의 두려움을 다시 억압함)와 5단계(낡은 구조가 망가지고 해체됨)를 통과할 때는, 대부분의 사람들이 통제력의 상실과 경제적 손실에서 비롯되는 혼란을 피하고자 갖은 애를 쓰게 된다. 우리는 삶을 통제하려고 하고, 돈과 재산이 그 해답이라고 생각한다. '끌어당김의 법칙'은 실제로 영적 성장의 원리를 담고 있지만, 지금까지는 주로 물질적 성공과 인맥을 얻음으로써 불안감을 해소하는 방향으로 왜곡되어왔다. 즉, 두려움을 벗어나는 방편으로 사용되고 있다. 하지만 변성 과정의 후기 단계들로 나아가려면, 당신은 '끌어당김의 법칙'의 토대가 되는 주파수 원리들을 더 깊이 이해해야 한다.

변성 과정의 6단계(멈추고, 영혼의 사랑 속으로 다시 들어가며, 근원 주파수가 내적 진동을 재정비하도록 놓아둠)를 통과할 때의 특징 중 하나는, 당신이 일체성에 토대를 둔 새로운 세계를 발견한다는 것이다. 당신은 만물이 지금 이 순간 속에 일종의 중첩 또는 가능태로서 어떻게 실재하는지를, 모든 존재가 매 순간 어떻게 협동하면서 가장 지고한 청사진에 따라 이 세상을 물질화시키고 있는지를 직접적으로 경험한다. 이런 새로운 인식은 당신이 목표에 안달복달할 필요가 없음을, 영혼이 발현되는 높은 주파수의 삶 또는 운명은 당신의 타고난 권리임을 알려준다. 마침내, 창조 과정과 성공에 대한 당신의 이해는 극적으로 변한다.

당신의 경우는 어떨지 모르지만, 나는 직관의 시대에 맞는 새로운 인식을 더 많이 배울수록 잘못된 정보들도 더 많이 접하게 된다. 가끔 나는 '시장주의자'들의 다소 위압적인 외침에 시달리며 살고 있다고 느낀다. 인터넷 판매전략, 성공을 위한 상담서비스, 빨리 부자가 되는 법, 삶을 바꾸어줄 하나뿐인 세미나 등등. 그것들은 대부분 '끌어당김의 법칙'을 옹호하지만 변성 과정 속으로 깊숙이 들어가는 일과는 무관하다. 정신을 차리지 않으면 '유명인이 돼라, 벼락부자가 돼라, 가진 자가 돼라'는 사회적 요구에 휘둘리다가 나가떨어지기 십상이다. 나는 그 거슬리는 목소리들로부터 튕겨 나오고, 다른 사람들과 '함께' 창조의 기쁨을 발산하고 있는 평화로운 사람들에게 이끌린다. 그들은 공통의 근원 주파수를 통해 조화롭고 행복하게 참된 자아를 드러내며 모두가 만족하는 결과를 얻는다. 전자가 새된 비명이라면, 후자는 아름다운 음악이다. 여기에 우리의 과제가 있다. 과거의 얄팍한 성공을 되짚어보라. 운명에 따르는 것을 새로운 성공법으로 여기라. 물질화와 비물질화를 의식의 당연한 레퍼토리로서 받아들이라.

이 세상은 시대의 아픔을 통해 현실 너머를 보도록 우리를 이끈다.
우리는 외부의 힘만큼이나 내부의 힘에 대해 숙고하고 있다.
영성에 기반을 둔 새로운 사회적 행동주의가 피어나기 시작하고 있다.

> 그것은 틀린 것을 증오하고 싸우려 드는 대신에
> 있는 그대로를 사랑하고 정성껏 길러내는 태도이다.
> ― 마리안느 윌리엄슨

오늘날에는 성공에 대한 정의를 새롭게 할 뿐만 아니라, 창조 과정에서 일어나는 현상들을 설명하는 방식에도 주의를 기울이는 것이 중요하다. 우리는 더 이상 홀로그래피와도 같은 창조 과정을 단선적인 모형으로써 설명하려 들지 않는다. 그 대신 통일장 이론과 정확하게 일치하는 모형을 발전시키고 있다. 단선적인 모형은 우리가 서로 분리되어 있다는 생각에서 비롯된 것이다. 홀로그램 모형은 우리 모두가 공유하고 있는 에너지장과 지금 이 순간의 통합을 토대로 삼고 있다. 최신의 의식 모형을 받아들이는 것은 현실을 물질화·비물질화시키는 당신의 능력을 높여준다. 왜 그럴까? 목표가 실현되는 방식에 대한 당신의 믿음 또한 일종의 내적 청사진으로서, 실현될 목표를 담은 청사진보다도 더욱 깊은 곳에 존재하기 때문이다. 그 두 청사진이 지고한 진리와 어긋날 때, 당신은 장애물과 왜곡된 결과를 경험하게 된다. 예를 들어 물질적 풍요를 '끌어당길' 필요가 있다는 사고방식은 다소 철지난 모형으로서 어느 정도는 잘못된 인식을 포함하고 있다.

첫째로, 물질적 풍요는 당신 영혼의 진짜 목표일 수도, 그렇지 않을 수도 있다. 둘째로, 홀로그램의 관점에 따르면, 당신은 원하는 대상과 이미 같은 시공간 속에 존재하기 때문에, 굳이 그것을 '끌어당겨야' 할 필요가 없다. 당신은 이미 그것을 가지고 있다. '끌어당김'은 단선적이고 분리된 사고방식 — "원하는 것은 저곳에 있고, 당신은 의지력과 영리함으로 그것을 획득해야 한다" — 으로부터 나온 발상이다. 통합된 세상에서는, 뭔가를 끌어오는 대신에 그것이 이미 나의 현실 속에 있음을 알고 계속 주의를 기울일 뿐이다. 어떤 노력도 필요치 않다. 셋째로, 당신의 의지력은 내적 진동의 행복감과는 관계없이 그저 뭔가를 끌어당기는 데만 쓰이기 때문에, 당신은 우주가 모두를 만족시키는 경험으로부터 떨어져 나온다. 당신은 일체성과 사랑과 보살핌을 경험하지 못한다. 의지력이 등장하면 에고가 되살아난다. 생각은 저 홀로 흘러가며, 고립감과 근심 걱정이 심화된다. 설령 교묘하게 숨겨져 있다 해도, 의지력이 작용한다는 것은 영혼이 필요한 것을 정확히 가져다준다는 믿음이 깨졌다는 의미이므로, 결국 당신의 영혼에 장애물로 작용한다. 따라서 지금 가진 것들을 거부하고 무시하고 바꾸려는 시도에 에너지를 쏟게 되고, 그것들이 얼마나 완벽한 것인지를 제대로 이해하지 못한다.

영혼은 주인이고, 상상력은 도구이며, 몸은 다루기 쉬운 재료이다.

— 파라켈수스Paracelsus

물질화의 시작

물질화의 첫 단계는 당신의 의식과는 별개로, 영혼으로부터 시작된다. 영혼은 당신의 성장 계획에 필요한 상황들을 물질화시키고, 항상 다른 영혼들과 협력한다. 물론 당신은 그 계획을 받아들일 수도 있고, 저항하거나 실수를 저지르거나 지연시킬 수도 있다. 하지만 막힌 곳을 에둘러 물길을 내는 강처럼, 영혼의 계획은 스스로 계속해서 수정을 해나간다. 꼭 필요한 것이라면, 당신이 충분한 관심을 줄 때까지 그것은 계속 등장할 것이다. 당신의 삶은 짜인 얼개 속에서 다른 사람들의 발걸음에 맞추어 계속 개선된다. 당신이 삶의 어떤 단계에서 특정한 인간관계를 경험해야 한다면? 영혼들이 그 만남을 주선할 것이다. 당신에게 새로운 기회가 필요하다면? 아마도 당신은 먼저 손실을 겪을 것이다. 영혼은 상황을 조율한다. 비약이 이루어질 시기가 되면, 그 어떤 것도 — 당신의 마음이 몹시 절박하더라도 — 때가 무르익은 영혼의 길을 가로막을 수는 없다. 당신의 환경은 당신에게 삶의 교훈을 주기 위한 영혼의 수단이다. 그것은 당신이 뭔가를 배울 수 있는 경험을 창조한다. 그리고 사막의 신기루처럼, 영혼의 의도에 따라 순식간에 모습을 바꾼다.

근본적으로 당신의 세계는 당신 자신이 물질화된 것이다. 그것은 당신의 내적 진동이 낮은 옥타브 수준에서 발현된 것이다. 따라서 현실은 사랑과 두려움의 혼합물이다. 영혼의 빛과 진리, 그리고 근원 주파수의 일부가 고정관념과 두려움에서 비롯된 감정들 사이를 빠져나가 당신의 세상을 창조한다. 그러나 내적 진동의 다른 부분, 즉 당신의 장애물이 드리운 낮은 주파수의 그림자 또한 당신의 에너지장 속으로 방사되면서 물질화된 현실을 이룬다. 그처럼 물질화된 그림자들을 당신은 '문젯거리'라고 인식하고, 그것들을 제거하는 동안 삶의 교훈을 얻는다. 따라서 높은 주파수의 삶을 창조하기 위해서는, 우선 불필요한 부정적 상황을 물질화하지 말아야 한다.

당신의 마음과 감정도 물질화 과정에서 부수적인 역할을 한다. 마음과 감정은 영혼의 의도를 훼방하고 지체시킬 수도 있고, 돕고 가속화시킬 수도 있다. 그것은 당신이 자애로운 자아와 두려움에 떠는 에고 중에서 무엇에 주의를 기울이는지에 달렸다. 마침내 두려움이 완전히 사라질 때, 당신의 마음과 감정은 힘을 합쳐서 정교한 감응력을 갖추고 더없이 투명한 렌즈가 된다. 그때 당신의 개인적 욕망과 영혼의 의도는 정확히 일치한다. 원하는 바를 '얻는' 데는 어떤 의지력도 필요치 않다. 정확히 알맞은 일들이 순서대로 이루어지기 때문이다. 이런 작용 속에서 창조와 소멸의 과정은 순도 높은 즐거움과 순수함을 띤다. 그리고 당신은 진화하는 인류의 운명과 일치하는 다양한 경험들을 자유자재로 물질화한다. 높은 주파수의 삶은 사소한 일상 속에서도 뛰어난 유동성과 만족감을 선사해준다.

주의의 힘

물질화의 원동력은 주의(attention) 또는 관심(interest)이다. 물질화는 당신이 경험해보고 싶은 어떤 아이디어에다 관심을 기울일 때 시작된다. 그 대상은 이미 당신의 현실 속에 존재하고 있다. 당신이 관심을 기울여 에너지장 바깥으로 불러냈으므로, 그것은 당신의 심상 속에서 하나의 모습으로 나타나기 시작하면서 일종의 심령적 질량을 갖기 시작한다. 당신이 그 아이디어에 더 오래 관심을 기울이고 에너지를 쏟을수록, 그것의 진동은 더욱 느려지고 밀도는 더욱 높아진다. 그것은 생각과 감정의 옥타브 수준을 거쳐 물질의 수준으로 하강한다. 물질화된 아이디어는 시공간상의 긴 거리를 건너 당신에게로 오지 않는다. 그것은 그저 당신의 내적 진동을 통해 울려 퍼지고, 당신 뇌의 세 가지 수준을 통과하고, 서서히 물질적·감각적 정보를 띠고, 당신의 파충류 뇌가 '진짜'로 인식할 때까지 더욱 생생해진다. 마침내 그 아이디어는 물질의 주파수를 갖춘 새롭고 조그만 에너지장으로서 당신의 에너지장 바깥에서 응결된다. 필요할 때 당신의 팔이 닿을 만한 거리에서 말이다. 물질화는 당신이 실제로 그 아이디어와 교감하고 감응하고 하나가 된 결과이다. 당신과 그 아이디어가 3차원의 '견고한' 현실 속에서 공존하게 될 때까지, 물질화 과정에는 당신 의식의 모든 옥타브 — 영적, 정신적, 감정적, 육체적 — 가 총동원된다. 물질화는 사랑의 한 측면이다. 그것은 당신이 원할 때 나타나고, 당신에게 여백이 필요할 때는 통합장 속으로 다시 소멸해 들어간다.

> 물질적, 유기체적, 정신적, 영적 과정 속에서 일어나는 모든 일은 실제로 에너지의 변성을 일으킨다. …
> 모든 생각과 감각과 감정은 에너지의 교환에 의해 생겨난다.
> — J. G. 베넷Bennett

당신이 물질화시킨 것들은 어떤 식으로든 당신의 내적 진동을 담고 있다. 당신이 피해의식을 갖고 있다면, 당신의 물질화시킨 세상도 같은 정도의 피해의식을 품는다. 당신은 희생당한 사람들을 만나게 되거나, 당신에게 감사할 줄 모르는 자기중심적인 사람들과 엮여 손해와 배신을 겪을 것이다. 당신이 즐겁게 산다면, 당신 앞에 펼쳐지는 삶도 유쾌할 것이다. 당신이 생계를 위해서는 혹독하게 일해야 한다고 생각한다면, 당신은 임금이 적거나 근무시간이 긴 직업을 물질화시킬 것이다. 당신이 스스로 특권을 가졌고 보호받는다고 느낀다면, 어떤 유산이 물질화될지도 모른다. 마찬가지로, 질병과 상해도 부정적 감정에서 비롯된 내적 청사진과 일치한다. 부정적 감정은 특정 신체 부위의 고통을 일으킨다. 예를 들어 폐의 문제는 커다란 슬픔, 목의 문제는 고집과 불신, 발의 문제는 태도와 행보의 망설임과 관련된 경우가 많다. 당신이 '잘못했기' 때문에 건강상의 문제 또는 부정적인 환경이 '이끌려온' 것이 아니다. 그것은 당신의 내적 진동 속의 어딘가에 ― 그곳에는 지극히 '인간적인' 파괴적 감정 습관들이 모여 있다 ― 무시당하는 느낌과 처벌받거나 버림받는 데 대한 두려움 등등이 자리를 잡고 있다는 의미이다.

무언가를 온전히 물질화시키기 위해서는 당신의 몸이 그것을 '진짜'처럼 인식해야 한다. 당신의 활성화된 감각이 그 새로운 대상과 상황과 경험을 당연하게 받아들여야 한다. 나는 지금 내 컴퓨터를 만질 수 있다. 컴퓨터는 바로 내 앞에 있다. 나는 내 컴퓨터를 지금의 고급 기종으로 바꾸기로 마음먹었던 때를 기억한다. 그것은 하나의 생각으로 시작되어 구체적인 이미지로 발전해갔다. 나는 새 컴퓨터를 사용하는 모습을 상상했고, 그것의 값을 치르는 현실을 실감했고, 전시장으로 가서 견본들을 살피고 그중 하나를 작동시켜보았고, 그것을 진짜로 만졌고, 그리고 가슴이 뛰었다. 나는 새 컴퓨터가 내 삶을 어떻게 개선해줄지를 느낄 수 있었다. 나는 내 책상 위에 있는 새 컴퓨터를 볼 수 있었다. 나는 그것이 내 책상 위로 다가오고 있음을 확신했다. 그리고 나는 그것을 구입하는 과정이 실현되게끔 했다. 이제 내 몸은 내 컴퓨터의 외형, 속도, 모니터 크기를 전부 당연하게 받아들인다. 그리고 새로운 성장이 촉발될 때가 오면, 나는 다시 그것을 못마땅하게 여기기 시작하고, 지겨워하고, 새로운 기종의 광고에 정신이 팔리면서 앞의 과정을 다시 반복할 것이다.

공동 창조

나는 친구인 앤과 함께 얼굴을 맞대고 눈을 감은 채로 앉아서 하나의 실험을 해보았다. 우리는 우리가 바라는 대상이 둘 사이의 공간 속에서 나타나는 모습을 상상했다. 그녀는 내가 얼핏 떠올릴 만한 금액보다 '0'이 하나 더 붙은 금액을 목표로 삼았다. 우리는 그것이 마치 홀로그램처럼 나타나기를 빌었다. 나는 그녀더러 그 돈을 큰 목소리로 상세히 묘사해보라고 요청했다. 그녀는 그렇게 했고, 나는 그것을 마음속에서 함께 그렸다. 그것은 돈다발의 모습이었다. 그녀는 다발을 풀어 돈을 만지고 그 느낌을 묘사했다. 나는 그녀와 같은 경험을 하고 있다고 상상했고, 새로운 느낌이 떠오를 때면 내가 그것을 묘사하면서 그녀의 상상 속에 포함시켰다. 우리는 이런 식으로 돈의 냄새를 맡고, 돈다발을 풀었다가 다시 쌓아두고, 마음속에서 그 돈 위에 빛을 쏘였다. 그리고 그것에 감사하고, 저절로 흩어지도록 두었다.

그 돈은 내 단기 수입으로 볼 때 거의 가능성이 없어 보였기 때문에, 나는 이 실험에 대해 몇 주간 신경을 쓰지 않았다. 그런데 기대하지 못했던 일이 생겼다. 이 책의 원고를 보여주러 출판사를 찾아갔다가, 나는 그들이 이미 내 원고의 출간을 결정했으며 곧 내게 선인세를 지급할 것이라는 말을 듣고 깜짝 놀랐다. 그것은 우리가 상상했던 바로 그 금액과 일치했다! 앤의 경우는 나보다 시간이 더 걸렸지만, 경기불황에도 불구하고 고객이 신기할 만큼 늘어나면서 같은 돈을 마련할 수 있었다. 이 실험의 성공은 우리 두 사람이 자아의 새로운 확장 단계로 진입하고 있음을 알려주는 영혼의 신호였다.

우리는 그 명상을 할 때 어떤 두려움도 느끼지 않았고 성급하게 굴면서 작업을 다시 반복하지도 않았었다. 우리는 동시에 그 돈을 생생한 현실로서 바라보면서 그 느낌이 더욱 강해지도록 서로의 몸을 동조시켰다. 그리고 후에 그 협동의 효과를 확인했다.

창조는 혼자 하는 작업이 아니다. 당신이 물질화한 것들은 전부 다른 영혼들과의 공동 창조물이며 또한 파동과 입자의 협동에 의한 것이다. 우리 모두는 신비롭고 선한 신성과 함께하는 공동 창조자이다. 가끔 나는 한 덩어리의 입자들이 나의 욕구에 반응하여 이렇게 외치는 모습을 상상하곤 한다. "좋아! 페니의 현실 속에 한동안 머물면서 그녀 앞에 새로운 컴퓨터로서 우리 모습을 드러내자고!" 진실로, 당신의 모든 소망은 다른 모든 이의 소망에도 영향을 미친다. 우리는 그렇게 한마음 한뜻이다. 예를 들어, 그리스로 여행을 가고 싶다는 당신의 뜻이 분명하다면, 이를 가능케 해줄 다른 영혼들은 자신의 소망을 변화시킴으로써 당신의 여행을 돕고 동행할 준비를 마칠 것이다. 물론 그것은 그들에게도 이익이 되는 일이다.

당신의 소망이 물질화될 공간은 충분하다. 무언가를 원한다고 해서 다른 사람의 것을 뺏어오는 것은 아니다. 그저 우리의 집단적 욕구가 변화될 뿐이다. 그렇게 우리는 우리 모두가 원하는 것을 향한다. 당신의 욕구는 다른 사람들의 필요에 의해 당신의 의식 속에 심어진 것일지도 모른다. 따라서 당신의 태도가 분명치 못하고 미적지근하면, 그것은 당신의 동료 영혼들에게도 최선의 도움이 되지 못한다. 저항하고, 성장을 거부하고, 창조를 혼자만의 몫이라고 생각하고, 자원을 잔뜩 독차지하려는 사람은 결국 우리 모두의 성장을 가로막고 있는 것이다. 직관의 시대에, 당신은 사랑으로 가득한 참된 세상을 물질화하려는 영혼의 작업을 도울 수도 있고 훼방할 수도 있다.

우리는 상상과 의도에 따라

스스로를 내맡기는 물질과 힘의 기적적인 산물이다.

놀라운 일이다.

다양한 형상을 실험하고 있는 생명력이라니.

당신도 그렇고, 나 또한 그렇다.

이 우주는 활기찬 목소리로 외치고 있다.

우리는 그 외침들 중의 하나이다.

— 레이 브래드버리 Ray Bradbury

물질화와 비물질화

당신이 높은 주파수의 삶을 창조하고 여러 대상과 상황들을 물질화·비물질화시킬 때, 그 과정을 더 수월하게 해주는 몇 가지 단계가 있다.

1. 당신이 가진 것을 살펴보고, 그것을 감사히 사용한다. 당신은 예전에 그것을 창조했다.

당신이 이미 주어진 것을 사용하기 전까지 진짜 새롭고 좋은 것은 나타나지 않는다. 훌륭한 음식을 먹을 때, 당신은 먼저 나온 음식을 삼키기 전에 또 다른 음식을 욱여넣지 않는다. 당신이 물질화시킨 것은 앞선 문제의 해결책이었다. 당신은 그것이 제공하는 경험을 발견하고 통합시켜야 한다. 당신은 현재의 집을 충분히 사랑하고 고마움을 표현해왔는가? 그 집은 당신에게 어떤 경험을 선사하기 위해서 존재하는가? 당신은 그 집에 무엇을 되돌려주었는가?

2. 파괴적인 감정 습관들과 부정적 사고를 제거하고, 당신의 새로운 확장을 막는 기존의 대상들을 소멸시키라.

당신은 새로운 집을 원하는가? 그렇다면 먼저 장애물부터 제거하라. 자신이 새집에 살 자격이 있는지 의심하지 말고,

옛집을 내려놓으라. 하나의 현실을 비물질화시키는 것은 새로운 현실을 물질화시키는 것만큼 재미있는 일이다. 뭔가가 사라지기를 원한다면 그것에 투여했던 관심을 거둬들이라. 지루함은 당신의 친구이다. 그 인간관계가 끝나야 할 필요가 있다면, 당신이 용서하고 고마워하는 것만으로 그 경험은 마무리될 것이다. 당신이 그 직업을 그만둘 필요가 있다면, 당신은 저절로 흥미를 잃게 될 것이다. 당신은 주어진 것들을 소화시키고, 주의를 거둬들이고, 그런 후에 잠시 동안 고요히 존재한다. 이것이 바로 비물질화이다. 하나의 대상에 투여했던 에너지를 수거하면, 그것은 가벼워지고 투명해지고 희미해지다가 결국 사라진다.

3. 에너지를 모으고, 영혼의 사랑 속에서 머물고, 근원 주파수와 공명하고, 높은 차원의 청사진이 어떤 느낌과 모습인지를 확인하라.

자신이 어떤 느낌을 좋아하는지 확인하라. 그러면 당신은 그 '느낌'과 일치하는 주파수의 청사진을 찾아낼 수 있다. 가장 흥미로워 보이고 당신의 성장을 도울 만한 아이디어는 무엇인가? 당신은 그것을 향해 어떤 단계를 밟을 수 있는가? 그것의 가치를 이해한다면 당당하게 권리를 주장하기도 쉬워진다. 예를 들어 새로운 집은 당신의 자아감을 훨씬 더 크고 확고하게 만들어주고 다른 사람들에게도 분명히 도움이 될 것이다.

4. 그 아이디어를 살피고, 주의를 기울이고, 상상하고, 감응하라.

그것에 생명과 사랑을 주라. 주의를 기울이고, 그것을 더욱 생생한 감각적 현실로서 상상하라. 그 아이디어가 단순히 머릿속에서만 머무르지 않게 하라. 그것을 보고, 듣고, 만지고, 맛보고, 냄새 맡으라. 그것을 당신 삶의 일부로서 초대하라. 그것이 제공하려는 경험을 느껴보라.

5. 당신의 내적 진동을 정화하고, 에너지장을 통일장과 연결시키라.

근원 주파수로 당신의 몸과 감정과 생각을 채우라. 자신이 '소리굽쇠'가 되어 고유한 음조로서 울려 퍼진다고 상상하라. 당신의 순수한 진동이 당신의 에너지장을 거쳐서 외부의 더 큰 통일장 속으로 퍼져나간다고 상상하라. 통일장은 당신의 에너지장이 가리키고 발산하는 대로 따른다. 예를 들어, 당신이 스스로를 대하는 방식대로 이 세상은 당신을 대한다.

6. 당신의 물질화 과정에 모든 존재를 포함시키라.

모든 영혼과 입자가 당신의 내적 진동에 공명하면서 변화를 일으킨다고 상상하라. 그들은 당신의 성장을 도움으로써 자기 자신도 성장한다. 그들을 따뜻하게 맞이하고, 기쁨과 감사를 표현하라. 당신도 그들에게 같은 일을 해주고 있음을 알라. 긴장을 풀고, 이 우주가 당신의 청사진에 맞춰 스스로를 조율하도록 시간을 주라.

7. 물질화되는 아이디어에 주의를 기울이라.

당신의 몸이 새로운 현실을 감각적으로 인식하고, 즐기고, 행복해할 때까지 그 느낌을 계속 키우라. 그 새로운 현실이 당신의 일상이 될 때까지 계속 주의를 기울이라.

실습과제

세 가지 대상의 물질화와 비물질화

1. 당신이 당신의 세계 속에 맞아들일 준비가 되어 있는 세 가지 대상 — 물체, 재산, 기회, 사람 등등 — 을 적어보라. 그리고 소멸시키고 싶은 세 가지 대상도 적어보라. 당신은 그것들을 떠나보낼 준비가 되었고 이제 더 이상은 흥미가 없다. 예를 들어 중독, 과체중, 잡동사니 등이 있겠다.

2. 물질화 목록의 세 가지 대상을 하나씩 살펴보라. 그것에 주목하고, 상상하고, 감각적인 정보를 덧붙이라. 그것을 경험으로 만들고, 당신의 몸이 그 경험에 흥분하게 하라. 당신의 몸이 그것을 진짜 현실로 느낄 때까지 주의를 계속 기울이라. 이제 그것을 내려놓고, 다음 대상으로 옮겨 가라.

3. 다 끝낸 후에는, 이 세 가지가 당신의 일상이 되었을 때 자신의 삶이 어떤 느낌일지를 상상해보라. 당신은 얼마나 더 성장했는가?

4. 이제 비물질화 목록을 하나씩 살펴보라. 첫 번째 대상에 주의를 기울이라. 그것은 당신의 평범한 현실이다. 그것으로부터 관심을 거둬들이라. 그것에 저항하지 말라. 그저 그것을 지루하고 시답잖은 것으로 느끼라. 혹시 그 대상에 상징적인 의미나 감정적인 유대가 있는가? 그것이 희미해지게 하라. 그것에 대한 흥미 자체가 사라지도록 하라. 당신에게 주어진 그것을 감사히 여기고 축복하라. 그리고 제 길을 가도록 내려놓으라. 지금 당신은 행동을 취할 필요가 없다. 그저 마음속에서 그것을 풀어주고 흩어버리라. 그것이 떠나가게 하라.

5. 당신의 현실로부터 이 세 가지 대상이 사라지고 신선한 여백이 생겼을 때, 그것이 어떤 느낌일지를 상상해보라.

당신의 영혼은 그 새로운 공간 속으로 얼마나 더 확장했는가?

행운

베스는 텔레비전 프로그램의 경연에 참가했고, 열두 명의 최종 후보에 끼어 10,000달러 상당의 집수리 혜택을 놓고 경쟁하게 되었다. 그녀는 내게 전화를 걸었다. 그녀는 자신의 창조 능력을 실험할 기회에 흥분해 있었다. "어떻게 해야 행운을 부를 수 있죠?" 그녀의 물음에, 나는 자신의 마음가짐과 에너지를 차분한 움직임으로 느껴보라고 충고했다. 그리고 경연에서 우승하는 과정을 자연스럽고, 쉽고, '나 같은 사람에게는 당연한 일'로 생각하도록 권했다. "나는 운을 타고난 사람이며 많은 것들을 쉽게 얻는다. 나는 자연스럽게 마음을 열고 받아들인다. 나는 아낌없이 주고, 어려움 없이 받는다." 나는 그녀더러 집과 마당과 하나가 되어보라고 했다. 그녀는 '우리'가 개선되고 확장된 경험을 위해서 진정 무얼 원하는지 그것들과 대화를 나누었고, 집수리가 가능해질 수 있도록 도움을 요청했다. 또한 그녀는 공사를 시행할 사람들에게 감사를 표하는 자신의 모습을 상상했고, 공사가 끝난 후에 새로운 식물들이 행복하게 자라는 모습도 느껴보았다. 그렇게 그녀는 자신의 의식과 에너지 수준을 조율하기 시작했다.

그런데 그녀는 우승하지 못했다. 나는 그녀에게 우승하지 못한 이유를 물었다. 그녀는 담당 조경업체의 홈페이지에 들어갔다가 그들의 전문 분야가 자신의 취향과는 다르다는 사실을 알게 되었다고 말했다. 그 홈페이지에는 여덟 개의 정원 디자인이 있었는데, 그중에서도 단 하나만이 '10점 만점에 4.5점 정도로' 그럭저럭 그녀의 눈에 들어왔다. 그녀는 자신이 원하는 특징들을 설명했지만 담당자는 그중 한 가지에만 거의 10,000달러의 추가비용을 요구했다. "제 생각에, 우리 — 정원, 나무, 집, 자연의 신들, 그리고 나 — 는 이 디자이너의 제한된 시안에 만족하지 못할 것 같았어요."

나중에, 나는 베스에게서 '내가 무슨 일을 이뤄냈는지 보세요!'라는 제목의 이메일을 받았다. "제가 마음을 비우고 더 좋은 일이 눈앞에 가까이 있다고 믿자, 이 우주가 정확하고 재치 있게 응답을 해왔어요! 제가 진심으로 사랑했던 남편의 친척 아주머니가 아흔한 살로 돌아가셨어요. 우리는 지난 3년간 그분의 정원을 가꿔왔지요. 그곳은 그분에게 큰 즐거움을 주었지만, 그분은 더 이상 허리를 굽히지 못하셨으니까요. 저는 매주 그분이 원했던 그대로 정원을 정성껏 손질해드렸어요. 그리고 지금, 그분도 제가 원했던 바로 그것을 제게 주셨어요. 경연이 끝나고 2주 후에, 그분의 뜻에 따라 제가 상속자로 지명되었다는 부동산 대리인의 편지를 받았거든요. 지금 그 돈은 제가 진짜로 원했던 집수리를 위해 쓰이고 있어요. 게다가 정원을 볼 때마다 그분에 대한 기억과 우리가 나눈 사랑이 떠오를 테니 더욱 멋지겠죠. 저는 지금 놀랄 만큼 운이 좋다고 느끼고 있어요. 제 몸이 마치 샴페인 거품으로 가득 찬 듯해요. 저는 제가 그 경연에서 우승하지 않아서 정말로 기쁘답니다."

행운은 당신이 자신의 영혼을, 지금 이 순간을, 벌어지고 있는 일들을, 자신의 바람이 완벽하게 이뤄질 것이라는 진실을 신뢰하는 순간 찾아온다. 당신의 소망은 완벽한 길과 시기를 찾아낸다. 당신의 영혼은 당신에게 행운을 안겨주고, 당신은 모든 일이 척척 들어맞는 그 길을 만끽할 수 있다. 당신은 의식적으로 그 길로 들어설 수 있다. 베스는 영혼을 신뢰했기 때문에 영감 어린 결과물이 아닌 것에 만족하지 않았다. 당신도 날마다 행운을 경험할 수 있다. 그저 기회들이 저절로 나타나고, 동시성 현상이 일어나서 독특한 생각에 주의를 기울이게 하고, 나날의 흐름이 아름답게 펼쳐지는 모습을 관찰하라. 행운의 느낌을 선택함으로써, 당신은 근원 주파수를 선택하고 '직관의 시대'에 합당한 원리들을 재차 확언하고 있는 것이다. 당신은 놀랍거나 극적인 사건이 있을 때만 "행운"이라는 말을 쓰지 않는다. 당신은 앞으로 좋은 일들이 기하급수적으로 늘어날 것임을 안다.

내슈빌에 사는 헨리는 '미리 값을 치른다'는 신념을 몇 년 전부터 실험하기 시작했다. 그는 누군가에게 20달러를 주면서, 그중 반은 자신을 위해 사용하고 나머지 반은 또 다른 사람들에게 건네도록 당부했다. 그리고 결과적으로, 어떤 식으로든 에너지를 풀어놓으면 그것은 당신이 붙잡을 수 있는 형태로서 되돌아온다는 사실이 확인되었다. 처음에 그는 자신의 학생들 중 한 명에게 20달러를 주었는데, 그 학생은 내슈빌의 교회 시설에 들러서 노숙자 한 사람이 하루를 묵을 수 있는 비용을 냈다. 그리고 다음 주에 그 학생은 예상치 못했던 50달러 수표를 얻었다. 헨리는 친구의 자동차에 타이어 한 세트를 실어준 적이 있는데, 2주 후에 그 값의 세 배가 지급될 일거리를 맡아달라는 전화를 받았다. 헨리는 물질화란 진실로 자유로운 주고받음의 문제임을 깨달았다.

> 행복을 느낄 때, 우리는 상승하는 구조 속에서 살게 된다.
> 우리는 하나로부터 다른 하나로 끝없이 이끌린다.
>
> — 로버트 루이스 스티븐슨

삶의 새로운 방향

습관적인 일상과 업무, 또는 주파수가 낮은 사람들에게 둘러싸이면서 당신의 의식이 마비당하고 다소 중심을 잃게 되는 시기도 찾아온다. 당신은 용감하게 새로운 행동을 취함으로써 상황을 개선해야 할 필요성을 느끼지만, 그것이 무엇인지 정확히 알지 못하고 시기도 적절해 보이지 않는다. 삶의 방향을 새롭게 이끄는 방법은 무엇일까? 어떻게 해야 당신의 행복하고, 패기 있고, 낙관적이고, 모험심 강한 자아가 회복될 수 있을까? 빠르게 흐르는 강물 속에 뛰어들어야 할까? 모든 것을 버리고 발우만 챙긴 채로 떠돌아야 할까? 정면돌파를 시도해야 할까?

짐은 남부럽지 않은 삶을 살았다. 그는 호주의 한 농장에서 자랐고, 평화봉사단의 교육관이 되어 여러 나라에서 일을 했었다. 그는 춤 선생이자 비디오 예술가이기도 했다. 그는 지금 워싱턴 DC의 정부기관에서 이름난 교육관으로 바쁘게 지내고 있다. 그는 의식의 성장과 관련된 새로운 책들을 열정적으로 읽고, 새로운 물리학과 뇌과학의 개념들을 리더십 기법과 통합시키는 데 몰두했다. 그는 이런 내용들을 자신의 교육과 연계시키려고 했지만, 교육생들은 해당 부서에서 통용되는 제한된 관점 속에 갇혀 있었다. 그들의 낮은 주파수는 짐의 주파수까지 별 볼 일 없게끔 끌어내렸다. 나는 짐과 많은 이야기를 나누었다. 그는 여러 색상의 실가닥들을 하나로 엮고 싶어했고, 어떻게 해야 자신의 주파수와 일치하는 결과물과 홈페이지와 의뢰인들을 창조할 수 있을지 궁금해했다. 그러나 그가 보수 높은 직업을 포기하면서까지 불안정한 일에 뛰어들기는 쉽지 않아 보였다.

최근에 그는 자신의 경력을 정리해야겠다는 생각을 떠올렸다. 그는 자신의 해온 모든 일을 적고 그 숫자를 세어보았다. 그는 22개 나라에서 살며 일을 했고, 수십 가지의 교육안을 만들었고, 만 명의 사람들을 교육시켰다. 목록을 만들면서 그는 무의식중에 자신감을 회복했다. 다음으로, 그는 인터넷에서 자신이 좋아하는 책의 저자들을 찾아보았다. 그렇게 여러 정보들을 검색하다가, 그는 어떤 학회에서 원고를 공모하고 있음을 알았다. 그 학회의 관심사는 그가 좋아하는 주제와 일치했고, 그 위치도 그의 고향인 호주였다. '음, 여기엔 뭔가 좋은 동시성이 있는데.' 그는 가슴이 뛰었다. '그들은 내가 해온 일들에 대해서, 나의 소중한 생각들에 대해서 이야기를 나누고 싶어한다! 생각할 필요도 없어. 난 이걸 해야 해!' 그런데 마감기한까지는 몇 시간밖에 없었다. '말도 안 돼!' 그러나 그는 부딪혀보았다. '그들에게 전화 걸지 못할 이유가 없잖아?'

그는 학회의 한 여성과 통화하게 되었다. 그는 이런 학회를 알게 되어 대단히 기쁘고, 자신이 같은 생각을 갖고 있으며, 진심으로 이야기를 나누고 싶지만 마감기한이 다 되었음을 이제야 알았다고 말했다. 그는 기운이 솟구쳤다. 그는 자신의 경력을 막 정리한 참이었기 때문에, 자료들을 손안에 쥔 채로 자신의 소개와 이력을 줄줄이 읊을 수 있었다. 그는 자신이 이런 앞서가는 개념들에 대해 함께 대화할 사람들을 얻게 된다면 얼마나 행복할지를 설명했고, 혹시 마감을 연기해줄 수 있다면 꼭 자신의 원고에 주목해달라고 부탁했다. 그녀는 따뜻하게 대답해주었다. "연기를 고려해보겠습니다."

짐은 자리에 앉아서 발표할 원고를 구상하고, 심지어 학회장의 구조까지 상상했다. 수많은 글감이 마음속에서 떠올랐다. 생애 처음으로 그는 자신이 글 쓰는 일을 즐기고 있음을 깨달았다. 어렵지 않게 주제가 정해졌고, 그 즉시 그는 홈페이지를 만들고, 원고를 작성하고, 비디오 영상을 제작했다. 그는 호주로 갈 여행경비를 이미 치렀고, 혹시나 알 수 없는 이유로 자신이 초청받지 못한다면 어디로든 떠날 작정이라고 내게 말했다. 그는 자신이 얼마나 '새로운 자아'로서 드러나고 싶어하는지를 미처 몰랐었다. 실은 몇 번이나 이런 느낌이 주어졌었다. "너는 네 능력을 잘 알아. 무엇을 어떻게 해야 할지는 모르지만, 너의 의지는 확실해." 그는 이제 답답하고 지루한 느낌을 벗어났고, 대단히 활기 넘치는 새로운 현실 속으로 들어갔다. 그곳에서 그는 얼마나 다양한 새로운 가능태가 존재하는지를 확실히 볼 수 있었다.

짐의 이야기에서 우리는 몇 가지 중요한 교훈을 얻을 수 있다. 그는 삶을 조망하기 위해서 본능적으로 자신의 현실 밖으로 한 발짝 나왔다. 그는 자신이 성취한 것들을 정리함으로써 활동적인 단계를 종결하고 맹목적인 일상을 벗어났다. 그리고 열린 마음으로 무엇이 자신의 흥미를 끄는지를 살펴보았고, 자신의 주파수와 일치하는 높은 에너지의 정보와 동시성에 주의를 기울였다. 그는 "안 돼"라는 목소리에 주눅 들지 않았다. 그는 호주에 전화를 걺으로써 근원 주파수 속으로 들어가 미지의 세계를 향해 발걸음을 내디뎠다. 그는 어떤 기대도 없이 그녀에게 자기 자신을 솔직하게 드러냈고 관심사를 밝혔으며, 그녀로 하여금 자신을 도울 기회를 제공했다. 그런 열정 속에서, 그는 평생 시달려온 글쓰기의 두려움을 극복했다. 그는 수준 높은 교육안을 떠올렸고, 자신의 새로운 삶이 어떻게 펼쳐질지를 막연하게나마 이해하게 되었다. 그의 영혼은 그를 위한 일련의 경험들을 마련해주었다. 그리고 그의 마음은 그것을 제때 알아차리고 행동을 취했다.

인간은 품은 뜻에 따라 커지거나 작아진다.

신이 인간을 만드셨지만, 그 끝은 인간이 스스로 해결해야 하리라.

— 찰스 H. 파크허스트

원하는 일이 실현되지 않을 때

얼마간 무언가를 원하고 긍정적인 감정으로 집중했다고 해서 당신이 꼭 그것을 얻게 되지는 않는다. 그것은 영혼의 계획에 포함될 필요가 없는 것인지도 모른다. 또는 주파수 원리에 의해서 당신이 의도한 결과를 가로막는 또 다른 원인이 있을 수도 있다. 마크는 젊고 정력적인 경영 컨설턴트로서 새로운 유형의 전문가가 되겠다는 목표를 향해 수년간 달려왔다. 최근에 그는 다른 전문가들과 함께 한 대기업을 분석하고 조직개편안을 만드는 데 상당한 공을 들였다. 그는 계약을 따낼 거라고 확신했지만, 마지막 순간에 그 회사는 거절했다. 마크의 개편안을 수락하는 편이 오히려 비용이 더 싸게 먹힐 텐데도 말이다. 그는 당연하고 확실해 보였던 계약이 성사되지 못한 이유를 이해할 수가 없었다.

나와 대화를 나누면서, 마크는 그 회사의 개선점에 대한 자신의 이해와 커다란 열정이 대단히 높은 수준의 내적 진동으로부터 비롯되었음을 깨달았다. 그는 능숙하게 지금 이 순간 속에 머물며 상황을 빠르게 개선시키는 사람이었다. 그러나 그의 개편안에는 꽤나 보수적인 그 회사의 경영 방식과 모험을 반대하는 몇몇 관리자들이 고려되지 않았다. 그 회사의 진동은 마크의 진동보다 느렸고, 따라서 경영진은 단기간에 너무 많은 일을 해야 한다는 두려움 탓에 제동을 걸었던 것이다. 서로 다른 현실 간의 주파수 차이가 그 회사로 하여금 마크와는 완전히 다른 '미래'를 바라보게 했다. 마크와 그들은 완전히 다른 두 세계 속에서 살고 있는 듯했다. 마크는 그들보다 앞서서, 즉 그들의 미래 속에서 살고 있었다. 나는 그 회사 관리자들의 해묵은 사고방식이 저절로 소멸되고 나면, 그러니까 아마 넉 달 정도 후에는 마크가 결국 그 계약을 따낼 것임을 느꼈다. 그들이 마음을 열고 마크를 신뢰하며 배움을 얻고자 했다면, 그 과도기는 마크가 바라본 현실을 향해 더 빠르고 쉽게 지나갔을 것이고, 그 개선안도 제지당하지 않고 빛을 발할 수 있었을 것이다.

당신의 소망이 삶 속에서 이루어지지 않는 데는 몇 가지 이유가 더 있다. 그것은 최선의 방도가 아닐지도 모른다. 또는 지금 당신이 끌리고 있는 그 길의 미래에는 당신의 성장에 부정적 영향을 줄 뭔가가 있을 수도 있다. 내 친구 부부는 뉴올리언스에 호감을 느끼고 그곳에서 노후를 보내고 싶어했다. 그들이 막 계획을 실행하려고 할 때, 그들의 잘나가는 아들이 콜로라도 볼더 근처의 넓은 소유지에다 깎아지른 듯한 산등성이가 보이는 전망 좋은 숙소를 부모님을 위해 지어놓았다고 알려왔다. 그래서 마지막 순간에 그들은 몇 년 동안 아들 가족과 시간을 보내고 나서 뉴올리언스로 이사를 가기로 마음을 바꿨다. 그리고 그들이 콜로라도의 아들 곁으로 떠난 지 얼마 안 되어서 허리케인 카트리나가 들이닥쳤다. 그들은 엄청난 피해를 모면한 셈이었다.

  당신은 뭔가를 실현하기 위해서 너무 많은 의지력을 쓰고 있는지도 모른다. 또는 그 물질화 과정을 부채질하고 통제하는 데 자신의 생명력을 소모하고 있을 수도 있다. 뭔가를 밀어붙인다는 것은 당신이 흐름에서 벗어났으며 중요한 정보들을 놓지고 있다는 방증이다. 경영자들은 자신의 에너지 일부를 회사 업무에 내어주곤 한다. 마치 모험적인 투자처럼, 나중에 회수하기를 기대하면서 말이다. 내가 6장에서 소개했던, 녹색부지 조성사업을 실현시키고 있었던 여성도 어느 정도는 그랬다. 그녀는 유능하고 포용적인데다 그 목표를 단단히 붙들고 있었기 때문에, 마치 그 계획을 자신의 살아 있는 일부처럼 느꼈다. 그녀는 자신과 그 계획이 어떤 신성한 방식으로 함께 움직이기를 바랐다. 그녀는 자신을 확장시켰고, 바쳤고, 몇 번의 흥미로운 반작용을 경험했다. 그 결과가 우주의 에너지에 의해 실현될 수 있도록 내버려두질 않았기 때문이다.

다른 동료들은 부지불식간에 그녀가 그 계획에 '너무 많은 소유권'을 가지고 있다고 느꼈고, 따라서 무의식적으로 지위와 권력을 다투며 그녀를 내쫓으려고 시도하게 되었다. 사실 이 과정은 그 계획이 살아서 진화하는 청사진과 일치하고자 스스로를 바로잡으려는 시도였다. 그 계획은 동등한 동료 관계에 의한 참된 공동창조물이 되고자 했던 것이다. 이런 일은 주로 인간관계 속에서 자주 목격되지만, 물질화의 경우도 원리는 동일하다. 당신이 상대방에게 세 걸음 다가섰는데 그는 한 걸음만 내디뎠다면, 거부당한 그 두 걸음만큼의 에너지가 남아돌게 될 것이다. 물질화 과정에서도, 당신이 의지력 또는 위압적인 에너지로써 최종 결과물을 향해 밀어붙인다면, 에너지장은 당신이 과잉 확장된 만큼 제지를 해올 것이다. 그것이 강요당하지 않고 스스로 흘러갈 때라야 다음 단계가 저절로 일어나는 법이다.

<blockquote>
당신은 정확히 당신이 사랑하는 그것만큼 커지고,
당신을 괴롭히도록 당신이 허락한 그것만큼 작아진다.

— 로버트 안톤 윌슨Robert Anton Wilson
</blockquote>

물질화의 방해

물질화가 실패하는 또 다른 이유는 당신이 두려움과 탐욕 같은 부정적 감정들에 의해 움직이기 때문이다. 그때 당신이 무언가를 고대하는 이유는 그 외의 것들을 두려워하기 때문이다. "집을 압류당하지 않으려면 더 많은 고객을 얻어야만 해." 당신은 자신의 가장 막강한 주의력을 당신의 바람이 아니라 두려움에 찬 생각에 떠먹여주고 있다. 따라서 바로 그 두려운 결과가 실현되어버린다. 당신은 일시적으로 상황을 돌파하고 고객 또는 인맥을 찾아낼 충분한 힘을 모을 수도 있다. 그러나 당신이 두려워하는 상황은 여전히 그대로 있으며 언젠가는 다시 떠오를 것이다. 저 아래에 훼방꾼이 숨어 있는 것이다. 어떤 상황을 소유하거나 회피하려고 할 때, 당신은 분리감과 에고와 의지력 속에 갇혀버린다. 게다가 이런 취약한 상태에 머물 때는 걱정과 의심에 사로잡히기 십상이다. 그것들은 물질화에 투입될 의도의 흐름 속에 합선을 일으키고, 최종 결과물을 간단히 가로막는다.

때로는 당신의 몸이 그것을 현실로서 느끼지 못하기 때문에, 또는 그 결과가 당신에게 깊은 평온을 주지 못할 것이기 때문에 당신의 소망이 실현되지 않기도 한다. 돈을 물질화시키는 과정은 종종 난관에 부딪히곤 한다. 돈은 숫자가 적힌

종이에 불과하기 때문이다. 돈은 딱히 흥미롭거나 감각적 경험을 자극하지 못하는 추상적인 대상이다. 게다가 대개는 지저분하고 냄새도 고약하다. 몸은 흥미가 당기는 것들을 더 빨리 물질화시킨다. 집수리를 원했던 베스의 경우는 의욕을 잃은 몸이 경연의 우승을 가로막은 좋은 본보기이다. 그녀의 몸은 그 결과의 느낌을 감지해보고는 마음에 들어하지 않았다. 그 조경사의 성향은 베스의 주파수와 맞지 않았고, 그녀의 몸은 꽉 막힌 결과물과 함께 살아야 한다는 생각으로 불편해졌다. 이런 원리는 교육 과정에도 똑같이 적용된다. 지적인 전문용어를 통해 제시된 정보들은 당신을 곧장 지나쳐갈 것이다. 그러나 비유를 통해서 당신의 몸이 상상하고 경험할 수 있는 감각적인 예시가 주어진다면, 그 개념은 생생하게 이해되고 많은 연상과 연계 작용이 즉각적으로 일어난다. 몸이 그 대상을 '현실'로서 경험하지 않으면, 물질화의 회로는 온전하게 완성되지 않는다.

마지막으로, 스스로 자격이 없다고 느끼거나 그것이 불러올 변화를 진심으로 원치 않기 때문에, 당신은 그것을 갖지 못할 수도 있다. 오래된 감정적 상처가 있거나, 업보에 의해 스스로 가난을 선택했거나, 자기 자신을 확장시킬 능력이 부족한 것이다. 당신은 현재의 수입과 안락한 생활에 길들어 있거나, 당신의 사업체가 굴러가는 방식에서 안정감을 느끼기 때문에 단지 그 이상의 것 — 삶을 복잡하게 만들 — 을 원하지 않을 수도 있다. 또는 당신의 상상력이 오랫동안 조금씩 굳어졌을 수도 있다. 그래서 그동안 충분히 발휘되지 않은 상상력에 시동이 걸리기 전까지는 더 크고 원대한 꿈을 꾸기 어려울지도 모른다. 당신이 창조하고 싶은 꿈을 확장시키기 위한 일 중의 하나는 확장된 에너지, 활동반경, 지식, 물리적 공간, 새로운 자아감을 뒷받침해줄 만한 자금을 상상하는 것이다. 그렇게 확장된 삶이 당신을 압도해서 지치게 할 것처럼 생각된다면 당신은 틀림없이 그만두게 될 것이다.

물질화 과정의 가속 또는 지연

물질화가 가속될 때	물질화가 지연될 때
• 당신은 하나의 아이디어를 발견하고 그것에 주의를 기울인다. • 당신의 몸이 그것을 당연한 현실로서 경험한다. • 당신은 자신의 에너지장을 통해서 통일장 속으로 근원 주파수를 발산한다. • 당신은 공동 창조에 참여하고 있는 모든 다른 존재와 입자들을 존중한다. • 당신이 찾고 있는 대상, 사람, 상황, 장소, 경험이 당신의 내적 주파수와 일치한다. • 당신은 그 결과가 완벽하리라고 믿는다.	• 당신은 당신 자신과 원하는 대상이 서로 분리되어 있다고 생각한다. • 당신은 두려움을 벗어나고자 한다. 당신은 걱정하고 의심한다. • 당신은 그 결과를 강요하려 들거나, 그 일을 이루기 위해 자신의 에너지를 너무 많이 사용한다. • 당신은 자격이 없다고 느끼거나 상상력이 부족하다. • 당신이 원하는 것은 당신 영혼의 목적과 다르다. 또는 당신의 영혼은 그 결과가 줄 충격과 해로움을 알고 있다. • 당신의 마음은 자신의 몫보다 더 많은 일을 하려고 애쓰고 있다.

성공의 의미

'직관의 시대'의 성공은 이렇게 시작된다. 당신이 이 세상의 주파수를 높게 본다면, 세상도 당신의 주파수를 높여줄 것이다. 당신이 자신의 주파수를 높게 본다면, 당신의 세상도 스스로 주파수를 높일 것이다. 원하는 것이 실현되지 않았을 때, 변성되기 이전의 우리는 이렇게 말했다. "뭐가 잘못된 거지?" 변성된 이후의 우리는 이렇게 말한다. "내가 어떤 부분을 소홀하게 지나쳤던 걸까?" 직관의 시대에 당신은 자신의 운명을 따르겠다고 마음먹는다. 그리고 운명은 당신의 영혼을 가장 자연스럽고 숭고하게 발현시켜줄 것들을 물질화한다. 당신은 사람들이 서로 주고받는 영향력을 분명히 인식하고, 모두에게 이익이 되도록 그 원리를 지키며 자비롭게 일한다.

당신은 무엇이든 얻을 수 있고, 무엇이든 물질화시킬 수 있음을 안다. 그렇지만 동시에 자신이 특정한 일을 하기 위한 존재이며, 고유한 인생 수업을 받고 있고, 꼭 필요한 것들을 알맞은 때에 알맞은 방식으로 받게 되리라는 사실도 안다. 당신은 목표를 이루고자 달려가지만, 그것은 자존심을 지키기 위해서가 아니라 그저 재미있기 때문이다. 당신은 삶 속에서 자신만의 방식으로 춤출 때의 즐거움을 발견한다. 그 춤은 창조와 소멸의 파동, 의식 속에서 솟아오른 불가사의한 충동,

급격한 방향 전환, 참된 자아 속에서 끝없이 진화하는 다양성과 깊이 등에 따라서 반응한다. 자기 자신과 삶에 대한 제한된 생각에 얽매이지 않을 때, 당신은 삶이 바라는 모습에 맞춰 즉각적이고 자유자재로 스스로를 탈바꿈할 수 있다.

> 모든 육체적 존재는 내면의 존재로부터
> 감정의 형태로 전해오는 메시지를 받는다.
> 그러니 긍정적인 감정이 느껴진다면
> 그것으로 자신이 내면의 존재와 조화를 이루고 있음을 알 수 있다.
>
> ― 아브라함 / 에스더 힉스

당신은 창조 과정의 일원이다. 뭔가를 창조하겠다는 생각이 당신의 마음속에서 일어날 수도 있지만, 누군가와의 전화 통화가 당신을 그리로 이끌 수도 있다. 그 계기가 내면에 있든 외부에 있든 중요하지 않다. 모든 아이디어는 영혼으로부터, 즉 '우리'로부터 온다. 당신은 '상호연결의 법칙'을 이해한다. 당신의 내면과 외부는 서로 연결되어 있기 때문에, 어떤 생각이 떠올랐다면 그것은 분명히 당신 삶 속의 한 사건으로서 지금 발생하고 있거나 곧 발생할 것이다. 반대로 어떤 극적인 사건이 일어난다면, 당신은 자신이 그 사건과 상응하는 생각을 가졌고 그것이 그 사건을 실현시켰음을 이해한다.

내면과 외부를 연결함으로써, 당신은 내면에서 일어나는 것들을 실마리 삼아 외부세계를 '읽는' 데 능숙해지고, 자신의 생각이 현실을 지어내는 방식에도 관심을 갖게 된다. 당신은 모든 것에서 배운다.

당신이 자신의 영혼을 발현할수록 물질화는 더욱 즉각적으로 일어난다. 도움이 필요할 때면 전문가가 나타난다. 당신은 삶의 '싱크로매시'를 사랑하게 된다. 당신이 고정된 사고방식을 붙들고 있지만 않으면 삶은 그렇게 흘러간다. 당신은 지금 이 순간을 사는 기술, 그리고 당신의 삶이 흘러가는 방향에 대한 책임을 집단의식 — 매 순간, 모든 빛의 입자들 속에 존재하고 있는 — 과 공유하는 기술을 연마하는 데 푹 빠져 있다.

수단과 결과

그럼 이것을 성공에 대한 우리의 현재 관점과 비교해보자. — 적자생존. 많은 걸 가진 사람이 이긴다. 결과가 수단을 정당화한다. 이런 낡은 생각들은 삶을 내리누르는 힘에 대한 것

° synchro-mesh: 기어의 회전 속도를 조율한 후에 맞물림으로써 소음과 파손을 줄이는 변속 기술.

이지, 삶과 공존하는 것이 아니다. 우리는 유리한 자리를 차지하기 위해서 남들보다 나아야 한다고 생각한다. 그래서 다른 사람들을 빈정대고 깎아내리는 데 선수가 되고, 교묘하고 못된 방식으로 공격하는 일이 유행한다. 에고는 무기와 같은 제 모습을 드러내고, 뻔뻔함이 지혜로움을 이긴다. 사람들은 안달복달하고, 근원 주파수를 통해서 우주의 선물을 받아들이기보다는 '내 몫을 챙겨야겠다'고 느낀다. 그들은 영혼과 협동하는 것이 대항하는 것보다 훨씬 더 쉽다는 사실을 알지 못한다. 그리고 모두가 똑같은 주파수 원리 속에서 똑같이 영광되게 태어났기 때문에, 무언가를 선점하려는 노력 따위가 필요치 않다는 사실을 모른다.

앞서 이야기했던 경영자문가 마크는, 자신보다 연상이고 대단히 영리한 두 동료에 대해서 말했다. 그들은 '딱 걸려들 만한' 질문들로 의뢰인들을 들볶았는데, 그것은 겉으로는 똑똑해 보였지만 실제로는 자신들의 우월함을 내세우고 의뢰인의 자존감을 약화시키는 수단이었다. 마크는 그런 상황에서 의뢰인들이 까다로워지고 같은 방에 있던 자신 또한 불편해진다는 사실을 발견했다. 그는 두 동료의 에너지가 빠르고 공격적이었기 때문에 그들의 주파수도 높다고 생각했었다. 하지만 실제로 그들의 주파수는 낮았다. 그들은 자신이 다른 사람들과 연결되어 있다는 사실을 알지 못했다. 그들은 공격적이고 영리하게 다른 사람들에게 상처를 입히면서 자신의 상처도 지속시켰던 것이다. 그런 태도는 아름답게 작동하며 완벽한 결과를 물질화시키는 에너지장을 해방할 뿐이다.

오늘날 우리는 수많은 경제적 시련 속에서, 이기심과 의지력과 지배욕을 통해 물질적 풍요를 이룬 동료와 상대자를 고르도록 유혹받는다. 그들이 어떻게 부자가 됐든 무슨 상관이란 말인가, 그렇지 않은가? 하지만 분리감에서 비롯된 인식과 낡고 단선적인 방식에 빠진 사람은 ― 그들은 자신의 행동이 타인에게 미치는 영향력을 개의치 않거나 거의 느끼지 못한다 ― 불건전하고 방치된 감정 습관을 가지고 있다. 그들이 아무리 정력적으로 보이고 얼마나 큰 액수를 제시하든 간에, 머지않아 내부의 시한폭탄이 그들의 성취를 무너뜨려놓을 것이다. 당신이 그들과 연을 맺었다면, 당신 또한 그들의 배와 함께 침몰할 것이다. 그 이유는 의지력과 매력은 그저 얼마간 버텨내는 역할밖에 하지 못하기 때문이다. 결국 밑바닥에 숨어 있던 그릇된 인식은 정화되기 위해 떠오르고, 현실은 부정적인 감정 습관들에 맞춰 조율된다. 바로 그때, 그들은 손실을 경험한다. 그것은 삶의 교훈을 얻고 변성을 시작하기 전까지 지속된다. 오늘날은 가속화되는 지구의 주파수와, 빠르게 진행되고 있는 집단무의식의 정화에 의해서, 이런 붕괴가 더 신속하게, 그리고 더 자주 발생하고 있다.

그렇지만 몇몇 사람들이 이처럼 변성 과정의 5단계(낡은 형상들의 소멸)를 거치는 와중에도 다른 많은 사람들은 6단계 이상의 과정 속에서 깨어나고 있음을 우리는 기억해야 한다. 이 세상은 쇠락하고 있지 않다. 그것은 균형을 이룬다. 당신이 할 일은 영혼의 내적 평화, 사랑과 조화를 이루는 진동을 선택하는 것뿐이다. 혼란이 찾아왔다면, 그 진동을 다시 선택하라. 두려워할 이유가 없다. 겉모습 너머를 보라. 이 사람 또는 기회의 실체는 대체 무엇인가? 그 책의 본문과 표지 사이에는 큰 괴리가 있는가? 당신은 어떤 유형의 사람들과 귀중한 시간을 함께 보내고 싶은가? 그들의 결과(소유물과 성취)만큼이나, 그들의 수단(창조하는 방식)을 따져보라. 직관의 시대에는 결과보다 과정이, 그리고 과정에서 얻어지는 경험이 더욱 중요하다.

> 중요한 점은 이것이다.
> 그 어떤 순간이라도,
> 새로운 가능성을 위해 현재의 나를 포기할 수 있을 것.
>
> — 샤를 뒤 보스Charles Du Bos

직관의 시대에는 경제적 이득을 물질화시키는 과정보다 당신의 영혼이 무엇을 가장 흥미롭고 기쁘게 여기는지를 살피는 과정이 항상 우선시될 것이다. 그때 당신은 몸의 관점으로부터 저절로 동기를 얻고, 그 경험을 당신과 타인 모두에게 이로운 것으로 여긴다. 당신은 돈이 당신이 소망하거나 필요한 만큼 창조되는 일종의 상징물로서 들락거리도록 놓아둔다. 당신은 재산을 자신의 에너지 바퀴에 바르는 윤활유처럼 여긴다. 에너지는 어디에서나 풍부하게 흐르고, 많은 경험들이 공짜로 주어진다. 자신이 원하는 행복한 경험에서 눈을 떼지 말라. 필요하다면 곳곳에서 돈이 모여들어 당신의 뒤를 봐줄 것이다. 직관의 시대에는, 모자람과 지나침은 당신의 동료 영혼들에 대한 몹쓸 짓으로, 그리고 쉬운 흐름을 가로막는 골칫덩이로 여겨질 것이다.

높은 주파수의 삶

그렇다면 주파수가 높은 삶 — 당신의 운명 — 은 어떤 모습일 것 같은가? 현재 당신 삶의 환경들을 훑어보라. 인간관계, 일, 취미, 건강, 만족도, 영적 성장의 단계 등등. 당신의 삶을 에너지의 파동과 주파수들로 상상해보라. 당신이 통제하려 드는 영역도 있고, 계속 흐르거나 저절로 멈춰버린 영역도 있고, 본래 주파수가 높은 영역도, 낮거나 움츠러든 영역도 있다. 거슬리게 느껴지거나 자신이 통제하려 드는 영역들 속에서, 당신은 파괴적인 감정 습관들을 발견하게 될 것이다.

다양한 영역들과 그 작동 방식을 파악했다면, 각각의 영역에다 추가적인 에너지를 투여해보라. 무한한 사랑이 그 영역들을 가득 채우고, 당신이 무조건적인 사랑의 주고받음을 경험한다고 상상하라. 당신은 안전하고 이완되어 있고, 행복하고 호기심 넘치며, 모험적이고 창조적이다. 사랑과 순수함이 그 영역들을 채우고, 확장하고, 회복시켜 아래와 같이 구체적으로 변성시킨다.

- 문제 또는 수축이 있다고 느껴지는 영역, 당신이 뭔가에 너무 집착하고 있는 영역, 뭔가를 회피하고 있는 영역, 다른 사람들이 당신의 결정에 제동을 걸고 있는 영역들을 살펴보라. 에너지가 보태져서 이 영역들이 풀어지고 움직이면, 당신은 자기 자신에 대한 배움과 통찰을 얻는다.
- 지루함이 느껴지는 영역, 구식이고 침체되어 보이는 영역, 당신이 시늉만 하거나 피곤하게 느끼는 영역들을 살펴보라. 당신은 자신에게 무엇을 계속 강요하고 있는가? 어떤 영역 속에서 당신은 고갈과 피로를 느끼는가? 이런 영역들에 에너지가 보태지면, 당신은 주어진 것들로부터 이익을 얻거나 발견하며 그 상황이 소멸되도록 놓아주게 된다. 결

과적으로, 당신은 열린 공간 속에서 휴식하며 영혼과 다시 조율할 수 있다.

- 흐름이 원활한 영역, 당신이 꼭 참여하고자 하는 영역, 근원 주파수의 에너지가 모여드는 영역을 살펴보라. 이런 영역들에 에너지가 보태지면, 그것들은 강화되어 더 높은 영혼의 표현 속으로 한 옥타브 도약하거나 방향을 전환한다.
- 당신이 미지의 세계 속으로 나아가고, 안전지대를 벗어나고, 다음번의 용감한 행보를 취하고자 하는 영역들을 살펴보라. 이런 영역들이 더 많은 에너지를 받으면, 당신은 주저하지 않게 된다. 더 유능하고 능수능란한 사람으로 확장되는 일이 쉽고 재밌어진다. 당신은 새로운 방향에 대한 '현실감'을 얻는다.

시간을 들여 각각의 영역들 속으로 들어가고, 무한한 사랑의 영향력을 목격하고, 그 모든 통찰을 하나로 합친다면, 당신은 높은 주파수의 삶과 운명의 가능태를 일별하게 될 것이다.

실습과제

높은 주파수의 삶에 집중하라

긴장을 풀고, 당신의 영혼이 아래 질문에 대한 대답으로 어떤 인상들을 전달하고 있다고 상상하라.

- 당신의 삶이 향하게 될 세 가지 놀라운 방향은 무엇일까?
- 당신에게 다가올 세 가지 뜻밖의 행운은 무엇일까?
- 당신이 인연을 맺게 될 세 가지 놀라운 장소는 어디일까?
- 당신을 아낌없이 도와줄 세 명의 놀라운 후원자는 누구일까?
- 당신이 다음번에 취하게 될, 그리고 자신을 더욱 자랑스럽게 해줄 세 가지 용감한 행동은 무엇일까?

요약

삶의 요소들을 물질화하거나 비물질화하는 데 자신의 에너지와 내적 진동을 사용하고 있다면, 분리성에서 비롯된 단선적 모형 대신에 통일성에서 비롯된 홀로그램 모형을 택하라. 그것이 그 과정을 더 빠르고 정확하게 해줄 것이다. 아이디어가 물질화되는 것은 당신이 끌어당겼기 때문이 아니다. 당신이 이미 내면에 있는 그것들에 주의를 기울이고 당신 몸이 그것들을 당연한 현실로 느낄 때까지 관심을 투여했기 때문이다. 당신의 중요한 성장 교훈들과 환경이 물질화되는 데는 영혼의 몫이 가장 크다. 당신의 감정과 마음은 부수적인 요소로서 영혼을 돕거나 훼방한다. 당신은 창조하고 싶은 대상에 의식적으로 주의를 둘 수 있고, 그것이 영혼의 목적에 보탬이 된다면 물질화될 것이다. 당신이 원하는 대상들이 물질화되지 않는 데는 주파수에 따른 다양한 원인들이 있다. 예를 들면 당신이 의지력을 너무 많이 쓰고 있거나, 당신의 몸이 그 결과를 현실로 느끼지 않거나, 당신의 영혼이 그 결과가 가져다줄 ― 당신의 의도와는 다른 ― 부정적인 미래를 내다보고 있거나 하는 경우가 그렇다.

당신의 창조는 입자와 파동과 다른 영혼들과의 협동에 의한 것이다. 당신이 영혼, 지금 이 순간, 현실의 흐름을 신뢰하고 소망들이 완벽히 실현될 것이라고 믿을 때 행운이 찾아온다. 직관의 시대에는, 성공을 물질적 부 또는 타인에 대한 우월함 그 이상의 의미로 보게 된다. 그리고 분리감에서 비롯된 방식으로 성공한 사람들은 곧 숨겨진 시한폭탄이 터져 실패를 겪을 것이기 때문에, 우리는 동료를 고를 때도 주의해야 한다. 높은 주파수의 삶이 곧 당신의 운명이다. 당신은 파괴적인 감정 습관들을 제거하고, '당신을 마중 나온 것들'을 선택하고, 당신이 이미 가진 것들을 충분히 사용함으로써, 새로운 운명이 물질화되도록 도울 수 있다.

근원 주파수의 메시지

서문에서 설명했듯이, 나는 평소 당신의 조급한 독서 성향을 직접적이고 깊은 체험으로 전환시키기 위해 각 장의 말미에 영감 어린 글의 일부를 포함시켰다. 이 메시지들을 통해서 당신은 내적 진동을 의도적으로 변조시킬 수 있다.

아래의 메시지는 '직관의 시대'에 보편화될 앎의 방식과 비슷한 체험 속으로 당신을 데리고 갈 것이다. 근원 주파수의 메시지 속으로 들어가려면, 그저 속도를 늦추고 서두르지만 않으면 된다. 천천히 숨을 들이마시고, 내쉬고, 가능한 한 움직이지 말고 고요해지라. 당신의 마음이 부드럽게 열리도록 놓아두라. 당신의 직관을 열고, 이 글과 감응할 준비를 하라. 그 속에서 나타날 깊은 현실과 감각 상태를 스스로 받아들일 수 있는지 살펴보라.

각각의 구절에 주의를 기울이는 만큼, 당신의 체험도 더 큰 차원을 취할 것이다. 한 번에 몇 개의 단어에만 집중하고, 구두섬마다 숨을 돌리고, 지금 이 순간에 그 지성의 메시지와 함께 존재하라. 당신은 그 단어들을 크게 읽을 수 있고, 눈을 감고 다른 사람더러 읽어달라고 해서 그 효과를 살펴볼 수도 있다.

순수함 속에서 성장하라

순수함은 당신 영혼의 가장 불가해한 속성과 힘들 중 하나다. 순수함은 허무, 무력, 수동성의 발현과는 전혀 다른, 아주 강력하고 통합적이고 활동적인 힘이다. 미다스의 손처럼, 순수함이 있는 곳에서는 믿음직하고 풍요롭고 아주 든든한 경험과 지혜가 솟아난다.

아기의 눈동자를 보라. 그 속에는 그림자에 물들지 않은 영혼의 빛, 경계심 없는 열림이 있다. 그 빛 속에는 가능성과 기꺼운 활동과 움직임이 있다. 아기 눈빛의 순수함 속으로 들어가면, 그 열린 공간은 당신을 고대의 지혜 앞으로 다시 데려다준다. 아기의 눈빛이 시작되는 그 공간 속을 여행하라. 교감을 사랑하는 그 빛의 근원을 느껴보라. 다시 당신 자신을 순수함으로 느껴보라. 그럴 때, 당신의 주파수는 상승한다.

그 순수함 속에서 당신은 어떤 것이든 좋고, 누구든 환영하며, 무조건적으로 신뢰한다. 당신은 망설이지 않고 즉각 반응하고, 또다시 반응한다. 삶은 늘 새롭기 때문이다. 당신에게 인식되는 것은 전부 당신에게 주어진 선물이다. 한 가지에 대한 관심을 멈출 때, 당신은 또 다른 것을 보게 된다. 새로운 현실이 등장할 때, 기존의 현실은 사라진다. 잃는 것은 없다. 마치 마법처럼, 새로운 것들이 온다. 당신의 순수함이 두 배 또는 네 배로 늘어나는 느낌을 상상해보라. 그 강렬함 속에서, 더욱 환하게 웃는다. 당신은 최선의 것을, 당신을 돌봐줄 것을 맞이하는 법을 안다. 놀라운 선물과 기쁨이 당신을 황홀하게 한다. 그것들은 기꺼이 당신의 소망을 마중 나오고, 당신과 함께 머문다.

당신의 순수함이 더욱 강렬해진다고 상상하라. 당신은 분별, 욕구, 자존감 같은 여러 관념들이 소멸되어가는 모습을 보게 된다. 이제 그 안에는 호기심과 기쁨만이 존재한다. 이제 당신과 이 지구는 놀이 친구가 되었고, 마치 형제자매처럼 에너지와 사랑을 서로 나눈다. 그 둘 사이에서, 무한하고 충만하게 삶이 흐른다. 당신은 광속의 만화경이다. 수백만 개의 생각, 형상, 경험들이 당신을 통해 물질화되고 또한 비물질화되고 있다. 그리고 당신은 각각의 창조 주기를 더욱 자각하고 만끽한다.

무언가를 물질화시키고 싶은가? 먼저 아기처럼 되어라. 눈과 마음, 가슴과 몸을 부드럽게 하라. 빛나라! 웃으라! 즐길 준비를 마친 순수함으로 당신의 인식을 달콤하게 하라. 새로운 경험을 위해 소망하라. 영원한 순수함 속에서, 놀람과 기쁨을 줄 완벽한 형상을 기대하라. 당신과 이 지구는, 확장된 순수함 속에서, 지 금 낭상이라도 창조의 파동이 도착하여 당신을 간질이기를 함께 기다리고 있다.… 왔다! 그럼, 이제 다시 한번 해보겠는가?

10

깨달음

<두이노의 비가^{悲歌}>˚는 우리에게 보여준다. …

화려한 유형^{有形}의 존재가 보이지 않는 진동으로 …

우주라는 진동체 속으로 끊임없이 변환되는 것을.

이 우주의 다양한 물질들은 오직 진동수만이 다를 뿐이기 때문에,

우리는 영적인 경험뿐만 아니라 새로운 육체, 금속, 성운, 별자리에

대해서도 — 누가 알겠는가? — 대비하고 있다.

— 라이너 마리아 릴케, 비톨트 훌레비츠˚˚에게 보낸 편지(1925)

  변성 과정의 마지막 단계에 도달하면, 당신은 바늘구멍을 통과하면서 자신이 얼마나 멀리 왔는지를 이해하게 된다. 정

˚ 독일 시인 릴케의 만년 대작^{大作}으로 열 편의 장시^{長詩}로 된 비가집^{悲歌集}.

˚˚ Witold Hulewicz: 폴란드의 시인.

말로 굉장한 일이다. 당신은 그저 생각과 감정만을 가진 견고한 물리적 몸의 정체성을 벗어나 상호 침투하는 의식장의 연속체로서 자신을 경험하게 되었다. 몸과 감정과 생각과 영혼은, 서로 옥타브만이 다를 뿐, 동일한 근원 주파수 속에서 진동한다. 당신은 자기 자신을 상처받은 피해자로 여기는 일을 멈추고 감정적, 정신적 영역에서 장애물을 제거하는 법을 배웠다. 그림자를 흩어버리고 당신을 통과해가는 에너지 파동을 가로막지 않음으로써, 당신은 참된 자아, 즉 다이아몬드의 빛과 사랑으로 만들어진 자기 자신을 발견하기 시작한다.

당신이 더욱 투명해질수록, 당신의 영혼은 왜곡됨 없이 당신을 통해 발현되며 운명을 창조한다. 문제들이 해결되고, 생각과 방향이 경쾌하게 방향을 튼다. 이제 당신은 내면의 생각과 감정이 즉각적으로 당신의 외부에 영향을 미치는 방식에 익숙해져 있다. 그리고 현실을 빚어내는 자신의 영혼을 돕기 위해서 관심을 두어야 할 것과 무시해야 할 것을 구분한다. 어렵기만 했던 일들이 이제는 흥미롭고 즐겁다. 제한 없이 주고받고 열린 마음으로 삶의 놀라움에 반응할 때, 당신의 정체성은 더 유연해지고 유동적이 된다. 당신은 더 폭넓고 다양한 선택지를 보고, 더 크게 확장되어서 자유롭게 새로운 꿈을 꾼다.

이 순간은 확장되거나 수축될 수 있고, 모든 존재와 형상과 에너지장은 일종의 의식으로서 자비롭게 협동한다. 하지만 이런 말조차 이제는 **딱딱해** 보인다. 황금률 — 스스로 대접받길 원하는 대로, 또는 신성이 우리를 대접하는 대로, 그대도 남을 대접하라 — 은 너무나도 논리적으로 느껴진다. 당신은 아주 사소한 부정적 생각이 어떻게 영감 어린 삶의 흐름을 막을 수 있는지를 이해할 만큼 충분히 감응력이 높다. 당신은 이런 사소한 악영향을 끼치는 행동을 엄두도 내지 못한다. 아직 한 번도 넘보지 못했을지도 모르지만, 당신은 지금 자기실현 또는 깨달음에 가까이 와 있다. 근원 주파수 속에서 그저 휴식할 때가, 존재의 단순한 기쁨을 즐길 때가 얼마나 황홀한지를 알고 있다면, 당신은 확실히 깨달음 가까이에 있다.

> 올라가는 길은 내려가는 길이다.
> 나아가는 길은 물러서는 길이다.
> 우주의 안은 바깥이고, 바깥은 곧 안이다.
> — 로버트 안톤 윌슨

파동의 시차

여전히 당신은 시간이 걸리는 과정 속에 있다. 당신은 돌파구를 찾고, 수정처럼 투명해지고, 사랑을 깊이 체험하기도

하지만, 오래지 않아 다시 집단적인 혼란 속에서 길을 잃을 것이다. 그때 당신은 무엇이 실재인지를, 자신이 얼마나 진실 속에서 머물고 싶어하는지를 떠올린다. 당신이 몸속에서 사는 동안은 이렇게 오락가락하는 수밖에 없다. 하지만 근원 주파수로서, 영혼으로서 살아가는 제2의 천성을 회복하는 일은 점점 더 쉬워질 것이다.

진화 과정 속에는 커다란 자비가 있다. 당신이 변성을 향해 한 발 내딛는 순간, 다른 무언가가, 예컨대 가장 힘겨웠던 과제가 덜어진다. 파울로 코엘료$^{Paolo\ Coelho}$가 《연금술사(The Alchemist)》에 쓴 말은 사실이다. ― 누군가가 자신의 운명대로 살고자 진심을 다할 때, 그런 의도로써 무언가를 염원할 때, "온 우주는 당신이 그것을 성취하게끔 음모를 꾸민다." 당신이 아는 보는 것이 로켓처럼 가속되는 듯 보이더라도, 내적으로 느슨해진 당신의 입자들은 다이아몬드 빛을 내뿜고 있다. 그것은 당신을 통해서 부드럽게 주변으로 퍼져가며, 영혼의 지혜로써 당신을 안정시키고 가득 채운다. 내적으로 당신은 더욱 부드럽고 확장되어 있다. 당신 안에 있는 것들은 가열되고, 개방되고, 부풀어진다.

변성 과정은 동시에 모든 사람에게 일어나지 않는다. 그것은 연속적인 파동 또는 물결로서 전개된다. 어떤 사람들은 먼저 깨닫는다. 그들이 다른 사람들보다 더 잘난 것은 아니다.

그들은 그저 먼저 출발하기로 마음먹었다. 그들은 다른 사람들에게 영향을 미치고, 직접 본보기가 되어 길을 밝혀준다. 다시 두 번째 집단이 변성 과정을 통과하게 되고, 그들은 또 다른 부류의 사람들을 끌어모으고, 그렇게 파문은 번져간다. "먼저 된 자가 나중이 되고, 나중에 된 자가 먼저 되리라." 이 말에는 진실이 담겨 있다. 왜냐하면 깨닫는 동안, 우리는 우리 모두가 다 함께 신성과 재합일하고 있음을 알게 되기 때문이다. 우리는 하나의 집단의식이다. 이것은 당신이 자유를 발견할 때, 여전히 갇히고 혼란스러운 사람들을 기꺼이 돕게 되리라는 뜻이다. 영혼에게는 귀향의 여로에서 용감하고 유쾌한 친구들을 무한정 만나는 것보다 더 큰 바람이 없기 때문이다.

> 온 세상을 단번에 바로잡는 것은 우리의 몫이 아니다.
> 다만 닿을 수 있는 세상의 일부를 바로잡으려 손을 뻗을 뿐이다.
> 한 영혼이 다른 영혼을 위해,
> 이 가엽고 고통스러운 세계의 일부를 위해
> 할 수 있는 그 어떤 사소하고 조용한 행위도 엄청난 도움을 줄 것이다.
> 영원한 행복을 향한 임계점을 넘는 계기가
> 어떤 행동 또는 어떤 사람일지를, 우리는 알 수 없다.
>
> ― 클라리사 핀콜라 에스테스 Clarissa Pinkola Estés

나는 우리가 낡은 구조들이 연달아서 쾅, 쾅, 쾅 하고 해체되는 시대를 곧 보게 되리라고, 그리고 수백만의 사람들이 함께 '내려놓고 그저 존재하는' 시기로 들어가리라고 믿는다. 그와 동시에, 안정된 삶과 개방되고 적극적인 창조성을 누리는 깨달은 사람들의 숫자도 늘어날 것이다. 영적 의식을 가진 사람들의 수가 임계점을 넘으면서 엄청난 사람들의 자기실현을 촉진하는 힘이 발휘될 것이다. 낡은 것들이 소멸되는 가운데 기적적인 쇄신과 발전이, 마치 돌더미 틈에서 자라나는 나무처럼 솟아날 것이다. 그것은 극적이고 신이 날 일이지만, 그렇게 되기까지는, 즉 지금 이 순간으로 돌아와서 보면 정화된다는 것은 그리 멋지거나 고상한 것만은 아니다. 우리는 현재 속에 머물고, 나아가고, 계속해서 근원 주파수를 선택하고, 영혼의 현실을 느끼고, 자애로운 진화 과정과 장단이 맞는 확고부동한 습관을 들여야 한다.

유쾌함

최근에 나는 사회복지사인 리브와 함께 많은 사람들이 느끼고 있는 두려움과 비관에 대해 이야기를 나눴다. 그녀는 사람들이 최근의 끔찍한 눈보라 따위를 빌미로 삼아서 공포심과 피해의식을 발동시킨다고 말했다. 절절한 고통과 근심에 시달리는 사람들을 날마다 만나면서, 그녀는 자신이 뭔가 잘못된 것이 아닐까 하는 느낌을 받았다. 왜냐하면 그저 웃음이 나올 뿐이었기 때문이다. 눈물 나는 이야기들은 그녀를 즐겁게 했고, 그녀는 자신의 '삐딱한' 반응에 당황했다. 그녀는 사무실로 돌아와서는 상대방의 기분을 건드리진 않았는지 확인해야만 했다. 나도 비슷한 경험을 한 적이 있다. 점점 더 암울한 소식들이 들려오는데도 나는 더욱 쾌활해졌다. 누군가가 독감에 걸려서 몇 주나 기운을 잃고, 이사를 하거나 직업을 바꿀 처지가 되고, 복잡한 이혼 절차를 밟는다고 해도, 내 몸은 가뿐했다. 어떻게 그럴 수 있을까? 이 세상이 변성 과정 중에서 가장 치열하고 절망적인 단계로 접어드는 듯 보이는 바로 그때에, 우리는 어떻게 더욱 깨어나고 행복해지는 걸까? 우리는 냉정하고 무감각한 걸까, 아니면 '맛이 간' 걸까?

얼마간 변성 과정과 영적인 길을 걸어온 사람들에게 이런 느낌은 드문 일이 아니다. 기운이 솟는 것은 연민이 사라졌다는 뜻이 아니다. 오히려 연민은 대단히 커진다. 그것은 당신이 부정적 사고를 제거해야 할 필요성을 인식했다는 뜻이다. 당신이 자신의 영혼을 발현할 때는 에고의 자기중심적 연극과 피해의식에 사로잡힌 사람들을 알아보기가 훨씬 더 쉬워진다. 두 가지 현실 — 질서와 혼란 — 사이에 틈이 벌어지면서 그 차이가 뚜렷해진다. 당신은 다른 사람들의 고통을 보고 느낄 수 있다. 동시에, 그들의 마음이 아름다운 영혼 대신에 그 고통을 얼마나 소중하고 특별하게 간직하고 있는지도 알 수 있다. 때때로 그것을 아주 정확하게 꿰뚫어 볼 때, 영혼의 참된 능력에 비해서 온 인류의 드라마는 마치 우주의 농담처럼, 빤한 우스개처럼 보인다. 아마도 이것은 우리의 여정이 그토록 오랫동안 끔찍하게 여겨왔던 긴장 상태를 벗어나서 단순한 존재의 상태로 되돌려지는 방식일 것이다.

당신이 진실한 웃음의 순간들을 ― 삶에 대해서 웃는 것이 아니라 삶과 함께 웃는 것이다 ― 발견한다면, 그것을 만끽하고 주변에 퍼트리는 것은 절대적으로 좋은 일이다. 그 진실 속에서 머물면서 다른 사람들을 그리로 초청하는 것은 절대적으로 좋은 일이다. 당신은 너 이상 깨어 있음과 행복에 대해서 죄책감을 가질 필요가 없다. 당신은 고통받는 사람들로부터 ― 그것이 얼마나 끔찍하고 충격적으로 보이든 간에 ― 자신을 떼어놓을 필요가 없다. 당신이 그들에게 줄 수 있는 최고의 선물은 당신의 열린 가슴과 따뜻한 관심, 그리고 현실을 전환시키는 참된 지식이다.

깨달음

부정적 감정과 느린 진동들로 가득한 세상을 바라볼 때, 우리가 깨달음의 의식 수준으로 다가갈 수 있다고 상상하기는 쉽지 않다. 당신이 좌절, 성냄, 탈진, 우울 속으로 다시 빠졌다면, 또는 가족, 건강, 경력 따위에 초점을 맞추고 있다면, 자기실현이나 깨달음 같은 개념은 터무니없고 저 먼 곳 또는 미래에나 해당하는 듯 보일 것이다. 그것은 당신의 마음속에서 가장 뒤로 밀릴 것이다. 하지만 내가 단언하건대, 당신 가슴과 영혼의 첫째 관심사는 바로 그것이다. 과도한 경계가 풀리고 마음이 통제력을 잃을 때, 당신은 곧장 자아의 다음 단계로 이동하게 된다. 아무것도 당신 영혼의 발현을 방해하지 않는 투명한 의식 상태 말이다.

위대한 불교 스승인 도겐道元은 말했다. "자신의 깨달음을 반드시 자각하게 되리라고 생각하지 말라." 아마도 이 말은 깨달음을 종점이 아니라 계속되는 여정이라고 보았기 때문일 것이다. 목표는 당신이 다가가는 만큼 멀어지고 커진다. 깨달음(enlightenment)은, 역사적으로 특히 서양에서는, 사기꾼 또는 이단으로 몰려 박해받을 것이 두려워서 거의 쓰이지 못했던 단어이다. 서양에는 대신 '구원(salvation)'이라는 개념이 있었다. 동양에는 '열반(nirvana)', '오도悟道(satori)', '해탈(mukti/

moksha)' 등이 있었고, 이슬람의 쿠란은 높은 의식 상태를 '평화로운 영혼'이라고 불렀다. 나는 대부분의 사람들이 이런 용어들의 분명한 뜻에 대해서, 그리고 영적 ― 정신적이지만은 않은 ― 깨달음의 상태가 실제로 어떤 느낌인지에 대해서 잘 알지 못한다고 생각한다. 몸속에서 지고한 주파수들과 일치하며 사는 생활에 익숙해질 때, 당신은 어떻게 변화되겠는가? 지금 모든 종교의 신비주의자들은 신성과 직접 합일하면서 그런 체험에 가까워지고 있다.

깨달음 또는 자기실현은 내면의 신성을 향해 '깨어나고(waking up)' 참된 본성과 자아를 인식하는 것으로 정의되기도 한다. 세속적-개별적 자아와 이원론적 경험이 사라지므로, 당신은 스스로를 순수한 의식으로서 직접 인식하게 된다. 당신은 실망, 분노, 고통을 일으키는 여러 '고달픈' 상태로부터 벗어나서 마음의 평화를 경험하고, 존재하는 모든 것 또는 자애롭고 영원한 신과의 합일을 자각한다. 깨달음의 상태에서는, 일을 망치고 갈등으로 치달으려는 마음이 여전히 그대로 있지만, 당신은 이제 그것과 동화되지 않는다. 대신 그것의 작용을 관찰한다. 윌리엄 블레이크William Blake는 깨달음을 묘사한 짧은 글 속에 많은 의미를 함축해놓았다. "깨달음은 당신의 삶을 전적으로 책임지고 있다."

어떤 사람들은 깨달음을, 몸의 주파수가 대단히 빨라져

서 물리적 현실 속에서 사라지는 '승천(ascension)'과 혼동하기도 한다. 서양에서는 노아의 증조부인 에녹이 그러했다. "그가 하나님과 함께 걷다가, 사라졌다. 하나님이 그를 데려가셨다." 헤라클레스도 제우스에 의해 하늘로 올라가 신이 되었다. 그리스도교에서는 예수가 부활한 지 40일 후에 몸 그대로 하늘로 승천했다고 믿는다. 동양에도 '승천한 스승들'이 있다. 신지학에서 '마하트마'라고 부르는 그들은 다양한 모습으로 어느 때든 나타나고 사라질 수 있다. 아마도 다수의 사람들이 깨닫거나 영혼을 발현할 때가 되면, 즉 완전히 투명한 다이아몬드 빛이 되면, 우리는 육체를 가진 채로 여러 영역들을 상승하거나 하강할 수 있는 능력을 발견하게 될 것이다. 우리가 물리적 현실을 창조하고 소멸하는 원리를 완전히 이해한다면 '승천'도 그다지 과장된 상상은 아닐 것이다.

내면을 보고 나 자신이 아무것도 아님을 깨닫는 것, 그것은 지혜이다.

외부를 보고 내가 모든 것임을 깨닫는 것, 그것은 사랑이다.

내 삶은 그 둘 사이를 오간다.

— 스리 니사르가다타 Sri Nisargadatta

깨달음 이후의 삶

나는 지적인 한 친구에게 깨닫기를 원하느냐고 물어본 적이 있는데, 놀랍게도 그는 우물대며 그 화제를 피했다. 그는 그 개념을 너무 멀리 있거나 최종적인 것으로, 마치 깨달음에는 자신이 감당할 수 없는 거대한 책임이 수반되는 것처럼 여기는 듯했다. 그래서 나는 그에게 깨달음이 어떤 의미이며, 깨달음 이후의 삶은 어떤 모습일지를 물었다. 그는 웃으면서 아마도 지금 자신의 삶 같지는 않을 거라고, 그리고 우리는 그런 실례를 별로 보지 못했다고 답했다. 깨달은 사람들은 이 세상을 안정적으로 유지시키기 위해 동굴 속에서 명상을 하며 살거나, 길거리에서 우리 곁을 스쳐 가지만 우리는 그들을 알아보지 못하기 때문이란다. 그는 사람들이 생각하는 깨달음이란 일종의 절정 체험이라고 말했다. 환한 빛으로 둘러싸이고, 천사들의 합창이 들리고, 단번에 우주의 지혜 전부를 전수받고, 그 후로 죽 성자로 살게 된다. 그는 농을 쳤다. "그렇다면, 대체 누가 네 친구가 되어주겠어?"

나는 계속 물었다. "하지만, 깨달은 다음 날에는 무슨 일이 일어날까?" 내 친구는 생각 끝에 답했다. "아마도 내가 지금 하는 선택들을 상당 부분 똑같이 하게 되겠지만, 그때는 걱정이 없겠지. 내 능력이나 방향이나 창조적인 충동을 의심하지 않게 될 거야. 처벌이나 희생 대신에 자비로운 관점과 상부상조의 해결책에 자연스럽게 이끌리겠지. 세상이 불공평하다고 생각하지도 않을 테고. 상황 뒤에 숨은 의미와 은혜를 이해하고, 단순한 삶을 살겠지. 모든 것이 그냥 더 단순해질 것 같아." 얼마나 정확한가! 지금과 별로 다르지 않지만, 그럼에도 매우 다르다. 깨달음을 상상하는 것은 자신이 지상에서 가장 부자가 되었거나 불멸의 존재가 되었다고 상상하는 것과도 비슷한 점이 있다. 그것은 당신의 평소 사고방식과 크게 동떨어진 듯 보이지만, 모순되게도 그다지 다른 점이 없다. 당신은 그저 자신이 얼마나 무한한 존재인지를 알게 될 뿐이다.

   세상의 비참한 현실에도 불구하고, 나는 투명하고 영적인 체험이 보편화될 것이라고 확신한다. 많은 사람들이 변성 과정을 통과할수록, 그것은 점점 더 쉬운 일이 되어갈 것이다. 자신의 근원 주파수 속에서 머물고 휴식하라는 말은 뻔하게 들리지만, 자신의 주파수를 그 통합된 음조에 일치시키는 경험은 실로 전지전능하다. 그것은 지상의 당신을 천상의 상태로 들여보낼 수 있다.

음과 양의 길

나는 오랫동안 영적 성장을 세상의 주류 종교들과는 다르게 이해해왔다. 아마도 그것은 '직관의 시대'가 우리의 의식 속에서 남성적(陽) 에너지와 여성적(陰) 에너지의 균형을 잡아주고 있기 때문일 것이다. 내 생각에, 역사상에 나타난 영적 성장의 관점들은 대부분 남자들의 경험에 크게 의존하고 있으며 그것들은 의심받는 일 없이 전달되어왔다. 그것들은 남자들의 생리적인 기질과 뇌의 화학적 변화에 토대를 두고 있다. 여성들은 그와는 다른 영적 성장을 경험한다. 나는 페미니즘을 내세우거나 분열을 조장하려는 것이 아니다. 더 통합적인 관점이 우리에게 주어지고 있음을, 그리고 여성의 몸과 뇌가 이 우주와 깨달음을 이해하는 방식이 결국 남녀 모두에게 더 완전한 그림을 제공할 것임을 알기 때문이다. 음과 양의 관점을 합침으로써, 우리는 성별에 관계없이 모든 사람이 최고의 의식 수준에 도달하는 통합의 길을 찾을 수 있다.

간단히 말해서, 남자의 좌반구와 우반구는 더 적은 신경섬유로 연결되어 있다. 따라서 남자들은 양자택일, 즉 한 번에 한쪽 뇌만 이용하는 방식으로 세상을 인식하려는 경향이 있다. 그들은 태생적으로 분석과 분별의 기술이 뛰어나다. 그들은 '의도적으로' 우뇌의 직관을 작동시켜야만 한다. 당연하게도 그들은 분리를 통해서 신성을 이해하게 된다. 그들의 길은 세상 속에 있는 것이지, 세상과 하나되는 것이 아니다. 전형적으로 남자들의 자기실현은 물리적 유혹을 끊고, 사색하고, 공부하고, 구체적인 의례(儀禮)를 만들고, 스승에게 헌신하고, 고립된 수도 생활을 하는 데 토대를 둔다. 예를 들어 선불교에서는 세상 만물을 중립적인 것으로 본다. "아무것도 특별한 것은 없다 / 모든 것이 특별하다." 천국 또는 극락은 이 세상의 바깥 또는 상위에 있는 목표이다.

다른 한편으로, 여자들은 뇌의 좌우반구가 많은 신경섬유로 연결되어 있다. 여자들은 통합적인 관점으로 세상을 보는 능력을 타고났으므로 자신을 다른 사람과 이 세상으로부터 분리시키기 어렵다. 심지어 자신의 생각과 감정과 영혼조차도 쉽게 분간하지 못한다. 그들은 인간관계, 대화, 양육, 어울림, 감정, 직관을 즐긴다. 당연하게도 여성이 깨달음으로 가는 길은 속세의 인간사 속으로, 즉 이 세상으로 '하강하는' 것이다. 여성들은 마치 자기 몸의 일부처럼 물질적 세계와 비물질적 세계를 이해하려고 한다. 여성들은 이 세상이 '되고자' 한다. 다른 사람의 고통을 쉽게 느끼므로, 그들의 삶을 보살피고 어루만지려 한다. 여성들에게 깨달음은 분리된 목표가 아니다. 그것은 저 깊은 아래, 자신들이 태어난 고향이다.

직관의 시대에는 마침내 인류 전체가 새로운 인식을 불러오고 완전히 꽃 피울 것이다. 우리는 인간으로서 감응력과 자유의지를 부여받았기 때문에 특별한 가능성을 가지고 있다. 우리는 공감과 자비라는 깨어 있는 감정이 일상화될 때까지 자신의 감각을 극도로 발달시킬 수 있다. 우리는 근원과 합일하는 길을 감지할 수도 있다. 감각과 감응력은 몸에서 나오기 때문에, 보이지 않는 세계에 대한 우리의 인식은 보다 구체적이고 개인적이다. 이는 우리가 스스로를 신성의 미니홀로그램 또는 소우주로 경험함으로써 자기실현이라는 '진화적 실험'을 완성할 수 있다는 뜻이다.

당신은 마치 음식을 먹듯이, 높은 감응력을 통해서 세상의 모든 것과 관계를 맺고 수용하고 통합한다. 경험들을 소화시킬 때, 당신은 그 속에 든 신성한 영양분을 얻는다. 당신이 빛과 어둠을 모두 취할 때, 새로운 것들은 당신을 가르치고 확장시키며 당신의 에너지장 속에서 다이아몬드 빛의 일부가 된다. 지식이 내면화되고, 복잡한 것이 단순해지고, 불협화음이 조화로워지고, 당신은 모든 생명과의 연대를 느낀다. 제각각의 세계관이 합쳐져서 더 큰 진리를 그려낸다. 마침내 당신은 스스로를 정의내리지 않을 만큼 수용적이 된다. 신성이 곧 당신이고, 당신이 곧 신성이다. 당신은 모든 것을 수용함으로써 지고한 정체성을 깨닫는다. 당신의 인성은 있는 그대로 성스럽다.

> 우리가 인성 속에서 신성을 인식할 때, 그 둘은 동일해질 것이다.
>
> — 어니스트 홈스 Ernest Holmes

깨달음으로 가는 양의 길과 음의 길은 둘 다 유효하지만, 모든 사람에게 공평하게 좋은 또 다른 길이 있다. 그것은 가슴의 길이다. 뇌와 호르몬은 서로 다를 수 있지만 우리의 가슴은 전부 똑같이 작동한다. "가슴이 열렸다, 가슴을 따른다"라는 말은 당신이 근원 주파수 속에 있다는 뜻이다. 그때 당신은 느낌으로 세상을 알고, 분명하고 지혜로운 통찰을 얻는다. 당신의 가슴은 일체성으로 가는 입구와도 같다.

실습과제

당신의 세상은 무엇을 더 품을 수 있는가?

1. 잠깐 동안, 불쾌하고 떠올리고 싶지 않은 일들에 대해서 생각해보라. 여섯 개를 적어보라. 그 각각에 대한 당신의 부정적인 에너지를 살펴보고, 그 생각과 이미지로부터 저항감을 제거하라. 그 각각이 이 세상의, 그리고 당신 세상의 자연스러운 일부가 되게 하라. 그 각각이 경험할 필요가 있는 사람들에게 선택 가능한 현실이 되도록 놓아두라. 지금부터는, 그것을 사랑하고 친절하게 대하라.
2. 잠깐 동안, 당신의 능력 밖에 있는 듯 보이는 것들, 또는

너무 멀거나 거의 이해가 불가능한 듯 보이는 현실들에 대해서 생각해보라. 여섯 개를 적어보라. 그 각각에 대한 당신의 '쓸모없는' 에너지를 살펴보고, 그 생각과 이미지로부터 저항감을 제거하라. 그 각각이 이 세상의, 그리고 당신 세상의 자연스러운 일부가 되게 하라. 그 각각이 경험할 필요가 있는 사람들에게 선택 가능한 현실이 되도록 놓아두라. 지금부터는, 그것을 사랑하고 친절하게 대하라.

3. 당신이 맞아들인 새로운 현실들을 느껴보라. 그것들이 얼마나 유용하고, 불멸의 영혼들이 얼마나 학수고대해온 경험인지를 느껴보라. 그것들을 당신의 일부로 받아들임으로써, 얼마나 자신이 이완되고 확장되는지를 느껴보라. 저항감에 사로잡히지 않음으로써, 얼마나 자신의 참된 모습에 접근할 수 있는지를 느껴보라.

공감

변성 과정의 마지막 단계에 이르면, 자연스럽게 순수한 공감이 주된 인식 방법이 된다. 근원 주파수 속에 있을 때, 감응력을 통해 숨겨진 측면 없이 세상과 교감할 때, 당신의 공감 능력은 매우 높아진다. 공감에는 일반적인 정의 — 다른 사람의 고통을 느끼기 — 에서 보이는 것보다 훨씬 더 큰 의미가 있다. 공감은 남편과 사별했거나 복권에 당첨된 사람의 처지가 어떤지를, 손질 안 된 마당이나 탐스럽게 익은 복숭아가 어떤 존재인지를 알려준다. 공감은 진동을 통한 직접적인 앎이다. 그것은 가슴을 통해 정화된 감응력이다.

당신이 진화하는 동안, 가슴은 말뜻 그대로 당신에게 '새로운 뇌'가 된다. 심장수학(Heart-Math) 연구소는 심장의 전자기장이 사람들 사이의 생리적, 심리적, 사회적 정보교류에 결정적인 역할을 한다는 사실을 발견했다. 실험을 통해서 한 사람의 뇌파가 다른 사람의 심장박동에 동조될 수 있음이 밝혀졌다. 연구자들은 우리의 신경체계가 안테나 역할을 하여 다른 사람의 심장이 형성한 전자기장에 반응하게 된다고 추론했다. 흥미롭게도, 그들은 심장의 전자기장이 직관적 인식과 관계가 있음을 알려주는 자료들도 발견했다. 심장과 뇌는 아직 일어나지 않은 미래의 사건에 대한 정보를 수신하고 그것에 반응한다. 그중에서도 심장은 뇌보다 앞서서 직관적 정보를 수신하는 듯 보인다. 이는 과학적인 정보가 우리가 이미 경험적으로 알고 있는 사실과 점점 일치하기 시작한다는 증거이기도 하다.

공감은 당신의 가슴을 움츠러들게 하는 위험한 선택들을

피하도록 돕는다. 예를 들어서, 당신이 몹시 화가 나서 누군가와 인연을 끊거나, 두려운 기억을 덮고자 나쁜 습관을 합리화하거나, 남들 눈치를 보느라 새로운 일을 시도하지 않을 때, 그것은 당신과 타인에게 해를 입힐 수 있다. 공감은 이런 고착에 대해 경고를 하고 에너지 흐름을 다시 연다. 또한 공감은 훌륭한 치유력이다. 공감은 당신이 고립되고 취약한 정체성을 스스로 깨닫도록 돕는다. 그것은 사랑을 통해서 고통 속으로 들어가고, 고통을 증발시키고, 분리감을 소멸시킨다.

> 누군가를 사랑할 때는 속눈썹이 열렸다 닫히고
> 작은 별들이 쏟아져 나와요.
> ― 캐런(7세)

공감은 인류의 가장 위대한 능력이자 만물 속에서 영혼을 느끼게 하는 천부적 능력일지도 모른다. 그것은 강력한 상호연결을 통해서 타인과 이 세상에 대해 가르침을 준다. 공감을 자주 사용하면, 그것은 당신을 깊고 지속적인 자비 속으로 안내한다. 다음번에 얼굴 없는 서비스센터 전화상담원과 통화하게 되면, 그들의 하루가 어땠는지를 느끼려고 시도해보라. 진실로 그들을 이해하는 듯이 말을 건네보라. 그리고 서로 분위기가 얼마나 좋아지는지를 관찰하라. 아니면 친구나 연인과 함께 있다면, 동시에 서로를 공감하기 위해 의도적으로 주의를 모아보고, 그때 어떤 일이 생기는지를 보라. 놀라운 경험이 서로에게 커다란 존중과 보살핌의 느낌을 가져다줄 것이다.

실습과제

가슴에 집중하라

1. 이 연습은 집중력을 통해 자신의 에너지장을 변화시키는 방법을 알려줄 것이다. 무엇에다 주의를 기울이면, 미세한 에너지가 즉시 그곳으로 흘러간다. 심장에 주의를 기울이고, 그곳으로 흘러가는 에너지를 느껴보라. 주의를 기울이면서 감사한 느낌에 연결되어보라. 감사함을 느껴보라. 당신은 제 역할을 해주고 있는 심장에 대해서, 자신의 몸에 대해서, 삶 속의 많은 대상과 사람들에 대해서 감사함을 느낄 수 있다. 둘러보고 고마워하는 동안, 주의를 계속 심장에 고정시켜두라.

2. 그 감사한 느낌이 강렬해지도록 놓아두라. 당신은 얼마나 놀라운 선물들을 받아왔는가! 거의 황홀경에 이를 때까지, 더 이상 감당할 수 없다고 생각될 때까지 그 느낌이 강해지도록 놓아두라. 그것이 당신의 에너지장을 가득 채우고 흘러넘치게 하라. 그 느낌과 함께, 그리고 그 느

낌 속에서 머물라. 심장에 집중하라. 그것이 계속 강렬해지고 환해지게 하라. 당신은 진화의 가속된 주파수와 조화롭게 동조하고 있다. 이 연습을 자주 한다면 당신의 내적 진동은 엄청나게 상승할 것이다.

당신의 깊은 소망이 모든 상황에서 완벽하게 성취되는 이유는 이 우주가 당신의 영혼에 공감하고 있기 때문이다. 나는 그 사실을 얼마 전에 알게 되었다. 나는 당장 상담을 해달라고 막무가내로 요구하는 한 여성과 통화를 하게 되었다. 그녀는 당일 오후에 만날 수 있게끔 내 일정을 조정해달라고 졸랐고, 나는 그렇게 했다. 그녀는 한 시간 후에 전화를 걸어 약속을 취소하고는 이렇게 대놓고 말했다. "지금 나는 어떤 질문거리도 없어요. 그래서 지금은 내가 상담받기에 적절한 때가 아닌 것 같아요." 나는 그러시라고 했고, 고개를 절레절레 저었다. 그런데 짜증을 내는 대신에, 나는 그녀가 분명 막무가내여야 할 만큼 큰 곤란을 겪었음이 틀림없다고, 그리고 만사가 늘 최선의 길로 흐르듯이 결과적으로 그녀는 자신이 할 일을 했을 뿐이라고 생각했다.

20분이 채 지나기 전에 다른 여자가 전화를 걸어왔다. 내가 수년간 상담해왔던 사람이었다. 그녀는 막 명상을 끝냈는데, 직감적으로 자신의 독서 모임에 추천할 만한 책을 내게 물어야겠다고 느꼈다고 했다. 하지만 나의 추천서는 그녀의 모임에 걸맞지 않았고, 불쑥 나는 약속을 취소한 그 막무가내 여자의 이야기를 재미로 삼아 들려주었다. 그녀는 말했다. "음, 그럼 내가 상담을 받을까요? 그래요, 그게 좋겠어요. 지금 나는 어떤 질문거리도 없지만, 지금이 내가 상담받기에 완벽한 때인 것 같네요." 몇 줄 위에 쓰인 단어들이 거의 그대로, 완전히 반대되는 상황을 설명하는 데 쓰인 것이다! 삶이 내게 공감의 힘을 보여주고 있었다. 내가 첫 번째 여자에게 마음을 열고 친절히 대했기 때문에, 우주도 눈에 확 띄는 방식으로 내게 친절과 아량을 베푼 것이다.

자비

내가 보기에는, 자비는 공감과 미묘하게 다르다. 공감은 일체성의 느낌, 감응력과 관계가 있다. 자비는 모든 존재와 상황의 근원을 사랑으로 보는 좀더 추상적이고 전반적인 앎이다. 나는 한결같은 공감과 자비가 실제로 우리 몸의 구조를 바꾸고, 면역체계를 강화시켜서 점점 고약해지는 외부의 독소들을 막고, 심지어는 DNA까지 변화시켜서 질병과 노화를 물리치게끔 해준다는 사실이 밝혀지리라고 믿는다. 내 생각에는, 자비가 경쟁을 대체하여 지구의 주된 진화 양상이 될 날이 머지않았다. 생존은 더 이상 '적자생존'이라는 낡은 원리에 근거를 두지 않는다. 생존은 지구라는 우주선을 함께 타고 있는 이웃들의 가슴을 이해하는 데서 비롯된다. 자비로운 삶은 이 세계의 진화에 필수적이다. 자비는 우리가 동질성을 확인하고, 우리의 불화와 고통이 얼마나 비슷한 것인지를 이해하게 해준다. 그리고 우리로 하여금 전쟁을 끝내고, 환경파괴를 막고, 참된 본성을 발견하도록 도울 것이다.

미생물학자인 브루스 립튼Bruce Lipton은 세포의 중심이 세포핵이 아니라 세포막이라고 말한다. 세포막의 수용기들이 외부와의 상호작용을 조절하기 때문이다. 립튼에 따르면, 하나의 세포가 외부 환경을 긍정적으로 인식하면 그 수용기가 열리면서 양분을 흡수한다. 위험하다고 인식할 때는 수용기를 닫는다. 세포들은 성장 또는 보호 상태 중의 하나로만 존재할 수 있다. 이것을 논리적으로 확장시켜보면, 공포 속에서 당신은 내부적으로 일관적인 폐쇄와 정체 또는 진화의 중단을 야기한다는 것이다. 반대로 사랑과 공감과 자비를 일굴 때, 당신은 변성과 투명함을 향해 나아가게 된다.

연구 결과들은 DNA 분자가 어떤 에너지장에 둘러싸여 있음을 말해준다. 일부의 과학자들은 그것을 DNA의 '유령 또는 그림자 에너지'라고 부른다. 놀랍게도, 그 에너지장은 몸속에서 해당 DNA가 사라진 지 한 달이 넘도록 그대로 남아 있다. 그들은 그것이 해당 DNA가 형성되기 전부터 존재했으며, 실제로 그 DNA를 창조한 주체라고 추정한다. 그것은 무엇일까? 당신의 내적 청사진, 내적 진동, 또는 근원 주파수의 일부일까? 심장수학의 연구들은 DNA가 제 모양을 바꿈으로써 강렬하게 발산된 감정들에 반응한다는 사실을 보여준다. 감사와 사랑은 DNA 가닥을 이완시키고, 풀고, 느슨하게 한다. 분노와 공포는 DNA를 팽팽하게 하고, 수축시키고, 많은 유전암호들을 무력화시킨다. 따라서 당신의 DNA가 자비에 반응한다면, 당신은 기존의 질병과 노화를 뛰어넘어 진화할 수 있지 않을까?

실습과제

자비와 사랑을 흐르게 하라

앞으로 며칠 동안 다양한 상황 속에서, 당신 자신을 사랑을 주고받는 존재라고 여기라. 주변을 둘러보라. 중립적인 관찰자가 되어서, 당신 자신과 이 세상을 빚어내는 근원의 사랑 에너지를 보라. 그것을 모든 곳에서 느끼고 보라. 몇 분 동안 자애로움 속에서 무조건적으로 받아들이고 용서하라. 모든 세포를 통해서 사랑을 들이마시라. 그것이 당신을 통과하고, 모든 부분을 어루만지고, 환하게 밝히게 하라. 그리고 그 사랑을 제 길로 보내주어라. 아낌없이 다른 사람에게 전달하라. 어려운 상황에서는 이렇게 자문해보라. "지금 그 사랑은 어디에 있을까?"

영혼의 집단

공감은 사람들을 더 깊이 알게 해준다. 누군가에게 주의를 기울이고 그들과 함께 머물기만 하면 당신은 그들의 어떤 부분이 취약한지, 그들이 무엇을 어떻게 회피하는지, 무엇을 원하는지, 그리고 어떻게 치유될 것인지를 감지하게 된다. 당신은 그들의 깊숙한 동기, 삶의 교훈, 재능, 선량한 본성 등을 이해한다. 바로 어제, 나는 보행기에 의지해서 식당칸 밖으로 천천히 걸어 나가는 아주 늙은 할머니의 눈동자를 들여다보았다. 그리고 그 즉시, 그녀가 지금껏 살아온 인생을 어린 시절까지 거슬러 올라가는 하나의 영화처럼 보게 되었다. 나는 그 몇 초 동안 그녀에게 사랑을 느꼈다. 사람들은 자주 두려움과 무지를 선택하고 참된 자아를 보지 않기 때문에 좌절과 짜증을 느낀다. 그리고 그럴 때, 그들은 당신에게 최선의 것을 내놓지 않는다. 당신은 그들을 향한 인식을 가장 높은 길로 이끌어야 한다. 그리고 그들도 나를 그렇게 보아주고 있다고 생각해야 한다. 이것은 작은 변화이지만, 당신은 그들이 정말로 그렇게 살아가는 모습을 아주 쉽게 발견하게 될 것이다.

다른 사람을 영혼으로서 존중할수록, 당신은 그의 개성들을 더욱 흥미롭고 가치 있게 바라보게 된다. 당신은 결코 좋아지리라 생각지 못한 사람들과도 유대감을 느낀다. 더 많은 사람들과의 동질성을 발견할 때, 당신은 깊은 곳에서 협동하는 영혼들의 본성을 이해하게 될 것이다. 영혼들은 보이는, 또는 보이지 않는 집단 속에서 협동한다. 우리 모두는 자신의 발달 단계에 상응하는 영혼들의 집단에 속해 있다. 물리학적으로 말하면, 그것은 어떤 특정한 에너지 주파수를 띠는 의식의 동조장이다. 영혼의 집단은 하나의 공통 주파수를 향해 진화하는 존재들의 무리이다. 그들은 같은 철학과 지적 수준과 동기를 갖는 경우가 많다. 마음이 잘 맞아서 마치 형제자매처럼 보이기도 한다. 교육 수준, 흥미, 삶의 기복, 목표, 심지어 이름까지 비슷한 경우도 있다. 그들은 친구, 가족, 동료일 수도 있고, 상위 차원의 비물질적 존재일 수도 있다. 그들을 만나면 깊은 평온과 즐거움이 느껴진다. 당신은 이미 그들을 알고 있었던 것만 같고, 누가 뭐라든 간에 그들을 좋아하게 된다.

지구적으로, 그리고 문화적으로, 우리는 입문 과정을 거치고 있다.
우리는 영웅의 길, 개체화 과정의 바깥으로 나가는 중이다. …

> 우리가 동료애와 동족애의 길로 들어서는 곳에서는
> 전형적인 변성 또는 입문이 이뤄지고 있다.
> 동료애의 길은 협력하고 협동하는 영혼을 필요로 한다.
> 우리는 집단적 리더십과 집단적 지혜에 대해
> 배우고 있음을 알아야 한다.
>
> — 앤젤레스 에리엔 Angeles Arrien

많은 사람들이 자신의 혈연적 가족이 '진짜' 가족이 아니라고 느끼고 있다. 그들은 직관적으로 또 다른 가족 — 영적인 가족 — 이 있음을 안다. 그들은 항상 낮은 목소리로 중얼거린다. "내 가족은 어디에 있지?" 당신은 이미 알고 있었다고 단언할 수 있는 사람들을, 당신과 마음이 맞고 비슷한 의심을 품은 사람들을 만난 적이 있는가? 영혼의 집단에 속한 사람들은 같은 근원 주파수에 동조되어 있으므로 어렵지 않게 영혼의 짝, 영혼의 형제, 영적 가족의 일원임을 서로 감지한다. 자신에게 영적 가족이 있음을 아는 것만으로도 우리는 커다란 위안을 얻는다. 당신은 자신이 혼자가 아님을, 당신을 알고 도울 준비가 된 현명한 사람들의 존재를 알게 된다. 누가 자신의 가족인지를 자문해봄으로써, 당신은 거기에 꼭 들어맞는 사람들을 발견하기 시작할 것이다. 이 세상 속에서, 그리고 당신의 꿈속에서.

당신이 자신의 영혼 집단을 상상할 때는, 당신이 그들을 이미 알고 있든 또는 그들이 어디에 있든 관계없이, 그들도 동시에 당신을 상상한다. 통일장 안에서는 닭이냐 달걀이냐의 딜레마가 존재하지 않는다. 주의는 동시에 양쪽으로 흐른다. 우리는 서로를 동시에 창조하고, 공동의 경험을 동등하게 창조한다. 무언가가 시작되었다면, 그것은 일원인 모든 사람에 의한 것이다. 자신의 영혼 집단을 상상함으로써 당신은 유용한 가상의 상호교류를 시작하게 된다. 그러나 그들을 마음속에서 실재로 느끼자마자 당신은 놀라게 될 것이다. 당신과 파장이 일치하는 사람들이 불쑥 찾아오기 시작하기 때문이다. 당신의 현관 앞에, 또는 우연히 마주치면서.

이 책을 쓰기 시작했을 때, 나는 집필 과정이 나를 새로운 영역으로 이끌 것임을 알았다. 그리고 통찰을 얻고 새로운 개념들을 이해하는 데는 길잡이가 필요하다는 사실도 깨달았다. 매일 나는 나의 영혼 집단을 상상했고, 이런 주제에 관심 있는 영혼의 작가들을 향해서 나와의 공동집필 과정에 참여해달라고 요청했다. 벽에 막힐 때마다 나는 그들을 불러냈다. "모두들 안녕하세요! 우리가 지금 말하려는 것은 무엇일까요? 무엇이 꼭 맞는 단어일까요?" 그리고 항상, 깊은 중심으로부터 흐름은 다시 시작되었다.

동료애

영혼의 집단과 함께 일하면서 당신은 동료애에 익숙해지기 시작한다. 당신은 모든 영혼의 한가운데서 경탄할 만한 협동을 경험한다. 진정으로 동료애를 이해한다는 말은 당신이 더 이상 자신을 이 세계와 분리된 존재로 보지 않고, 열린 마음으로 모든 사람과 영향을 주고받는다는 뜻이다. 그들이 가깝든, 멀든, 친구이든, 적이든, 물리적 존재든, 비물리적 존재이든 상관없다. 당신은 그들의 성장이 어떻게 당신에게 보탬이 되는지를, 그리고 당신의 깨달음이 어떻게 그들을 돕는지를 안다. 동료애는 상호 의식적인 교감에서 비롯된다. 당신은 자신의 형제와 자매를 보살피고, 그들도 당신을 보살핀다. 당신은 스스로 다른 사람의 요구에 맞춰줄 때, 당신의 요구도 마법처럼 달성된다는 것을 배운다. 마치 그들과 같은 입장인 것처럼 그들을 대하고, 그들의 몸속에서 느끼고, 그들의 눈으로 보라. 아주 생생하게 상상해보라. 그리고 그들 또한 당신의 처지로 들어와서 같은 일을 한다고 상상해보라.

이제 당신은 우리 모두가 어떻게 서로의 상상 속에 등장하는지를 느낄 수 있다. 집단의 경험이 창조되어 모든 이의 요구가 모든 이의 행동에 의해 맞아떨어지게 한다. 이와 같은 운명의 공동창조야말로 영적 현상의 가장 놀라운 조화다. 예컨대 생태계의 다양한 생명체들이 보여주는 완벽한 조화를 목격하면 당신은 다른 모든 생명체들의 존재 자체가 나에게 필요한 것을 공급해주고 있음을 이해하게 된다.

실습과제

사람 또는 대상을 축복하라

집중된 주의를 통해 전달되는 긍정적인 생각과 에너지의 실제적인 효과를 인식한다면, 당신은 '축복의 기술'이 조화를 벗어난 사람과 대상들을 돕는 강력한 방법임을 알게 될 것이다. 누군가를 마음속에서 떠올리거나, 당신이 다음 끼니로 먹게 될 음식을 생각해보라. 공감하고 공명하면서, 그 사람 또는 음식에 감응하고 부조화를 느껴보라. 그리고 더 깊이 들어가서 그의 영혼을, 그것의 완벽한 내적 청사진을 감지해보라. 주의를 집중하면서 그리로 에너지가 흘러가게끔 하라. 그 사람 또는 음식이 자신의 이상을 구현하게끔 에너지를 가득 채워주라. 이것이 실재임을 알라. 그 청사진이 강해지면서 현실이 되는 듯 느껴질 때까지 계속 연결되어 있으라. 기억하라. 우리의 이상은 영혼의 현실과 순수함이 되살려질 때 드러난다.

나는 경영계의 영적 스승이었던 톰 피터스를 떠올린다. 그는 동료애의 효과를 실제로 실험했다. 한 회사가 내부의 비밀을 경쟁업체들에 공개하면서 모두가 더 멋지게 경쟁할 수 있는 판을 벌였다. 그러자 각 업체의 생산부서들은 서로 돕는 동시에 경쟁했다. 이런 방식으로, 그들은 모두가 즐겁게 공동창조하는 더 높은 수준으로 나아갔다. 동료애란, 자신이 하는 모든 일이 다른 사람도 어떻게든 발전시킨다는 생각을 공유한다는 뜻이다. 동료애를 품을 때 이 세상은 당신이 이기기를 원한다. 그래야 우리 모두가 이기기 때문이다. 동료애 속에서 안정감이 커지면서 우리의 경제구조가 어떻게 발전하게 될지를 상상해보라. 그것은 방법론의 다양한 교류와 교환을 통해 시작될 것이다. 그리고 지구적 수준의 완전한 공유와 자선활동의 형태로 진보할 것이다.

동료애를 통해 협동함으로써, 당신은 '집단의식' — 모든 구성원의 통합된 의식 — 에 주의를 둘 때 무엇을 성취할 수 있는가를 배우게 된다. 만약 그 집단이 어떤 높은 주파수에 진동을 맞추고서 문제의 해결 또는 개선을 위한 창조적 통찰과 해답을 구한다면, 구성원들을 대변하는 독특한 '여과기'가 온갖 생각의 총합보다 더 훌륭한 천재적 발상을 뽑아낼 수 있다. 단체로 상상력을 발휘함으로써 집단의식은 새로운 제품을 발명하고, 디자인과 검수 과정을 고안하고, 오류를 찾아내고, 그것이 여러 시장에서 어떻게 팔리고 얼마나 오래 유통될 것인지를 미리 알 수 있다. 집단의식은 또한 그 제품에 동조해서 앞으로 어디에서, 왜 문제가 발생할지를 미리 알 수 있다. 실제로 구체적인 과정이 실행될 때도 그것은 쉽고 빠르게 물질화될 것이다. 최근 몇 년간, 나는 탁자에 옹기종기 둘러앉은 아이들이 거듭 보여주는 예지를 목격해왔다. 그들은 공통의 주파수에 집중하면서 미래 기술에 대한 놀라운 발상들을 끄집어냈다. 나는 뉴스에서 그것을 보게 될 날을 기다리고 있다.

삶은 신성하다.
삶은 놀랍고 믿기 힘든 기적적인 현상이며,
우리의 가장 귀중한 선물이다.
우리는 반드시 지구적 두뇌, 지구적 가슴, 지구적 영혼을 길러야 한다.
그것이 우리가 당면한 가장 시급한 진화적 과제이다.

— 로버트 뮬러Robert Muller

시공을 초월한 소통

당신은 상위의 옥타브로 진동을 높이는 법, 상위의 차원으로 이 세상을 확장하는 법, 그리고 비물질적 존재들과 소통하는 법을 배울 수 있다. 그러기 위해서는 당신의 상상이 어떤 정신적 공간을 점하고 있음을 이해하고, 다양한 현실들을 무대 위로 올리듯 그리로 불러내야 한다. 당신이 주의를 기울이고 생각하는 일들은, 그것이 무엇이든, 당신의 상상 속 공간에서 일어날 수 있다. 당신은 3차원의 물질계뿐만 아니라 상위 차원을 포함한 전 대역의 현실들을 경험할 수 있다. (2장 참고) 당신의 영혼은 모든 차원을 총동원해서 진화를 돕는 배움의 경험들을 창조한다. 꿈과 명상은 당신의 일상적 자아가 대단히 높은 주파수와 비물질적 경험들을 내다보는 창문이다.

당신은 자신의 근원 주파수 속에 자리를 잡고, 지금 이 순간 속에서 존재의 고요한 기쁨을 누린다. 상상의 공간을 열라. 영적 스승과 조언자들로 이루어진 개인 자문단을 떠올리는 것으로 시작해보라. 은하계의 과학자와 천사 한두 명을 포함시킬 수도 있다. 그들은 당신의 진화를 돕는다. 그들이 아서왕의 기사들처럼 원탁에 앉아 있고, 당신의 자리도 마련되어 있다고 상상하라. 당신의 주파수가 10퍼센트 높아지고, 10퍼센트 커지고, 10퍼센트 더 밝아지고, 10퍼센트 더 순수해진다고 상상하라. 당신이 그 영적 존재들의 주파수와 일치해서 함께 방으로 들어가고 테이블에 앉을 때까지. 이제 당신이 의문점을 털어놓고, 토의하고, 알아야 할 것들을 배우고, 에너지 흐름을 조정받는 장면을 상상하라.

다른 시나리오도 있다. 이미 죽은 당신의 지인을 그려보라. '만남의 장소'에 있는 그들을 상상을 통해서 보라. 그러면 그들도 그곳에서 당신을 본다. 당신의 주파수를 단계적으로 상승시키라. 그들과 함께 만남의 장소로 걸어 들어갈 때까지, 당신 자신이 더 가벼워지고 밝아지고 투명해진다고 느끼라. 그들의 눈을 들여다보라. 그들의 근원 주파수와 가슴을 느끼라. 아마도 직접적인 텔레파시 소통이 이루어지기 때문에 당신은 말을 건넬 필요조차 없을 것이다. 당신은 전달받아야 할 것들을 알게 될 것이다. 당신은 존경하거나 대화하고 싶은 역사상의 인물과 소통하는 상상을 할 수도 있다. 그 상대는 아인슈타인, 부처, 다이애나 왕세자비일 수도 있다.

오, 그들은 헛된 거짓말로 우리를 놀리네.

이 멋진 세상을 눈물 계곡으로 만드네.

그 영혼이 불멸한다면,

지금은 불사不死의 시간 속에서 유아기라오.

― 앨리스 케리Alice Cary

이처럼 특별한 사람들과 다른 차원에서 만나는 연습을 함으로써, 당신은 다른 사람의 진동과 앎에 대한 아주 섬세하고 즉각적인 감응력을 발달시킬 수 있다. 당장 퀴리 부인, 공자, 나폴레옹, 캐서린 헵번, 예수와 감응해보라! 어떤 사람, 생각, 집단과 감응하는 능력은, 그것이 물질적이든 비물질적이든 간에, 또 다른 동조를 도울 수 있다. 예컨대 1705년대의 런던의 삶, 1254년대의 중국 서부의 삶, 또는 인류가 새로운 세상으로 나아가던 때의 남아프리카의 삶 등등의 특별한 대상 말이다. 당신은 시간여행을 배우고, 자신만의 직접적인 역사 연구를 시도할 수도 있다. 당신의 고대 이집트의 고위 사제, 미켈란젤로의 견습생, 또는 돌고래 떼와 자신의 주파수를 일치시킬 수 있다. 당신은 특정한 광물, 식물, 멸종 동물, 음악과도 어우러질 수 있다. 어떤 비밀이 드러날지를 누가 알겠는가? 잠재적인 발명품들과 함께 노닌다면, 당신은 주파수를 변조시켜주는 이런 발상들을 이용해서 새로운 유형의 음식물, 의술, 치유, 예술, 운송수단, 환경 재생, 과학, 에너지 원천을 발견할 수 있다.

'직관의 시대'의 일상

상상 너머로 자신의 정체성을 넓게 확장시키는 법을 배웠기 때문에, 직관의 시대에 당신의 상식 수준은 새로운 차원과 더 높은 주파수의 의식 대역을 포함할 것이다. 당신은 외부와 내면의 공간에 대해 엄청나게 상세한 정보를 얻는다. 안팎은 분리되어 있지 않고, 서로 긴밀히 영향을 주고받는 듯 보인다. 나는 독일의 신비가이자 시인인 라이너 마리아 릴케의 이야기를 사랑한다. 그는 밤중에 길을 걷다가 고요 속에서 한 마리 새의 노래를 들었다. 그 노래는 주변으로부터, 그리고 자신의 몸속으로부터 동시에 들려오는 듯했다.

서로 다른 분야들, 예컨대 미술, 과학, 농업, 종교, 경영, 행정 등이 하나로 합쳐지면서 더욱 완전해지고 실용적이 된다. 당신은 이전에는 불가사의하고 초자연적이었던 의식 기술들에 익숙해진다. 텔레파시(사념의 직접적 전달), 순간이동(시공간을 뛰어넘은 물질의 이동), 투시와 예지(시공간을 뛰어넘은 직접적인 앎), 염력(의념에 의한 물질의 이동), 즉각적인 영적 치유, 내적 청사진과 일치하는 신체의 재생 등등.

우리가 무한한 자원, 가능성, 자유를 경험할 때, 창조성은 새로운 높이로 솟구치고 지구의 문화는 빛의 속도로 진보한다. 사회는 당신의 성장과 일치되게 긍정적으로 변성되고, 사람들은 동시에 각자의 운명을 따라 살아간다. 당신은 주파수 대역을 오르내리는 자가 변조의 전문가가 되었기 때문에 다른 차원과 시공간, 평행우주를 친근하게 받아들인다. 더 나은 세상을 창조하기 위해 그것들과 함께 생산적으로 일하는 것은 아주 당연한 일이다. 당신은 상상을 통해 여행하고, 주변의 대상들을 물질화시키거나 비물질화시키는 자신의 능력을 스스로 발전시키고 만끽한다. 당신은 우리가 생사를 경험하지 않는 시대에 가까워졌음을 안다. 많은 사람들이 이 세상을 상승과 하강을 통해서 들락거리게 될 것이다. 이처럼 변성된 세계 속에는 당신을 놀래줄 많은 것들이 준비되어 있다.

마음의 관점과 영혼의 관점

정치, 기업의 탐욕, 물가 상승, 부동산 하락, 음식물의 독성 등등에 대한 뉴스를 듣고 걱정에 빠진 한 친구가 전화를 걸어왔다. 그녀는 조잡한 공포에 빠져서 허우적거렸고, 이 세상의 문세와 죄악의 결과들, 그리고 자신의 가족에게 닥칠 부정적 영향에 대한 걱정 속으로 파묻히고 있었다. 평소 긍정적이었던 그녀의 에너지는 마치 자동차 전조등에 옴짝달싹하지 못하는 사슴을 연상시켰다. 나는 CNN에서 접한 낮은 주파수들에 반응하여 떨고 있는 그녀의 몸을 생생히 느낄 수 있었다. "세상이 어떻게 되려고 이러지?" 그녀는 알고 싶어했다. "이대로도 괜찮은 걸까? 우리가 무얼 할 수 있지?" 나도 세계 곳곳의 잔혹 행위와 전쟁 피해가 담긴 '무거운' 영화들을 어쩌다 보게 된 후로 비슷한 고통을 받은 적이 있었다. 나는 내가 쓰는 글들이 그런 측면에서 대단히 순진해 보인다는 생각을 멈출 수 없었다. 하지만 다른 측면에서 보면, 내 글은 완전한 진실이다.

나는 친구에게 이렇게 말해주었다. "우리가 할 수 있는 유일한 일은, 이 세상을 뒤덮고 우리의 숨을 장악하려고 드는 공포의 유혹에 말려들지 않음으로써 자신의 내적 진동을 안정시키는 것뿐이야. 세상에는 더럽고 유독한 공기와 맑고 투명한 공기가 있는데, 그 둘은 한 장소 안에 공존하고 있어. 우리는 공기를 맑고 풍요로운 것으로 바라보면서, 거듭해서 그런 식으로 숨을 쉬어야 해. 중요한 것은 우리의 몸과 감정과 마음이 영혼과 영적 가치에 조화되도록 유지시키는 일이야. 아무 일도 없는 것처럼 행동해. 나쁜 뉴스가 우리를 잡아끌려고 해도, 우리는 거기에 말려들지 않아. 우리는 그 뉴스를 무시하지 않지만, 자신이 그것에 의해 쪼그라들도록 내버려두지도 않아.

그리고 이 세상에서 더 경쾌하게 살고, 어려움에 처한 사람들을 돕고, 사회의 변성 과정과 함께 더 창조적으로 흐르게 해줄 생각들이 떠오른다면, 그것들을 영혼의 관대함과 즐거움을 느끼면서 실천해봐. 걱정하면서가 아니라. 기름 잡아먹는 차를 더 분별 있는 탈것으로 바꾸고, 지역의 농산물을 사고, 일주일에 몇 시간쯤은 마음이 끌리는 곳에서 봉사를 하고, 의식 수준이 높은 후보자에게 투표를 해. 네 기분을 좋게 해줄 수 있는 일들을 실천해. 우리는 다른 사람들의 행동과 척척 들어맞는, 각자의 운명이 이끄는 자기 표현법을 가지고 있어. 우리는 세상에 기여하기 위해서 자신의 행복을 희생할 필요가 없어. 그저 단호하게 작정하고 나아간다면, 동료애가 이 세상을 변화시킬 거야. 모든 사람이 정치적 활동을 할 필요는 없어. 하지만 동시에, 우리는 스스로 소비지상주의에 안주하고 광고와 정치와 언론의 최면에 걸리는 현실로부터 깨어나야만 해."

> 우리가 자신의 두려움에서 벗어나면,
> 우리의 존재는 다른 이들도 절로 해방되게 한다.
> — 넬슨 만델라Nelson Mandela

이야기를 나눈 후에, 나는 이 일에 대해 더 생각해보았다. 우리에게는 마음의 관점과 영혼의 관점이 있다. 마음은 육체적 안정감과 익숙함을 기준으로 복잡성, 문제, 위안거리 등을 찾아서 본다. 그것은 좁은 시야로서, 깨달음을 비현실적인 사람들만이 추구하는 우스꽝스러운 개념으로 깎아내린다. 마음의 관점은 주인행세를 하면서 이 세상의 혼란과 급증하는 문제들을 거대하고 압도적이고 절망스러운, 분명히 파멸로 끝이 날 것만 같은 상황으로 만든다. 희망이 없는데, 귀찮게 무슨 일을 하겠는가? 어쨌든, 해결책이란 무척 실현되기가 어렵고 오랜 시간이 걸리는 것이다. 그것은 모든 상황을 흑백의 양자택일로 보는, 그리고 선한 사람과 악한 사람 사이에서 끝없는 갈등을 발생시키는 관점이다. 그것은 적과 위기 상황을 강조하면서 시선을 잡아끄는 강력한 극단의 지도자를 내세움으로써 우리를 홀린다. 마음의 관점에다 우리의 주파수를 맞추면, 그것은 실제로 진짜처럼 보인다! 누가 감히 의심하겠는가? 의심하는 사람은 순진하고 어리석다는 소리를 듣는다.

반대로 영혼의 관점은 고요하게 단순함과 통일성과 자비로움을 찾아서 본다. 그것은 지상의 '끔찍한' 상황들을 문젯거리로 보지 않는다. 오히려 변성의 증후로서, 다른 주기로의 움직임이자 방향 전환으로서 본다. 영혼의 관점은 넓고 깊다. 그것은 맑은 시야로서, 모든 존재가 신성으로 회귀하는 것 외에는 다른 가능성이 없음을 안다. 그것은 드러난 세계에만 의존하는 '문제' 해결은 에너지의 낭비라는 사실을, 그리고 진동과 주파수를 통한 작업이야말로 진화를 단축하고 즉각적이고 마법과 같은 변성을 이뤄낸다는 사실을 안다. 절망적인 상황은 존재하지 않고, 깨달음은 가까이에 있다. 아무것도 바뀔 필요가 없지만, 동시에 해야 할 중요한 일들도 있다. 이 모순을 영혼은 편안하게 받아들인다. 통합적 의식을 향한 전진을 멈출 수는 없다. 그 과정은 단선적이지도, 엄청난 시간을 잡아먹지도 않는다. 그것은 당신이 긴장을 풀고 내맡기는 바로 그 순간에 일어날 수 있다. 영혼은 자신의 관점을 선택하지 않는다고 당신을 탓하지 않는다. 그것은 끈기 있게 웃으며 당신을 기다려주고, 깊은 평안과 공동체 속으로 다시 초대한다.

사랑의 교사

나는 존 덴버John Denver가 자서전에 쓴 말을 기억한다. "내가 아니라면, 누가 시삭할 것인가? … 내가 아니면 대체 누가?" 당신은 자기 삶의 어떤 측면에 만족하지 못할 수도 있다. 그러나 상황을 조금씩 개선시키기 위해서 당장 할 수 있는 일들은 항상 존재한다. 당신은 몸과 감정과 생각 속에서 근원 주파수 — 자신의 따뜻함과 자애로움 — 의 느낌을 선택함으로써, 자신의 현실이 바라는 대로 나아가도록 만들 수 있다. 투명한 존재로 변성되는 데 필요한 조건은 오직 당신의 에너지-의식장을 비우는 것뿐이다. 당신의 근원 주파수와 동조하지 않는 것들을 내려놓고 흩어버림으로써, 당신은 자신을 다이아몬드 빛만 남은 존재로 인식할 수 있다. 그것을 마음의 복잡하고 공격적인 관점에서 영혼의 명쾌하고 전능한 관점으로 주의를 돌리는 과정이라고 생각하라. 그것만으로도 당신은 선구자가 된다.

> 우리 자신을 선한 이미지로 창조하는 것이야말로
> 우리 자신, 우리의 아이들, 그리고 우리의 미래를 위해
> 우리가 지고 있는 막중한 책임이다.
> 왜냐하면 우리의 상상이 얼마나 숭고한가에
> 바로 우리의 미래가 달려 있기 때문이다.
> ― 바버라 그리즈띠 해리슨Barbara Grizzuti Harrison

수년간, 나는 '깨어 있기' ― 자신의 고통을 치유하고 이 세상에 고통을 보태지 않기 ― 라는 불교의 개념에 관심을 가져왔다. '직관의 시대'에는 '깨어 있는' 동시에 예지자인 사람들이 지도자가 될 것이다. 그들의 다리는 굳게 땅을 딛고, 그들의 세포 속에는 천국이 있다. 당신은 지도자, 발명가, 치유자, 또는 진리의 전달자가 될 수 있다. 당신은 자신의 삶과 나눔과 언어를 통해서 다른 사람들의 본보기가 될 수 있다. 당신은 영혼의 대변인이 될 수 있다. "여기에 내 가슴과, 입과, 손과 발이 있습니다. 당신이 원하는 곳으로 저를 움직이소서.

저로 하여금 말해져야 할 것들을 말하게 하소서."

　상황을 개선시켜줄 누군가를 기다리지 말라. 뭔가 도움이 될 생각이 있다면, 당신이 바로 그 일에 적역인 사람이다. 집단의식의 선한 목적이 당신으로 하여금 그 생각을 알아차리게 해주었다. 이상주의자가 되기를 멋쩍어하지 말라. 그것이 바로 당신을 통해 진동하는 최상의 청사진이다. 당신이 실제로 날마다 무슨 일을 하든 간에, 당신의 참된 과업은 사랑의 교사, 사랑의 실천자, 사랑의 확대자가 되는 것이다. 당신은 지금 스스로를 재창조하고 있다. 당신은 내적 에너지장을 높은 주파수에 맞춤으로써, 그리고 이 세상을 자신의 일부처럼 여김으로써 '우리 모두'를 돕고 있다. 그리고 우리도 당신을 똑같은 방식으로 돕고 있다. 당신과 나는 그처럼 놀라운 방식으로 성장하고 있으며, 머지않은 훗날에는 지금은 상상조차 하지 못하는 모습으로 성장해 있을 것이다. 우리 각자는 전 인류, 심지어 전 우주의 의식 그 자체가 될 것이다. 그리고 우리의 참된 자아는 우리가 그것의 가능성을 사랑하고 자리를 마련해두었기 때문에, 릴케의 소네트에 나오는 신화 속의 신령한 일각수 一角獸(unicorn)처럼, 스스로 제 모습을 드러낼 것이다.

　　　　　오, 이것은 존재한 적 없었던 짐승.
　　　사람들은 이 짐승을 모르지만, 어쨌든 그를 사랑하네.

그의 부드러운 목덜미, 우아한 움직임,

그리고 고요한 눈빛을.

진실로 그는 존재한 적이 없지만, 사람들이 사랑했으므로
이 순수한 창조물은 나타났네. 사람들이 자리를 마련했다네.
그리고 그 깨끗하고 자유롭고 무한한 자리에서,
그는 가벼이 고개를 들었네. 사람들이 말하는 현실 따위는
조금도 필요치 않았네.

사람들은 그를 길렀네. 곡물이 아니라,
존재의 가능성을 늘 먹여주었네.
그리고 그 힘으로 인해 그 창조물의 앞머리에는
뿔이 돋았네. 하나의 뿔이.
그는 눈부시게 하얀 모습으로, 한 처녀에게 다가갔네.
그리고 은거울 속으로, 그녀의 마음속으로 들어갔네.

— 라이너 마리아 릴케, <오르페우스에게 바치는 소네트> 2부 4장

요약

당신은 투명함, 자기실현, 깨달음의 상태에 이미 가까워져 있다. 당신은 마음의 현실과 영혼의 현실 간의 차이를 쉽게 분간하고, 자신을 순수한 의식과 사랑의 존재로서 경험한다.

변성은 시차가 있는 파동들 속에서 이뤄지며, 마지막이 아니라 계속 이어지는 길이다. 당신은 인간의 조건에 대해서 부담을 느끼지 않고 더욱 자비로워질 것이다. 직관의 시대에서 자기실현이란 영적 성장에 대한 남성적(陽) 길과 여성적(陰) 길의 통합을 뜻한다. 가슴의 길은 모든 사람에게 유용한 보편적인 길이다. 공감과 자비는 새로운 심장-뇌가 선호하는 인식 방법이며, 삶을 돌보고 동질성을 느끼도록 가르쳐준다.

그렇다면 온 물질의 시작은 무엇이었을까?
그것은 존재의 순수한 기쁨을 위해 자신을 증식시키고,
자신이 한없이 발견될 수 있도록
무수한 형상들 속으로 하강한 실재 그 자체이다.

— 스리 오로빈도Sri Aurobindo

공감을 통한 동조는 고립감을 극복하고, 안정감과 친밀감을 높이며, 진리의 이해를 돕는 치유력을 발휘한다. 자비는 경쟁을 능가하는 진화의 방편이 될 것이다. 당신은 통합적 의식의 진정한 일부가 되기 위해서 자신의 영혼 집단, 집단의식, 그리고 동료애의 원리를 발견하고 따르는 방법을 배우는 중이다. 직관의 시대에, 당신은 비물질적 존재들 또는 이미 죽은 사람들과 소통할 수 있고, 시공과 차원을 뛰어넘은 여행을 하게 된다. 바로 지금, 당신은 깨어 있는 사람, 실질적인 에지자, 그리고 사랑의 교사가 될 수 있다.

근원 주파수의 메시지

서문에서 설명했듯이, 나는 평소 당신의 조급한 독서 성향을 직접적이고 깊은 체험으로 전환시키기 위해 각 장의 말미에 영감 어린 글의 일부를 포함시켰다. 이 메시지들을 통해서 당신은 내적 진동을 의도적으로 변조시킬 수 있다.

아래의 메시지는 '직관의 시대'에 보편화될 앎의 방식과 비슷한 체험 속으로 당신을 데리고 갈 것이다. 근원 주파수의 메시지 속으로 들어가려면, 그저 속도를 늦추고 서두르지만 않으면 된다. 천천히 숨을 들이마시고, 내쉬고, 가능한 한 움직이지 말고 고요해지라. 당신의 마음이 부드럽게 열리도록 놓아두라. 당신의 직관을 열고, 이 글과 감응할 준비를 하라. 그 속에서 나타날 깊은 현실과 감각 상태를 스스로 받아들일 수 있는지 살펴보라.

각각의 구절에 주의를 기울이는 만큼, 당신의 체험도 더 큰 차원을 취할 것이다. 한 번에 몇 개의 단어에만 집중하고, 구두점마다 숨을 돌리고, 지금 이 순간에 그 지성의 메시지와 함께 존재하라. 당신은 그 단어들을 크게 읽을 수 있고, 눈을 감고 다른 사람더러 읽어달라고 해서 그 효과를 살펴볼 수도 있다.

단순한 삶 속으로 자주 들어가라

당신은 길고 고단한 여행을 하고 있다. 당신은 가장 높은 사다리를 오르고, 가장 넓은 바다를 항해한다. 그러나 여전히, 당신은 고요하다. 별과 행성들이 뜨고 지면서 당신의 주위를 돈다. 길은 신비한 힘에 의해 끌려 나와 당신의 다리 아래에 깔리고, 당신의 뒤로 사라진다. 변화무쌍한 영화가, 현란한 쇼가, 당신을 자극하고 흥분시켜서 눈을 뗄 수 없게 하는 오락거리가 당신을 찾아오고 있다. 그리고 그것을 창조하는 것은 당신이다! 당신의 기발함이 그것의 창조자가 당신이 아닌 듯이, 그것이 마법처럼 불쑥 나타나는 듯이 꾸며대고 있다. 당신은 얼마나 창조적인가! 그리고 자신의 재기에 얼마나 넋을 놓고 있는가!

이제 눈을 감아보라. 감각들을 잠재워보라. 변덕스러운 불안정과 자극들로부터 벗어나라. 그리고 시공간 속을 떠다니는 파동들을 따라가지 말라. 그것들은 당신이 없는 어딘가로 가버리지 않는다. 외부 세계가 희미해질 때 변하는 당신의 진동을 느껴보라. 빛과 색이 소리 속으로, 소리는 미세한 촉감 속으로 사라진다. 이제 더 나아가서, 고요함이 있다. 그 속에는 너무나 잔잔해서 어떤 주기도, 마루와 골의 차이도 느껴지지 않는 하나의 진동이 있다. 그것이 평화이다. 그것과 함께 머물라. 그것은 저 스스로 달콤해진다. 그 상태는 스스로 웃음 짓는다. 그 보일 듯 말 듯한 미소에는 신성의 온전한 사랑과 지혜가 담겨 있다. 그 광휘는 영혼의 첫 번째 신호이다. 고요하게 빛나고, 웃으라. 당신이 보탤 것은 없다. 이것이 당신이다. 진실로 그러하다.

단순한 삶은, 모든 사람에게 있어서, 가장 유일하고 진실한 경험이다. 삶은 만화경도 아니고, 노상 흩어지고 모이는 변덕스러운 꿈도 아니다. 진실한 삶은 매 순간의 밑바탕에 있으며, 삶의 모든 순간은 당신을 그리로 데려갈 수 있다. 느껴보라. 보일 듯 말 듯한 미소를. 느껴보라. 느리고 고요한 광휘를. 그 속에서, 앎이 당신의 주변으로 퍼진다. 사랑은 어디에나 있으며 무한하다. 당신은 그것을 조금도 소유할 필요가 없다. 당신은 기꺼이 그것을 사방으로, 자유롭게 놓아둔다.

마음이 시간관념을 잊을 때까지, 단순한 삶 속으로 자주 들어가서 머무는 연습을 하라. 더 오래 머물수록, 그곳을 당신의 영원한 고향으로 받아들이기가 쉬워진다. 바로 지금부터, 웃으면서, 당신은 완전히 빠져서 몰두하라고 꼬이는 변화무쌍한 영화를 관찰한다. 당신은 그 영화를 사랑한다. 하지만 당신은 단순한 삶을 진심으로 사랑한다. 지금 모든 것이 분명하다. 당신은 그 단순함을 이해하고, 그 주파수들에 익숙해진다. 그것들이 움직일 때, 당신이 내면에서 그것들의 자연스러운 움직임을 알아차렸을 때, 여름날에 나비가 스쳐 지나갈 때, 구름이 세찬 바람에 흩어지고 모여들 때, 당신은 그 입자와 파동들을 사랑한다. 당신은 그것들을 부리고 축복한다. 당신은 모든 곳에, 모든 곳에 있다. 이처럼 단순하다.

11

새로운 세계의 열림

최악의 시나리오를 통해

인류 역사가 단절될 가능성은 이제 거의 없다.

우리는 그런 시나리오들이 폐기되는 길로 들어섰다.

진실로, 우리는 부드럽고 평화로운 전환기를 거쳐

최상의 목표 — 각 개인의, 그리고 전 지구의 변혁 — 에 다다를 수 있다.

우리의 앎이 연쇄작용을 일으켜 지구 전체를 깨워내는 일은

이론적으로 지금 당장에도 일어날 수 있다.

— 켄 케리Ken Carey, 《세 번째 밀레니엄》(the Third Millennium)

나는 나 자신에게, 그리고 여러분에게 이 책의 부제인 '개인적 진동의 힘'이 모든 것의 핵심임을 상기시키고 싶다. 지

° 원서의 부제가 The Power of Personal Vibration이다.

구라는 아름다운 행성의 진화는 그 무엇보다도 인간 개개인, 그리고 인류 전체의 성장에 달려 있다. 우리와 지구는 복잡하게 연결되어 있으며 서로 영향을 주고받는다. 지구의 진동이 빨라지면, 우리의 진동도 함께 빨라진다. 인류의 의식이 확장될수록, 지구는 인간의 파괴로부터 스스로를 치유하고 깨워낼 기회를 얻는다.

이런 파동의 가속화를 인식하고, 자신의 몸과 감정과 마음이 더 높은 주파수에 적응하고 조율되도록 허용하는 것이야말로 새 시대의 기술이다. 이런 파동의 흐름 속에서 당신은 좌절감, 초조함, 불안감을 느끼거나 쉽게 잠들지 못할 수도 있다. 또는 반대로, 졸음이 쏟아지고 좌뇌적 사고방식에 저항감을 느끼며 수시로 멍해질 수도 있다. 몸은 더 높은 주파수에 자연스럽게 적응하는 방법을 알고 있다. — 멍 때리기, 낮잠 자기, 자연 속에서 산책하기, 음악 듣기, 조용한 공간에서 독서하기, 잠들기 전에 따뜻한 물로 목욕하기 등등. 우리가 배배 꼬인 생각 에너지를 멈추고 내면의 한가한 곳으로 들어갈 때 이런 조율이 일어난다. 강렬한 운동을 하면 도움이 될 것 같지만 오히려 흥분이 과해질 수 있다. 참, 물을 충분히 마시는 것도 잊지 말자!

당신의 내적 진동은 힘이 세다. 그것이야말로 갑갑한 세상에서 두려워하고, 분열되고, 반사적으로 살던 당신을 드넓고 빛나고 고주파인 세상에서 사랑과 통합의 영적 존재로 변성시키는 핵심 열쇠이다. 이런 변성을 통해 다른 사람들도 당신의 에너지에 영향을 받아 영적이고 투명한 길로 이끌린다. 우리 중 충분한 수가 이런 변성을 이룬다면, 이 지구 자체가 우리와 함께 빛을 내는 행성으로 진화할 것이다.

> 우주 중심에는 모두에게 최선의 것을 주고자
> 쉼 없이 뛰는 사랑의 심장이 있다.
> 우리 역할은 다른 사람의 지적, 감정적, 영적 성장을 돕기 위해
> 가능한 일들을 다 하는 것이다.
> 이 비전을 따라 우리는 어떤 어려움이 있어도 계속 나아가야 한다.
> 삶은 봉사를 위한 것이다.
> ― 프레드 로저스 Fred Rogers

실제로 당신은 변성을 거치면서 비판적이고, 인색하고, 기만적이고, 자기 신념을 방어하는 태도에서 벗어나게 된다. 주파수가 높아지면 타인을 비웃고 비난하고 깎아내리는 미묘한 형태의 폭력 또는 자신과 다른 부류의 사람들, 아이들, 동물, 식물, 나무, 공기, 물, 땅을 부주의하게 해치는 행위가 들어설 자리가 없어진다. 우울함, 불안함, 삶을 포기하고 싶은 충동도 사라진다. 이런 원시적 의식 상태는 이제 야만적으로

만 보인다.

높은 주파수의 감정들(기쁨, 열정, 감사, 용기 등)은 낮은 주파수의 감정들(질투, 복수심, 수치심, 슬픔 등)을 오해에서 비롯된 불필요한 것으로 인식한다. 우리가 두려움에 기반한 현실을 넘어설수록 이런 저주파의 감정들은 더 이상 쓸모가 없어진다. 영적 차원에는 그런 것들이 아예 존재하지 않는다. 그리고 바로 지금, 당신과 지구 전체는 물질 차원과 영적 차원의 융합체로 변해가고 있다.

주파수가 높아질수록, 당신은 감정(emotion)이 미세한 에너지 정보를 주고받는 직감(sensation) 또는 초감각(ultrasensitivity)으로 바뀌어가는 것을 알아차리게 된다. 예컨대 어떤 사람을 만났을 때, 당신은 그가 분노로 폭발하기 직전임을 대번에 안다. 그가 깊은 좌절에 빠져 있고, 무의식적으로 타인에게 휘둘리고 있고, 상처받거나 버려질까 봐 떨고 있음을 느끼고 이해한다. 또한 그를 진정시키기 위해서는 어떤 언어와 에너지를 써야 할지, 그러지 않는 편이 낫다면 그 이유가 무엇인지도 안다. 이것을 마치 '생각 덩어리들'(thought blocks)을 감지하는 듯한 경험으로 묘사하는 사람들도 있다.

당신은 감정보다 더 넓고 근원적인 존재 상태 — 만족, 진실함, 감사, 유쾌함 — 를 경험하게 된다. 이것들은 비#감정적인 요소들이 조합된 의식의 장場 또는 주파수이다. 예컨대 이때의 만족이란 안전함, 즐거움, 자존감(에고가 아닌 참된 자아를 사랑하기), 겸손(순간순간 진실하게 존재하기), 완전한 충족감, 해방감 등이 하나로 모인 것이다.

생각과 감정이 더 높은 주파수 수준, 즉 당신의 영적 자아에 가까운 상태로 나아갈수록 당신의 몸도 더 높은 주파수에서 기능하게 된다. 쉽게 말해서 피로와 질병과 노화가 감소하고, 더 조화롭게 기능하고 순환하여 상처를 입어도 빠르게 회복한다.

당신의 개별 인격(personality)도 진동의 가속화를 겪는다. 이제 당신은 자신이 현재의 이 삶뿐만 아니라 시공간을 넘어 과거와 미래의 수많은 삶들을 창조하고 있는 포괄적 영(comprehensive soul)임을 깨닫는다. 당신은 더욱 투명해지고, 안으로부터 밝게 빛난다. 설명할 수 없는 방식의 앎을 얻고, 잠재되어 있던 능력을 발현한다. 삶의 흐름을 신뢰하고, 그 결과 삶이 기쁨과 즐거움, 창조성 넘치는 여정으로 변모한다.

> 지적 능력을 신격화하지 않도록 주의하자.
> 그것은 힘이 세지만 인격을 지니고 있지 않다.
>
> ― 알베르트 아인슈타인

새로운 주파수 역학

나는 주파수 역학(frequency dynamics)에 대해서 아래와 같이 많은 것들을, 때로 내 마음이 얄팍한 곳으로 흘러가면 에너지 넘치는 선(禪) 지팡이로 얻어맞으며 배워왔다. 우리의 주파수가 상승하고 있음을 나타내는 증상과 징후들이 수없이 새로 나타나고 있다. 아주 거대한 인식의 전환, 미래의 에너지 기술과 현상들이 여기에 포함된다. 그중 몇 가지를 살펴보자.

1. 당신이 영혼과 조화를 이루고, 조율되고, 공명할 때 주파수는 상승한다. 주파수가 상승하면, 당신은 자신이 곧 영혼임을 깨닫게 된다.

당신의 진동 수준은 당신의 생각에 직접 영향을 미친다. 주파수가 높아지면 생각도 더 정확하고, 지혜롭고, 창의적이고, 유연하고, 진리와 사랑으로 가득해진다. 당신은 영적 차원의 삶이란 어떤 것인지를, 그리고 그것이 우리의 3차원 지구 현실을 초월하면서도 동시에 가득 채우고 있음을 기억해 내기 시작한다.

고요함 속에 머물며 영혼이 주는 통찰, 호기심, 깊은 열망을 느끼고 귀 기울이는 시간을 가질 때 당신은 적절함, 올바른 동기, 신뢰, 행운, 감사, 관대함, 순조로운 흐름을 얻는다. 영혼과 조화를 이루고 자신이 영혼 그 자체임을 깨닫는 일은 오직 지금 이 순간의 고요한 텅 빔 속에서만 가능하다. 우리를 우뇌로 인도하는 뇌파들(알파파, 세파파, 델타파)이 여기에 기여한다. 이 뇌파들은 느리게 작동하는 것처럼 보이지만, 실제로는 초고속으로 우리를 고주파 영적 차원으로 이끌고 그곳에서 우리는 사랑의 진정한 의미를 깨닫게 된다.

틱낫한 스님은 숨을 들이마신 후 "나는 도착했다"고 말하고, 숨을 내쉰 후 "나는 집에 있다"고 말하는 수행법을 추천했다. 이것을 잠시 반복하고서, 말을 멈추고 조용히 그 느낌을 온전히 경험해보라. 이것이 자신이 곧 영혼임을 깨닫는 첫걸음이다. 이 고요한 초감각의 공간 속에서 진정한 고주파 의식이 당신을 통해 흘러 나간다.

> 나는 극도로 좌뇌 중심적인 사람이다.
> 나의 본능은 그림보다 도표 만들기를 선호한다.
> 하지만 나는 우뇌를 활성화하려 노력한다.
> 나는 우뇌의 능력을 깨우는 일이 나를 더 유능한 사람을 넘어
> 더 나은 사람으로 만들어준다고 믿는다.
>
> — 대니얼 H. 핑크 Danial H. Pink

2. 상승한 주파수에 비해 단선적 사고는 엄청나게 속도가 느리다.

좌뇌의 분석적이고 단선적인 사고는 우뇌의 직관적이며 입체적인 사고보다 주파수가 낮다. 단선적 사고는 나/너, 여기/저기, 과거/현재/미래, 시작/중간/끝과 같이 모든 관념을 분리하여 인식하고, 각각의 위치나 상태 사이에 간격을 둔다. 이 간격을 오가려면 의지력과 시간이 필요하다. 그래서 인식이 느린 속도로 일어나는 것이다.

하지만 겉보기로는 정반대처럼, 그러니까 좌뇌의 인식이 더 빠른 것으로 느껴질 수 있다. 좌뇌의 부산한 베타파는 순간적, 추상적, 기계적, 지적, 외부적, 분석적 활동을 돕지만 파잉 상태로 이끄는 경향이 있다. 과도한 베타파는 불안, 초조함, 심지어 강박장애와도 연관될 수 있다. 의지력에 의존하다 보면 고립감, 지나친 책임감, 압박감, 조급함, 마법·기적·가슴과의 부조화에도 빠지기 쉽다.

좌뇌 중심의 사고방식은 시야를 좁히고 원하지 않는 것 — 실패, 두려움, 거절, 불편함, 학대 등 — 에 초점을 맞추게 한다. 이렇게 최악의 상황을 대비하고 있으니 최선의 상황이 당신에게 도달할 수가 없다. 좌뇌는 참을성이 부족하고 즉각적인 답과 결과를 원한다. 그것도 상세하고 명확하게, 바로 지금 말이다! 당신은 무언가를 얻었다고 생각하지만, 곧장 "그렇긴 하지만…"이라는 반론이 시작된다. 이 모든 것이 영혼과의 조화를 방해한다. 창의성이 막히고, 일이 정체되고, 물질화의 흐름이 멈춘다.

반면 더 높은 주파수의, 직관적인 우뇌의 인식은 직접적인 앎, 부드럽고 정확하고 꼭 맞는 답을 가져온다. 당신은 시간을 낭비하지 않고 곧바로 통찰을 얻는다. 당신은 몸에서 느껴지는 '깊은 편안함'을 통해 확신을 갖고 그 정보를 좌뇌로 흘려보내 관념화하고 물질화한다. 또는 별도의 과정 없이 그냥 완벽한 답과 결과가 주어지기도 한다!

> 내가 신을 보는 그 눈으로 신은 나를 바라보신다.
> — 마이스터 에크하르트

3. 높은 주파수를 통해 당신은 영혼의 위대한 지혜를 마치 상식처럼 알고 깊이 이해하게 된다.

더 높은 주파수에 머물수록, 당신은 더 섬세하고 정교한 관념들을 저절로 이해하게 된다. 당신은 직관으로써 직접 상상의 세계와 상위 지식에 접근하는 당신의 우뇌를 신뢰하고, 그것이 가져오는 선물들을 즐기며 놀라워한다. 영적 차원에서 의식이 작동하는 방식이 분명해진다. 당신은 이렇게 생각한다. "잠깐만! 3차원 세계에서도 충분히 가능하지 않을까?" 당신은 보편적 원리가 당신의 안팎에서 늘 작동하고 있음을 느낀다. 단지 우리가 그것을 이해하지 못할 뿐.

수학數學이 세상에 미치는 영향, 재생 에너지의 전력 공급 방안, 나무를 자르지 않게 해줄 종이 대체물 등에 관한 아이디어가 주어질 수도 있다. 우리 문명은 질병과 의식의 관련성을 깊이 파악하고, 100년 이상 건강하게 사는 법을 찾게 될 것이다. 우리 자신이 컴퓨터가 되는 것이 아니라 컴퓨터가 우리와 조화를 이루도록 할 것이다. 좌뇌가 우뇌와 협력하는 법을 배우듯이 말이다.

또한 진동의 가속화는 우리의 공동 기억 ― 우리가 지구에 온 이유는 가슴과 공감, 사랑과 아름다움의 힘을 발현하고 경험하기 위해서다 ― 을 되살려낸다. 이제 우리는 지난 수많은 생들에서 겪었던 고통과 분리의 환상이 결국은 사랑, 아름다움, 통합으로 튕겨 돌아가기 위한 필연적 반대극이었음을 안다.

> 오늘의 의심이 내일의 성취를 가로막는다.
>
> ― 프랭클린 D. 루스벨트Franklin D. Roosevelt

4. 고주파 의식은 당신이 투쟁, 저항, 강압 없이 핵심 장애물들을 제거하도록 돕는다. 당신은 불완전한 부분을 정확히 알고 개선하며 점점 더 투명한 존재가 되어간다.

내가 만나는 많은 사람들은 자신이 어딘가에 갇히거나 정체되어 있다고 느낀다. 뭔가에 붙잡혀 있지만 그게 무엇인지 알지 못한다. 우뇌의 '선천적이고 무한한 지혜로 통하는 화이트홀'에 조율하면 이 길을 가로질러 명확성에 도달할 수 있다. 고주파 의식 속에서 낡은 두려움과 트라우마의 기억은 빠르게 녹아 사라진다. 당신은 그런 수축(contractions)이 에너지 낭비였음을 깨닫고, 그것을 더 열리고 기쁘고 자애로운 행동으로 대체한다. 수년간이나 상담 치료를 받을 필요가 없다! 나쁜 습관, 행동으로 되돌아가는 일도 없다! 선택지가 분명하니 말이다. '나는 정말 두려움을 원하는가?'

내가 받은 메시지는 이러하다. — 불편한 문제 하나에 주의를 집중하라. 직접적이든 간접적이든 오랫동안 당신을 괴롭혀온 문제로 정하라. 예컨대 누군가에게 깊은 상처를 준 것에 대한 죄책감, 언젠가 떨어져 다친 적이 있기에 생긴 고소공포증, 하고 싶지 않은 어떤 일을 '해야 한다'고 느끼는 의무감 등. 이제 그 경험의 상태나 주파수 속으로 들어가 그것을 생생한 현실로 다시 느껴보라. 그것과 관련하여 당신이 어떤

'진동의 수축'(고착된 패턴)을 만들었는지를 감지해보라. 해석하거나 판단하지 말고 그저 그 수축 상태 속에 머물라. 그 낮은 주파수 속에도 당신을 자유롭게 해줄 어떤 메시지가 담겨 있음을 알라.

문득 당신은 자신이 죄책감, 불안, 저항하거나 밀어붙이는 태도를 계속 간직해온 이유가 결국 같은 실수를 반복하지 않기 위해서였음을 깨닫는다. 그것을 움켜쥐게 한 동력은 바로 '사랑'이었다. 이제 당신은 자문한다. '나는 진심으로 계속 이렇게 살고 싶은가? 이렇게 행동하고 싶은가?' 기다려보라. '절대 아니야!' 다시 물어보라. '그럼 이것을 붙잡고 있을 필요가 있을까?' '전혀!'

당신은 이제 자기 의식이 더 높은 주파수에 도달했음을, 자신이 더 사랑 넘치고 책임감 있으며 존중할 줄 아는 존재가 되었음을, 그리고 자신에게 더 이상 그런 수축된 감정이나 경고가 필요하지 않음을 안다. 그것은 낡은 장애물이다. 당신은 그것을 지금, 완전히 내려놓는다. 같은 교훈이 반복될 필요가 없으므로 더 이상 당신에게 그런 상황은 찾아오지 않는다. 그 패턴은 모든 에너지-의식의 통일장 속으로 녹아 사라져 다시는 돌아오지 않는다. 며칠 혹은 몇 주 후 당신은 놀라운 통찰을 얻는다. '그 죄책감, 두려움, 불안이 완전히 사라졌네! 전혀 느껴지지 않아. 기분 좋은걸.' 갈등도 없고 불안도 없다. 과거에 그런 느낌이 있었다는 기억조차 희미해진다.

의식의 주파수가 높아질수록, 그동안 우리가 "인간이라면 어쩔 수 없어!"라며 정당화했던 낮은 주파수의 동기와 자동 반응들 — 복수, 속임수, 빼앗기, 기만, 억압, 혼란 조장, 배척 등 — 이 얼마나 잔인하고 뒤처진 것인지가 명백해진다. '왜 내가 그런 갑갑하고 추한 상태로 돌아가야 하지? 시간 낭비일 뿐이고 아무에게도 도움이 되지 않잖아.' 당신은 손을 떼고, 그것은 훅 사라진다! 이것이 불교에서 말하는 '깨어 있기'이다. 당신은 자신의 카르마(보편 진리와 어긋난 행동이 불러오는 결과)를 정화하거나 그냥 놓아버린다. 당신은 더 이상 지구의 에너지장에 부정적인 흔적을 남기지 않는다. 이제 당신은 영혼으로서 생각하고 행동한다.

> 기본적으로 나는 이 세상을 살아가는 데
> 딱 두 가지가 필요하다고 생각한다.
> 유머 감각, 그리고 자신의 에고가 부서질 때 웃어넘길 수 있는 능력.
>
> — 알로 거스리 Arlo Guthrie

5. 고주파의 의식-에너지가 당신의 정체성을 전환한다.

자신이 영혼 그 자체임을 깨닫고서 — 이것은 당신이 저위 어딘가에 있는 '영혼'이라는 요소를 소유했다는 뜻이 아니다 — 당신은 자기 몸 안에 머물며 더 높은 조화로써 모든 장기, 뼈, 체액, 세포를 창조해간다. 동시에 당신은 자신의 개체성과 몸을 둘러싸고 있는 둥그런 장 또는 오라 속에 머문다. 당신은 주의를 우뇌의 열린 문에 조율함으로써 자신의 지혜, 창의성, 자애로운 동기가 열린 마음을 통해 흘러나오게 하고, 좌뇌로 하여금 그것을 인식하고 정의하고 실행하여 물질화하거나 세상에 내놓게 한다.

우리에게는 무의식의 나쁜 습관이 있다. 좌뇌는 분리와 개별성을 중시하기 때문에 항상 '나'라는 관점에서 말한다. "나는 ~"이라고 말하며 자신의 정체성을 신체적 특징, 성취, 감정적 성향, 자존감, 세계관과 연결 짓는다. "나는 다른 사람들보다 우월해." "나는 다른 사람들보다 열등해."

간단히 말해, '나'라고 하는 좌뇌의 정체성과 지나치게 동일시한 결과가 에고이다. 원래 에고는 의심할 줄 모르는 영혼이 이 기묘한 3차원 시공간 세계 속에서 위험을 피할 수 있도록 돕는 감시자의 역할이었다. 에고가 없었다면 우리의 삶은 너무나 짧게 끝나버렸을 것이다! 그러나 에고는 점차 자신을 독립된 존재로 여기고, 외부 세계를 통제하는 것이 자기 역할이라고 착각하게 되었다. 그리하여 신뢰를 주지도 받지도 못하는 낮은 주파수의 의식으로 변질되었고, 전체와 단절되었고, 순응하거나 놓아버리는 법을 잊었고, 생존을 위한 투쟁에 몰두하게 되었다.

에고가 강해질수록 영혼의 표현은 억압된다. 마침내 당신이 가슴과 영혼으로 돌아가 스스로를 회복할 수 없는 지경이 되면 심각한 질병 또는 극단적인 선택이 일어난다. 이 '만성적 나르시시즘'의 원인은 극도의 고립, 그리고 세상을 내 입맛에 맞추려는 데서 오는 지속적인 스트레스이다.

다행히도, 세상의 주파수가 상승함에 따라 에고의 불량한 방식은 먹통이 되어가고 있다. 에고의 방식은 에너지만 많이 쓸 뿐 결과가 변변치 않다. 대신 당신은 영혼의, 고주파의 방식으로 일하고 조화로움, 기쁨, 늘 새롭게 충전되는 에너지를 경험한다. 결핍감이나 우월감은 이제 유치한 감정일 뿐이다.

에고는 주목을 받지 못하면서 점차 힘을 잃고, 그 영리했던 통제 전략도 쓸모가 없어진다. 이것이 소위 '에고의 죽음'이다. 에고는 주인 자리를 지키기 위해 필사적으로 저항한다. 하지만 당신이 편들어주지 않는 한, 대세를 거스를 수는 없다. 물론 실제로 에고가 죽는 것은 아니다. 그저 당신의 정체성이 전환될 뿐이다.

이제 우뇌/영혼이 리더이자 안내자가 되고, 좌뇌는 분석과 실행을 맡는 제 역할을 되찾는다. 이런 상태가 자리를 잡는 동안, 통제에 쓰인 패턴은 증발돼버린다. 왜냐고? 높은 주파수가 낮은 주파수를 흡수하고 소화하여 더 높은 에너지-의식으로 바꾸어버리기 때문이다! 이제 당신은 지혜로운 흐름을 신뢰하며 내맡기는 방식을 더 선호하게 된다. 불필요한 것들은 자연스럽게 해방되어 우주의 통일장으로 되돌아간다. 당신은 해를 입지도, 해를 끼치지도 않는 일상을 보낸다.

자기 정체성에 대한 과도한 집착에서 벗어나면 외부의 관심, 사랑, 인정을 바라는 욕구가 크게 줄어든다. 당신은 자신이 사랑 그 자체임을 깨닫고 그저 그것을 다른 이들과 나누고 싶어진다. 그리고 마법처럼 비슷한 주파수를 가진 사람들로부터 그것을 돌려받는다. 당신은 흥미로운 통찰, 지식, 확장된 사랑을 촉진하는 다양한 관계를 즐긴다. 당신은 유형과 무형의 모든 존재, 그리고 비물질적인 차원이 당신의 소명을 돕도록 믿고 내맡긴다. 삶의 흐름은 필요한 것을 필요한 순간에 가져다준다.

당신은 더 이상 자신의 과거, 자신의 이야기를 정체성으로 여기지 않게 된다. 그것을 재미로 혹은 특정한 목적을 위해 활용할 수는 있지만, 당신은 '지금 이 순간'이라는 문을 통해 시공간을 넘나들며 텔레파시와 빛으로 소통하는 의식-에너지체가 되어가는 중이다. 기막힌 우연을 통해 올 사람들이 오고 만날 사람들이 만나진다. 당신은 딱딱하게 정의된 정체성 없이 살아가는 법을 배운다. 당신의 진리가 빛을 밝혀 새로운 관계로 이끈다. 당신은 진정한 자기 자신에 훨씬 더 가까워진다!

> 시간이란 모든 일이 한꺼번에 벌어지는 사태를
> 막기 위한 자연의 방식이다.
>
> — 우디 앨런Woody Allen

6. 주파수가 상승하면 시간도 다르게 경험된다.

우리는 어디서나 이런 말을 듣는다. "이번 달은 어디로 갔지? 이번 주는 어떻게 지나간 거야? 벌써 금요일이네!" 나 역시 지금은 '한 달'이라는 개념조차 흐릿하게 느낀다. 정말 시간이란 게 흐르는 걸까? 마치 나는 컨베이어 벨트 위에 가만히 서 있고, 인생이라는 영화가 나를 지나쳐가듯 말이다. 어린 시절에는 한 달이 엄청나게 길게 느껴졌지만 이제는 한순간에 휙 지나간다. 올해는 크리스마스 장식조차 꺼내고 싶지 않았다. '정리해둔 게 엊그제였는데!'

주파수의 상승은 당신의 인식을 가속화하고, 또한 생각이 물질화되는 시간을 가속화한다. 시간이 점점 더 단축된다. 생각하고, 원하고, 말하고, 느끼면, 순식간에 현실이 된다! 예를 들어보자. '마음 편히 어울릴 친구들이 있었으면 좋겠어.' 그리고 이틀 뒤, 이웃이 태국 음식점에서 점심을 함께 먹자고 초대한다.

    이제 우리는 광대하고 포괄적인 '지금 여기'에 더 깊이 집중한다. 우리가 생각하고, 느끼고, 알고, 필요로 하는 모든 것은 오직 여기에 있다. 우리는 모든 현실과 모든 시간의 줄기가 이 거대한 '순간' 속에 공존하고 있음을 이해한다. 단지 서로 주파수가 다를 뿐, 이미 여기에 모든 것이 있다. 그중 당신이 주의를 기울이는 것은 현실이 된다. 온전하고 지속적인 주의를 보내면, 생각이 즉각 물질화된다. 더 이상 느리고 단선적인 과정을 거쳐 결과가 나오기를 기다릴 필요가 없다. 또한 당신은 다중의 시간 줄기를 인식하고 다른 줄기로 건너뛰어 삶의 흐름을 개선할 수도 있다. 의도적으로 다른 선택을 하거나, 동시성의 조화에 내맡기거나, 서로의 성장을 도와줄 특정 존재를 만나길 바람으로써 말이다.

    과거의 어떤 순간에 주파수를 맞추고, 그것을 지금 일어나는 일이라고 상상해보라. 그 속으로 흠뻑 빠져들라. 그러면 그것은 실제로 지금 여기의 일이 된다. 마찬가지로 미래의 어떤 장면을 한 치의 의심도 없이 상상하면, 그것은 순종하듯이 생생히 여기에 나타난다. 높은 주파수는 물질화와 비물질화 모두를 가속화하고, 순간이동과 시간여행의 문까지 열어젖힌다. 당신은 고주파 영혼의 안내에 따라 상상과 주의를 사용함으로써 물질계와 비물질계의 현실들을 오간다. 머지않아 우리는 즉각적인 학습, 기억, 치유, 삶의 전환을 경험하게 될 것이다.

> 현재에 온전히 존재하는 사람들이 모이면
> 강력한 집단 에너지장이 만들어진다.
> 이 에너지장은 각 개인의 존재 상태를 더욱 강화할 뿐만 아니라,
> 인류의 집단의식을 마음의 주도권(mind dominance)으로부터
> 해방하는 데도 기여한다.
> ― 에크하르트 톨레

7. 당신은 자신과 비슷한 고주파의 존재들과 동류^{同類} 모임을 만들게 된다.

나는 우리가 근원 주파수의 삶 ― 영혼과 개체성이 하나된 존재 상태 ― 을 선택하는 법을 '기억해내는' 훈련을 하고 있다고 생각한다. 우리는 더 높은 주파수에 적응해가고, 높은 의식의 영향력과 그 새로운 원리들에 자신을 조율한다. 우리는 우리의 감각과 활동의 새로운 기준을 세운다. 우리는 우리 삶을 관통하는 고주파 의식과 에너지의 흐름을 가로막는 모든 것을 내면에서 정화해간다.

이처럼 사람들이 동시에 자기 자신을 정화하고 있기에, 우

리는 더 높은 가치와 윤리와 존중심, 인류와 지구를 돕는 아이디어에 접근할 능력을 함께 나누기 시작한다. 우리는 비슷한 생각을 하는 사람들과 함께 일하고 싶어진다. 낮은 주파수의 일은 우리의 발목을 잡고 즉각적 진보를 가로막는다. 게다가 무엇보다도, 에고로부터 벗어나 마음이 열린 사람들과 협력하는 편이 훨씬 더 즐겁다. 우리는 일이 놀이가 되기를, 기쁨이 보람이 되기를 원한다.

높은 주파수의 에너지-의식 상태에서 당신은 자연스럽게 같은 주파수를 가진 이들과 연결된다. 당신은 그들과 의식, 비전, 목적의식을 공유하고, 이런 연결은 공간을 초월하고 에너지의 통합장을 가로지른다. 주파수가 맞는 '영혼 집단'의 구성원들을 저절로 만나게 된다. 그들이 그냥 당신에게 나타나거나 그 반대의 방식으로 말이다. 동시성의 조화! 주파수가 우리를 영적 기반의 공동체로 모이게 해준다. (고유성을 유지한 개체들이 모여 더 큰 전체를 이룬다.) 우리는 이런 식으로 일을 하고, 삶의 동반자를 찾고, 동류의 아이들을 만난다. 앞으로 가족은 과거처럼 카르마로 얽힌 관계가 아니라, 더 높은 가르침을 세상으로 옮겨 펼쳐내는 '번역가 집단'으로서 기능할 것이다. 가족 구성원들은 영적 성장의 측면에서 서로 동등하고 보완적인 관계를 맺을 것이다.

주파수를 매개로 모이는 사람들은 서로 지지할 줄 알고 비숫한 세계관을 공유한다. 그들은 세상을 위한 특정 분야의 일에 공통의 관심을 갖고 있음을 발견하고, 각자가 퍼즐 조각이 되어 서로 완벽하게 맞아떨어진다. 그것이 교육이든, 치유든, 혁신이든, 소통이든, 외교든, 평화의 확산이든 말이다. 조율된 사람들 간의 협동은 당신이 스스로 좋아하는 일을 뛰어나게 해낼 수 있도록 도울 뿐 아니라 그들 모두의 집단적 지혜에 접근할 수 있게 해준다. 이 집단의 마음과 가슴에 조율되어 당신은 더 많은 것을 알게 되지만, 그렇다고 당신 자신을 잃거나 다른 사람들에게 압도당하는 느낌을 받지는 않는다. 오히려 그것은 개인의 관점과 집단의 관점을 자유롭게 넘나드는 즐거운 경험이다.

이런 동류 모임(The Convening)은 사업과 마케팅의 방식을 완전히 변화시킬 것이다. 우리가 스스로 정체성을 내려놓고 자기 홍보를 하지 않는다면, 사람들은 그런 우리를 어떻게 찾아낼까? 우리는 에너지와 의식을 원하는 방향으로 집중시키는 법을 배우고 있고, 에너지장이 그 일을 크게 도울 것이다! 우리는 창의성, 서비스, 품질 등에 초점을 맞춘 사랑의 빛을 방사하고 고도화된 텔레파시를 사용함으로써 고객들을 자연스럽게 끌어들이게 된다. 끼리끼리 모이는 법이다. 우리가 돈의 흐름을 사랑하고, 감사와 나눔을 실천할수록, 돈과 자원이 더 쉽고 편하게 우리에게 흘러들어온다. 사업체는 점점 더 깨어 있는 영혼 집단으로 진화해가고, 에고는 옛것이 되어 뒤로 물러날 것이다.

비록 당신이 혼자 지내는 것을 선호할지라도, 깨어 있는 공동체에 속하는 일은 우리의 진화에 중요한 요소가 될 것이다. 이미 사람들은 자신의 주파수에 맞는 장소로 자연스럽게 끌려가고 있으며, 그곳에서 비슷한 이들과 함께 '집에 온 듯한' 편안함과 안정감을 얻고 있다. 앞으로 일부 공동체와 도시들은 더욱 특화된 성격을 띠게 될 것이다. 예술가와 혁신가, 농부와 환경론자, 과학자와 기술자가 점점 더 큰 규모로 모여 서로 통찰을 나누고 영감을 주고받을 것이다. 이런 공동체들은 지금의 '자매 도시들'(sister cities)처럼 서로 연결되고, 농산물 직판장에 온갖 사람들이 모였다 흩어지듯 교류할 것이다. 고주파의 물물 교환이 이뤄질 것이다.

> 글쓰기란 무엇인가? 글쓰기는 텔레파시다.
> ― 스티븐 킹Stephen King

8. 고주파의 에너지-의식과 함께, 당신은 초자연적 기법들을 발달시킨다.

지구의 더 높은 주파수에 적응하면서, 당신은 직관이 얼마나 효율적이고 효과적인 것인지를 깨닫게 된다. 당신은 직관을 신뢰하고, 발전시키고, 일상에 적용하고, 선택을 하거나 문제를 해결할 때 몸이 보내는 진실 또는 불안의 신호에 세심히 귀 기울인다. 이제는 직관이 창의성, 문제 해결, 치유의 기본 도구가 된다. 직관이 제2의 천성이 되면서 다음과 같은 능력들이 자연스럽게 활성화되기 시작한다. 예지, 전생 회상, 원격 투시, 사물의 에너지 읽기(psychometry), 염력, 형태 변환(shape-shifting), 동시에 두 곳에 존재하기(bilocation), 심령 치료술 등등.

당신은 잠자리에서 더 많은 꿈을 꾸며 가르침과 인도를 받게 될 수도 있다. 당신은 꿈이 상징적일 수도, 직설적일 수도 있는 메시지임을 알고 영혼-자아(soul-self)로부터 그것을 진지하게 받아들인다. 낮 동안 멍해지거나 공상에 빠질 때도 자신이 더 높은 차원의 정보를 받고 있음을 인식한다. 때로는 현실에서 겪는 경험조차 너무나 상징적이어서, 마치 그것을 꿈처럼 해석해야 한다는 생각이 들기도 한다. 당신은 꿈 작업에 익숙해진다. 꿈을 의도적으로 사용하여 해답과 안내를 얻고, 어딘가로 메시지를 보내고, 온라인 화상 회의보다 더 빠르게 누군가를 직접 만나기까지 한다.

당신의 주파수가 상승함에 따라 오랫동안 잠들어 있던 재능이 깨어난다. 뛰어난 요리사가 될 수도 있고, 새로운 방식의 배터리를 개발할 수도 있고, 소리로 사람들을 치유할 수도 있고, 인류의 고대사 또는 지구의 미래를 선명히 보게 될 수도 있다. 당신은 우주의 법칙이 어떻게 작동하는지 알게 된다. 자신의 모든 전생과 그 교훈들을 기억해내고, 더 나아가 다른 행성에서 경험했던 일까지 떠올릴 수도 있다!

당신은 동시성을 더욱 분명히 알아차리게 된다. 생각한 것이 짧은 시간 내에 현실에서 일어날 때, 당신은 자신의 상상과 주의와 에너지 진동이 얼마나 강력한지, 모든 사람과 사물이 얼마나 깊이 연결되어 있는지를 인식한다. 무언가에 주의를 두면 그것이 현실이 되고, 주의를 거두면 그것은 사라진다. 주파수가 계속 상승하고 시간이 더 빠르게 흐름으로써, 동시성을 넘어 즉각적 물질화와 비물질화가 가능해질지도 모른다. 사물의 존재 목적에 대한 이해가 확장되고, 물리적 형태들의 많은 변화가 있을 것이다.

> 자연은 거대한 상징체계이다.
> 모든 물질 요소 안에는 영적 진리가 감추어져 있다.
>
> — 에드윈 파월 허블 Edwin Powell Hubble

당신은 일상 속에서 징조와 예언을 발견하기 시작한다. 반복되는 숫자가 눈에 띄거나 새, 잠자리, 동물들이 특정한 메시지를 전달하는 듯이 느껴진다. 삶이 당신에게 말을 걸고 있다! 당신은 물질계와 비물질계가 본래 하나의 현실이며, 주파수의 관점에서 모든 것은 의식을 지니고 있음을 기억해낸다. 집단의식은 모든 조력자를 동원해 메시지를 전달한다. 당신은 까마귀의 언어를 이해하지 못하지만, 나비가 가져다주는 '현존'이라는 선물을 느끼지 못하지만, 당신의 몸은 그것이 경고인지 축복인지를 바로 안다. 당신의 비물질적 영혼-자아와 모든 비물질 친구들은 각각의 행동 경로가 어떤 결과를 가져올지, 언제가 적절한 때인지, 무엇에 주목해야 할지, 무엇을 기억해내야 할지, 균형과 효율을 위해 다른 주파수로 이동해야 할지 말지를 알고 당신을 안내한다. 메시지는 정해진 길로만 오지 않는다!

당신은 친구들과 더 자주 공명하고 누군가에게 대화나 치유가 필요하다는 사실을 즉각 알아차린다. 당신은 텔레파시를 도구로 쓴다! 서로를 지지하는 영적 집단의 에너지장이 지금 필요한 것을 적절히 알려준다. 더 투명한 존재가 되도록 도와줄 통찰이나 꿈을 몇몇에게 건네는 식으로 말이다. 그러므로 나의 경험을 나누는 것이 우리 모두의 삶을 풍요롭게 한다.

텔레파시는 어디까지 확장될까? 언젠가는 휴대전화가 필요 없는 세상이 올지도 모른다. 우리는 종종 말한다. "좋은 에너지, 축복, 사랑, 치유를 네게 보낼게." 하지만 이런 것조차 낡고 단선적인 사고방식이자 에너지 패턴이다. 이제 우리는 '저기'(over there)라는 곳이 달리 없음을, 우리 내면에는 이동해 갈 시간과 공간이 애초에 없음을 기억해내고 있다. 당신은 에너지를 '보내는' 대신, 자신의 내면을 강력한 에너지 또는 완전한 치유 상태로 가득 — 다른 생각들이 설 자리가 없을 정도로 — 채운다. 그리고 당신의 에너지장을 확장하여 상대방의 에너지장을 완전히 감싸 안은 다음에, 빛의 '스위치'를 켜서 그 주파수가 가장 작은 요소들까지 흠뻑 적시게 한다.

당신의 주의력은 매우 맑고 투명하므로 힘을 빼고 즉각적인 소통을 하는 데 아무런 장애가 없다. 이제 우리는 '변화시키거나 구원하려는' 의도의 압박감에서 해방되고, 자신이 창조한 경험을 그저 진동을 통해 에너지장 전체를 퍼뜨린다. 이렇게 우리는 단 한 명뿐 아니라 100만 명과도 연결될 수 있고 숲, 강과 바다, 새 떼, 돌고래 무리와도 공명할 수 있다.

나는 이것을 '운동감각적 텔레파시'(kinesthetic telepathy)라고 부르고 싶다. 이제 우리는 존재의 총체적 감각을 서로 공유한다. 아이디어, 방법과 원리, 필요한 감정 상태와 그것을 돕는 많은 존재들, 결과물, 이후의 상황까지 그 모든 통찰이 약간의 걸림조차 없이 통으로 전달된다. 이런 방식으로 우리는 직접 만나본 적 없는 전 세계의 수많은 사람을 치유하는 작업에 참여할 수 있다.

못해도 모든 존재의 에너지장에 강력한 씨앗 하나는 심게 된다. 전 세계의 '우리' 나무들 속에, '우리' 반려동물들 속에, '우리' 조상들 속에, '우리' 강과 바다 속에 말이다. 이 고주파의 씨앗 또는 작은 빛 알갱이는 무의식적인 주의를 끌어당기며 점차 확장되어간다. 그것은 부드럽지만 확실하게, 낮은 주파수의 에너지장을 변화시켜 더 높은 주파수로 변성시키는 역할을 한다. 당신은 지휘하고, 에너지와 주의가 실무를 맡는다.

몸은 당신의 현존 안에서 타오르는 빛을 드러내기 위해 존재한다.
— 루미Rumi

9. 주파수가 상승할수록 당신은 비물질적 존재들을 느끼고, 듣고, 보고, 그들과 소통하게 된다. 사람, 상황, 시간의 줄기, 잠재성의 이면을 깊이 이해하게 된다.

굳은 신념을 놓아버릴수록, 당신은 더욱 투명해지고 다른 이들도 같은 경험을 하게 된다. 여기서 '투명성'은 유리나 맑은 공기처럼 완전히 비쳐 보이는 상태가 아니라 영혼의 흐름을 막고 덩어리지게 하는 에너지 수축이 사라진 상태를 의미한다. 이제는 누군가의 실수나 결점이 그의 본질이 아님을 잘 알기에, 자신을 열고 드러내는 일이 더 자연스럽고 편안해진다. 우리는 서로의 참된 영적 본성, 재능, 소명을 들여다본다. 더 이상 숨기고, 속이고, 조종하고, 통제할 필요가 없다. 부정적 태도는 오해의 산물일 뿐이다. 이제 당신은 인식의 오류를 발견하고, 수정하고, 용서할 수 있다.

이처럼 활짝 열린 상태에서 당신은 자연스레 신비가, 심령가의 역할로 이끌린다. 당신은 신성과의 연결을 강화하고 세상을 떠난 친구, 가족, 반려동물의 현존을 더 높은 주파수에서 감지한다. 그들은 사라지지도, 죽지도 않았다. 비물질적 삶 속에 있을 뿐이다. 당신이 그들을 생각하면 그들도 당신을 생각한다. 당신은 계속 그들과 대화하고, 서로 도우며 사랑을 주고받는다.

당신의 주파수가 매우 높은 수준에 도달하면, 스스로는 평범하다 느끼는 당신을 낮은 주파수에 머무는 사람들은 달리 인식할 수 있다. 고주파로 인해 당신을 더 '아름다운' 존재로, 마치 피부에서 빛이 나는 듯 '환한' 존재로 바라보게 될 수도 있다. 그게 사실이기 때문이다! 우리는 현재의 비교적 낮은 주파수 상태에서도 매일 최대 100와트 수준의 광자를 방출하고 있다. 당신의 몸 속에서 '빛 입자'(light particles)의 비중은 점점 커지고 있다. 각각의 세포들은 초소형 화이트홀처럼 빛의 통로 역할을 한다. 심지어 몸속의 체액조차 더 높은 주파수를 띤 액체 수정(liquid crystal)처럼 변해간다. 머지않아 당신은 '빛의 몸'(light body)으로 살아가게 될지도 모른다!

주파수 상승이 우리를 더 이상 카르마를 '해결할' 필요조차 없는 수준으로 이끌고 있다. 근원적 통찰이 일어나고 카르마가 사라진다. 이제 우리는 그것이 '바른 행동'을 기억해내도록 돕는, 단지 초등학교 3~4학년 수준의 학습 도구에 불과했음을 알아차린다. 우리는 더 이상 공감력과 민감성이 자신을 괴롭게, 약하게 만든다고 믿지 않는다. 오히려 이런 '느낌-앎'의 기술이 강력한 도구가 된다. 우리는 더 이상 타인을 고통에서 '구해줘야' 한다는 의무감에 얽매이지 않는다. 우리는 그들의 영혼을 신뢰하고, 그들이 선택한 길을 지지한다. 우리는 그들을 전 지구적 사랑과 에너지의 장 ― 물론 그들 영혼의 사랑까지도 포함된 ― 안에서 바라본다. 우리는 그들이 다음 단계를 잘 찾아갈 수 있도록 돕는다.

가장 중요한 점은, 마침내 우리가 이분법적 사고를 내려놓게 된다는 사실이다. 양극단이 서로의 입장이 되어보며 수용, 균형, 조화의 상태로 나아간다. 두려움과 저항이 사라지고, 순수한 현존 속에서 휴식한다. 이제 우리는 평등과 존중을 경험한다. 그리고 양편 모두에게, 중심점에서 하나로 통합되는 느낌이 찾아온다. 우리는 고유한 정체성을 간직한 채로 일체감과 안정감을 경험한다. 이쪽도 저쪽도 결국 우리 자신이다! 뒤이어 곧바로, 사랑이 재탄생하고 감사와 베풂의 강렬한 경험이 자연스레 번져간다. 개인적인 동시에 초월적인 자유로움과 확장감이 찾아든다. 이 지구와 우리 자신에게 이보다 더 중요한 일이 무엇이겠는가.

이제 많은 사람들이 별세계의 존재들, 즉 머나먼 다른 은하의 항성계에서 온 존재들이 수백만 년간 우리와 함께하며 우리를 돕고 있다는 의심 또는 확신을 갖고 있다. 우리가 먼저 있었을까, 그들이 먼저 있었을까. 어쩌면 동족인 건 아닐까. 인류에게 여러 인종이 있듯이 그들의 모습도 다양하다. 일부는 육체를 갖고 있고, 일부는 빛과 에너지의 형태로 이동하고, 일부는 초고주파의 거대 공동체로서 집단적 텔레파시와 상징적 정보체계 — 예컨대 기하학적 크롭 서클 같은 문양 — 로 소통하는 듯하다. 더 높은 주파수의 의식 상태에 도달할 때, 우리는 그들이 인류와 지구가 두려움, 잔혹성, 전쟁을 넘어 진화하기를 기다리고 있으며 우리의 자유의지를 존중하므로 개입하지 않는 원칙을 따르고 있음을 이해하게 될 것이다. 인류가 정말로 지구를 파괴할 위기에 다다르지만 않는다면 말이다.

> 우리가 이 세상, 이 우주라고 부르는 것은
> 무수히 많은 주파수 대역 중에 하나만을 가리킨다.
> 내가 이야기하는 초차원적(interdimensional) 존재들은

> 이러한 주파수들, 차원들을 유유히 오간다.
>
> ― 데이비드 아이크^{David Icke}

황당한 말로 들릴지도 모르지만, 나는 내가 이 선한 존재들과 20대 초반부터 꿈속에서 함께해왔다고 ― 적어도 내 기억에 특별한 꿈들이 시작된 시점은 그렇다 ― 점점 더 굳게 확신하고 있다. 인류가 우리의 진화를 도와왔던 그들의 역할을 받아들이고, 우리가 지구의 유일한 소유자나 지배자가 아니며 이 우주에 홀로 존재하지 않는다는 사실을 인정할 때, 거대한 도약 이상의 무언가가 벌어질 것이다. 우리는 다른 차원으로 변성해갈 것이다. 여전히 그대로 우리 자신일 테지만, 훨씬 더 참된 우리 자신이 될 것이다. 우리는 우리의 근원, 곧 다양한 의식-영혼들의 거대 가족공동체이자 지고한 의식의 통일장을 발견하게 될 것이다.

이것이 바로 주파수의 상승이 당신을 이끄는 방향이다. 이 길에서 당신은 직관의 경이로운 힘을 이해하고 사용하여 치유하고, 창조하고, 진화하고, 다른 사람들을 돕는다. 직관을 통해서, 당신은 적절한 안내와 혁신적 비전을 향해 가는 '지름길'의 주파수에 도달한다. 이제 모든 과정이 더 직접적이고 즉각적으로 이루어진다. 당신은 우왕좌왕하지 않고 현실을 물질화 또는 비물질화할 수 있다. 새로운 인식이 당신을 낡고 느린 인과적 방식 너머로 훌쩍 도약시킨다는 사실이 명확해진다.

이제 당신의 몸 전체가 의식을 갖고 깨어나 뇌의 다차원적 확장체로서 기능한다. 이 과정에서 당신은 영적 진리, 우주의 진리에 부합하지 않는 모든 것을 인식하고 바로잡는다. 주파수의 상승이 당신으로 하여금 삶의 목적, 치유, 건강 유지에 전념하게 한다. 또한 장엄하고 광대한 다차원의 우주와 무한한 가능성을 인식하도록 돕는다. 더 이상 두려움 속에서 태어나고 죽을 필요가 없다. 트라우마와 충격으로 애먹을 필요도 없다. 언젠가는 다른 차원으로 가기 위해 탄생과 죽음이라는 과정을 겪을 필요조차 없게 될지도 모른다.

나는 설레는데 당신은 어떤가! 물론 이런 과학소설 같은 순간이 아직 도래하진 않았지만, 우리는 두려움의 크고 작은 영향력을 우리의 생각과 행동에서 제거하는 법을 배워나가고 있다. 많은 사람들이 두려움을 획 통과해 충분히 실현 가능한 이상 세계로 다가가고 있다.

당신이 이 세상에서 하는 일, 당신의 태도와 내면의 안정, 지구와 인류에 대한 당신의 기여는 당신의 짐작보다 훨씬 더 중요하다. 물질적 관점에서는 지금 당신의 기여가 연못에 모래알을 — 바위가 아니라 — 던지는 것처럼 보일 수도 있다.

하지만 에너지-의식의 관점에서는 바위보다 그 모래알의 힘이 더 세다. 더 멀리, 더 크게 퍼져나가기 때문이다. 상호 연결된 주파수를 활용한 의식적 창조, 눈에 보이지 않는 것들의 영향력을 이해하는 태도가 중요하다.

부정적인 생각과 감정이 미치는 영향을 줄이고, 신뢰-사랑-통합의 의식과 한없이 유동적인 에너지 흐름을 임계치 이상으로 함께 키워가자. 그것이야말로 우리가 지금 이 지구에 존재하는 이유가 아니겠는가.

> 우주를 가득 채우는 것은 내 몸이요
> 우주를 이끄는 것은 나의 본성이니
> 모든 사람이 나의 형제자매이며
> 모든 존재가 나의 동반자이다.
>
> — 장재張載

새로운 질서가 주는 안정감을 받아들이라

지금의 당신은 작년보다 더 빠르게, 지난달보다 더 빠르게, 지난주보다 더 빠르게, 어제보다 더 빠르게, 그리고 단 5분 전보다도 더 빠르게 진동하고 있다. 당신은 더욱, 더욱, 더욱 진정한 자신인 영적 존재가 되어가고 있다! 그리고 기억해낸다. 비물질적 삶의 본성인 사랑과 조화, 무한한 지혜와의 완전한 합일을. 당신은 창조자이다! 이제 더 이상 이 진실을 기억하지 않거나, 느끼지 않거나, 깊이 아는 것을 피하기가 불가능해지고 있다. 만약 저항하거나 회피하려 한다면 '고통'이라고 불리는 혼란스러운 진동을 경험하게 될 것이다. 하지만 주파수의 상승을 받아들인다면, 그것이 점진적이든 급격하든 부드럽든 빠르든 상관없이, 당신은 기쁨의 새가 되어 흐르는 강물, 떠다니는 구름, 영그는 도토리, 꽃가루로 가득 찬 꽃잎과 함께 노닐 것이다. 당신은 빛에 의해 들어 올려지고 있다.

지금 당신 곁에 있는 것을 사랑하라. 그것이 어떻게 당신에게 다가왔는지, 어떻게 당신 곁에 머무르는지, 당신이 주의 깊게 바라볼 때 얼마나 밝고 기쁘게 빛나는지를 경이롭게 바라보라. 당신 삶의 만물 속으로 들어가보라. 그것의 눈으로 바라보고, 당신이 그것을 택했듯 그것도 당신을 택했음을 알라. 당신처럼 그것도 사랑이란 재료로, 사랑의 손길에 의해 만들어졌다. 그것에 감사하라. 모든 존재와 사물은 서로를 위해 존재한다. 나는 '나'인 동시에 '우리'이다. 과거의 편견이 무엇이라 주장하든, 진심 어린 존중과 감사의 태도를 실천하라. 그러면 당신은 확장될 것이다. 당신의 가슴이 태양처럼 빛나기 시작할 것이다. 이제 당신의 주파수는 모든 경험과 형상을 가로질러 춤추듯 흘러간다. 장벽도 간극도 없이, 당신은 자유롭게 흐른다!

이제 당신은 자신이 사랑하고 필요로 하는 것을 가장 우아한 방식으로 물질화할 수 있다. 당신은 그것을 원하고, 시각화하고, 그간 연습해온 물질화 과정을 모두 실행한다. 그리고 뜻밖에도, 당신은 그 비전을 통해 얻고자 했던 감각을 자기 내면에서 경험한다. 놀랍게도, 당신은 이미 스스로 충족되었다고 느낀다. 그리고 눈 깜짝할 새에, 난데없이, 당신이 원했던 것이 더 완벽한 형태로 현실에서 이루어진다. 왜냐하면 '우리'는 우리 일부인 당신이 무얼 원하는지 잘 알므로, 그것은 '우리'의 바람이기도 하기 때문이다. 당신은 웃음을 띠며 그것을 받고, '우리'는 미소를 띠며 그것을 건넨다. 이것이 '우리'의 놀이이다!

당신은 오랫동안 진심으로 두려움을 정화하고 상처를 치유하기 위해 노력해왔다. 당신은 심리적 구조와 카르마의 작용을 넘치도록 공부해왔다. 그러나 이제 당신의 주파수는 전례 없는 수준으로 도약하여 넓게 펼쳐진 시야를 얻는다. 그리고 과거의 이야기를 반복하는 것이 지루할 뿐이라는 사실을 깨닫는다. 더 이상 고통 속에 머물 이유도, 결핍을 참아낼 이유도 없다. 신비롭게도 그런 자극제들은 이미 사라지고 없다! 카르마가 없어졌으니 정화 과정이 필요치 않다. 당신은 자신의 '사랑-의식'의 빛 속에서 이제 점진적인 변화가 필요하지 않음을 깨닫는다. 당신은 매 순간 균형을 잡고 감사, 베풂, 일체성의 깊은 안락함 속으로 돌아간다. 도마뱀이 꼬리를 재생하듯, 당신은 필요한 것들을 회복해 간다.

우리가 성장의 흐름을 따라 나아갈 때, 몇몇 창조물은 에너지, 의식, 영성의 거대한 장 속으로 되돌아가 휴식하며 모두에게 자유를 선사할 것이다. 그것들은 사랑으로써 자기 목적을 다했으므로 아무런 상실감도, 상처도, 슬픔도 남기지 않는다. 떠나가는 것들을 축복하라. 그것들은 더 많은 성장과 기쁨의 공간을 마련해준다. 머지않아 당신은 더 이상 치유가 필요하지 않게 될 것이다. 당신의 의식이 충분히 높은 주파수에 도달하여 모든 불균형을 본래의 조화로 되돌릴 것이기 때문이다. 치유는 결함이 기본값이라는 믿음을 전제로 한다. 낡은 믿음의 껍데기와 고통의 층이 벗겨지고, 당신은 그것들을 전혀 아쉬워하지 않을 것이다. 투명함이 당신의 에너지장을 다이아몬드와 황금의 빛으로 가득 채울 때, 우리는 당신 앞에 나타날 것이다. 그 순간 당신은 자신이 언제나 영원 속에 머물고 있었음을 깨달을 것이다.

감사의 글

이 책을 쓰는 데 특별한 도움을 주신 몇몇 분들이 있다. 론 맥대니얼은 '근원 주파수'를 포함한 중요 개념들을 제공해줌으로써, 내가 새로운 통찰과 지식을 향해 일관되게 나아가는 데 극적이고 직접적인 도움을 주었다. 또한 이 원고에 대한 명쾌한 의견과, 라이너 마리아 릴케의 작품을 참신하고 아름답게 옮긴 그의 번역 글에도 감사를 표한다. 그와 마찬가지로, 공들여 초고를 읽고 훌륭한 통찰을 전해준 여러 분들이 있다. 대럴 룬달, 캐머런 호건, 팸 크레이머, 헨리 스마일리, 앤 루이스, 비브라 오리, 앤서니 라이트, 짐 화이트, 조앤 찰스에게 깊은 감사를 전한다. 그리고 내 말을 늘 확신하지는 못했음에도 흥미를 보여주고, 현실성을 점검해주고, 성심성의껏 지원해준 어머니 스킵 에비와 자매 파울라 피어스에게도 깊이 감사한다. 정확한 정보를 제공해준 먼로 연구소의 크리스 렌츠와 카렌 말릭도 빼놓을 수 없다.

신시아 블랙, 그리고 비욘드 워즈 출판사(Beyond Words Publishing)의 팀원들과 함께한 작업은 즐거운 경험이었다. 나는 오래전《직관의 길》을 낼 때 함께했던 그들과 다시 일할 수 있어 행복했다. 그들은 솜씨가 좋고 온화하며, 특히 신시아는 내가 이 새로운 분야에 자리를 잡는 데 든든한 지원군이 되어주었다. 마리 힉스는 이 기획을 함께 진행하면서 빈틈없는 도움과 활력을 주었고, 줄리 스타이거월츠는 그 누구보다 재능 있고 지적이며 이해심 많은 편집자였다. 린지 브라운, 새라 블럼, 데본 스미스, 빌 브런슨도 마찬가지다.

마지막으로, 시간을 내서 멋진 추천사를 써준 마이클 버나드 벡윗에게 고마움을 전한다.

부록 1

실습과제 모음

1 변성 과정

실습과제 - 당신은 이 과정의 어느 단계에 있는가?

변성 과정의 각 단계를 다시 읽어보고 다음 사항들을 기록해보라.

- 당신은 이들 가운데 어떤 증후를 경험해보았는가?
- 당신은 이 과정의 각 단계에서 어떻게 저항하거나 순응했는가? 그때 어떤 종류의 반작용이 뒤따랐는가?
- 당신은 각 단계의 흐름에 어떻게 내맡기거나 협력했는가? 그때 어떤 이익을 경험했는가?
- 지금 당신은 이 과정의 어디쯤에 도달해 있는가?
- 자신이 스스로 다음 단계로의 이동을 가로막고 있다고 느꼈다면, 그 이유는 무엇인가?
- 당신의 주변 사람들은 각자의 변성 과정 속에서 어디쯤에 도달해 있는가? 그것을 안다면, 그들을 더 잘 이해하고 배려하는 데 어떤 도움이 되겠는가?
- 변성 과정의 다양한 단계들은 사회적으로, 또는 전 세계적으로 어떤 사건들을 일으키고 있는가?

2 진동하는 삶

실습과제 - 몸의 진동들을 통과해가는 여행

1. 편안히 앉으라. 손바닥을 넓적다리 위에 올리고, 머리를 바로 세우고, 숨을 고르게 쉬라. 지금 이 순간에 주의를 기울이고, 당신의 피부 속으로 들어가 보라. 무엇이 느껴지는가? 무엇이 움직이고 있는가? 아마도 어떤 팽팽함, 떨림, 출렁임, 분주함, 또는 왕성함이 느껴질 것이다. 몸의 생명력과 함께 머물라. 그것은 생존이라는 제 업무를 잘 수행하고 있다. 당신의 몸과 생명이 얼마나 고마운 것인지를 느껴보라.

2. 이제 호흡의 순환을 알아차리라. 맑은 공기를 폐 안으로 가지고 오는 들숨, 방향을 바꿔 천천히 노폐물들을 몸 밖으로 가지고 가는 날숨, 그 흐름을 멈추지 말고 따라가라. 날숨의 끝에서는 그것이 방향을 바꿔 다시 안으로 흐르도록 내버려두라. 그 파동의 움직임과 함께 머물고, 그 흐름과 하나가 되고, 그것이 저절로 일어나도록 놓아두라.

3. 다음으로, 당신의 심장박동과 온몸의 곳곳에 분포하는 맥박에 주의를 집중하라. 그 진동은 당신의 호흡보다 조금 더 빠를 것이다. 심장박동 속으로 녹아들고, 심장이 수축과 이완을 반복하는 것을 느껴보라.

4. 이번에는 신경계의 전기적 신호를 느껴보라. 이것은 당신의 심장박동보다도 진동이 빠르고 주파수가 높다. 당신의 몸을 훑어가면서 찌릿찌릿한 부위들을 모두 감지해보라.

5. 더 깊이 들어가면서, 몸속의 신경전달물질과 생화학적 작용 ―

세포 속으로 침투하거나 빠져나오는 중요한 화학성분과 영양소들 — 의 진동을 느낄 수 있는지 살펴보라.

6. 이제, 당신의 몸속 어딘가에 있는 세포 덩어리의 진동에 초점을 맞춰보라. 현미경으로 그것을 보고 있다고 상상하라. 당신은 그것의 미세한 진동, 그 떨림을 느낄 수 있는가? 하나의 세포 속으로 들어가 보라.

7. 계속 내려가라. 그리고 당신 자신이 그 세포를 형성하고 있는 하나의 분자 속으로 빠져들도록 하라. 여기서 당신은 극도로 정제된 진동 — 예컨대 세포를 형성하고 있는 수소나 탄소와 같은 기본 요소들 중 하나의 진동 — 속으로 빠져들게 될 것이다.

8. 다음으로, 분자를 거쳐 하나의 원자 속으로 떨어져 내려가서 그 안에 담긴 놀라운 생명력을 느껴보라. 당신은 대단히 높은 주파수(빠른 진동)에 도달하고 있다.

9. 마지막으로 그 원자 속의 미소微小한 파동자들 중의 하나, 즉 하나의 양자 속으로 빠져들어가라. 당신의 여행이 그 마지막 입자에까지 이르렀다면, 그것이 신비하게도 펼쳐지거나 흩어지면서 에너지와 의식의 파동으로 변성되는 것을 느껴보라. 당신 자신이 시공간으로부터 해방되는 느낌을 관찰해보라.

10. 이제 당신은 어떤 동요도 없는 대단히 고요한 곳에서 출렁이고 있다. 당신은 퍼져나가 모든 곳에 존재한다. 모든 것이 가능하다. 모든 것을 알 수 있고, 모든 것이 알려져 있다. 당신이 할 수 있는 것은 '존재하는' 것뿐이다. 당신은 그저 '존재하면서', 당신에게 필요한 모든 새로운 안내와 가르침과 에너지적 청사진을 흡수한다. 당신은 더욱 충만하고 거대해진다. 그리고 새로운 양

자로서, 시공간 속의 새로운 입자로서 현실 속으로 다시 튀어나온다.

11. 빠르고 높은 주파수로부터 느리고 낮은 주파수를 향해 진동들을 거슬러 내려오는 여행을 시작하라. 원자, 분자, 세포, 생화학적 리듬, 신경계, 심장박동, 호흡…. 당신은 돌아왔다! 새로운 생명력, 새로운 사명감과 함께 당신은 다시 젊어졌다.

실습과제 - 숫자의 진동 영역들

1. 편안히 앉아서 손바닥을 허벅지 위에 놓고, 머리를 반듯이 세우고, 숨을 고르게 쉬어라. 지금 이 순간 속으로, 그리고 당신의 몸 속으로 주의를 집중하라.
2. 자신이 유리로 된 승강기 안에 있다고 상상하라. 승강기는 지면에 정지해 있고, 문밖의 벽에는 '1'이라는 숫자가 큼지막하게 붙어 있다. 1층은 당신의 일상적이고 평범한 현실이다.
3. 이 승강기는 1층부터 9층까지 올라갈 수 있다. 당신은 여러 단계들을 오르내리다가 경험해보고 싶은 한 층에서 내리게 될 것이다.
4. 눈을 감고, 아주 천천히 마음속으로 숫자를 센다. 아주 조금이라도 당신을 끌어당기는 숫자가 있는지를 관찰해본다. 1 — 2 — 3 — 4 — 5 — 6 — 7 — 8 — 9. 다시 내려가며 9 — 8 — 7 — 6 — 5 — 4 — 3 — 2 — 1. 이번에는 또다시 올라가본다. 숫자들을 통과해가는 동안 색다른 진동이 느껴지는지를 살펴보라. 결국 당신은 직관적으로 어떤 한 숫자에 이끌리게 될 것이다. 승강기는 그 숫자에서 멈출 것이다. 승강기 문이 열리면, 발걸음을 밖으로 옮기라.
5. 거기에는 당신이 고른 숫자와 공명하는 새로운 세계가 있다. 그

진동을 느끼고 받아들이라. 그것은 당신의 몸-감정-마음에 필요한 주파수로서 특별한 에너지와 지혜를 담고 있다. 그것은 당신에게 유용한 능력과 기술을 개발시켜준다. 주위를 살펴보라. 무엇이 보이고 들리는가? 어떤 냄새가 나고, 어떤 느낌이 드는가? 어떤 감정과 기분이 솟아나는가? 깊게 받아들이라. 어떤 생각과 주제들이 떠오르기 시작하는가? 당신에게 필요한 내용의 통찰들이 마음속으로 들어오고 있는가?

6. 이제 길잡이가 다가와 당신을 반긴다. 그(그녀)는 이곳의 대변인으로서 당신과 대화를 시작하고, 당신에게 필요한 정보와 조언을 줄 것이다. 그런 정보들이 흘러나오도록 상상력을 풀어두라. 만일 내가 서문에서 소개한 자동기술법을 통해 기록을 남기고 싶다면, 집중력을 유지한 채로 마음속으로 흘러드는 모든 지침을 천천히 적기 시작하라.

7. 충분히 도움을 받았다면, 길잡이에게 감사를 표현하고 승강기에 다시 올라타라. 당신은 다른 층으로 가서 이 과정을 반복할 수도 있고, 1층의 평범한 각성 의식으로 되돌아가서 자신의 진동이 얼마나 변화되었는가를 느껴볼 수도 있다.

실습과제 - 오늘 하루 동안의 진동들을 좇아보라

- 지금까지의 오늘 하루를 되돌아보라. 당신은 어떤 신체적, 감정적, 정신적 상태와 함께 오늘을 맞이했는가?
- 당신은 오늘 하루 동안 어떤 주파수들을 통과해왔는가?
- 당신은 지금 이 순간 어떤 상태 속에 머물고 있는가?
- 당신의 평범한 일상을 돌이켜봤을 때, 자신도 알게 모르게 반복

하고 있는 에너지 상태의 패턴이 있는가? 당신은 아침에 주로 어떤 진동을 경험하는가? 오전 중에는? 이른 오후에는? 늦은 오후에는? 초저녁에는? 밤에는 또 어떠한가?
- 당신의 일주일을 되돌아보라. 당신은 어떤 진동들 속에 주로 머물렀는가?
- 최근에 당신의 꿈은 어떤 주파수 수준에서 꾸어지는가?

3 감정 습관

실습과제 - 당신은 감응력을 어떻게 경험해왔는가?

1. 감응력이 당신의 삶, 행동, 대화에 큰 영향을 미쳤던 긍정적/부정적 경험들을 세 가지 적어보라. 예를 들면 다음과 같다. "나는 Sue에게 사과를 했다. 내 말이 그녀에게 주었던 상처를 느낄 수 있었기 때문이다." "나는 북극곰이 죽어가는 다큐멘터리를 보고 나서 종일 아무 일도 할 수가 없었다." "나는 그 회의가 잡담으로 끝나버릴 것을 예감했었다." 그 경험의 전후에 당신은 감정적, 육체적으로 어떤 느낌을 받았는가? 당신은 그 느낌을 어떻게 알아차렸는가? 다른 사람들은 어떻게 반응했는가?
2. 이번에는 누군가가 당신을 민감하게 또는 무감각하게 대했던 경험들을 세 가지 적어보라. 그 경험은 당신에게 정확히 어떤 영향을 미쳤는가?
3. 이번 주 동안에는 감응력을 높일 수 있는 상황들에 주의를 집중해보라. 감정적, 육체적 자각을 넓힘으로써 자신이 얼마나 더 많

은 앎을 얻고, 더 많이 나누고, 다른 사람들을 인정하고 이해할 수 있는지를 살펴보라. 높은 감응력을 구체적인 상황 속에서 적용해보고, 그 느낌이 어떤지를 관찰해보라.

실습과제 - 건강한 감정 습관 훈련하기

- 과거의 상처를 자극하는 강렬한 에너지와 상황을 회피하려 드는 자기 자신을 발견했다면, 그 파괴적인 감정 습관의 정체를 살펴보라. 그리고 그 중심이 되는 행동을 중단하고, 자신의 느낌을 말로써 표현해보라. "나는 시간약속에 늦어서 불안해. 그들에게 밉보이면, 나는 성공의 기회를 날려버릴지도 몰라."
- 그 파괴적인 감정 습관을 지속했을 때 나타날 상황과 느낌들을 상상해보라. 위의 상황을 예로 들면, 당신은 너무 긴장한 나머지 공황발작을 일으키거나, 길을 잃거나, 사고를 당할지도 모른다. 약속 장소에 도착하더라도 진이 빠진 탓에 더 나쁜 인상을 주거나, 인간관계를 망칠 수도 있다. 이제는 전략을 바꾸겠다고 결심하라.
- 숨을 쉬어라! 지금 이 순간 속으로, 몸의 느낌 속으로 돌아오라. 긴장을 풀라.
- 앞서 나온 건강한 감정 습관들의 목록을 다시 떠올려 훑어보고, 그중에 하나를 고르라. 그것을 확언으로 바꾸어보라. 예를 들면 이렇다. "나는 나 자신이 선택한 바대로 경험한다는 사실을 안다." 그 말에 집중하고, 그 느낌에 감응해보라. 그 생각을 적용했을 때 지금의 경험이 어떻게 달라지는지를 살펴보라.
- 다음번에는, 앞서 나온 목록에서 건강한 감정 습관들의 관점 가

운데 하나를 고르고 그것을 종일 연습해보라. 마찬가지로 그것을 하나의 확언으로 만들어보라. "나는 다른 사람들의 느낌, 생각, 행동을 있는 그대로 받아들인다. 그들은 나를 위해 자신의 참된 모습을 희생할 필요가 없다." 당신의 감응력은 어떻게 향상되었는가?

실습과제 - 근본적 오해를 역전시키기

- 당신의 파괴적인 감정 습관들을 생생히 느껴보고, 어렸을 때 당신의 어린 마음이 만들어낸 근본적 오해들을 발견해보라. 그것들을 문장으로 써보라. 당신은 이런 문장들이 삶 속에서 어떻게 작용해왔는지 알게 될 것이다.
- 그 반대가 참이 되도록 오해들을 역전시키라. 각각의 문장을 긍정적으로 다시 써보라. 이 문장도 잊지 말고 포함시키라. "이 세상은 내가 그렇게 인정했을 때만 희생, 인내, 고통의 장소가 될 뿐이다."
- 그 긍정적인 문장들을 새로운 진리로서 경험해보라. 하루에도 몇 번씩 기억이 날 때마다 시도해보라. 그리고 당신의 충동, 동기, 생각, 행동이 어떻게 변하는지를 살펴보라.

4 부정적 진동

실습과제 - 당신은 어디에 붙들려 있는가?

- 당신이 붙들고 있는 방식들과 대상들을 적어보라. 그 이유는 무엇인가?
- 당신이 여전히 붙들고 있는 방식들, 포기한 방식들, 망설이고 있는 것들, 피하고 있는 것들, 진심으로 원하는 것들을 적어보라. 그 이유는 무엇인가?
- 당신이 자신의 세계와 다른 사람들을 통제하기 위해 시도하고 있는, 또는 강요하고 있는 방식들 — 전문가가 되거나, 이목을 집중시키거나, 말을 많이 하는 식으로 — 을 적어보라. 그 이유는 무엇인가?
- 당신이 더 이상 의미가 없는지도 모르는 옛 맹세, 서약, 규칙을 따르는 방식들을 적어보라. 그 이유는 무엇인가?
- 당신이 자신의 경험을 한정지어왔던 방식들을 적어보라. 그 꼬리표를 떼어버린다면, 당신에게는 어떤 새로운 가능성이 열릴 것인가?

실습과제 - 조화롭지 못한 영역 찾기

1. 옆면에 1부터 100까지 눈금이 표시된 온도계를 상상해보라. 100을 최고점이라 할 때, 자신이 아래 영역들을 각각 얼마나 활용하고 있는지 내면의 자아에게 측정을 요청해보라.
2. 당신의 영적 의식은 얼마나 발달되었고, 얼마나 활발히 사용되고 있는가? 정신적 의식은 어떠한가? 감정적 의식과 섬세한 감응력은 어떠한가? 육체적 본능과 몸의 의식은 어떠한가?

3. 상대적인 백분율을 확인한 후에, 미진한 영역들을 발달시키고 활용하여 의식의 전 영역을 균등하게 만들 방법을 세 가지부터 다섯 가지까지 적어보라.

실습과제 - 깊고 느린 호흡으로 주파수 높이기

산소가 몸의 주파수를 높여준다는 것은 오래전에 밝혀진 사실이다. 경직된 근육 속에서는 에너지가 느리게 흐르기 때문에, 몸의 긴장을 풀고 깊게 호흡하는 것은 주파수 상승의 핵심 요소이다. 반면, 가슴 상부의 얕은 호흡은 불안하다는 징후이다.

1. 반듯이 앉고, 안정감을 느끼라. 근육을 느슨히 풀고, 편안하게 있어보라. 머릿속의 대화를 멈추고 침묵에 귀를 기울이라. 고요하게, 몸속의 미세한 움직임들을 느끼고, 대기 중의 산소가 당신의 혈액을 가득 채워 몸을 대단히 생기 넘치게 만들어준다는 생각에 집중하라. 호흡을 고요하고, 아주 느리고, 연속적이고, 고르게 하라. 날숨과 들숨이 끊임없이 이어지는 듯 보일 만큼.
2. 숨을 들이마시면서, 코 안쪽부터 하복부에 이르기까지 몸속의 모든 구멍을 채우라. 폐가 가득 찼다는 생각이 드는 순간, 모든 폐포를 남김없이 채우면서 조금만 더 숨을 들이쉬라. 당신의 흉곽이 평소의 부피 이상으로 팽창되어 있다고 상상하라.
3. 천천히 가슴을 웅크리고, 내장 근육들을 수축시키고, 횡격막을 조이면서 모든 공기가 배출될 때까지 숨을 내쉬라.
4. 1부터 10까지 세면서 반복하라. 들이쉬면서 하나, 내쉬면서 둘…. (다섯 번의 호흡이 하나의 주기가 됨. 역주) 오직 그 숫자들만 생각

하고, 만약 다른 생각에 휘말렸다면, 셈을 멈추고 1부터 다시 시작하라. 이 연습을 20분 동안 지속해보라.

실습과제 - 물려받은 것들 치우기

- 당신의 삶을 지탱해온 가치와 습성들을, 당신이 합리화하는 것들까지 전부 적어보라. 당신의 어머니로부터 온 것은 무엇인가? 당신의 아버지로부터 온 것은? 시대에 뒤떨어졌거나 당신에게는 도저히 맞지 않는다고 느껴지는 생각들이 있는가? 그렇다면, 그것을 당신이 빌려왔던 원래 주인에게 되돌려주거나 없애버리라.
- 돈, 직업, 인간관계, 양육, 건강, 노화, 종교, 정치, 죽음에 대한 당신의 신념과 습관들을 적어보라. 당신은 그런 생각들을 어디에서 얻었는가? 당신에게 그것들이 필요한가? 그것들을 하나씩 중단시켜보라. 고정된 견해와 규칙을 고수하는 대신에, 각각의 분야들로 하여금 자발적으로 당신에게 존재 방식과 할 일을 가르쳐주도록 허용한다면 어떨지 느껴보라. 각각의 분야들은 어떻게 변하고 얼마나 확장되겠는가?

5 근원 주파수

실습과제 - 몸속으로 더 깊이 들어가기

이제 당신에게는 '존재'의 기회가 주어졌다. 주의를 몸속으로 돌리고, 과거나 미래 따위의 것들은 잊어버리라. 지금 이 순간은 대단히 흥미로운 것이다.

1. 자신에게 이렇게 말하라. "지금 이 순간 속에, 그리고 이 몸속에, 나는 100퍼센트 실재한다." 이 말의 의미를 느껴보고, 그와 일치된 상태로 들어가라.
2. 라디오의 음량을 조절하듯이 생각의 소리를 줄이라. 곧 당신은 자기 몸의 와글거림을 듣게 될 것이다. 그것은 웅웅거림, 백색잡음, 끝없는 허밍일 수도 있다. 그런 소리들 사이에, 또는 그 너머에 있는 더 깊은 무언가를 상상해보라. 육체적인 잡음들을 뛰어넘어, 당신의 중심 속에 늘 존재하는 침묵 속으로 들어가라.
3. 자신이 눈의 뒤편이자 머리의 중심부에 존재한다고 상상해보라. 그곳은 머리의 가장 안쪽 부위로서 작은 다이아몬드가 빛나고 있다. 그 투명하고 밝은 빛은 당신의 뇌 전체를 밝히고 당신의 마음을 정화하여 중립적인 관찰 상태로 만든다.
4. 자신이 그 다이아몬드 안에서 밖을 내다보고 있으며, 그것이 작은 비행접시처럼 당신 몸속을 이동한다고 상상해보라. 그것이 당신의 목으로 하강하여 맴돌도록 하라. 목의 시점으로부터 세상을 바라보라. 당신의 머리는 지금 당신보다 위쪽에 있다. 이제는 가슴의 중심, 심장의 주변으로 내려가서 맴돌아보라. 거기에서 세상을 바라보라. 몸의 어떤 부위들은 위쪽에 있고, 몇몇 부위들은 아래에 있다. 당신은 한가운데에 자리 잡고 있다.
5. 이제 척추의 시작점으로 내려가서 맴돌아보라. 그 시점으로부터 세상을 바라보라. 당신은 지구의 에너지에 대단히 가까워졌고, 머릿속의 마음은 한참 위에 떨어져 있으며, 이제 당신의 몸은 다른 사람들의 몸과 직접 교감한다.
6. 몸속의 여러 부위를 옮겨가며 그 진동들을 느껴보라. 발바닥, 무

릎, 집게손가락 끝, 혀뿌리, 척추의 중심골, 횡격막 등등. 이처럼 다양한 시점에서 머무는 동안, 당신은 세상에 대한 앎의 특정한 방식들을 알아차리게 될 것이다. 각각의 부위마다 독특한 종류의 의식이 내재하고 있다. 몇몇 부위들은 믿기 힘들 만큼 고요하고 지혜롭다.

7. 머릿속의 중심으로 되돌아와서, 눈을 뜨고, 주변을 걸어보라. 색깔, 모양, 감촉, 온도, 냄새, 소음을 인식하며 주변 환경에 주의를 기울여보라. 어떤 것도 분류하지 말라. 동물들처럼 직접적인 경험을 유지하면서, 하나의 인상으로부터 다음 것으로 부드럽게 옮겨 다니라.

8. 조금 시간을 보낸 후에, 한두 가지 감각과 관련된 행동을 시도해보라. 거실에서 음악에 맞춰 춤을 추거나, 신선한 재료들을 갈아서 만든 음료를 천천히 마셔보라. 몸의 즐거움을 알아차리고, 그것이 정확히 어떤 느낌인지 집중해보라.

실습과제 - 몸의 느낌에 집중하기

이번 주에는, 최소한 하루 동안만이라도, 몸속에 주의를 둠으로써 자기 자신의 중심부로 들어가보라. 당신 두뇌 속의 전자기적 중심에 집중해보고, 그 모든 느낌을 자각하는 상태 속에서 머물러보라.

- 당신의 근육, 장기, 뼈, 세포들을 느껴보라. 그 진동은 어떤 느낌을 주는가? 너무 과도하거나 힘없게 느껴지는 표면의 진동이 있는가? 그 느낌을 감각적인 형용사들을 동원하여 기록해보라. 그 소리는 어떤가? 모양은 어떤가? 근筋감각은 어떤가? 맛은 어떤

가? 냄새는 어떤가? 그 진동이 연상시키는 감정은 없는가?
- 당신 몸속의 가장 내밀한 곳, 즉 심장의 중심 주파수 속으로 들어가보라. 표면의 진동들을 통과하여 더 깊이 들어간다고 상상해보라. 그 중심의 한결같은 진동은 어떤 느낌을 주는가? 그 느낌을 감각적인 형용사들을 동원하여 기록해보라. 그 소리는 어떤가? 모양은 어떤가? 근筋감각은 어떤가? 맛은 어떤가? 냄새는 어떤가? 그 진동이 연상시키는 감정은 없는가?
- 시간이 흐르면서, 표면의 주파수들이 당신의 근원 주파수를 어떻게 점차 덮어가는지를 관찰해보라. '불협화음'이 된 상태를 스스로 자각해보고, 그때마다 다시 놓아버리고 자신의 중심으로 돌아가는 훈련을 하라. 무언가가 변하기를 바라지 말고, 그저 존재 그 자체를 즐기라.

실습과제 - 부정적인 사고방식 느끼기

1. 당신만의 '걱정스러운 기분'을 떠올리고 아래의 질문들에 해당하는 사항들을 적어보라.
- 최근에 당신은 어떤 문제들을 해결하려고 애쓰고 있는가?
- 정신적, 영적 성장 과정 속에서 당신은 어떤 문제들에 공을 들이고 있는가? 어떤 낡은 상처가 드러나 있는 듯 보이는가?
- 최근에 당신을 고달프게 하고 있는 상황이나 인간관계는 무엇인가?
- 당신이 걱정하고 있는 사람은 누구이며 그 이유는 무엇인가?
- 당신을 두렵게 하거나 불안하게 하는 것은 무엇인가?
- 지금 이 순간, 당신의 삶에 혼란을 일으키는 것은 무엇인가?

- 지금 이 순간, 당신은 물질적으로 갖지 못한 것들 중에서 무엇을 원하거나 욕망하는가?
- 당신에게 감정적으로 결핍된 상태란 어떤 느낌인가?
- 당신은 무엇에 저항하는가? 그 갈등은 당신 삶의 어느 부분에 위치하는가?
- 생각을 떠올릴 때마다 당신으로 하여금 움츠러들고 긴장하게 만드는 것은 무엇인가?
- 당신에게 궁지에 몰린 상태란 어떤 느낌인가? 압도당한 상태란 어떤 느낌인가?
- 당신은 삶의 어떤 부분에서 불공평하다고 느끼는가?

2. 내적 진동이 움츠러들 때, 근심이 쌓이고 더욱 확장되어갈 때, 당신은 특별한 경우의 예를 떠올리고 부풀림으로써 '느린 진동 상태' 속으로 손쉽게 빠져들 수 있다. 나는 그것을 '낡은 현실'이라고 부르기를 좋아한다. 이제 위에 적은 항목들 중 몇 가지를 고르고, 그것의 부정직 신동에 농조되었을 때 경험되는 몸속의 독특한 감각들에 대해서 적어보라. 그것을 현실로 느껴보라.

3. 당신의 한계를 나열하고 느껴봄으로써 창조해낸 그 불안과 긴장 속에 계속 머물면서, 당신의 삶을 미래로 투사하여 가능한 한 최악의 시나리오를 그려보라. 모든 일이 틀어지고 불운이 닥치며 그 누구도 도와주지 않는다면, 당신에게는 대체 어떤 일이 벌어질 것인가? 후에 그것을 기억해낼 수 있도록, 최대한 자세하게 상상하고 마음속에 스냅 사진을 찍어두라. 이제 숨을 내쉬고 긴장을 풀라.

실습과제 - 긍정적인 경험 느끼기

1. 당신만의 '행복한 기분'을 떠올리고 아래의 항목들에 해당하는 답을 적어보라. 기억과 경험들을 떠올리면서, 당신의 몸이 이전의 과제로부터 남겨진 긴장을 전부 떨쳐버리고 영혼의 속성을 간단히 불러일으키는 동조 상태 속으로 들어간다고 상상해보라. 아래의 내용을 읽으며 하나 또는 그 이상의 경험을 기억해보라.

- 직감이 당신을 훌륭한 선택으로 이끌었던 때.
- 기막힌 기회가 굴러들어왔던 때 / 황송할 만큼 당신을 친절하게 대해주었던 사람.
- 영혼의 짝, 친구, 가족이라고 느껴지는 특별한 사람들과 만났던 때.
- 보상이나 칭찬을 바라지 않고 호의를 베풀었던 때.
- 새로운 성장으로 이끄는 중요한 진리 또는 정보를 들었던 때.
- 깊고, 고요하고, 평화롭고, 만족스럽고, 감사하며, 모든 것이 완전하다고 느껴졌던 때.
- 선견지명을 갖고 그것을 당신의 상황에 맞게 성공적으로 활용했던 때.
- 흘러넘치는 상상력 속에서 멋지고 독창적인 아이디어가 마법처럼 찾아왔던 때.
- 동시성, 행운, 흐름, 재능 있는 사람들과의 협력으로 가득했던 시절의 경험.
- 찾아 헤맬 필요도 없이 필요한 것이 정확히 주어졌던 때.
- 그 누구도 훼방하지 못할 만큼 황홀한 기분 속에 젖었던 때.
- 특별한 동물과 함께하거나 아름다운 자연 속에 머물면서 삶과 연결되는 것은 물론이고 신성과도 교감했던 때.

2. 내적 진동이 확장될 때, 성공과 행운이 점점 더 크게 쌓여갈 때, 당신은 그런 특별한 경우의 예를 떠올리고 부풀림으로써 근원 주파수와 '새로운 현실'을 느끼고 수월하게 그것과 하나될 수 있다. 이제 위에 적은 항목들 중 몇 가지를 고르고, 그것의 긍정적 진동에 동조되었을 때 경험되는 몸속의 독특한 감각들에 대해서 적어보라. 그것을 현실로 느껴보라.
3. 자신이 겪었던 긍정적 느낌을 나열함으로써 창조해낸 열정적이고 근원적인 상태 속에 계속 머물면서, 당신의 삶을 미래로 투사하여 현 시점에서 상상이 가능한 최선의 시나리오를 그려보라. 만사가 잘 굴러가고, 커다란 행운이 찾아오고, 모든 사람이 당신을 도와주고, 당신의 모든 장점이 도드라지고 능력이 배가된다면, 당신에게는 대체 어떤 일이 벌어질 것인가? 후에 그것을 기억해낼 수 있도록, 자세하게 상상하고 마음속에 스냅 사진을 찍어두라. 이제 숨을 내쉬고 긴장을 풀라.

실습과제 - 긍정과 부정을 오가기

이제 당신은 선택이 가능한 두 가지 존재 상태를 확실히 알았다. 그것은 마치 두 경쟁자가 상금을 놓고 벌이는 시합과도 같다. 한쪽 코너에는 지옥에서 온 거짓의 진동 상태가 있으며, 그것은 당신을 영혼의 느낌 바깥으로 꾀어낸다. 반대편 코너에는 천상에서 온 근원 주파수가 있으며, 그것은 당신의 참된 모습을 일깨워준다. 지금까지 당신은 한 번은 이쪽, 다음번은 저쪽 하는 식으로 그 둘 사이를 오갔지만, 이제는 쓸데없이 두려움과 고통의 세계 속에 장시간 머무는 일이 없도록 그런 흔들림을 조절할 때가 되었다.

1. 당신은 지금 근원 주파수 속에 있다. 이제 반대편으로 움직여가서 움츠러듦, 피해의식, 최악의 시나리오 상태와 다시 하나가 되어보라. 골칫거리와 곤란을 기억해내고, 그런 존재 상태 속에 휩쓸려보라. 그 느낌이 어떤지를 살펴보라.
2. 이번에는 긴장을 풀고, 다시 근원 주파수 속으로 되돌아오라. 긍정적인 경험들을 되새겨보고, 방향을 바꿔 더 빠른 진동들에 동조되어보라. 그 느낌과 몸속의 변화를 살펴보라.
3. 다시 움츠러든 진동 속으로 움직여가서 그것에 동조되어보라. 그것과 어우러져 하나가 되어보라. 몸의 느낌을 살펴보라. 당신의 몸은 이 상태를 좋아하는가?
4. 다시 근원 주파수 속으로 되돌아오라. 열린 가슴, 이완, 자연스러움, 유동성, 자존감을 느껴보라. 당신의 몸은 이 상태를 좋아하는가?

이처럼 최선과 최악의 시나리오를 양극으로 오가다 보면, 당신은 움츠러들고 혼탁한 상태로 되돌아가는 데는 어떤 작업이 요구됨을 깨닫게 될 것이다. 몇 차례 반복하다 보면, 아마도 당신의 몸은 이렇게 말할 것이다. "이 짓을 꼭 해야 해?" 가슴을 닫고 거짓과 긴장의 상태를 유지하는 것은 쉽지 않은 일이지만, 놀랍게도 우리는 늘 그 짓을 하고 있다. 이와 반대로 최선의 시나리오 속에서 근원 주파수에 동조되어 있을 때는, 당신은 얼마나 만사가 저절로 잘 굴러가는지를 실감할 수 있다.

실습과제 - 다이아몬드 빛몸의 심상화

1. 생각을 멈추고, 몸의 느낌에 주의를 기울이고, 지금 이 순간 속에 100퍼센트 존재하라. 고요함 속에서 마음을 열라. 그리고 긍정적인 경험의 목록들을 떠올려보라.

2. 당신의 등 뒤에 다이아몬드 빛몸이 나타났다고 상상해보라. 그것은 당신과 꼭 닮았지만, 순수하고 투명한 빛으로 이루어져 있으며 어떤 흠이나 장애도 없다. 당신의 다이아몬드 빛몸은 지혜, 사랑, 조화, 풍성한 앎을 발산하고 있다. 그 빛몸이 다가와 당신의 어깨에 손을 올린다.

3. 상상 속에서 그 빛몸의 높은 주파수를 느껴보라. 그것을 받아들이고, 그 주파수에 동조되어보라. 그때 당신의 빛몸은 당신의 몸속으로 걸어들어오고, 아무런 걸림도 없이 당신과 하나가 된다.

4. 당신의 빛몸은 당신의 육체와 완벽하게 어우러진다. 빛몸의 모든 부위가 그에 상응하는 신체 부위로 찾아든다. 빛의 심장은 육체의 심장과, 빛의 세포는 육체의 세포와, 빛의 뇌는 육체의 뇌와 하나가 된다. 이 과정이 일어나는 동안, 당신 몸의 각 부위들을 시간을 들여 훑어보라.

5. 당신 자신을 그 빛몸에 내맡기면서 이렇게 말하라. "당신은 나의 뇌, 나의 심장, 나의 폐, 나의 손, 나의 목소리를 어떻게 다스려야 할지를 아십니다. 당신의 방식대로 하십시오. 나는 당신이 나를 새롭게 하고, 변화시키고, 가르쳐줄 것을 믿습니다."

6. 놀라운 일이 벌어진다. 당신이 빛몸에게 내맡기고 그 안내를 따르는 동안, 빛몸은 당신을 탈바꿈시킬 만큼 강력해진다. 당신은 이제 다이아몬드 빛몸 그 자체가 되었다. 당신의 정체성이 바뀌

었다. 당신은 빛몸에게서 들려오는 그 안내의 목소리가 실은 자신의 목소리였음을 깨닫는다. 당신은 이렇게 말할 것이다. "나는 지금 여기에 있다. 그리고 나는 무엇이 실재인지를 안다."

7. 당신의 모든 세포는 물론이고 감정과 감각, 생각까지도 빛몸으로 가득 채우라. 빛몸이 당신의 육체와 두뇌를 다스리고, 어둠을 밝히고, 분리된 틈새를 메우고, 모든 신체 조직을 향상시키고, 근심과 걱정을 지우고, 새로운 길을 열고, 높은 주파수에 맞춰 당신을 재조직하게 하라. 침묵 속에 머물라.

8. 이제 그 다이아몬드 빛몸의 진동을 소리굽쇠처럼 울려서, 그 빛과 근원의 파동이 온몸 곳곳으로 퍼지고 당신의 피부를 넘어 주변의 공간까지 흘러가도록 하라. 그것이 이 우주 속에서 원하는 만큼 확장되도록 하라. 확장된 당신의 다이아몬드 빛은 모든 곳에 편재하는 다이아몬드 빛과 만나고 합쳐진다. 그 빛의 중심에서, 당신은 영원불멸하는 영혼의 소리와 근원 주파수를 듣고 느낄 수 있다.

6 감응력

실습과제 - 물건, 기계, 식물과의 감응

1. 물건을 하나 선택하라. 그것에 주의를 기울이라. 그것으로부터 오는 모든 인상을 열린 태도로 받아들이라. 그것에 생명을 부여하고, 새로 사귄 친한 친구처럼 호기심을 가져보라. 그것을 시각적으로 살피는 작업부터 시작하라. 그리고 나서는 촉각을 활용하

라. 실제로 만지라는 뜻이 아니다. 당신의 빛몸을 육체보다 더 크게 확장하여 유동적인 에너지장으로 만들라. 그리고 그 에너지장의 일부가 구름처럼 몰려가서 그 물건을 휘감도록 해보라. 그 구름 속에 당신의 눈이 있다고 상상하라. 당신의 눈은 분자들까지 보일 만큼 그것을 가까이 들여다보고 있다. 당신의 빛 입자는 그 물건의 빛 입자 속으로 침투할 수 있다. 이제 당신은 거의 그 물건의 관점에 밀착되었다.

2. 당신의 에너지와 의식을 그 물건 속으로 흘려보내라. 그 물건의 의식과 반갑게 마주하고, 잠깐 내적 공간을 공유하고 공개해도 괜찮은지를 물어보라. 그것과 하나가 될 때, 어떤 감각과 인상과 통찰들이 당신의 몸과 마음속으로 곧장 전송되어올 것이다. 호기심을 유지한 채로 긴장을 풀라. 당신은 그것의 내력, 수명, 잠재력, 상징적 의미, 내구성 또는 결함, 부족한 부분 등에 관한 인상을 수신하게 될 것이다.

3. 그 인상들을 잘 기억해두라. 진동을 통해 공감과 사랑을 전하고, 그 존재에게 감사를 표하라. 그리고 나서 밖으로 빠져나와 당신의 몸속으로 완전히 되돌아오고, 배우고 깨달은 바를 다시 살펴보라.

실습과제 - 동물 또는 다른 사람과의 감응

1. 거리가 멀든 가깝든 관계없이, 하나의 동물 또는 사람을 골라서 위와 똑같은 과정을 실행해보라. 그들에게 내적 공간의 공유와 공개를 허락받는 일을 잊지 말라. 당신은 그 살아 있는 창조물로부터 건강 상태, 감정적 욕구와 습관, 재능과 욕망, 에너지의 흐름

과 정체, 사고방식, 운명 등에 관한 인상들을 수신하게 될 것이다.
2. 당신의 빛몸을 철수시키기에 앞서, 그 존재의 몸과 영혼에 감사를 표하라. 가슴으로 공감의 에너지를 발산하고, 그들이 있어 나 또한 행복하다는 생각을 전달하라. 몸속으로 돌아온 후에는 배우고 깨달은 바를 다시 살펴보라.

실습과제 - 영적인 장소와 감응하기

의식적인 감응력을 활용하여 당신의 근원 주파수와 공명하거나 기(氣)가 센 장소를 찾아내보라. 그러면 에너지 수준을 극대화하고, 건강을 향상시키고, 머리를 맑게 하고, 성장 과정을 가속시킬 수 있다.

1. 중심으로 들어가서 몸을 고요히 하라. 지금 당신이 있는 곳으로부터 시작하라. 집, 마당, 사무실, 시장, 또는 산책길도 좋다. 당신이 서 있는 공간 안에 존재하는 에너지를 느껴보라. 그것은 땅속 중심부로부터 직접 솟아 나와 당신 주변의 공간을 채우고, 당신의 발과 몸속으로도 들어온다. 이제 천천히 움직이면서 주변의 공간을 탐색해보라. 몸으로 하여금 멈추고 싶은 공간을 스스로 찾아내도록 하라. 그곳의 에너지를 느껴보라. 그 느낌은 어떤 점에서 흥미로운가?
2. 몸으로 하여금 다시 움직였다가 멈추게 하라. 그곳의 에너지를 감지해보라. 가능한 한 자력(magnetic)과 기가 가장 센 장소에 도달할 때까지 계속해보라. 그곳과 다른 곳의 차이를 느껴보라. 그곳으로부터 몸이 원하는 만큼의 에너지를 들이마시고, 당신의 사랑을 그 공간과 땅속으로 내려보내라.

3. 이 방법을 식당에서 마음이 끌리는 자리를 찾을 때도 시도해보라. 자연 속을 거닐거나, 가구를 배치하거나, 정원을 가꿀 때도 마찬가지다. 당신은 어느 길로 걸어가고 싶은가? 각각의 소품 또는 식물들은 어떤 자리를 원하고 있는가? 집 안에서 가장 깊은 평온함을 주는 장소를 찾아서 명상을 할 때 사용해보라. 기대어 서면 당신의 생각을 맑게 해주는 오래되고 특별한 나무도 한 그루 찾아보라.

실습과제 - 투자 상황에 감응하기

당신이 주식과 펀드를 사고팔거나 그 외의 투자 건에 대해 숙고하고 있다면, 종이에다 투자처들의 목록을 적고 고요히 앉아 그것을 바라보라. 첫 번째 항목에 집중해보라. 이 펀드를 팔아야 할까, 보유해야 할까? 촉감을 확장하여 그것과 감응해보라. 어떤 감각이 느껴지는가? 그것의 진동은 높은가, 불규칙한가, 또는 오래 묵혀도 좋을 만큼 옹골찬가? 시큰거림, 쇠약함, 뾰족함, 텅 빈 느낌이 들지는 않는가? 당신의 기분은 어떤가? 행복한가, 둔한가, 두려운가, 옥죄는가, 열정적인가, 또는 변화가 없는가? 당신은 그 펀드와 완전히 하나가 되어서 그것의 메시지를 직접 감지해낼 수 있다. 이제 다음 항목에 대한 인상들도 기록해보라. 다음, 또 다음 항목으로 나아가라. 작업을 마친 후에는 그 통찰들을 뒷받침할 만한 증거가 있는지 찾아보고 다른 사람들의 의견도 참고해보라. 그리고 실행에 돌입하라.

실습과제 - 당신은 무엇에 가장 민감하거나 둔감한가?

아래 항목에 해당하는 경험들을 자각해봄으로써, 당신은 지금 이 순간의 느낌에 더 의식적으로 감응할 수 있다.

- 당신의 발작 버튼, 즉 당신을 열받게 하는 것들을 적어보라.
- 마음속 깊이 당신을 두렵고 불안하게 하는 것들을 적어보라.
- 당신이 다른 사람들에게서 배우고 싶은 점들을 적어보라.
- 당신은 잘 못 느끼지만 다른 사람들은 예리하게 집어내는 것들을 적어보라.
- 기쁨과 아름다움을 느낄 때 당신의 오감이 어떻게 반응하는지를 적어보라.
- 당신이 몸의 긴장, 통증, 경미한 증상들을 얼마나 빨리 알아차리는지를 적어보라.
- 당신은 지금 주변의 무엇에 감응하고 있는가? (빛, 습기, 색, 음식, 형태, 온도, 소음, 고도 등등)
- 당신이 주변 환경으로부터 오는 비언어적 정보들을 초기 단계에서 얼마나 빨리 알아차리는지를 적어보라.
- 당신의 감각 중에서 가장 뛰어난 것은 무엇인가? 당신은 어떤 감각을 더욱 발달시키고 싶은가?

실습과제 - 공명하거나 조화를 깨뜨리는 진동들과 감응하라

1. 약간 친분이 있는 세 사람의 이름을 적어보라. 그들의 몸에서 방사된 내적 진동이 당신의 몸을 향해 전파되어온다고 상상하라. 그것이 당신의 진동과 만나고 당신을 통과하기 시작할 때, 그 둘은 쉽게 조화를 이루는가? 아니면 그의 진동이 불쾌하거나 왠지 이질적으로 느껴지는가? 이번에는 근원 주파수에서 나온 당신의

내적 진동이 그에게로 방사되고 그를 통과해간다고 상상해보라. 그 둘은 쉽게 공명하는가? 그는 당신과의 조화에 쉽게 적응하는가? 아니면 아주 조금이라도 어긋나는 부분이 있는가? 이제 가장 가까운 친구를 대상으로 같은 연습을 해보고 그 차이를 느껴보라.

2. 당신이 휴가를 보내고 싶은 세 가지 장소를 적어보라. 당신 자신이 지금 그 장소들 속에 있다고 상상해보라. 그리고 당신 몸의 신호와 진동을 읽어서 그곳들과의 공명 또는 부조화 정도를 확인해보라.

3. 당신이 해야 할 세 가지 과제를 적어보라. 당신이 지금 그 과제들을 하고 있다고 상상해보라. 몸의 느낌을 읽어서 가장 크게 공명하는 과제를 찾아보라. 그것은 당신의 근원 주파수와 잘 맞거나, 우주의 '긴급' 리스트에 올라 있거나, 당신에게 가장 필요한 무언가를 제공해줄 것이다. 몸의 선호도에 따라 과제들의 우선순위를 정해보라.

실습과제 - 미세한 감각을 묘사하라

다음의 미세한 감각들이 어떤 느낌이며, 또 몸의 어느 부위에서 인식되는지를 기록해보라.

- 무슨 일이 일어날 것만 같을 때, 당신은 어떤 느낌이 드는가?
- 자신의 직관을 무시할 때, 당신은 어떤 느낌이 드는가?
- 개인적 관점으로부터 공동체적 세계관으로 옮겨갔을 때, 당신은 어떤 느낌이 드는가?
- 무언가가 꼬여가고 있을 때, 당신은 어떤 느낌이 드는가?

- 무언가가 아주 잘 풀리고 있을 때, 당신은 어떤 느낌이 드는가?
- 다른 사람의 몸으로부터 정보를 인식했을 때, 당신은 어떤 느낌이 드는가?
- 무언가를 어떤 '신호' 또는 상징으로 받아들였을 때, 당신은 어떤 느낌이 드는가?
- 정보를 포함한 에너지의 파동을 수신하고 있을 때, 당신은 어떤 느낌이 드는가?

7 인간관계

실습과제 - 새로운 사람들을 만날 준비

1. 높은 주파수를 지닌 새로운 사람들을 만나는 상상을 하고 있다면, 새로운 동반자, 동업자, 또는 더 많은 고객을 맞이할 준비가 되어 있다면, 그것은 당신의 영혼이 새로운 성장 단계를 마련하기 시작한다는 신호이다. 그런 생각 자체가 현실화의 첫걸음에 해당한다. 당신은 그것을 손수 해치울 필요가 없다. 그저 긴장을 풀고, 그것이 저절로 펼쳐지도록 놓아두라.

2. 당신이 바라고 있는 미래의 인간관계와 다양한 측면에서 감응해 보라. 그것의 에너지 흐름은 어떤가? 그것은 어떤 공감대를 형성시키는가? 소통 과정은 얼마나 진실하고 수월한가? 상대방과 나의 몸은 얼마나 함께 행복해하는가? 그 느낌과 촉감을 아주 생생하고 자세하게 상상하라. 그 느낌을 당신의 새로운 진동 수준으로서 확실하게 받아들이라. 그것은 지금 이 순간 당신의 에너지

장 속에서 중심 주파수로서 더욱 뚜렷해지고 있다. 상대방이 누가 되었든, 그들 또한 그 주파수를 공유하고 새로운 현실로 받아들일 준비가 되어 있다. 긴장을 풀고 그들이 등장할 무대를 마련해주라. 그것이 이미 실현되고 있음을 알라. 행복하게 기다리라.

3. 이제 새로운 진동 수준의 주파수를 적극적으로 발산하라. 머리 위에서 등대 하나가 쉬지 않고 불빛을 회전시키면서 밤낮으로 당신의 주파수를 사방에 쏘아 보낸다고 상상하는 것도 좋다. 그 불빛은 당신을 안심시킨다. 그것은 상대방에게 당신의 존재를 알릴 것이고, 한번 가동된 후에는 계속 에너지 물결을 내보내는 한편으로 당신의 진동도 선명하게 유지시킬 것이다.

실습과제 - 닫힌 가슴과 열린 가슴 구분하기

1. 누군가의 가슴이 열렸는지 닫혔는지를 당신은 어떻게 아는가? 당신을 받아들이고 이해하고 아끼고 보살펴주는 사람들과 함께 있는 순간에 당신의 몸과 가슴이 느끼는 미세한 감각들을 적어보라. 승승장구할 때, 또는 누군가와 한껏 웃으며 농담을 주고받을 때의 감각들도 좋다. 반대로 상대방이 당신을 저울질하고, 선의를 오해하고, 비난하고, 입을 닫고, 혹은 당신도 관계된 일을 혼자 결정해버릴 때, 당신의 몸과 가슴은 어떤 느낌을 받는가?

2. 누군가가 당신을 상처입히고 푸대접했을 때, 성질을 긁었을 때, 그리고 당신이 스스로 에너지를 거둬들이고 차단하는 식으로 반응했을 때를 회상해보라. 그때 당신의 느낌은 어땠는가? 당신의 가슴이 누군가를 마중 나갔을 때를 떠올려보라. 이 미묘한 감각의 차이들을 적어보라. 상대의 가슴이 열렸는지 닫혔는지, 나의

가슴이 열렸는지 닫혔는지를 알려주는 미세한 신호들을 감지하는 연습을 해보라. 가능한 한 며칠 동안 연습해보라.

8 문제 해결

실습과제 - 해결책 발견하기

당신에게 영향을 미치고 있는 하나의 문제를 생각해보라. 그것을 떠올리면서, 그것이 당신의 중심 어느 곳에서 어떻게 솟아올라 당신 앞에 펼쳐졌는지를 느껴보라. 우리는 무의식적으로 해답이 '외부'의 어딘가에 있다고, 그래서 내가 그것을 찾거나 그것이 나를 찾아와야만 한다고 믿는다. 그러는 대신 긴장을 풀라. 펼쳐진 문제가 처음 발생한 지점으로 되말려 들어가도록 놓아두라. 당신의 의식으로 하여금, 처음 그것을 '문제'라고 인식했던 내면의 장소를 찾아 들어가게 하라. 그곳에서 잠시 머물라. 해답은 바로 거기에 있다. 그것을 알아차려보라. 마음속으로 들어온 해답은 아마도 단순하고 명쾌해 보일 것이다. 문제와 해답은, 영혼이 가리키는 하나의 경험으로서 그곳에 함께 존재하고 있다.

실습과제 - 내적 청사진의 조율

당신의 삶은 편안할 수도 있고 불편할 수도 있다. 어느 쪽이든, 당신의 의식은 지금 이 순간의 내적 청사진에 발을 맞추지 못하고 있다. 그것은 끊임없이 진화하기 때문이다. 당신의 영혼이 지금 원하는 것이 무엇인지를 알기 위해서, 아래의 질문들을 보고 맨 처음 떠오른 인상들을 적어보라.

- 삶의 앞선 시기에서 당신이 한쪽으로 미뤄두었던 꿈이 있는가? 그것이 변형된 모습으로 아직도 당신의 흥미를 잡아끌고 있지는 않은가?
- 당신이 늘 이뤄내고 말 거라고 생각해왔던, 하지만 실제로는 이미 인연이 다한 꿈이 있지는 않은가? 그것을 내려놓고 새로운 여지를 마련한다면, 당신은 그 대신에 무얼 하게 될 것 같은가?
- 무엇이 당신의 삶을 따분하게 만들고 있는가? 어떤 발상과 호기심이 당신의 관심을 잡아끌고 더 적극성을 띠라며 손짓하고 있는가?
- 어떤 활동 방향이나 목표가 실제로 종료되었는가? 그것을 내려놓고 새로운 여지를 마련한다면, 당신은 그 대신에 무얼 하게 될 것 같은가?
- 나이나 경제력의 제한을 받지 않는다면, 그리고 누군가가 당신이 새로운 현실을 맞이하도록 도와준다면, 당신은 어떤 분야를 탐험해보고 싶은가?

위의 질문들은 당신의 마음을 새로운 기회 앞에 활짝 열어줄 수 있다. 지금 이 순간의 내적 청사진과 발을 맞출 때 가장 중요한 요소는, 새로운 발상과 변화에 마음을 열고 매 순간 분명한 선택을 내리는 것이다. 당신을 매료시키는 것, 열정과 의욕을 샘솟게 하는 것, 자부심을 느끼게 해주는 것을 향해서.

실습과제 - 감응력은 결정을 내릴 때 어떤 도움을 주는가?

당신은 의미가 숨겨진 미세한 층들을 어떻게 감지하는가? 고요한 중심 속에서 아래의 질문들에 감응해보고, 그것이 '깊은 안도감'을 주는 결정을 내리도록 어떤 도움을 주는지 살펴보라. 예를 들어 새로 제안받은 일자리가 바람직하지 않을 때, 당신은 뱃속 어딘가가 꼬인 듯한 느낌을 받을지도 모른다. 생각지 못한 말을 내뱉거나 행동을 할 때, 당신의 몸은 마음과는 별개로 혼자 움직이는 듯 보인다. 당신의 감응력은 결정을 내릴 때 어떤 도움을 주는가?

- 어떤 해결책이 '명쾌하게' 여러 문제를 일거에 해소할 것인가?
- 어떤 해답이 충분치 못하거나, 중요한 정보를 놓치고 있는가?
- 어떤 행동 지침이 틀렸거나, 실패하고 위험에 빠질 가능성이 큰가?
- 어떤 상황이 몰아닥치고 있는가? 또는 물러나고 있는가?
- 언제 조치를 취해야 할까? 언제 지켜봐야 할까? 처음에는 무엇을 할까? 다음에는? 그다음에는?
- 그것을 문제로 삼아야 할 때는 언제이고, 무시해야 할 때는 언제인가?
- 그것을 끝마쳐야 할 때는 언제인가? 그것을 내려놓고 이동해야 할 때는?

감응력을 의식적으로 활용할수록, 즉 당신의 몸이 보내주는 아주 정밀한 신호를 정확히 집어낼수록, 차원 높은 해결책을 찾고 최선의 결정을 내리기가 더욱 쉬워질 것이다.

실습과제 - 시간의 줄기 느끼기

1. 당신이 실행할 참이었던 어떤 계획 또는 과정을 생각해보라. 그것은 여행일 수도, 신제품의 개발이거나 어떤 대학에 진학할지를 결정하는 일일 수도 있다. 고요한 근원 주파수 속으로 들어가서 그 전체 과정 — 최초의 희미한 조짐부터 최종적인 결과까지 — 을 그곳으로 불러들여보라. 그 전부가 당신의 확장된 자아 안에 존재한다. 당신의 일부분은 이미 그것을 경험했다. 긴장을 풀라.

2. 그 과정의 에너지를 느껴보고, 그 일이 풀려갈지 정체될지를 알려주는 진실한 또는 불안한 신호들이 당신의 몸을 통해 드러나도록 해보라. 당신은 급류를 타듯이 그 과정을 따라 내려가면서 모든 지점을 경험하고 있다. 그것이 전개되는 동안 변화하는 흐름을 감지해보라. 흐름이 느려지는 구간도 있고, 빨라지는 구간도 있다. 난관이 닥치는 구간도 있고, 새로운 사람과 사건이 엮여 들어오는 구간도 있다. 흐름이 잠시 동안 멈추는 구간도 있다. 어떤 사건이 생겨나고, 그보다 더 큰 사건도 생겨난다.

3. 종이 위에다 시간의 줄기를 마치 강물의 모습처럼 그려보라. 그것으로 하여금 넓어지고, 좁아지고, 구불거리고, 반듯해지게 하라. 줄기의 곳곳에다 서로 다른 물결의 작용과 힘을 그려 넣어보라. 크고 작은 점들로 사건들을 표시해보라. 이처럼 흐름이 변화하게 된 원인에 감응해보고 그림 위에다 설명을 덧붙이라. — "논쟁", "상실", "긍정적 에너지", "동시성/행운", "급정거/차질" 등등.

4. 그것이 뻗어가려는 방식에 정기적으로 발을 맞추라. 시간의 줄기를 다시 수정하고, 경험하고, 그려보라.

실습과제 - 변화의 조짐 감지하기

1. 곤경과 문제가 쏟아졌던 시기를 떠올려보라. 그 전에 앞선 경고 신호들이 있었는가? 감응력이 더 뛰어났다면, 당신은 무슨 근거로 변화가 진행 중이라는 사실을 알아차렸겠는가? 문제가 등장하기 직전에 당신의 몸과 주변 환경에서는 무엇이 느껴졌는가? 벌어질 일들을 미리 알았다면 당신은 어떤 조치를 취했겠는가? 다음의 항목들에 대해 감응해보라.

- 문제를 감지할 때 당신은 어떤 감각을 활용하는가? 그것은 당신 몸속의 어느 부분에서 나타나는가?
- 뭔가가 심각한 문제를 일으키려 할 때, 당신은 그것을 어떻게 알아차리는가?
- 당면한 문제 또는 잠재적 문제가 있을 때, 당신은 그것을 어떻게 알아차리는가? 그리고 그 변화 과정은 얼마나 지속될 것 같은가?
- '안성맞춤'인 해결책은 어떤 느낌을 주는가?

2. 오늘부터 에너지의 썰물과 밀물을 감지하는 연습을 해보라. 당신의 마음은 어떤 때에 문젯거리를 눙치고 넘어가려 하는가? 당신은 청사진을 확인할 때가 되었음을 어떻게 알아차리는가? 어떤 행동을 언제 취하는 것이 좋을까? 더 완전한 시야를 얻기 위해서는 더 많은 정보가 필요한가, 아니면 이미 충분한가?

실습과제 - 차원 높은 해결책 찾기

1. 당신이 지금 연관되어 있는 문제 하나를 선택하라. 그리고 당신이 지금까지 내놓은 실현 가능한 해결책들을 적어보라.
2. 당신의 문제와 해결책들을 앞선 여덟 가지 질문에 비추어 고려해

보라. 일지에 기록으로 남겨두라.
3. 여덟 가지 질문에 다음의 질문들을 추가해서 당신의 해결책들을 더 검토해보라. — 그것은 너무 의지가 앞서거나 충동적이지는 않은가? 자기희생적이지는 않은가? 다른 사람들 또는 이 지구에 해를 주지는 않는가? 몸의 현실감과 안정감을 희생시키면서 속도를 내고 있지는 않은가? 두려움과 쓸모없는 원인들에서 비롯된 동기는 아닌가? 이상의 측면들이 개선된다면, 그 해결책은 어떤 모습이겠는가?
4. 어떤 절대적인 정보 또는 통찰이 누락되지는 않았는가? 만약 그런 부분이 있다면, 그것이 무엇이며 해결책에는 어떤 영향을 미치는지가 직관을 통해 떠오르기를 요청해보라.

모든 질문에 대한 자문을 끝마쳤을 때, 당신의 차원 높은 해결책은 즐거움과 안정감, 개선된 에너지를 가져다줄 것이다.

9 높은 주파수의 삶

실습과제 - 세 가지 대상의 물질화와 비물질화

1. 당신이 당신의 세계 속에 맞아들일 준비가 되어 있는 세 가지 대상 — 물체, 재산, 기회, 사람 등등 — 을 적어보라. 그리고 소멸시키고 싶은 세 가지 대상도 적어보라. 당신은 그것들을 떠나보낼 준비가 되었고 이제 더 이상은 흥미가 없다. 예를 들어 중독, 과체중, 잡동사니 등이 있겠다.

2. 물질화 목록의 세 가지 대상을 하나씩 살펴보라. 그것에 주목하고, 상상하고, 감각적인 정보를 덧붙이라. 그것을 경험으로 만들고, 당신의 몸이 그 경험에 흥분하게 하라. 당신의 몸이 그것을 진짜 현실로 느낄 때까지 주의를 계속 기울이라. 이제 그것을 내려놓고, 다음 대상으로 옮겨가라.
3. 다 끝낸 후에는, 이 세 가지가 당신의 일상이 되었을 때 자신의 삶이 어떤 느낌일지를 상상해보라. 당신은 얼마나 더 성장했는가?
4. 이제 비물질화 목록을 하나씩 살펴보라. 첫 번째 대상에 주의를 기울이라. 그것은 당신의 평범한 현실이다. 그것으로부터 관심을 거둬들이라. 그것에 저항하지 말라. 그저 그것을 지루하고 시답잖은 것으로 느끼라. 혹시 그 대상에 상징적인 의미나 감정적인 유대가 있는가? 그것이 희미해지게 하라. 그것에 대한 흥미 자체가 사라지도록 하라. 당신에게 주어진 그것을 감사히 여기고 축복하라. 그리고 제 길을 가도록 내려놓으라. 지금 당신은 행동을 취할 필요가 없다. 그저 마음속에서 그것을 풀어주고 흩어버리라. 그것이 떠나가게 하라.
5. 당신의 현실로부터 이 세 가지 대상이 사라지고 신선한 여백이 생겼을 때, 그것이 어떤 느낌일지를 상상해보라. 당신의 영혼은 그 새로운 공간 속으로 얼마나 더 확장했는가?

실습과제 - 높은 주파수의 삶에 집중하라

긴장을 풀고, 당신의 영혼이 아래 질문에 대한 대답으로 어떤 인상들을 전달하고 있다고 상상하라.

- 당신의 삶이 향하게 될 세 가지 놀라운 방향은 무엇일까?
- 당신에게 다가올 세 가지 뜻밖의 행운은 무엇일까?
- 당신이 인연을 맺게 될 세 가지 놀라운 장소는 어디일까?
- 당신을 아낌없이 도와줄 세 명의 놀라운 후원자는 누구일까?
- 당신이 다음번에 취하게 될, 그리고 자신을 더욱 자랑스럽게 해줄 세 가지 용감한 행동은 무엇일까?

10 깨달음

실습과제 - 당신의 세상은 무엇을 더 품을 수 있는가?

1. 잠깐 동안, 불쾌하고 떠올리고 싶지 않은 일들에 대해서 생각해보라. 여섯 개를 적어보라. 그 각각에 대한 당신의 부정적인 에너지를 살펴보고, 그 생각과 이미지로부터 저항감을 제거하라. 그 각각이 이 세상의, 그리고 당신 세상의 자연스러운 일부가 되게 하라. 그 각각이 경험할 필요가 있는 사람들에게 선택 가능한 현실이 되도록 놓아두라. 지금부터는, 그것을 사랑하고 친절하게 대하라.

2. 잠깐 동안, 당신의 능력 밖에 있는 듯 보이는 것들, 또는 너무 멀거나 거의 이해가 불가능한 듯 보이는 현실들에 대해서 생각해보라. 여섯 개를 적어보라. 그 각각에 대한 당신의 '쓸모없는' 에너지를 살펴보고, 그 생각과 이미지로부터 저항감을 제거하라. 그 각각이 이 세상의, 그리고 당신 세상의 자연스러운 일부가 되게 하라. 그 각각이 경험할 필요가 있는 사람들에게 선택 가능한 현실이 되도록 놓아두라. 지금부터는, 그것을 사랑하고 친절하게

대하라.

3. 당신이 맞아들인 새로운 현실들을 느껴보라. 그것들이 얼마나 유용하고, 불멸의 영혼들이 얼마나 학수고대해온 경험인지를 느껴보라. 그것들을 당신의 일부로 받아들임으로써, 얼마나 자신이 이완되고 확장되는지를 느껴보라. 저항감에 사로잡히지 않음으로써, 얼마나 자신의 참된 모습에 접근할 수 있는지를 느껴보라.

실습과제 - 가슴에 집중하라

1. 이 연습은 집중력을 통해 자신의 에너지장을 변화시키는 방법을 알려줄 것이다. 무엇에다 주의를 기울이면, 미세한 에너지가 즉시 그곳으로 흘러간다. 심장에 주의를 기울이고, 그곳으로 흘러가는 에너지를 느껴보라. 주의를 기울이면서 감사한 느낌에 연결되어보라. 감사함을 느껴보라. 당신은 제 역할을 해주고 있는 심장에 대해서, 자신의 몸에 대해서, 삶 속의 많은 대상과 사람들에 대해서 감사함을 느낄 수 있다. 둘러보고 고마워하는 동안, 주의를 계속 심장에 고정시켜두라.

2. 그 감사한 느낌이 강렬해지도록 놓아두라. 당신은 얼마나 놀라운 선물들을 받아왔는가! 거의 황홀경에 이를 때까지, 더 이상 감당할 수 없다고 생각될 때까지 그 느낌이 강해지도록 놓아두라. 그것이 당신의 에너지장을 가득 채우고 흘러넘치게 하라. 그 느낌과 함께, 그리고 그 느낌 속에서 머물라. 심장에 집중하라. 그것이 계속 강렬해지고 환해지게 하라. 당신은 진화의 가속된 주파수와 조화롭게 동조하고 있다. 이 연습을 자주 한다면 당신의 내적 진동은 엄청나게 상승할 것이다.

실습과제 - 자비와 사랑을 흐르게 하라

앞으로 며칠 동안 다양한 상황 속에서, 당신 자신을 사랑을 주고받는 존재라고 여기라. 주변을 둘러보라. 중립적인 관찰자가 되어서, 당신 자신과 이 세상을 빚어내는 근원의 사랑 에너지를 보라. 그것을 모든 곳에서 느끼고 보라. 몇 분 동안 자애로움 속에서 무조건적으로 받아들이고 용서하라. 모든 세포를 통해서 사랑을 들이마시라. 그것이 당신을 통과하고, 모든 부분을 어루만지고, 환하게 밝히게 하라. 그리고 그 사랑을 제 길로 보내주어라. 아낌없이 다른 사람에게 전달하라. 어려운 상황에서는 이렇게 자문해보라. "지금 그 사랑은 어디에 있을까?"

실습과제 - 사람 또는 대상을 축복하라

집중된 주의를 통해 전달되는 긍정적인 생각과 에너지의 실제적인 효과를 인식한다면, 당신은 '축복의 기술'이 조화를 벗어난 사람과 대상들을 돕는 강력한 방법임을 알게 될 것이다. 누군가를 마음속에서 떠올리거나, 당신이 다음 끼니로 먹게 될 음식을 생각해보라. 공감하고 공명하면서, 그 사람 또는 음식에 감응하고 부조화를 느껴보라. 그리고 더 깊이 들어가서 그의 영혼을, 그것의 완벽한 내적 청사진을 감지해보라. 주의를 집중하면서 그리로 에너지가 흘러가게끔 하라. 그 사람 또는 음식이 자신의 이상을 구현하게끔 에너지를 가득 채워주라. 이것이 실재임을 알라. 그 청사진이 강해지면서 현실이 되는 듯 느껴질 때까지 계속 연결되어 있으라. 기억하라. 우리의 이상은 영혼의 현실과 순수함이 되살려질 때 드러난다.

부록 2

근원 주파수의 메시지 모음

이 메시지들을 읽기 전에, 마음을 가라앉히고 부드럽게 받아들일 준비를 하라. 천천히 주의 깊게 읽어가며 이 글의 리듬, 진동에 감응해보라. 집중하는 만큼 더 깊은 의미가 드러난다. 한 번에 몇 개의 단어에만 집중하고, 구두점마다 숨을 돌리고, 지금 이 순간에 그 지성의 메시지와 함께 존재하라.

1 변성 과정

현재에 존재하는 것으로 시작하라

그저 있으라, 바로 여기, 바로 지금에. 고요함에 귀를 기울이라. 안정감을 느끼라. 다른 곳은, 갈 만한 다른 곳은 없다. 모든 곳은 열려 있고, 그 하나의 공간 안에는 의식이 있다. 그것은 당신에게로 서서히 퍼져온다. 그것은 당신의 참된 모습이고, 당신 자아의 다음 수준이며, 신성의 현존이다. 그 의식은 당신의 앎과 과거와 미래를 전부 포함하고, 다른 모든 사람의 과거와 현재와 미래를 전부 포함한다. 당신은 사랑이라는 열린 가슴, 진리라는 광대한 들판의 한가운데 서 있다. 여기서 당신은 실재이며, 여기서 당신은 끊임없이 태어나고 있다. 해야 할 일은 아무것도 없다. 모든 것을 아는, 모든 것을 사랑하는, 모든 것을 보살피는 의식이 어떻게 당신을 품고 있는지를 느껴보라. 그것은 결코 당신을 단념하지 않을 것이다. 당신은 안전하다.

여기서 당신은 무한한 에너지와 상상력을 가진다. 생각이 일어나도, 당신은 그것들을 소유하지 않는다. ─ 당신은 그저 주변을 떠다니는 것들을 자각하고, 그것이 흥미로워 보인다면 잠깐 멈춰 세운다. 당신은 그것을 받아들일 수도 있고, 떠나보낼 수도 있고, 그것에 에너지를 보태주어 형태를 만들었다가 다시 떠나보낼 수도 있다. 옳은 일이란 없다. 그것은 그저 창조성이고, 재미이고, 스스로를 표현하는 당신의 영혼이다. 그러니 지금 이 순간에 머물고, 유연해지라. 현실들이 왔다가 가도록 놓아두라. 당신의 에너지와 의식은 당신의 피부를 뚫고 나아가 멀리멀리 방출된다. 당신에게 끝이란 없다. 당신이 발견하는 것은 그저 또 다른 종류의 앎일 뿐이다. 그것들이 당신 안에 포함되고 뒤섞일 때, 당신은 새로운 방식으로 자신을 체험한다. 당신은 모든 것 안에 있고, 모든 것은 당신 안에 있다. 알려지거나 창조되고 싶어하는 것들은 문득 당신 안에서 하나의 아이디어로 떠오르거나, 당신을 통해 하나의 행동으로 나타난다. 당신은 그것을 정할 수 없다. 그것은 우연이다.

이러한 체험과 순간을 떠나 있으면, 당신은 삶 전체로부터 분리된 느낌을 갖게 될 것이다. 그리고 당신은 자기 자신을 놓치게 될 것이므로, 슬픔을 느낄 것이다. 당신은 영혼의 체험을 놓치게 될 것이다. 당신의 영혼은 몸을 통해 나타나고, 깨달음과 생기를 주고, 있는 그대로 행복하게 해준다. 당신은 자신이 사랑하는 자아를 다른 사람에게서는 보지 못할 것이다. 당신은 고통받을 것이다. 동시에, 모든 것의 중심에는, 세상을 관류하는 의식의 중심에는, 당신이 찾고 있는 그것이 언제나 있다. 거기에 당신의 답이 있다. 모든 것에 자유롭게 주어진, 당신이 그 안으로 물러나주기를 기다리고 있는 그 답이, 지금 이 순간 안에, 당신에게 꼭 맞는 답이, 바로 지금 여기에 있다.

2 진동하는 삶

진동들 속으로 빠져들기

세상에 귀를 기울여보라. 소리들은 음원으로부터 귀로 전해져 온다. 개들은 낯선 사람을 향해 고개를 돌리고, 돌고래들은 물고기 떼를 향해 헤엄쳐 가고, 음악은 악기들로부터 쏟아져 나오고, 이야기는 선생들의 입에서 흘러나온다. 더 들어보라. 벌레들의 바스라거림, 천둥소리, 엄마와 아기의 속삭임, 몸에 힘을 줄 때의 신음, 실패로 인한 울부짖음, 승리를 위한 기합…. 여러 층위의 진동들에 귀를 기울여보고, 그것들을 만지듯이 느껴보고, 실감해보고, 공명해보라. 당신은 바람이다. 지금은 산들바람, 지금은 돌풍, 지금은 폭풍. 당신은 빛이다. 지금은 흰빛, 지금은 무지갯빛, 지금은 검정, 지금은 다이아몬드처럼 투명하다. 당신은 생명의 순환이다. 뻗어나갔다가, 다시 되돌아오고, 한없이 충만하게 부풀었다가, 한없이 작은 바늘 구멍 속으로 사라진다. 당신은 그것을 계속하고 싶고, 또한 멈추고 싶다. 당신은 자기 자신이 흔들림이라고 생각하고, 또한 그 흔들림이 자신의 전부가 아님을 안다.

드러난 진동들 아래에는 매혹적이고, 늘 새롭고, 결정적인 원인이 되고, 처음에는 두렵기까지 한 무엇이 있다. 파동들 아래에 있는 그것은 움직임이 느려진 고요함이다. 여기에서는 언어가 무의미하다. 누군가에 대해 어떤 생각을 품으면, 그들도 같은 생각을 한다. 친구가 어떤 선물을 들고 나타나는 모습을 상상하면, 그것은 아무 노력 없이 현실이 된다. 온갖 파동들과는 관계없이 이루어지는 앎과 행동. 그것이 얼마나 고요한지, 얼마나 쉬운지 느껴지는가? 고요함이 깊어질수록, 당신의 의도는 더욱 빠르고 정확하게 실현될 것이다.

이처럼 고요한 변성 공간 아래에는 또 다른 공간이 있다. 여기에는 어떤 움직임도 없다. 그저 순수한 의식, 침묵, 깊은 평화, 영속적이고 한없는 사랑, 마음을 구원하고 초월하는 온전한 이해가 있을 뿐이다. 어떤 방향성도, 강압도, 욕망도 없다. 모든 창조 활동은 여기에서 시작되고 여기에서 끝난다. 여기에서 당신은 우주 그 자체로 존재하며 배움을 얻는다. 그 어느 때라도 당신은 주파수를 높여 침묵 속으로 들어갈 수 있다. 당신은 하나로 통합된다. 시간이 멈추고, 당신은 생각한다. '이곳에는 아무것도 없네.' 그때 갑자기, 어떤 '웃음'이 폭발하면서 당신을 진동하는 조각들로 다시 나누어놓는다. 이제 거기에는 모든 것이 있다! 당신은 순수한 상태로부터 솟아올라 새로운 충동을 느끼고, 새로운 진동을 선택하고, 새로운 곳으로 흘러가고, 고요함이 당신을 다시 불러줄 때까지 그 즐거움을 만끽한다.

가장 깊은 상태는 가장 높은 상태이다. 가장 고요한 상태는 가장 빠른 상태이다. 가장 진실하고, 자애롭고, 상호 연결된 감정이야말로 가장 강력한 것이다. 사랑이란 그 무엇보다 창조적이고 활기찬 주파수이다. 진리란 당신의 마음속에서 움직이는 사랑이다. 조화란 모든 생명의 진동과 화합하고 어울리는 사랑의 공명이다. 당신의 마음이 진동을 사랑하는 것은 그것이 진동으로부터 만들어졌기 때문이고, 당신의 영혼이 고요함을 사랑하는 것은 그것이 절대적인 일체성과 사랑으로부터 만들어졌기 때문이다. 주파수들의 향연을 즐기고, 고요히 음미하라. 주파수를 통해 창조하는 존재가 되고, 고요히 감사하라.

3 감정 습관

내면의 고통 끝내기

고통은, 심각한 육체적 통증이든 감정적 상처이든 간에, 당신이 찾아내거나 눈길을 주지 않으면 흩어져버린다. 당신이 동의하거나 저항하지 않을 때, 그것은 사라진다. 당신이 스스로를 그것에다 끼워맞추지만 않는다면, 그것은 아무것도 아니다. 높은 차원 속에는, 고통이 실재하지 않는다. 피해자도 없고, 구원자도 없고, 지도자도 없고, 추종자도 없고, 부와 가난도 없고, 이곳과 저곳의 경계도 없다. 높은 주파수 속에서, 당신은 존재(Being)의 힘을 깨닫는다. 존재는 영혼을 드러내고, 영혼은 신성한 의식을 드러낸다. 신성한 의식은 사랑을 드러내며, 안팎으로 만물을 보살핀다. 사랑은 생명과 자아의 불변하는 본성이다. 그 어떤 순간이라도, 당신은 '존재할' 수 있다. 당신은 영혼을 찾고 느낄 수 있다. 당신은 한 번도 떠난 적 없었던 사랑과의 놀라운 재회를 기대할 수 있다. 사랑 안에는 고통이 없다. 고통은 오직 사랑과의 분리 속에만 있다. 분리를 느끼는 것은 곧 고통을 선택하는 것이다.

높은 차원에서, 당신의 자아는 곧 우리의 자아이며 참된 자아이다. 사랑의 경험을 공유하는 참된 자아는 단 하나뿐이다. 자기 자신을, 또는 다른 누군가를 참된 자아가 아니라고 여긴다면, 당신은 본성을 잃고 고통 속에 빠진다. '그들'이라는 관념, 서로 간에 거리와 공간이 있다는 생각, 그것이 만들어내는 차이는 거짓이다. 당신의 외부에는 아무것도, 어떤 이방인도, 어떤 이질적인 것도 없다. 영혼이 부재한 텅 빈 공간은 어디에도 없기 때문이다. 영혼과 단절된 듯 가장하는 순간, 당신은 고통을 창조하게 된다. 고통이란 의심, 두려움, 분리, 광기를 말한다. 고통은 오직 마음속에만 있다. 당신이 이 세상과 친밀해지고 두려움을 내면에서 하나로 녹이는 순간, 단절은 사라지고 불가분의 영혼이 다시 나타난다. 당신은 자신을 작고 제한되고 위태로운 존재로 볼 수도 있고, 무한히 확장되는 빛의 존재로 볼 수도 있다.

당신은 때로 진통을 느낄 것이다. 움츠러드는 흐름에 저항할 것이다. 그럼에도, 그것을 고통으로 여길 필요는 없다. 긴장을 풀고 흐름을 따라 움직이라. 고통을 겪는 사람들이 종종 당신의 세상 안에, 당신의 공간 안에 등장할 것이다. 이것은 당신이 여전히 고통의 가능성을 현실 속에 열어두고 있다는 뜻이다. 오직 한 순간만 그들과 함께 머물라. 그들을 믿지 말라. 그들을 부정하지 말라. 그들을 모방하지 말라. 단지 그들의 경험을 허락하라. 그들에게서 영혼을 느끼라. 그들로 하여금 당신의 영혼을 느끼게 하라. 참된 자아를 내

보이고, 그들이 자발적으로 그것과 하나가 되도록 놓아두라. 영혼을 자각하면 고요한 확신이 솟아나고, 그들은 자기 안의 참된 자아를 기억해낸다. 그들은 고통에서 벗어나는 방법을 찾고, 그것은 또다시 당신을 자유롭게 한다. 사랑을 기억해낼 때, 당신과 그들에게는 즉각적인 치유, 긍정적 변화와 내적 변성이 홀연히 일어난다. 사랑의 부재(no-love)라는 환상이 해체될 때마다 우리에게서는 고통이 지워진다. 마음이 만들어낸 단절이 사라질 때마다, 고통은 맑은 하늘의 한 점 구름처럼 흩어진다.

4 부정적 진동

투명하고 느슨해지기

자기 자신을 빛과 에너지라고 상상해보라. 사랑의 다양한 표현을 이해하고 익힐 때, 당신의 일부는 투명한 다이아몬드와 같이 티 없이 반짝인다. 두려움과 과거사에 붙들려 참된 자아를 경험하지 못할 때, 당신의 다른 일부는 탁하고, 자욱하고, 빽빽하고, 불투명하게 나타난다. 이처럼 움츠러든 상황에서는, 어둠을 드리우는 생각들이 활개를 치고, 우주 통일장의 자유로운 에너지 흐름은 웅덩이와 소용돌이 속에 갇힌다. 당신은 당신 자신과 다른 사람들의 경험을 이 얼룩진 필터로 오염시켜버린다. 이 어두운 렌즈를 통해 바라볼 때, 당신은 고통과 한계, 부족, 부정적 감정을 경험하면서 그런 그림자들이 다른 사람들 속에 있다고 떠넘긴다.

좋은 소식은, 당신이 완전히 투명해지는 과정 중에 있다는 사실이다. 투명해진다는 것은 아무것도 붙들지 않는 것, 에고를 놓아버리는 것, 유연하게 적응하는 것, 성글게 투과시키는 것을 뜻한다. 그것은 고정된 정체성, 과거사, 한계, 신념, 두려움, 반사적 행동 등이 필요치 않은 삶을 의미한다. 그저 내려놓고 진리 또는 믿음을 경험할 때, 당신은 더욱 투명해진다. 방어적, 독선적, 공격적, 자기중심적, 경쟁적인 태도를 중단할 때마다, 당신의 다이아몬드 빛은 더 멀리 뻗어나갈 기회를 얻는다. 자신을 더 유연하고 유동적인 상태로 놓아두고, 과거와 미래에 대한 투사와 기대 없이 지금 이 순간 속에 온전히 존재할 때마다, 당신은 모든 것을 수용하는 능력을 증가시키게 된다.

당신이 응시할 수 있는 모든 것 너머에는, 통일장 속에서 자유롭게 흐르는 거대한 에너지와 의식이 있다. 확장된 자아의 인식과 표현을 눈앞에 두고도, 당신이 시답잖은 생각들에 붙들리거나 의심과 비관에 빠져 움츠러든다면, 그 에너지는 당신을 통과하지 못한다. 당신은 그것을 이해하지 못한다. 그것 역시 당신에게 교훈을 주거나, 당신의 창조를 돕지 못한다. 어떤 에너지장이 강해지면 — 지구 전체가 지금 이런 경험을 하고 있다 — 그 장의 일부인 당신 또한 자극받는다. 집착하고 망설이고 포기하고 저항할 때, 당신의 불투명함은 그 파동을 가로막는다. 곧 당신은 물속에서 나온 강아지가 물기를 털어내듯이 흔들어대기 시작할 것이다. 그래야만 그 답답하고 탁한 에너지를 떨치고, 자신의 에너지 통로를 깨끗이 청소하고, 자신이 속한 에너지장과 조화롭고 편안하게 동조할 수 있다.

부정적이고 위축되고 불투명할 때, 당신은 고통과 혼란을 경험한다. 자신에게 더 많은 투명함을 허락할수록, 당신이 경험할 문젯거리는 줄어든다. 투명한 사람에게 흘러든 강렬한 에너지는 지고한 신성, 열정, 빛의 느낌을 생산한다. 다이아몬드 빛의 심상에 주의를 기울이라. 그 화려함과 투명함을 당신의 안팎에서 느껴보라. 본디 자애롭고 지혜로운 다이아몬드 빛은 모든 입자, 파동, 존재를 흠뻑 적신다. 허무함은 환상이다. 모든 시공간 속에서 울리는 수정 같은 벨 소리, 그 투명함에 동조되어보라. 완전한 순수가 되어보라. 그것으로 당신의 내면을 가득 채우라. 그림자들이 그 경이로운 세계 속으로 흡수되고 흩어지도록 내버려두라. 완전한 투명함은 있는 그대로의 완전한 수용과 해방을 불러온다.

5 근원 주파수

가슴의 에너지장과 하나되기

주변을 둘러보라. 검푸른 벨벳 같은 우주공간의 평화로움을 느껴보라. 하늘이 별들을 품듯, 우주는 당신을 품는다. 중심 속에서 흐르면서, 요람 같은 침묵을 전적으로 신뢰하면서, 당신은 매 순간 새롭게 창조되고 있다. 지혜로운 영은 절대 당신을 방치하지 않는다. 그것은 한없는 사랑과 관심을 준다. 삶도 선물이고, 자아 또한 선물이다. 사랑은 가슴의 본질이다. 놀랍지 않은가. 창조하는 영은 당신의 가슴 속에 있고, 동시에 모든 가슴 속에 있다. 당신은 거대한 가슴 속에서 살아가는 존재이다.

상상해보라. 당신의 인간관계가 사라지고, 일이 사라지고, 소유물이 사라진다. 당신에게는 음식도, 물도, 돈도, 칭찬도 필요 없다.

당신은 목표도 없고, 욕망도 없고, 심지어 육체조차 없다. 딱딱한 것들이, 진동이 느렸던 것들이 모두 투명해진다. 당신에게는 신념도, 가치관도, 기억도, 성장도, 실수도, 말상대도 없다. 남은 것은 순수한 빛의 진동, 사랑의 파동뿐이다. 당신은 빛을 내고, 흘러 다니고, 심장을 고동치게 한다. 이것이야말로 당신의 참된 모습이며, 참된 앎이다.

이제 저 멀리 우주의 에너지장을 바라보라. 밝은 별들은 모두 빛과 영으로 이루어진 하나의 가슴이다. 이제 가까이 지상의 에너지장을 살펴보라. 밝은 빛들은 모두 지금까지 살아왔거나, 지금 살고 있는 존재들의 가슴이다. 거기에는 권력을 잃은 강대국의 정치인도 있고, 굶주린 엄마와 죽어가는 아이들도 있고, 신지학神智學의 영적 스승도 있고, 식당의 종업원도 있고, 집에 돌아오지 못할 군인도 있고, 그를 수호하는 천사도 있고, 생명을 다한 당신의 애완동물도 있다. 이제 더 가까이, 몸속의 에너지장을 들여다보라. 밝은 점들은 모두 아주 작은 세포들이며, 빛을 주고받는 초소형의 가슴들이며, 사랑의 계주(relay)이며, 생명을 빚어내는 마법의 가루이다.

당신이 저 먼 곳의 별을 하나의 가슴으로 볼 때, 그것 또한 당신을 하나의 별이자 가슴으로 바라본다. 당신이 죽어가는 아이에게서 불멸하는 가슴을 볼 때, 그 아이 또한 당신의 영원한 가슴을 진심으로 축복해준다. 당신이 건강한 세포를 하나의 가슴으로 볼 때, 그것 또한 당신을 자신의 확장으로 본다. 이러한 인식들은 진동하는 사랑의 현(string)이 되어 우주의식과 연결된다. 이러한 마음의 가닥들은 빛으로 공명하는 가슴의 에너지장과 우리를 하나로 엮는다. 이러한 에너지의 필라멘트들은 일체성의 깨달음이 된다. 가슴의 에너지장 속에서, 이처럼 장엄한 가슴의 씨줄과 날줄을 느끼고 그려보라. 그것을 통해 울려 퍼지는 영원함, 순수함, 생기, 사랑을 상상해보라. 이것이 바로 '근원'의 소리다.

상상해보라. 모든 가슴은 당신의 존재를 알고 지켜보고 있다. 그 관심과 사랑을 빠짐없이 수용하고, 당신이 주의를 기울이는 다른 사람들에게 그것을 전달하라. 주고, 받고, 또 주고, 또 받으라. 가슴의 빛이 가득 들어와 당신을 빛나고 또 빛나게 한다. 당신은 참된 자아를 기억해낸다. 그러한 파동은 흘러넘치고 쏟아져 나와 온 우주로 번져간다. 이제 더 큰 사랑이 당신에게로 온다. 주고, 받고, 또 주고, 또 받으라. 거대한 가슴은 파동을 통해 모든 가슴을 고동치게 하고 일깨운다. 우리 안에는, 우리를 보살피는 영이 있다고.

6 감응력

가장 진실한 느낌에 동조하라

당신은 생각보다 훨씬 더 한계 없고 복 받았으며, 보살핌을 받고 있다. 만물은 당신의 손아귀 안에서 자기 존재를 허락받기만을 기다리고 있다. 모든 지식은 당신의 호기심이 손 내밀어주기만을 기다리고 있다. 당신의 본질이자 모체인 존재의 생명장은 원자 하나의 목소리에도 감응한다. 그것은 당신의 사소한 바람 하나하나에도 반응하고, 변화하고, 귀 기울인다. 그런 자발성을 따름으로써, 당신은 보살핌받는 기쁨과 평온함을 얼마든지 느낄 수 있다. 그렇다. 당신은 의식적이고 발전된 감응력과 조화로운 공명의 이득을 ─ 그것이 얼마나 삶을 평안케 하고 지혜의 수준을 상승시켜주는지를 — 발견하고 있다. 하지만, 의식적 교감이 당신을 진정 데려가는 곳은 어디인가? 그것은 당신을 '우리(Us)'의 체험으로 이끈다. 앎을 공유하고, 감정을 공유하고, 동기를 공유하게 하면서, 당신을 진실한 일체감 속으로 데리고 간다. 당신은 형제자매와도 같은 생명체들과의 교감을 통해서 이기적이지 않은 우주의 속성을 발견한다. 주변을 간단히 둘러보고 사물들의 동기와 감응해보라. 그것들은 왜 존재하는가? 거기에는 단 하나의 참된 느낌밖에 없다. — 너그러움.

카페는 당신을 반겨주고, 당신은 보고 느끼기 시작한다. 한 여자의 행복한 발 위에서 빨갛게 색칠되어 반짝거리는 발톱, 스스로를 뽐내고 있는 그녀의 샌들, 다른 사람들과의 연결 수단이 되어주는 한 남자의 핸드폰, 손으로 돈을 꺼내는 동안 핸드폰을 고정시키기 위해 서로 굽혀지고 맞닿은 그의 어깨와 목, 주인의 뜻에 따라 기꺼이 옮겨 다니면서 결코 고정된 자리를 소유하지 않는 돈…. 아빠의 다정한 팔에 안겨 버둥거리는 아기의 통통한 다리는 당신을 웃음 짓게 한다. 산속에서 가족들과 함께 묵묵히 지내다가 얇게 잘려 당신의 도시로 왔고, 지금은 테이블 상판에 얹혀져 검푸른 얼룩을 쉼 없이 아름답게 반짝이며 사람들의 팔과 컵, 책과 빵을 떠받치고 있는 둥근 화강암 평판도 있다. 당신은, 글씨를 남기는 펜의 사랑과, 그 펜을 눌러서 머리에서 떠올라 목과 어깨와 팔과 팔목을 타고 전해 오는 단상을 글씨로 써내는 손가락의 기쁨을 느낄 수 있다. 오리건주에서 자라다가 짧은 생을 마감한 한 그루의 나무로부터 온 종이는 당신의 그 덧없는 단상들을 기다렸다가, 아는 것이라곤 '주는 일'밖에 없을 만큼 자신을 사랑하는 이 우주에다 전한다.

7 인간관계

영혼의 사랑을 기억하라

영혼과 영혼 간의 깊은 공존은, 낯익은 주파수들끼리의 편안한 동조와 함께, 그리고 우리가 어떻게든 서로를 이미 알고 있다는 직관과 함께 시작된다. 우리가 대화를 할 때, 우리의 생각들은 마치 퍼즐조각처럼 서로 잘 들어맞는다. 우리는 서로를 의지하면서, 혼자 알던 세상보다는 더욱 흥미롭고 정교한 공동 창조의 세상이 서서히 나타나는 모습을 본다. 낭만적인 가슴과 육체적인 열정에 연료가 되어주는 것은, 서로 스며들며 자극하는 우리들 마음의 즐거움이다. 깊은 평온으로 향하는 길을 발견하겠다는 열망, 전부터 서로를 알고 있었다는 연대감은 평생의 사랑을 위한 연료이다. 우리가 신비한 조화의 원인에 더 가까이 다가갈수록, 그것은 더욱 깊숙이 물러나면서 우리를 더욱더 크고 확장된 공통 자아의 경험 속으로 이끈다.

우리들 마음의 활강과 질주는 우리의 내면에서 경외감 — 우리가 가능성이 희박하다고 생각했던 그런 상호교환이 언제든지 가능하다는 놀라움 — 을 불러일으킨다. 우리는 감동하고, 우리의 가슴은 깊이 감사하고 안심한다. 우리가 아낌없이 주고받고자 할 때, 우리의 가슴은 한 단계 도약한다! 그러면, 우리의 주의는 모든 세포 속으로 스며들고, 고요해지고, 언어의 수준 아래로 이동한다. 우리는 말을 할 수 없다. 우리는 그저 내맡기고, 침투하고, 하나가 되고, 아름다움 속에서 황홀해한다. 거기에는 실제적인 이끌림의 리듬이 있다. 그것은 처음에는 느리지만, 곧 게걸스럽게 통합적 감각, 감각적 통합을 추구한다. 나는 당신에게 빠져들 수 있다. 나는 나라는 존재를 분리시키는 것, 나라는 존재를 유지시키는 것을 내려놓는다. 우리는 자유롭고, 서로의 자유를 반긴다.

그리고 조금씩, 서로의 놀라운 본질을 신뢰하면서, 더욱 친밀해진다. 가벼운 리듬으로 호흡하면서, 우리는 순환하는 고리처럼 서로에게서 멀어지고 흥미로운 개성을 띠다가, 다시 회합하여 앎을 교환한다. 서로를 풀어주었다가 갈망하는 일을 반복함으로써, 우리는 사랑의 모든 측면을 강화시키는 신뢰를 구축한다. 상대방에게서 오는 모든 것이 나를 고향으로 데리고 간다. 우리는 자신을 희생시키는 계약이 아니라, 더 높은 진리의 서약과 맹세를 한다. 우리는 상대방의 인격에 앞서서, 그의 위대한 영혼을 먼저 신뢰하겠다고 다짐한다. 그의 영혼을 보고, 그와 같은 의식을 갖고, 그의 눈으로 보고, 그의 목소리로 말하는 것은, 결핍에서 나오는 거짓된 욕구와 비난과 거부라는 거짓된 두려움을 붕괴시킨다. 일상적 연습을 통해서 영혼을 보는 것은, 이끌림과 거부를 선사시대의 일로 만들어버린다. 우리는 우리가 서로의 존재 속에 다른 누군가로서 늘 있었고, 있고, 있을 것임을 안다.

우리는 고요하고 따스한 가슴-근원의 연못을 창조하고 그것을 소중히 여기겠다고, 그 주파수 속으로 들어가서 가능한 한 지속적으로 그 속에서 머물겠다고 맹세한다. 이제는 이 고향을 떠나는 것도, 참된 자아가 서로를 부정적으로 생각하는 것도, 부정적인 말을 하고 두려움으로부터 행동하는 것도 고통스러운 일이 된다. 상대방은 우리의 생각을 듣고, 우리의 생각을 읽고, 우리의 움츠러든 감정을 느끼고, 각자의 소유를 구분하지 않는다. 우리는 참된 자아를 보살피기 위해서 행복과 기쁨을 선택한다. 우리는 참된 자아를 보살피기 위해서 신체적이고 감정적인 건강을 선언한다. 우리는 참된 자아를 보살피기 위해서 가능한 만큼 자주 창조와 축하에 대해 "예스"라고 말한다. 우리가 하는 모든 일은 사랑을 만들고, 우리 안에 살아있는 그 사랑을 느끼기 위한 것이다. 다른 사람의 실수를 떠올리는 것은 의미가 없다. 그것은 더 이상 쓸모가 없는 생각들 속에 우리의 참된 자아를 붙잡아둘 뿐이다. 몸을 통해서 사랑을 발현할 때, 우리는 실재가 아닌 것을 보기 때문에 귀중한 시간을 낭비한다.

지금 우리는 누구인가? 우리의 레퍼토리는 서로의 재능과 장점을 포함하는 쪽으로 확장되어왔다. 우리는 서로의 혈통에서 비롯된 것들을, 서로의 어린 시절을, 서로가 진 짐을, 서로의 죽음까지도 분명히 안다. 이런 공통 요소들을 함께 살아내는 사람들은 그것을 어떻게든 더 쉽게 견디고 소화시킬 수 있게 변화시킨다. 원한다면 우리는 더 빨리 이동할 수 있다. 또는 늦출 수도 있다! 우리가 진화하는 동안 새로운 인식이 일어난다. 이제 우리는 더욱 천사들과 닮아졌는가? 참된 자아 속에서 이완될 때, 우리는 더 많은 삶을 수용하는 쪽으로, 더 많은 사람을 가족의 사랑 속으로 초대하는 쪽으로, 더욱 큰 가슴의 고향 속에서 앎을 얻는 쪽으로 자연스럽게 확장된다. 우리는 서로를 소유하거나 붙들지 않는다. 신뢰와 감사는 우리가 여행하는 널따란 비포장 길을 닦아준다.

8 문제 해결

흘러라, 문제들이 사라지도록

삶은 움직임이다. 롤러코스터는 당신을 파동으로부터 입자로, 운동으로부터 멈춤으로 데리고 간다. 파동은 흐름과 자유의 즐거움을 가지고 온다. 멈춤은 당신을 일깨운다. 당신의 개성, 집단성, 일체성을 알도록. 파동치고, 멈추라. 확장되고, 다시 중심으로 돌아오라. 분리되고, 다시 하나가 되어라. 주고, 받으라. 당신의 인연을 느끼고 교감하라. 지혜를 배우고 경험하라. 당신은 파동이고, 입자이고, 다시 파동이고, 다시 입자이다. 당신은 매번 새롭다.

당신은 마음을 그릇되게 사용하는 파괴적인 습관들을 익혀왔다. 당신은 하나의 파동 속에 있고, 당신의 마음은 이렇게 말한다. "삶은 에너지이며, 나는 움직임이다." 이제 당신은 멈추어서 하나의 입자가 되었고, 당신의 마음은 그 말을 바꾸어야 한다고 생각한다. "삶은 고정되어 있으며, 나는 유한한 개체이다." 당신이 다시 하나의 파동을 향해 움직일 때, 마음은 자신의 정의를 '흐름'으로 다시 바꾸어야 한다는 압력을 느낀다. 마음은 당신과 삶이 하나의 방식만 따르기를 원하고, 삶과 자아의 양자적 본성을 충분히 경험하지 못하도록 당신을 옥죈다. 마음은 제 습관을 완고하게 고집피운다. 그처럼 좁은 시야 속에서, 파동-흐름으로부터 입자-멈춤으로 전환되거나 그 반대의 상황에 놓일 때마다, 마음은 이렇게 말한다. "난 잘못되었어. 뭔가가 잘못되었어. 내게는 문제가 있어. 나는 이게 싫어. 나는 이 변화를 통제해야 해." 두려움이 생겨나고, 불필요한 동요가 뒤따른다.

자신의 참된 자아를 가장 생생하게 경험할 수 있는데도, 정반대로 문제가 있다는 생각에만 몰두하는 것은 인류의 엄청난 어리석음이다. 문제가 있다는 느낌 아래에는, 당신이 다음 단계를 향해서, 참된 자아의 더욱 즐거운 경험을 향해 나아가고 있음을 암시하는 미세한 느낌이 있다. 그것이 스스로 흐르거나 멈추도록 하라. 분별없이 그 경험 속으로 들어가서 교감해보라. 움직이고, 표현하라. 창조하고, 멈추고, 다시 중심을 찾고, 감사하라. 그런 후에 바깥세상을 살펴보라. 당신의 꿈과 당신의 영화(movie)가 스스로 그 에너지 순환에 일치되고 조율되도록 하라. 마음이 주저하지 않으면, 세상도 주저하지 않는다. 문제와 해결책은 사라진다. 나타남, 사라짐, 다시 나타남이 있을 뿐이다. 삶의 형상들은 나타나고, 떠나가고, 진화한다.

당신은 마음이 분별을 멈추고 지금 이 순간의 경험과 '함께 머물도록' 이끌 수 있다. 당신의 마음에게 순환 주기의 반환점을 감지하는 법, 양극점에서의 기쁨에 동조하는 법을 가르쳐주라. 마음이 그것들을 껴안고, '틀렸다'는 관념을 떠나보낼 수 있도록. 마음이 분리감과 저항감에 빠질 때마다, 그것들을 내려놓고, 다시 현재 흐름에 합류하고, 즐거움을 찾으라. 이제, 깊은 즐거움이야말로 대원칙이 될 것이다. 그것은 당신이 깨어 있는 매 순간 속에서 사랑을 발현하게끔 해준다. 영혼의 즐거움을 당신의 원칙으로 삼을 때, 거기에는 어떤 그릇됨도, 문제도, 해결책도 존재할 수 없다. 삶은 저 스스로 지혜롭게 진화해간다. 해답이란 마음과 영혼이 만나는 찰나의 정지점이고, 이러한 만남 속에서, 다음번의 적절한 대상을 창조하는 선택의 기쁨이 주어진다. 당신은 문제를 소유하는 일을 포기할 수 있다. 지금 이 순간 속에서 긴장을 푼다면, 당신에게는 어떤 도움도 필요 없다.

9 높은 주파수의 삶

순수함 속에서 성장하라

순수함은 당신 영혼의 가장 불가해한 속성과 힘들 중 하나다. 순수함은 허무, 무력, 수동성의 발현과는 전혀 다른, 아주 강력하고 통합적이고 활동적인 힘이다. 미다스의 손처럼, 순수함이 있는 곳에서는 믿음직하고 풍요롭고 아주 든든한 경험과 지혜가 솟아난다.

아기의 눈동자를 보라. 그 속에는 그림자에 물들지 않은 영혼의 빛, 경계심 없는 열림이 있다. 그 빛 속에는 가능성과 기꺼운 활동과 움직임이 있다. 아기 눈빛의 순수함 속으로 들어가면, 그 열린 공간은 당신을 고대의 지혜 앞으로 다시 데려다준다. 아기의 눈빛이 시작되는 그 공간 속을 여행하라. 교감을 사랑하는 그 빛의 근원을 느껴보라. 다시 당신 자신을 순수함으로 느껴보라. 그럴 때, 당신의 주파수는 상승한다.

그 순수함 속에서 당신은 어떤 것이든 좋고, 누구든 환영하며, 무조건적으로 신뢰한다. 당신은 망설이지 않고 즉각 반응하고, 또다시 반응한다. 삶은 늘 새롭기 때문이다. 당신에게 인식되는 것은 전부 당신에게 주어진 선물이다. 한 가지에 대한 관심을 멈출 때, 당신은 또 다른 것을 보게 된다. 새로운 현실이 등장할 때, 기존의 현실은 사라진다. 잃는 것은 없다. 마치 마법처럼, 새로운 것들이 온다. 당신의 순수함이 두 배 또는 네 배로 늘어나는 느낌을 상상해보라. 그 강렬함 속에서, 더욱 환하게 웃는다. 당신은 최선의 것을, 당신을 돌봐줄 것을 맞이하는 법을 안다. 놀라운 선물과 기쁨이 당신을 황홀하게 한다. 그것들은 기꺼이 당신의 소망을 마중 나오고, 당신과 함께 머문다.

당신의 순수함이 더욱 강렬해진다고 상상하라. 당신은 분별, 욕구, 자존감 같은 여러 관념들이 소멸되어가는 모습을 보게 된다. 이제 그 안에는 호기심과 기쁨만이 존재한다. 이제 당신과 이 지구는 놀이 친구가 되었고, 마치 형제자매처럼 에너지와 사랑을 서로 나눈다. 그 둘 사이에서, 무한하고 충만하게 삶이 흐른다. 당신은 광속의 만화경이다. 수백만 개의 생각, 형상, 경험들이 당신을 통해 물질화되고 또한 비물질화되고 있다. 그리고 당신의 각각의 창조 주기를 더욱 자각하고 만끽한다.

무언가를 물질화시키고 싶은가? 먼저 아기처럼 되어라. 눈과 마음, 가슴과 몸을 부드럽게 하라. 빛나라! 웃으라! 즐길 준비를 마친 순수함으로 당신의 인식을 달콤하게 하라. 새로운 경험을 위해 소망하라. 영원한 순수함 속에서, 놀람과 기쁨을 줄 완벽한 형상을 기대하라. 당신과 이 지구는, 확장된 순수함 속에서, 지금 당장이라도 창조의 파동이 도착하여 당신을 간질이기를 함께 기다리고 있다.…
왔다! 그럼, 이제 다시 한번 해보겠는가?

10 깨달음

단순한 삶 속으로 자주 들어가라

당신은 길고 고단한 여행을 하고 있다. 당신은 가장 높은 사다리를 오르고, 가장 넓은 바다를 항해한다. 그러나 여전히, 당신은 고요하다. 별과 행성들이 뜨고 지면서 당신의 주위를 돈다. 길은 신비한 힘에 의해 끌려 나와 당신의 다리 아래에 깔리고, 당신의 뒤로 사라진다. 변화무쌍한 영화가, 현란한 쇼가, 당신을 자극하고 흥분시켜서 눈을 뗄 수 없게 하는 오락거리가 당신을 찾아오고 있다. 그리고 그것을 창조하는 것은 당신이다! 당신의 기발함이 그것의 창조자가 당신이 아닌 듯이, 그것이 마법처럼 불쑥 나타나는 듯이 꾸며대고 있다. 당신은 얼마나 창조적인가! 그리고 자신의 재기에 얼마나 넋을 놓고 있는가!

이제 눈을 감아보라. 감각들을 잠재워보라. 변덕스러운 불안정과 자극들로부터 벗어나라. 그리고 시공간 속을 떠다니는 파동들을 따라가지 말라. 그것들은 당신이 없는 어딘가로 가버리지 않는다. 외부 세계가 희미해질 때 변하는 당신의 진동을 느껴보라. 빛과 색이 소리 속으로, 소리는 미세한 촉감 속으로 사라진다. 이제 더 나아가서, 고요함이 있다. 그 속에는 너무나 잔잔해서 어떤 주기도, 마루와 골의 차이도 느껴지지 않는 하나의 진동이 있다. 그것이 평화이다. 그것과 함께 머물라. 그것은 저 스스로 달콤해진다. 그 상태는 스스로 웃음 짓는다. 그 보일 듯 말 듯한 미소에는 신성의 온전한 사랑과 지혜가 담겨 있다. 그 광휘는 영혼의 첫 번째 신호이다. 고요하게 빛나고, 웃으라. 당신이 보탤 것은 없다. 이것이 당신이다. 진실로 그러하다.

단순한 삶은, 모든 사람에게 있어서, 가장 유일하고 진실한 경험이다. 삶은 만화경도 아니고, 노상 흩어지고 모이는 변덕스러운 꿈도 아니다. 진실한 삶은 매 순간의 밑바탕에 있으며, 삶의 모든 순간은 당신을 그리로 데려갈 수 있다. 느껴보라. 보일 듯 말 듯한 미소를. 느껴보라. 느리고 고요한 광휘를. 그 속에서, 앎이 당신의 주변으로 퍼진다. 사랑은 어디에나 있으며 무한하다. 당신은 그것을 조금도 소유할 필요가 없다. 당신은 기꺼이 그것을 사방으로, 자유롭게 놓아둔다.

마음이 시간관념을 잊을 때까지, 단순한 삶 속으로 자주 들어가서 머무는 연습을 하라. 더 오래 머물수록, 그곳을 당신의 영원한 고향으로 받아들이기가 쉬워진다. 바로 지금부터, 웃으면서, 당신은 완전히 빠져서 몰두하라고 꼬이는 변화무쌍한 영화를 관찰한다. 당신은 그 영화를 사랑한다. 하지만 당신은 단순한 삶을 진심으로 사랑한다. 지금 모든 것이 분명하다. 당신은 그 단순함을 이해하고, 그 주파수들에 익숙해진다. 그것들이 움직일 때, 당신이 내면에서 그것들의 자연스러운 움직임을 알아차렸을 때, 여름날에 나비가 스쳐 지나갈 때, 구름이 세찬 바람에 흩어지고 모여들 때, 당신은 그 입자와 파동들을 사랑한다. 당신은 그것들을 부리고 축복한다. 당신은 모든 곳에, 모든 곳에 있다. 이처럼 단순하다.

11 새로운 세계의 열림

새로운 질서가 주는 안정감을 받아들이라

지금의 당신은 작년보다 더 빠르게, 지난달보다 더 빠르게, 지난주보다 더 빠르게, 어제보다 더 빠르게, 그리고 단 5분 전보다도 더 빠르게 진동하고 있다. 당신은 더욱, 더욱, 더욱 진정한 자신인 영적 존재가 되어가고 있다! 그리고 기억해낸다. 비물질적 삶의 본성인 사랑과 조화, 무한한 지혜와의 완전한 합일을. 당신은 창조자이다!

이제 더 이상 이 진실을 기억하지 않거나, 느끼지 않거나, 깊이 아는 것을 피하기가 불가능해지고 있다. 만약 저항하거나 회피하려 한다면 '고통'이라고 불리는 혼란스러운 진동을 경험하게 될 것이다. 하지만 주파수의 상승을 받아들인다면, 그것이 점진적이든 급격하든 부드럽든 빠르든 상관없이, 당신은 기쁨의 새가 되어 흐르는 강물, 떠다니는 구름, 영그는 도토리, 꽃가루로 가득 찬 꽃잎과 함께 노닐 것이다. 당신은 빛에 의해 들어 올려지고 있다.

지금 당신 곁에 있는 것을 사랑하라. 그것이 어떻게 당신에게 다가 왔는지, 어떻게 당신 곁에 머무르는지, 당신이 주의 깊게 바라볼 때 얼마나 밝고 기쁘게 빛나는지를 경이롭게 바라보라. 당신 삶의 만물 속으로 들어가보라. 그것의 눈으로 바라보고, 당신이 그것을 택했듯 그것도 당신을 택했음을 알라. 당신처럼 그것도 사랑이란 재료로, 사랑의 손길에 의해 만들어졌다. 그것에 감사하라. 모든 존재와 사물은 서로를 위해 존재한다. 나는 '나'인 동시에 '우리'이다. 과거의 편견이 무엇이라 주장하든, 진심 어린 존중과 감사의 태도를 실천하라. 그러면 당신은 확장될 것이다. 당신의 가슴이 태양처럼 빛나기 시작할 것이다. 이제 당신의 주파수는 모든 경험과 형상을 가로질러 춤추듯 흘러간다. 장벽도 간극도 없이, 당신은 자유롭게 흐른다!

이제 당신은 자신이 사랑하고 필요로 하는 것을 가장 우아한 방식으로 물질화할 수 있다. 당신은 그것을 원하고, 시각화하고, 그간 연습해온 물질화 과정을 모두 실행한다. 그리고 뜻밖에도, 당신은 그 비전을 통해 얻고자 했던 감각을 자기 내면에서 경험한다. 놀랍게도, 당신은 이미 스스로 충족되었다고 느낀다. 그리고 눈 깜짝할

새에, 난데없이, 당신이 원했던 것이 더 완벽한 형태로 현실에서 이루어진다. 왜냐하면 '우리'는 우리 일부인 당신이 무얼 원하는지 잘 알므로, 그것은 '우리'의 바람이기도 하기 때문이다. 당신은 웃음을 띠며 그것을 받고, '우리'는 미소를 띠며 그것을 건넨다. 이것이 '우리'의 놀이이다!

당신은 오랫동안 진심으로 두려움을 정화하고 상처를 치유하기 위해 노력해왔다. 당신은 심리적 구조와 카르마의 작용을 넘치도록 공부해왔다. 그러나 이제 당신의 주파수는 전례 없는 수준으로 도약하여 넓게 펼쳐진 시야를 얻는다. 그리고 과거의 이야기를 반복하는 것이 지루할 뿐이라는 사실을 깨닫는다. 더 이상 고통 속에 머물 이유도, 결핍을 참아낼 이유도 없다. 신비롭게도 그런 자극제들은 이미 사라지고 없다! 카르마가 없어졌으니 정화 과정이 필요치 않다. 당신은 자신의 '사랑-의식'의 빛 속에서 이제 점진적인 변화가 필요하지 않음을 깨닫는다. 당신은 매 순간 균형을 잡고 감사, 베풂, 일체성의 깊은 안락함 속으로 돌아간다. 도마뱀이 꼬리를 재생하듯, 당신은 필요한 것들을 회복해간다.

우리가 성장의 흐름을 따라 나아갈 때, 몇몇 창조물은 에너지, 의식, 영성의 거대한 장 속으로 되돌아가 휴식하며 모두에게 자유를 선사할 것이다. 그것들은 사랑으로써 자기 목적을 다했으므로 아무런 상실감도, 상처도, 슬픔도 남기지 않는다. 떠나가는 것들을 축복하라. 그것들은 더 많은 성장과 기쁨의 공간을 마련해준다. 머지않아 당신은 더 이상 치유가 필요하지 않게 될 것이다. 당신의 의식이 충분히 높은 주파수에 도달하여 모든 불균형을 본래의 조화로 되돌릴 것이기 때문이다. 치유는 결함이 기본값이라는 믿음을 전제로 한다. 낡은 믿음의 껍데기와 고통의 층이 벗겨지고, 당신은 그것들을 전혀 아쉬워하지 않을 것이다. 투명함이 당신의 에너지장을 다이아몬드와 황금의 빛으로 가득 채울 때, 우리는 당신 앞에 나타날 것이다. 그 순간 당신은 자신이 언제나 영원 속에 머물고 있었음을 깨달을 것이다.

부록 3

핵심 내용 모음

이 부록은 당신에게 지침과 영감을 제공해준다. 주욱 훑어보며 자연스럽게 이끌리는 대목을 찾거나, 눈을 감고 무작위로 펼쳐서 읽어보라. 그것은 당신을 위한 메시지이거나 신탁(oracle)이 될 수 있다! 만약 어떤 질문이나 고민, 해결해야 할 문제가 있다면 무작위로 선택된 그 문장이 당신의 마음 상태를 변화시켜 분명한 해답을 찾게 해줄 것이다.

15주년 기념 확장판 서문

1. 이것이 우리 인간이 진동체로서 살아가는 방식이다. 우리는 받고, 행동하고, 만들고, 내어놓고는 텅 비워 잊어버린다. 그리고 얼마간 한가롭고 고요하게, 또는 다른 일에 집중하며 지낸 후에, 나선형 회전의 새로운 주기가 찾아와 기존의 것을 더 높은 주파수로 경험하게 된다. 과거의 우리는 어떠했고 지금의 우리는 얼마나 성장했는지를 알게 된다. 기존의 실들로 훨씬 더 화려한 직물을 짜냄으로써 우리는 더 큰 지혜, 감각, 통합력, 창조력을 드러낸다. 배우기, 창조하기, 잊기, 비우기를 순환하는 과정이 바로 주파수다!

책을 열며

2. 물리적·정신적 에너지의 특성과 작용 원리 — 주파수, 진동, 공명, 파동, 발진, 주기, 옥타브, 스펙트럼 등등 — 에 대한 지식들은 더욱더 늘어만 간다. 우리는 의식과 에너지가 밀접하게 상호 연결되어 있음을 안다. 하나가 상승하거나 하강하면, 다른 하나도 그렇게 된다. 이런 관념들이 앎과 행동, 성취를 위한 최신 기법의 핵심임을 깨닫는 약간의 도약이 이미 일어났다.

3. 매 순간 당신이 몸·감정·마음 안에서 발생시키고 있는 에너지 진동(주파수)은 이상적인 삶을 실현시켜주는 가장 강력한 도구이다. 높고 빠르고 선명한 진동은 운 좋고 순탄한 삶을 선물하겠지만, 낮고 느리고 혼탁한 진동은 허망하고 침울한 삶을 낳을 것이다.

4. 우리는 '정보의 시대'를 떠나서 적어도 우리의 현실 인식을 크게 변화시킬 '직관의 시대'로 접어들고 있다. 우리가 당면한 문제는 다음과 같다. 이처럼 확장된 진동 세계의 법칙들, 그리고 그것에 적합한 에너지-의식 기법들을 어떻게 배우고 발전시킬 것인가? 지금까지의 생활 방식이 단말마의 비명만 남기고 사라지는 동안, 우리는 어떻게 새로운 인식과 정체성과 행동 방식을 확립할 것인가?

5. 당신은 참된 자아로서의 더 높은 체험과 더 나은 삶을 가로막는 껍데기(에고)를 혼자 힘으로 부숴버릴 수 있다. 구루(스승)가 없어도 상관없다. 초자연적 체험 속으로 날려 보내주는 특별한 사

건도 필요 없다. 과학적 설명이 불가능한 초자연적, 초개아적(transpersonal) 사건들이 평범해 보일 만큼, 당신은 현재의 육체 그대로 높은 주파수의 존재가 되어가고 있다.

6. 자신의 본래 모습과 일체성을 깨닫고 삶의 방식을 향상시키기 위해서는 먼저 충만한 사랑을 내 몸의 세포 속에서 느껴야 한다. 에너지 진동에 집중하여 그 속에 암호화된 심층 정보를 감지하는 것은 사랑과 영혼에 대한 확신을 갖는 가장 빠른 길이다.

7. 내가 교류하는 많은 사람들은 우리가 '지상의 삶'이라는 이 놀랍고 매혹적인 꿈을 꾸어오는 한편으로 근원('천상'의 경험)을 한시도 떠난 적이 없다는 사실을 이해하기 시작하고 있다. 이 꿈에서 완전히 깨어나려면, 자신의 최고 주파수에 익숙해지고 영혼(soul)을 일상적으로 체험해야 한다.

8. 우리 모두는 높은 주파수에 적응해가며 초감각이라는 능력을 발달시키고 있고, 이것은 진실로 가장 정상적인 앎의 방식이다. 가족관계, 병든 화초, 공공단체, 시장(market)의 경향 등등 그 어떤 대상이라도 감응력을 활용하면 깊이 이해할 수 있다. 확장된 상위 진동과의 상호작용은 늘 이해와 존중과 연민이라는 결과를 낳는다.

1 변성 과정

9. 주파수가 높아지고 인식 능력이 무한해지는 에너지 현실이 오고 있다는 사실을 제대로 이해하려면 자신이 극도로 민감해지고 방향을 잃은 채 혼란을 느끼기도 하는 데는 충분한 이유가 있다는 것을 아는 것이 도움이 된다.

10. 나의 정체성이 전환되면 현실도 동시에 전환된다. 현실이 전환되면 나의 정체성도 동시에 전환된다.

11. 당신의 감정과 육체의 주파수가 증가하면, 잠재의식의 훼방꾼들 — 두려움의 근간이 되는 낮은 주파수의 감정들 — 은 더 이상 축적되거나 억압되지 않는다. 고주파의 에너지장 속에는 낮은 주파수가 존재할 수 없기 때문이다.

12. 만약 상위 에너지의 흐름에 자신을 내맡기면서 사랑과 인내로써 현실에 대처한다면, 싫어하는 한쪽 면만을 회피할 수는 없으며 오히려 모든 선택지를 삶의 일부로서 받아들여야 한다는 사실을 배우게 될 것이다. 그때 당신은 사람들이 서로의 내면을 반영하고 있다는 '되비춤(mirroring)'의 개념을 받아들인다. 당신은 무엇에든 양극이 있음을 인정하고, 그것들이 서로를 지탱하는 방식을 이해하게 되며, 지금껏 거부해왔던 자신의 일부분으로부터 정보와 에너지를 얻는 방법을 배운다.

13. 개인적-사회적 수준에서 에고의 죽음을 경험하게 되면, 많은 사람들이 공포에 사로잡혀서 이제는 세상이 끝났다고 생각한다. 물론 그것은 사실이 아니다. 그것은 그저 뱀의 허물벗기와 같다. 실상은 당신의 정체성이 제한된 자아에서 매우 확장된 자아로 바뀌고 있는 것이다.

14. 만약 당신이 필요치 않은 대상들의 해체를 허용한다면, 실제로 그런 외적 규범들은 별로 필요가 없다는 사실을 발견하게 될 것이다. 당신은 내면과 직접 소통하고 있다. 또한 자연의 조화와 질서라는 타고난 보편적 원리에 따라 살아가고 있다.

15. 되어가는 대로 내맡긴다면 당신은 존재의 심연을 체험하게 된다. 그것은 안도감과 은혜로움, 궁극적인 기쁨의 체험이다. 당신은 자신이 어떤 존재인지를 홀연히 깨닫는다. 당신은 내려놓았고, 참된 중심을 찾았으며, 그 기분은 끝내준다! 에고^{ego}? 개나 줘버리라지! 이것은 환상적인 기분이다. 사실은 이것이야말로 진짜 당신이다. 당신은 '종점'에 도착했다. 뭔가를 더 하는 것은 답이 아니다.

16. 아직 전환을 이루지 못한 사람들을 만나더라도 당신은 두렵지 않다. 그들은 당신을 끌어내릴 만큼 위협적이지 않기 때문이다. 오히려 당신은 선생, 치유가, 조언자의 역할을 맡아 자신의 높은 주파수를 더 훌륭한 미덕을 위해 사용한다.

2 진동하는 삶

17. 머지않은 미래에, 당신은 생활 속의 미세한 영향력들을 훨씬 더 많이 감지하게 될 것이다. 자신이 어떤 진동의 영향을 받고 있으며 그것이 건강한지 건강하지 않은지를 알게 될 것이다. 다른 사람을 보면 그에게 행운이 올지 불행이 닥칠지가 느껴진다. 당신은 미래의 사건이 언제부터 파동치기 시작하는지, 언제부터 주파수가 변화하며 그것에 적응해야 하는지를 알게 된다. 어떤 일이 풀리지 않을 때, 길잡이(guidance)가 문을 두드리며 등장할 때, 또는 어딘가에서 문제가 생겨서 사람들이 당신의 도움을 필요로 할 때, 당신의 몸은 그것을 먼저 알려줄 것이다.

18. 각각의 주파수는 그것에 해당하는 독특한 지식과 법칙의 세계를 펼쳐내고 있다. 당신은 다양한 숫자들에 감응함으로써, 새로운 정보의 세계를 발견하고 기초적인 에너지 기술을 숙달시킬 수 있다. 단계들을 오르내리는 기술 말이다.

19. 고유 진동이란 당신에게서 항상 발산되고 있는 주파수들의 총합이다. 고유 진동은 몸-감정-생각의 다양한 수축/확장 상태들이 한 덩어리로 합쳐진 것이다. 그것은 본질적으로 불안정하다.

20. 당신의 고유 진동은 자발적인 선택에 의해 내부로부터 퍼져 나온다. 당신의 기분은 진실로 당신 자신의 선택에 달려 있다. 당신은 타고난 진동, 즉 근원 주파수를 가지고 있다. 그것은 영혼

의 느낌이며, 아기들이 발산하는 눈부시게 밝은 주파수이다. 하지만 살아가는 동안 그것은 감정적, 정신적 혼란으로 뒤덮인다. 당신은 필요할 때마다 그 덮개를 벗고 빛을 발할 수 있다.

3 감정 습관

21. 제한된 환경, 조건적인 사랑, 불완전한 수용에 무의식적으로 순응해온 만큼, 현 시대의 빠르고 새로운 진동은 더욱 강렬하게 느껴질 것이다. 당신은 이런 새로운 에너지가 낯설다.

22. 모든 파괴적인 감정 습관의 이면에는 에너지와 의식의 작용에 대한 오해가 자리 잡고 있다. 그 습관이 처음 생겼을 때, 당신은 언어를 이해하지 못했고 정신적 신념들도 전혀 갖지 못했다는 사실을 기억하라. 모든 것은 본능적이고, 조건반사적이고, 생존 지향적이었다.

4 부정적 진동

23. 당신이 지금 가진 것들은 지난 며칠, 몇 주, 몇 달 동안 스스로 의식적 또는 무의식적으로 생각하고 집중해온 것들이다. 자신의 현재 상황에 항의하거나 불만을 표하는 태도는 물질화 과정의 완벽함을 부정하고, 자신의 자연스러운 인생 흐름을 '중단'시킨다.

24. 이처럼 자신의 에너지를 위축시키고 파동을 끊거나 멈추려 들 때마다, 당신은 흐름을 늦추고 주파수를 낮춰 스스로 기회를 놓쳐버린다. 또한 당신은 그 흐름을 틀어막느라 지쳐버린다. 이런 정체 상태가 굳어지면, 그것들은 강박과 병적 집착으로 바뀐다.

25. 분리, 격차, 두려움이 지배하는 구시대의 세상은 느리다. 상호 연결된 새로운 세상은 빠르다. 우리가 일체성에 가까워질수록, 삶은 더욱 동시성을 따른다. 우리의 삶은 지금 이 순간의 속도에 준하는 새로운 법칙에 따라 펼쳐진다.

26. 당신은 진동의 바다를 항해하는 진동체이다. 당신은 쉼 없이 변화하는 삶의 에너지와 뒤섞이고 발맞추는 법에 익숙해져야 한다. 그것은 의지력을 완전히 새롭게 사용하는 방식을 배워야 한다는 뜻이다. 작위作爲(willfulness)는 우리를 걸림돌처럼 만들어놓기 때문이다.

5 근원 주파수

27. 숨을 내쉬고, 외부에 대한 관심을 줄이고, 강요를 멈추라. 당신의 호불호, 성공과 실패, 미래 계획 등을 다른 사람들에게서 빌려오지 말라. 당신은 반려견이나 고양이처럼 완전한 실재, 완전한 행복, 완전한 가능성으로서 존재할 수 있다. 당신은 경이로운 힘이다. 그 힘은 아름답고 맑은 두 눈으로 세상을 바라보고, 즐

겹게 진동하는 몸을 통해 뿜어져 나온다. 당신은 에고에 의지할 필요가 없는 참된 존재가 될 수 있다. 에고를 놓아버린다고 해서 당신이 휙 하고 사라지지는 않는다.

28. 내려놓음은 희생을 불러오지도, 게으름과 싫증을 조장하지도 않는다. 그것은 그저 존재로의 귀환일 뿐이다. 그것은 당신을 '행위'에 열중하는 상태로부터 더 자연스럽고 직관적인 상태로 옮겨놓는다. 그때 당신은 지금 이 순간의 모든 것을 알아차리고, 그것들에 감사하고, 그것들과 함께 머문다. 내려놓음은 소음 속에서 침묵 속으로 이동하는 것이다. 진실로 내려놓았다면, 당신은 중심으로 들어가 반드시 자신의 근원 주파수에 이르게 된다.

29. 그저 긴장을 풀고 그 안으로 들어가라. 당신이 순수해질수록 참된 자아와 합일하는 과정은 더욱 수월해진다. 당신의 내적 진동은 시시각각 변동하겠지만, 우리의 궁극적인 목표는 그것을 근원 주파수에 동조시킴으로써 그 둘이 하나가 되도록 만드는 것이다.

6 감응력

30. 당신이 기존의 관념을 내려놓고 어떤 대상에 주의를 기울여 그것과 감응하여 하나가 될 때는 — 진심으로 그것에 대해 알고자 한다면 더더욱 — 놀라운 사실이 드러난다. 특정한 사람, 동물,

식물, 장소, 문제, 또는 상황에 일시적으로 동조되고 합일함으로써, 당신은 그것의 삶과 관점 속에 숨겨진 비밀을 직관을 통해서 해독할 수 있다.

31. 감응력을 잘 사용하려면, 당신의 영혼이 지목하는 것과 시답잖은 것을 구별하는 법을 배워야 한다. 당신의 내면에는 그런 힘이 있다. 그것을 내면의 주시자(the Inner Perceiver), 현시자(the Revealer), 또는 성령(the Holy Spirit)라고 부르자. 그것은 여러 이름으로 불린다. 그것은 영혼의 힘이며, 삶의 교훈을 깨우쳐주고 참된 모습을 드러내도록 도와줄 대상을 향해 당신의 주의를 이끈다.

32. 자신의 확장된 능력을 인식할 때, 그리고 성공을 위해 참된 자신을 희생할 필요가 전혀 없다는 사실을 깨달을 때, 당신은 '소리굽쇠'처럼 자신의 근원 주파수를 울리고 퍼트려 주변의 에너지 진동을 바로잡는 모습을 상상해볼 수 있다. 변화의 가능성을 믿는 만큼, 당신은 자신의 근원 주파수와 공명하는 사람들과 상황을 더 많이 만나게 될 것이다. 그때 당신의 삶에는 기적이 일어난다.

33. 당신의 몸이 주변의 진동으로부터 수신하고 있는 비언어적 정보를 당신의 의식이 자각하거나 적절한 행동을 취하지 않는다면, 그 진동은 더욱 강렬해질 것이다. 좌뇌 속에 너무 오래 머물거나, 한 대상에만 너무 오래 집중하거나, 몸의 느낌을 벗어났을 때는 일시적으로 둔감해지기 쉽다. 하지만 당신의 영혼은 늘 당

신에게 말을 건네고 있다. 만약 그것이 중요한 정보인 경우에는, 당신이 알아차릴 때까지 영혼은 압박을 그치지 않을 것이다.

7 인간관계

34. 지금 당신은 변성되고 있다. 그것은 당신이 스스로를 에너지적 진동체로 여기고, 의식의 에너지장 속에서 다른 사람들과 서로 얽혀 있음을 깨달았다는 뜻이다. 이제 당신은 우리가 어떻게 만물을 공유하고, 서로를 알고, 서로의 존재를 뒷받침하고, 함께 페달을 밟고, 함께 살아가는지를 진심으로 이해한다.

35. 당신의 세계 속에 들어온 사람들은 당신의 주파수와 어울린다. 누군가 당신의 삶 속에 등장해서 내적 주시자의 주목을 받고 있다면, 당신은 그와 내적 진동을 공유하고 있는 것이다. 즉, 그들은 당신의 세계 속에 등장하고 당신은 그들의 세계 속에 등장한다. 당신과 그들은 하나의 공통 목적을 위해 서로를 창조한다.

36. 공통된 욕구와 호기심을 해결하기 위해 비슷한 주파수를 가진 사람들이 당신의 세계 속에 불쑥 나타났다가 또 사라져버린다. 물론 같은 방식으로 당신도 그들의 세계 속에 출현한다.

37. 관계의 창조와 소멸은 언제나 상호작용을 통해 일어난다. 당신은 의도적으로 누군가를 불러들이고, 소원 목록을 작성하고, 다

양한 전략을 구사할 수 있다. 그러나 그런 아이디어가 당신 영혼의 바람에 의해 일어났고, 내면에서 이미 그것들을 실현시키고 있을 때라야 가능성이 있다. 자기 영혼이 누군가의 등장을 바란다고 확신할 수만 있다면 그것은 현실이 될 것이다.

8 문제 해결

38. 자기 자신을 진동체로서 인식하고 주파수 원리를 활용하면 해결책, 계획, 목표에 이르는 길도 달라진다. 이것은 답을 찾는 새로운 방식이다. 이제 당신은 에고 대신 영혼의 기준에 따라 결정을 내리고, 혼자 모든 일을 처리하려 들지 않는다. 더 이상 당신은 상황을 '좋다/이롭다' 또는 '나쁘다/해롭다'고 딱 잘라 정의할 수 없다.

39. 직관의 시대에, 문제를 해결한다는 말은 에너지 흐름과 통합적 의식에 감응하여 앞으로 생길 일을 알아본다는 뜻과 같다. 결정을 내린다는 말은 개인-양자^{써}-단체의 근원 주파수와 공명하는 것들을 골라 선택한다는 뜻이다. 목표, 계획, 전략은 불변의 대상이 아니다. 그것들은 유기적으로 쉼 없이 전개되는 홀로그램의 일부이며, 당신 또한 거기에 동참해야만 한다. 계획을 세울 때, 당신은 상위의 주파수 흐름에 동조되고 통합된 에너지장과 어우러진다. 그런 후에 확장된 차원이 원하는 바를 깨닫는다.

40. 현재와 미래, 행동과 결과 사이의 (가상의) 틈새를 횡단하는 데 필요했던 '시차'가 더 이상 존재하지 않는다. 따라서 당신이 문제를 해결하고, 결정을 내리고, 목표를 세울 때는 다음의 사항을 유념해야 한다. ― 우리가 이전에 필요로 했던 단선적이고 논리적인 과정을 다 거치지 않고도 결과는 대단히 빠르게 일어날 수 있다. 거기에 관련된 사람들이 깨어 있을수록 더욱 빠르게 말이다.

41. 자신의 내적 현실과 더 높은 청사진 사이를 의도적으로 옮겨 다님으로써, 당신은 시간의 흐름과 움직임에 대한 천부적인 감각을 계발하게 된다. 당신은 더 폭넓은 시야를 얻고, 잠재적인 장애물을 미리 감지하고, 더 다양한 가능태들 사이의 연관성을 알아차린다. 당신은 하나의 길이 다른 길들보다 우선시될 확률을 가늠하게 될 것이다. 당신은 가장 가능성 높은 하나의 스냅 사진을 흐릿하게 간직하는 것으로부터 시작할 것이다. 당신은 변화하는 에너지 흐름에 맞춰 자신의 계획을 무리 없이 각색해내고, '되어야 할 일이 되도록' 최종 결과를 받아들일 것이다.

42. 문제란 당신이 분리감을 인식할 때 나타난다. 자신의 운명을 찾는 것이야말로 인생의 궁극적인 해답이다. 당신이 영혼으로서 살면서 하나됨을 경험하면 부차적인 문제와 미래 계획 따위가 모두 사라지기 때문이다. '직관의 시대'의 해결책들은 '안성맞춤'처럼 느껴지며, 항상 영혼과 열정이 자유롭게 발현되도록 돕는다. 차원 높은 해결책은 모두를 만족시키고, 모든 생명체에 봉사하고, 인간의 다차원적인 ― 육체적, 감정적, 정신적, 영적 ― 경

힘을 두루 포괄한다.

9 높은 주파수의 삶

43. 오늘날에는 성공에 대한 정의를 새롭게 할 뿐만 아니라, 창조 과정에서 일어나는 현상들을 설명하는 방식에도 주의를 기울이는 것이 중요하다. 우리는 더 이상 홀로그래피와도 같은 창조 과정을 단선적인 모형으로써 설명하려 들지 않는다. 그 대신 통일장 이론과 정확하게 일치하는 모형을 발전시키고 있다.

44. 당신의 마음과 감정도 물질화 과정에서 부수적인 역할을 한다. 마음과 감정은 영혼의 의도를 훼방하고 지체시킬 수도 있고, 돕고 가속화시킬 수도 있다. 그것은 당신이 자애로운 자아와 두려움에 떠는 에고 중에서 무엇에 주의를 기울이는지에 달렸다. 마침내 두려움이 완전히 사라질 때, 당신의 마음과 감정은 힘을 합쳐서 정교한 감응력을 갖추고 더없이 투명한 렌즈가 된다. 그때 당신의 개인적 욕망과 영혼의 의도는 정확히 일치한다. 원하는 바를 '얻는' 데는 어떤 의지력도 필요치 않다. 정확히 알맞은 일들이 순서대로 이루어지기 때문이다.

45. 물질화의 원동력은 주의(attention) 또는 관심(interest)이다. 물질화는 당신이 경험해보고 싶은 어떤 아이디어에다 관심을 기울일 때 시작된다. 그 대상은 이미 당신의 현실 속에 존재하고 있다.

당신이 관심을 기울여 에너지장 바깥으로 불러냈으므로, 그것은 당신의 심상 속에서 하나의 모습으로 나타나기 시작하면서 일종의 심령적 질량을 갖기 시작한다. 당신이 그 아이디어에 더 오래 관심을 기울이고 에너지를 쏟을수록, 그것의 진동은 더욱 느려지고 밀도는 더욱 높아진다. 그것은 생각과 감정의 옥타브 수준을 거쳐 물질의 수준으로 하강한다.

46. 행운은 당신이 자신의 영혼을, 지금 이 순간을, 벌어지고 있는 일들을, 자신의 바람이 완벽하게 이뤄질 것이라는 진실을 신뢰하는 순간 찾아온다. 당신의 소망은 완벽한 길과 시기를 찾아낸다. 당신의 영혼은 당신에게 행운을 안겨주고, 당신은 모든 일이 척척 들어맞는 그 길을 만끽할 수 있다. 당신은 의식적으로 그 길로 들어설 수 있다.

47. 당신은 뭔가를 실현하기 위해서 너무 많은 의지력을 쓰고 있는지도 모른다. 또는 그 물질화 과정을 부채질하고 통제하는 데 자신의 생명력을 소모하고 있을 수도 있다. 뭔가를 밀어붙인다는 것은 당신이 흐름에서 벗어났으며 중요한 정보들을 놓치고 있다는 방증이다.

48. 당신이 창조하고 싶은 꿈을 확장시키기 위한 일 중의 하나는 확장된 에너지, 활동반경, 지식, 물리적 공간, 새로운 자아감을 뒷받침해줄 만한 자금을 상상하는 것이다. 그렇게 확장된 삶이 당신을 압도해서 지치게 할 것처럼 생각된다면 당신은 틀림없이

그만두게 될 것이다.

10 깨달음

49. 당신이 더욱 투명해질수록, 당신의 영혼은 왜곡됨 없이 당신을 통해 발현되며 운명을 창조한다. 문제들이 해결되고, 생각과 방향이 경쾌하게 방향을 튼다. 이제 당신은 내면의 생각과 감정이 즉각적으로 당신의 외부에 영향을 미치는 방식에 익숙해져 있다. 그리고 현실을 빚어내는 자신의 영혼을 돕기 위해서 관심을 두어야 할 것과 무시해야 할 것을 구분한다. 어렵기만 했던 일들이 이제는 흥미롭고 즐겁다.

50. 변성 과정은 동시에 모든 사람에게 일어나지 않는다. 그것은 연속적인 파동 또는 물결로서 전개된다. 어떤 사람들은 먼저 깨닫는다. 그들이 다른 사람들보다 더 잘난 것은 아니다. 그들은 그저 먼저 출발하기로 마음먹었다. 그들은 다른 사람들에게 영향을 미치고, 직접 본보기가 되어 길을 밝혀준다. 다시 두 번째 집단이 변성 과정을 통과하게 되고, 그들은 또 다른 부류의 사람들을 끌어모으고, 그렇게 파문은 번져간다. "먼저 된 자가 나중이 되고, 나중에 된 자가 먼저 되리라." 이 말에는 진실이 담겨 있다. 왜냐하면 깨닫는 동안, 우리는 우리 모두가 다 함께 신성과 재합일하고 있음을 알게 되기 때문이다.

51. 당신이 진실한 웃음의 순간들을 — 삶에 대해서 웃는 것이 아니라 삶과 함께 웃는 것이다 — 발견한다면, 그것을 만끽하고 주변에 퍼트리는 것은 절대적으로 좋은 일이다. 그 진실 속에서 머물면서 다른 사람들을 그리로 초청하는 것은 절대적으로 좋은 일이다. 당신은 더 이상 깨어 있음과 행복에 대해서 죄책감을 가질 필요가 없다. 당신은 고통받는 사람들로부터 — 그것이 얼마나 끔찍하고 충격적으로 보이든 간에 — 자신을 떼어놓을 필요가 없다.

52. 위대한 불교 스승인 도겐道元은 말했다. "자신의 깨달음을 반드시 자각하게 되리라고 생각하지 말라." 아마도 이 말은 깨달음을 종점이 아니라 계속되는 여정이라고 보았기 때문일 것이다. 목표는 당신이 다가가는 만큼 멀어지고 커진다.

53. 농료애는 상호 의식적인 교감에서 비롯된다. 당신은 자신의 형제와 자매를 보살피고, 그들도 당신을 보살핀다. 당신은 스스로 다른 사람의 요구에 맞춰줄 때, 당신의 요구도 마법처럼 달성된다는 것을 배운다. 마치 그들과 같은 입장인 것처럼 그들을 대하고, 그들의 몸속에서 느끼고, 그들의 눈으로 보라. 아주 생생하게 상상해보라. 그리고 그들 또한 당신의 처지로 들어와서 같은 일을 한다고 상상해보라.

54. 투명한 존재로 변성되는 데 필요한 조건은 오직 당신의 에너지-의식장을 비우는 것뿐이다. 당신의 근원 주파수와 동조하지 않

는 것들을 내려놓고 흩어버림으로써, 당신은 자신을 다이아몬드 빛만 남은 존재로 인식할 수 있다.

11 새로운 세계의 열림

55. 실제로 당신은 변성을 거치면서 비판적이고, 인색하고, 기만적이고, 자기 신념을 방어하는 태도에서 벗어나게 된다. 주파수가 높아지면 타인을 비웃고 비난하고 깎아내리는 미묘한 형태의 폭력 또는 자신과 다른 부류의 사람들, 아이들, 동물, 식물, 나무, 공기, 물, 땅을 부주의하게 해치는 행위가 들어설 자리가 없어진다. 우울함, 불안함, 삶을 포기하고 싶은 충동도 사라진다. 이런 원시적 의식 상태는 이제 야만적으로만 보인다.

56. 당신의 진동 수준은 당신의 생각에 직접 영향을 미친다. 주파수가 높아지면 생각도 더 정확하고, 지혜롭고, 창의적이고, 유연하고, 진리와 사랑으로 가득해진다. 당신은 영적 차원의 삶이란 어떤 것인지를, 그리고 그것이 우리의 3차원 지구 현실을 초월하면서도 동시에 가득 채우고 있음을 기억해내기 시작한다.

57. 더 높은 주파수의, 직관적인 우뇌의 인식은 직접적인 앎, 부드럽고 정확하고 꼭 맞는 답을 가져온다. 당신은 시간을 낭비하지 않고 곧바로 통찰을 얻는다. 당신은 몸에서 느껴지는 '깊은 편안함'을 통해 확신을 갖고 그 정보를 좌뇌로 흘려보내 관념화하고 물

질화한다. 또는 별도의 과정 없이 그냥 완벽한 답과 결과가 주어지기도 한다!

58. 주파수를 매개로 모이는 사람들은 서로 지지할 줄 알고 비슷한 세계관을 공유한다. 그들은 세상을 위한 특정 분야의 일에 공통의 관심을 갖고 있음을 발견하고, 각자가 퍼즐 조각이 되어 서로 완벽하게 맞아떨어진다. 그것이 교육이든, 치유든, 혁신이든, 소통이든, 외교든, 평화의 확산이든 말이다. 조율된 사람들 간의 협동은 당신이 스스로 좋아하는 일을 뛰어나게 해낼 수 있도록 도울 뿐 아니라 그들 모두의 집단적 지혜에 접근할 수 있게 해준다.

59. 주파수 상승이 우리를 더 이상 카르마를 '해결할' 필요조차 없는 수준으로 이끌고 있다. 근원적 통찰이 일어나고 카르마가 사라진다. 이제 우리는 그것이 '바른 행동'을 기억해내도록 돕는, 단지 초등학교 3~4학년 수준의 학습 도구에 불과했음을 알아차린다. 우리는 더 이상 공감력과 민감성이 자신을 괴롭게, 약하게 만든다고 믿지 않는다. 오히려 이런 '느낌-앎'의 기술이 강력한 도구가 된다. 우리는 더 이상 타인을 고통에서 '구해줘야' 한다는 의무감에 얽매이지 않는다.

60. 직관을 통해서, 당신은 적절한 안내와 혁신적 비전을 향해 가는 '지름길'의 주파수에 도달한다. 이제 모든 과정이 더 직접적이고 즉각적으로 이루어진다. 당신은 우왕좌왕하지 않고 현실을 물질화 또는 비물질화할 수 있다. 새로운 인식이 당신을 낡고 느린

인과적 방식 너머로 훌쩍 도약시킨다는 사실이 명확해진다. 이제 당신의 몸 전체가 의식을 갖고 깨어나 뇌의 다차원적 확장체로서 기능한다.